U0509530

守望书香

江南藏书文化研究论文集

上海市金山区图书馆 编

上海书店出版社
SHANGHAI BOOKSTORE PUBLISHING HOUSE

编 委 会

顾　　问　　陈　超　　周德明

主　　任　　李泱泱

副 主 任　　陆佰君

主　　编　　陶幼琴

副 主 编　　肖　哿

执行主编　　黄显功　　张青云

编　　委　　黄显功　　任国祥　　杨柏伟

目 录

江南藏书文化地理刍论（代前言）

黄显功

长三角地区是孕育我国江南文化的沃土。历史上的江南经济发达，人文昌盛，是中华文化发展的主要中心区域之一。历史悠久的江南在时代的风雨洗礼中，积淀了深厚的文化底蕴，创造了灿烂的优秀文化成果，是中国现代文明成长的重要基础，是上海文化的主要源头和组成部分。研究和宣传江南文化，有利于深入阐发中华传统文化的创新性转化和创造性发展，铸造共同的精神家园，而古籍正是中华文化的重要载体，是江南文化的历史记录，是我们传承中华优秀传统文化的主要基础。

历史上的江南既有行政地理区域的多种不同划分，也有超越空间范围的文化性地域象征，我们以长江下游地区的江苏、浙江、安徽和上海为对象，对应现代通常所讨论的江南范围。江南藏书文化是江南区域史研究中的一个重要部分，因为一个地区的藏书源流与变迁，均是社会发展的历史写照，折射了区域性文化发展的特点。从区域性视角考察藏书文化面貌，有助于我们深入认识中华文化整体的统一性与区域的差异性，以及中国典籍的聚散、刊刻、流通的时代性与影响力。由于江南藏书在我国历史上所具有的特殊地位，多年来深受学界关注，已产生了大量的研究成果。随着近二十年国家"中华古籍保护计划"的实施，江南各地的古籍收藏单位通过古籍普查，系统地梳理了各自的藏书现状与历史，一系列阶段性工作成果为我们构建江南藏书文化地理提供了广阔的视野。

一

中国地域辽阔，自然环境与生态面貌复杂多样。自先秦至明清，乃至当代，中国各族人民在中华大地上的生存和发展，与中国各地的地理形成了特定的人地关系，形成了丰富多样的人文景观。"这种人文景观表现为强烈的历史继承性，地域的差异性和凝固的内聚性。"① 这个中国历史人文地理最基本的特色，呈现于中华文化的各个方面，具有明显的地域差异性，这种差异正是中国文化多样性的表现，是地域文化发展不平衡和文化中心形成与转移的结果。这个历史过程具有深刻的时代背景，受制于不同时期政治经济变动的影响。江南地域文化的改观主要受永嘉之乱后，中原士族的南迁和南宋经济中心南移的推动，随着南方经济的发展，有力地促进了江南文化的繁荣，为藏书文化的兴盛创造了坚实的物质基础与独特的人文环境。

中国历代藏书有官府藏书、私家藏书、寺院藏书和书院藏书四大类型。其中遍布全国各地的私家藏书具有空间分布的广泛性，它的民间属性对研究文化传播更具有社会意义。中国私家藏书源自春秋战国，成长于汉魏、隋唐，兴盛于宋，繁荣于明清。私家藏书的兴盛与繁荣阶段，正是江南经济、文化从转折到蓬勃发展的时期，南宋之后，尤其是明清时期，江南已成为全国的主要文化中心和经济中心。在此基础上星布江南的藏书家与藏书楼，构建了中国藏书文化最具空间价值的文化景观。

所以，江南藏书并不单纯是藏书活动的现象史，而是与这一地区的文化、学术、社会、习俗、经济等有着密切的关联性。正如史学家吴晗所说："藏书之家，插架亦因愈富，学者苟能探源溯流，钩微掘隐，勒藏书家故实为一书，则千数百年来文化之消长，学术之升沉，社会生活之变动，地方经济之盈亏，固不难一一如示诸掌也。"② 作为收藏行为的藏书在先秦时期已经出现，而"藏书"一词始见于《庄子·天道篇》："孔子西藏书于周室。"至北宋末年，晁说之在《刘氏藏书记》一文中说道："昔之时，如任昉、沈约辈号为藏书之家者，今不复论。"③ 指出当时已有"藏书之家"称号，之后叶梦得在《过庭录》中明确提出了

---

① 邹逸麟主编《中国历史人文地理》，科学出版社，2001 年，第 1 页。

② 吴晗《江浙藏书家史略》，中华书局，1981 年，第 117—118 页。

③ 《嵩山集》卷十六。

"藏书家"，即"公卿名藏书家，如宋宣献、李邯郸，四方士名，如亳州祁氏、饶州吴氏、荆州田氏等，吾皆见其目，多止四万许卷。"[①] 这一应运而生的称谓正对应了我国雕版印刷之后的第一次图书生产与流通的高潮期，也正是中国藏书活动在宋代进入兴盛阶段的缩影，它标志着在机构藏书之外，私人藏书的独立性与普遍性的存在，以及藏书家在藏书文化中的主导地位。所以，在江南藏书文化的考察中，藏书家是我们关注的主要对象。

　　江南私家藏书始于春秋时期的常熟言偃。他"是孔氏私学南下并传播中华文教于吴地的创始者，也是中国南方最早的藏书家和文化传播者"。[②] 汉末三国时的王朗为会稽太守，曾藏《论衡》，"这可能是浙江当时已有人开始藏书，而这也就成为全国的私人藏书嘉惠后人的最早记载之一"。[③] 对于上海，胡道静先生在 1934 年撰写的《老上海的藏书家》中指出，"可考的第一个上海藏书家"是宋末的庄肃，元人陶宗仪的《辍耕录》说："江南藏书家多者止三家，庄其一也。"[④] 从先秦至明清，历代江南藏书家名人辈出，演绎了中国最辉煌的藏书版图。据范凤书对文献记载中所整理的 5 045 名中国历代藏书家区域分布统计后得知，浙江 1 139 名、江苏 998 名、安徽 206 名、上海 135 名，合计 2 478 名，占总人数的 48.53%，数量近全国之半。按中国藏书家数量最多的十个市县统计排序，江南地区也占之有九，依次为苏州 277 名、杭州 207 名、常熟 146 名、宁波 109 名、湖州 95 名、绍兴 94 名、嘉兴 77 名、海宁 68 名、南京 67 名。[⑤] 以上统计虽非严格完整意义上的准确数据，但总体描述了江南藏书家的地理分布。由此可见，江南藏书家的数量显示了江南藏书在我国历史上具有首要地位。

---

① 《文献通考》卷一七四《经籍考》引《过庭录》，中华书局，1986 年。
② 曹培根、李向东主编《常熟藏书史》，江苏凤凰教育出版社，2015 年，第 4 页。
③ 顾志兴《浙江藏书史》，杭州出版社，2006 年，第 6 页。
④ 胡道静《胡道静文集·上海历史研究》，上海人民出版社，第 547 页。
⑤ 范凤书《中国私家藏书史（修订本）》，大象出版社，2009 年，第 678、679 页。

二

　　藏书的来源基础是书籍的出版和流通。当雕版印刷在宋代普及之后，从技术上改变了书籍从写本到印本生产的状况，扩大了书籍的产量，促进了书籍的流通与收藏。除官府藏书、书院藏书、寺院藏书增长显著外，私家藏书也在宋代得到了空前的发展，开启了中国私家藏书的历史新篇章。

　　"浙江是全国最早刊印书籍的地区之一"①，在北宋已是重要的出版中心。宋人叶梦得说："今天下印书，以杭州为上，蜀本次之，福建最下。"② 刻印的书籍雕版与用纸质量俱佳。官刻与坊刻、私刻均各自成果显著，杭州在南宋时书铺林立，书籍成为习见的商品。书籍的大量刊刻和广泛流传促进了藏书的发展，不仅"仕宦稍显者家必有书数千卷"，更有一批藏书数万卷的藏书家。③ 所以，"刻书和藏书是浙江文化发展史上的一对双子星座"。④ 浙江刻书从宋至清一直处于优势。两宋江南地区除杭州外的刻书中心还有绍兴、宁波、金华、衢州、湖州、苏州、南京。这些刻书中心历经辽金元和明清，此消彼长，在明代又兴起了徽州、常州，清代扬州又成了新的中心。明代中期的胡应麟写道："余所见当今刻本，苏常为上，金陵次之，杭又次之。近湖刻、歙刻骤精，遂与苏常争价。"⑤ 日本学者大木康据周宏祖编《古今书刻》所记录的明代至万历初年官刻书籍目录统计，在2 478种中，南京、南直隶、浙江列于前三，官刻总数达364种，占全国36.4%。到明末图书出版出现了井喷式的激增，私刻、坊刻日益增多，成为出版的主力，官刻的出版比例越来越低。"在明代嘉靖年间以后的江南地区，印刷术真正普及，书籍大众化的现象已经出现。因此，在明末的江南，可以看

---

① 顾志兴《浙江藏书史》，杭州出版社，2008年，第21页。

②《石林燕语》卷八。

③ 张秀民著、韩琦增订《中国印刷史》，浙江古籍出版社，2006年，第145页。

④ 顾志兴《浙江藏书史》，杭州出版社，2008年，第25页。

⑤ 胡应麟《经籍会通》卷四。

到以书籍（或印刷物）为媒介的大众传媒社会的雏形已经建立。"① 江南的出版重心更加凸显，商业出版物增量明显。其中，"晚明士人对商业出版活动的广泛参与产生了重要的影响。……他们是晚明商业出版取得巨大成就的前提"。② 特别引人瞩目的是一些江南藏书家积极参与刻书，成为著名的出版家，如明代锡山华氏、安氏，吴兴凌氏、闵氏，常熟毛晋，清代有常熟钱谦益、杭州鲍廷博，近代有江阴缪荃孙、嘉兴刘承幹等。藏书家的藏书与刻书是互为因果的产物，两者相互促进，而且积极采用新技术、新工艺，中国印刷史上的金属活字印刷、套版彩色印刷、饾版和拱花创新技术均在江南地区得到了实际运用。

江南地区不仅刻书发达，书籍的流通发行也十分繁荣，形成了成熟的书籍生产、销售、流通商业链。宋代城市中的书肆已较常见，从《清明上河图》中已可见到书店的图像，南宋首都临安城繁华街区安顺桥、中瓦子一带集中众多书坊，前肆后坊，最著名的有陈起的睦亲坊陈宅书籍铺。明清时期书籍发行业态已呈多种形式，如金陵书铺数量之多，甚至被孔尚任写进《桃花扇》中。书店之外，还有"书摊子"，脉望馆主人赵琦美在《酉阳杂俎序》中写道："吴中廛市闹处，辄有书籍列入檐下，谓之'书摊子'……美每从吴门过，必于书摊子上觅书一遍。"此外，具有江南水乡特色的"书船"也灵活地以船载书，穿行于湖河水网，沿岸流动销售。"书船"源于元代湖州，盛行于明清时期，清代张鉴《眠琴山馆藏书目序》云："吾湖固多贾客，织里一乡，居者皆以佣书为业。上至都门，下逮海舶，苟得一善本，蛛丝马迹，缘沿而购取之。"如"书船"商为钱牧斋在乌镇面铺寻得所缺的两册《后汉书》佳话，足见书商活动范围之大和搜求善本的能力之强。

书籍经刊刻和流通进入藏书家书房后，其属性开始变为私人财产被收藏，这个藏书处不论大小，均是文化贮存空间，成为藏书家的人生依附。在古代四大藏书系统中，藏书楼是具有文化记忆识别空间功能的文化景观。我国历史上

---

① 大木康《明末江南的出版文化》，上海古籍出版社，2014 年，第 67 页。
② 何朝晖《晚明士人与商业出版》，上海古籍出版社，2019 年，第 429 页。

相继出现过几千座藏书楼，其中一千多座较有影响。[①] 现存江南地区的藏书楼在江苏有五十多座，浙江约三十多座[②]，保存较好的著名藏书楼有杭州文澜阁、湖州嘉业堂、瑞安玉海楼、常熟铁琴铜剑楼等。这些藏书楼是中华大地上的文化标识，与藏书家的地理分布相对应。

三

人类的一切活动都是在特定的时空中进行的，人类活动和地理环境的相互关系，形成了人地关系地域系统，相对于自然地理的人文地理揭示了人类在不同地域所开展的政治、经济、军事、文化、交通、民族、聚落、商业、人口、社会生活等活动。其中文化地理重点关注人类文化现象的空间组合规律，而人类文化现象中的主导因素，如学术、语言、宗教、风俗等均有着悠久的历史和较强的地域特征，所以，对历史时期的文化空间组合规律进行考察，有助于我们从新的视角认识区域历史文化活动。

从人地关系的地域分布统计中，我们发现江南藏书家的集聚所形成的人文群落现象离不开江南地区人文环境的直接影响。在永嘉之乱、安史之乱和靖康之难三次动乱后，源源不断的移民，不仅给江南注入了丰富的人力资源，还带来了北方中华文明的优秀成分，有力地促进了江南文化的成长与繁荣，推进了中国经济、文化的重心向南方转移，以致"中国人口分布南北的消长，北宋末期是一个转折点……南方人口超过了北方"，出现了"中国的文化中心和经济中心相合并"的景象，"南宋的政治、经济和文化的中心全在江南。长期以来，江南成为全国财赋的焦点，也是人才的渊薮"。[③] 移民是文化传播最直接的形式，它具有促进移入地居民进步的作用。因此，江南灵秀丰饶的大

---

① 龚黔兰《藏书楼小史》，《国学》，2008 年第 2 期。

② 叶挺铸《藏书楼，一个逐渐陌生了的名字——中国现存藏书楼联谊会后的思索》，《中国文物报》，2006 年 4 月 21 日。

③ 陈正祥《中国文化地理》，生活・读书・新知三联书店，1983 年，第 9 页，第 20 页。

地上所产生的众多杰出人物是外来与内生相互促进的结果，明清两代是私家藏书的繁荣期，我们对应地从明清两朝江南进士数量与地域分布可窥其冠绝天下的地域风貌。

明清时期，江南（在明代为应天、镇江、常州、苏州、松江、杭州、嘉兴、湖州八府，清代太仓升为直隶州，为八府一州）进士在全国数量最多。有专家据明清进士题名录统计，明清两代共举行殿试 201 科，外加博学鸿词科，不计翻译科、满洲进士科，共录取进士 51 681 人，其中明代为 24 866 人，清代为 26 815 人，江南共考取进士 7 877 人，占全国的 15.24%。其中，明代为 3 864 人，占全国的 15.54%；清代为 4 013 人，占全国 14.95%。明清两代每 7 个进士，就有一人以上出自江南。而且，其科试名次在全国也最为显赫，明代状元近 1/4 和清代状元半数以上出自江南，榜眼、探花更不在少数，三鼎甲往往为江南人包揽。八府进士数量分别为苏州 1 861 人、松江 673 人、常州 1 281 人、镇江 398 人、江宁 668 人、杭州 1 369 人、嘉兴 962 人、湖州 665 人。[①] 可见江南藏书家与进士在时空上具有较明显的内在关系，如苏州、杭州两地的藏书家和进士数量在明清均名列前两位。根据清人黄大华所辑《明宰辅考略》，自永乐初至崇祯末，历任内阁大学士共 163 人。历史地理学家谭其骧按明代两京十三布政司列表统计了他们的籍贯，排列前两位是南直 27 人（今江苏 20、安徽 5、上海 3），浙江 26 人。明代内阁大学士皆由翰林出身，基本可反映出各地文化程度的高下。江南占有 53 人，占全国的三分之一，其中当今苏南、上海五府得 19 名，浙江嘉湖宁绍四府得 20 人。以上地区正是江南文化的发达之地。另从《明史·儒林传》115 名理学家的统计排名显示，江西 35 人，浙江 26 人，南直 18 人，从中也可看出江南儒学人才的优势。以上"二者都足以代表当时文化盛衰的地区差异"。[②]

虽然历史上某些阶段"并不是经济发达的地区都是人才辈出的地方，藏书最

---

① 范金民《明清江南进士数量、地域分布及其特色分析》，《南京大学学报》1997 年第 2 期。

② 谭其骧《中国文化的时代差异和地区差异》，《长水集》（续编），人民出版社，第 190—193 页。

丰富的地方也不一定产生最多的人才"[1]，它与当地的学术风气、师承关系的影响有关。但及第进士均是饱学之士，藏书是其读书求取功名和研究学问的必需之物，如此则自然造就了众多的江南藏书家，这是主观与客观需求互为促进的结果。以嘉兴为例，据陈心蓉统计宋以来嘉兴共有114名进士藏书家。[2] 如宋有卫湜、闻人滋，明有项笃寿、冯梦祯，清有朱彝尊、钱仪吉等。"江南进士甲天下"在总体上可作为"江南藏书冠中华"的一个相对性注释。

四

江南藏书文化作为江南区域历史文化地理中有待深入研究的一个重要方面，它在历史上所形成的空间分布与变迁，具有显著的历史继承性、文化的差异性和文化传统的内聚性。这些特性是我们考察江南藏书文化地理的基本取向。

1. 江南藏书文化中的历史继承性具有地域的广泛性和延续性。

在崇文重教的社会环境下，江南各地书院林立，讲学传习蔚然成风，耕读传家深入人心。藏书成为江南各地士绅民众普遍尊崇，代代相传的文化行为，"欲读书者，必先藏书。藏书者，诵读之资，而学问之本也"。[3] 从宋代至晚清，从区域经济文化中心的城市到乡镇，江南藏书家人数与分布呈不断扩大的态势，家传书籍"子孙永保"成为藏书家的普遍愿望。江南藏书的历史文脉继承性具有内在的文化驱动力。

江南藏书的历史继承性还表现在藏书世家踵事增华，光大家藏。在藏书不隔代的历史宿命中，江南涌现了不少藏书世家，他们是传承藏书的主要群体，是黄宗羲在《天一阁藏书记》中感叹的藏书"好之者与有力者"。兹仅以浙江嘉兴和江苏常熟两地为例说明。明代嘉兴秀水藏书家沈启源、冯梦祯、黄洪宪都是

---

[1] 朱海滨《近世浙江文化地理研究》，复旦大学出版社，2011年，第70页。

[2] 陈心蓉《嘉兴藏书史》，国家图书馆出版社，2010年，第359页。

[3] 张金吾《爱日精庐藏书志》序。

三代藏书，秀水包柽芳、海宁许相卿、嘉善姚绶等都是四代藏书。海盐张氏家族为藏书、刻书及出版世家，延续逾十代。到清末民初的张元济时，不仅以藏书名世，更以杰出的出版成就而享誉中华。明清常熟有义侠杨氏藏书、西门孙氏藏书、何家市何氏藏书，还有钱氏藏书世家、毛氏藏书世家、席氏藏书世家、张氏藏书世家、陈氏藏书世家、瞿氏藏书世家、翁氏藏书世家等。不少藏书世家是江南的望族，官宦之家，对读书求仕具有强烈的追求。海宁陈家有"一门三宰相，六部五尚书"之誉，其簪缨科第之盛，于百年来海内数第一。其家族的陈论、陈邦彦、陈鳣均为藏书家。海宁查家有"一朝十进士，兄弟三翰林"之称，一朝之中就出了10名进士，3人相继授翰林编修，查家世代藏书，著称者有查继佐、查升、查嗣庭、查嗣瑮及查慎行，被康熙帝赐"澹远堂""敬业堂""嘉瑞堂"匾额。

　　2. 江南藏书文化的差异性既有与国内其他地方相比的差异，也有江南内部的地域差异。

　　自宋以来，江南藏书领先于全国的显著特点之一是藏书家数量最多和藏书大家最突出，是中国藏书史上最著名藏书家（包括出版家）与藏书楼的集聚区。学界各家对江南藏书家的统计均显示不仅整体数量为国内首位，而且在个体方面突出的藏书大家代不乏人。如苏州的叶梦得藏书多达十万卷，是宋代三百年间两位"最大的藏书家"之一。[①]宁波范氏天一阁是我国延续时间最长的藏书楼；嘉兴刘氏嘉业堂是我国规模最大的私人藏书楼；常熟藏书家毛氏刻书独步天下；钱谦益的绛云楼藏书称富海内；鉴赏家黄丕烈"佞宋"藏书名闻天下。此类藏书大家不胜枚举，他们是中国一流藏书家的代表，我国优秀藏书文化的缩影。诚如袁同礼所说："有清一代藏书几为江浙独占。"[②]

　　江南藏书文化的特点之二是独具特色的藏书流派和藏书理念形成了不同的藏书家与高质量的藏书。当代藏书家黄裳先生与刘绪源对话时曾说："藏书的确

① 范凤书《中国私家藏书史（修订本）》，大象出版社，2009年，第82页。
② 袁同礼《清代私家藏书概略》，《图书馆学季刊》1937年，第1卷第1期。

有流派，明清之际出现的虞山（常熟）派与浙东派的区别。"① 众所周知，藏书是一个选择的积累过程，不同的选择产生不同的收藏，这种结果取决于各自的收藏理念。当藏书群体扩大，收藏对象日益丰富之时，在多种因素的影响下，会形成不同取向的藏书群体与个人。因此，从明代起出现了将藏书家分类的观点，如胡应麟的好事家、鉴赏家，并附带提到附庸风雅的"雅尚"者；清代学者洪亮吉提出考订家、校雠家、收藏家、赏鉴家、掠贩家五等②；叶德辉针对洪氏的分等说在《书林清话》中提出："考订、校雠，是一是二，而可统名之著述家。若专以刻书为事，则当云校勘家。"不少藏书家又"考订、校雠、收藏、鉴赏，皆兼之"③；缪荃孙在《〈书林清话〉序》中列举姑苏之学术家，分为考订家、校勘家、收藏家三类④。在江南众多藏书家中也形成了有特色的群体，最著名的是"常熟派"，又称"虞山派"。"常熟派"之说出自清代学者顾广圻为《清河书画舫》十二卷抄本所撰跋："藏书有常熟派，钱遵王、毛子晋父子诸公为极盛，至席玉照而殿。一时嗜手抄者如陆敕先、冯定远为极盛，至曹彬侯亦殿之"⑤；潘祖荫将"常熟派"细分为"二派"，潘祖荫辑刊《滂喜斋丛书》，载陈揆《稽瑞楼书目》并序称："吾乡藏书家以常熟为最，常熟有二派，一专收宋椠，始于钱氏绛云楼、毛氏汲古阁，而席氏玉照殿之；一专收精抄，亦始于钱氏遵王、陆孟凫，而曹彬侯殿之。""常熟派"好古尚精的藏书追求在我国藏书文化具有鲜明的地域特点。

另一个江南藏书流派是浙东派，以宁波范氏天一阁和祁氏家族祁承爜、祁彪佳、祁理孙"三祁"为代表。浙东派藏书家重视史部、集部和当代文献的收藏，对方志、时人文集、登科录、家谱等积极收集。祁承爜主张"凡涉国朝典故者，不特小史宜收，即有街谈巷议，亦当尽采"⑥，"宁波的历代藏书家，尤好留

---

① 黄裳《春夜随笔》，成都出版社，1994年，第79页。

② 洪亮吉《北江诗话（卷三）》，《洪北江全集》。

③ 李庆西标校《叶德辉书话》，浙江人民出版社，1998年版，第240、241页。

④ 同上，第19、20页。

⑤ 顾广圻著，王欣夫辑《顾千里集》，中华书局，2007年版，第331页。

⑥ 《澹生堂藏书约·藏书训略·鉴书》。

意桑梓，集刊文献"①，十分重视乡邦文献的庋藏，为后人留存了大批宝贵的地
方文献。浙东派在藏书使用方面较为保守，天一阁和澹生堂制订的规定对族外
人有较大的限制要求，与"常熟派"的开放性对比鲜明。

　　3. 江南藏书活动的世家藏书和藏书家之间的互动交往具有内聚性特点。

　　世家藏书又称为家族藏书，它既关乎私家藏书文化的历史继承，也是藏
书踵华增盛、家族协力的一种文化凝聚现象。江南是全国著名世家藏书集聚
度最高的地区，一些藏书世家所藏书籍得以较完整地传到今天。如晚清四大
藏书楼之一的常熟铁琴铜剑楼，瞿绍基于道光年间初建恬裕斋时，已藏书
十万卷。历经瞿镛、瞿秉渊、瞿秉清、瞿启甲、瞿济仓、瞿旭初、瞿凤起继
业承志，护旧溢新，连绵五世，解放后分批捐献给北京图书馆等单位。"在中
国私家藏书史上，世代相传，历史悠久者，除宁波范氏天一阁外，当属铁琴
铜剑楼。"② 另一个江南藏书家杭州丁氏，慕其先世宋代丁颙藏书八千卷，名
其藏书楼为八千卷楼，后又扩建为嘉惠堂。丁氏藏书建楼，再兴始于丁国典，
到三世丁申、丁丙兄弟，嗜学成性，"弃车服之荣，乐琅嬛之业"③，一生访求，
聚书达四十万卷，并编有《八千卷楼书目》《善本书室藏书志》等，至第四代丁
立诚诸兄弟于光绪丁未（1907 年）经商失败，才售藏书于江南图书馆，成为现
南京图书馆的古籍来源之一。而天一阁"代不分书，书不出阁"的遗训可谓内
聚性最严厉的反映。

　　藏书家在藏书过程中形成的"图书社交"与"传书网络"是在一定地域范围内
完成的，前者通过借阅、传抄、交换、赠送、题跋等方式，既是藏书家之间的
一种藏书补充与交流形式，也是一种追求共同理想的精神内聚，合作缔造藏书
的价值观。这种以书为中心的社交形成了具有一定地域范围的文化圈，其人员
除藏书家外，还有出版家、绅商、官员等；后者揭示了"一地文化消长盛衰、藏

①　虞浩旭《宁波藏书文化的地域特征》，《中国古代藏书楼研究》，中华书局，1999 年，204 页。
②　曹培根《瞿氏铁琴铜剑楼研究》，苏州大学出版社，2008 年，第 2 页。
③　孙峻《八千卷楼藏书志序》。

书传播聚散等情况"。因为"藏书世家是维系一地藏书世传不辍的纽带，正是族姓内部的渊源家学和文化传统，异姓之间联姻、师承、结友等种种关系，使家族内部藏书纵向传递，家族之间藏书横向联络，相互影响，构成纵横交错的传书网"。如此形成了藏书家们所藏之书往往此散彼聚，在一定的区域范围内保留相当的格局。如常熟藏书家们大多世传家学，代增藏书，宗族、家族藏书越聚越多①，体现了藏书文化在基层社会中的凝聚力。

五

中国文化的地域差异"虽明显地表现于南方与北方之间，但又不是处于静止状态，在有史以来的三千多年里，文化的发达区从北方优越逆转为南方优胜。而近代以来的一百多年中，在这一南北差异之上又加上了东西（更确切地说是东南沿海与西北内地）差异的叠影"。②因此，江南地区的藏书文化状态也处于历史的变化之中。宋代南方经济、文化中心的确立，奠定了其后近千年南方藏书发达的局面，其中心就在江南。

本文对构成藏书的几个文化要素，即进行藏书活动的人——藏书家，藏书活动的对象——书籍与出版、流通和藏书活动的归宿地藏书楼两个方面进行了简略的分析，从时空角度采集的一些数据，试图从文化地理的维度认识江南藏书文化。在此，将我的几点认识与意见分述如下。

1. 文化地理对中国藏书文化研究具有适用性。

中国藏书文化具有丰富的历史内涵，特别是江南藏书家为保存中华典籍，传播中国文化作出了重大的历史贡献。当我们回望历代藏书家时，他们的藏书楼已有许多消失在江南的大地上，或者仅存一点遗迹。当我们把当年藏书家投射在中华大地的文化版图上时，我们将会看到中华典籍光辉的传播网络。所以，

---

① 曹培根《常熟翁氏藏书研究》，广陵书社，2019年，第13页。

② 周振鹤主编《中国历史文化区域研究》，复旦大学出版社，1997年，第9页。

当我们从文化地理的视角，对他们的足迹进行考察的时候，可以发现他们与历史上的优秀人才的分布、出版中心的分布，在地理上具有明显的重合。[①] 所以，采用文化地理分析的方法，在考察中国藏书文化时具有适用性。在这些数据现象的背后还有许多复杂的因素需要我们综合分析、深入研究，因为任何地域所表现出的文化活动不是一种单纯的地理分布现象，而是以地承载人类活动的人地关系综合系统。所以，建立书、人、地三位一体的考察方式，有助于解释藏书史上的一些问题。以地域和藏书家为对象的藏书史著作的不断问世，为我们建立和完善中国藏书文化地理研究创造了十分有利的学术基础，以江南地域为对象的江南藏书文化地理是可以深入研究的领域。

2. 地理因素对藏书家成长的影响。

"江南藏书家"一词，见之于文献记载的是陶宗仪的《辍耕录》，"江南藏书家多者止三家，庄其一也"，这可能是最早的"江南藏书家"记录。"江南藏书家"以地域名加称谓形成的这一专用名词，可见在元代已有明确的地理指向。而之后藏书流派中的常熟派与浙东派也是以地域为概念，如以地理的视野考察藏书流派时，我们从常熟派和浙东派的地域条件差异中可找到一部分原因。常熟派地处吴中腹地平原，水网密布，交通发达，明清时期经济繁荣，为商品交换创造了条件，有利于藏书家之间交流和收集文献；而浙东派地处海隅，自然环境相对封闭，物流不畅，客观上使浙东藏书家难于系统收集古代珍本秘籍，"因此而形成与虞山派藏书家不同的收藏志趣和倾向"[②]，出现了二者厚古薄今与重今薄古的差异。

古代时的上海古籍收藏并不突出，藏书家数量有限。近代以来，随着上海经济、文化地位的提高，它成为江南文化的聚焦点，中国沿海城市的中枢，具

---

① 另可参见李玉栓《明代文人结社考》附录二对明代文人结社地域分布的统计。该研究表明，江南地区结社数量达 405 家，占全国总量的 60% 以上，体现了全国的文学重心在江南。（中华书局，2013 年）

② 曹培根《藏书流派及虞山派、浙东派比较》，蔡焜主编《常熟藏书家藏书楼研究》，上海文化出版社，2002 年，第 31 页。

有连接南北，辐射内陆的地理区位优势，同时上海也是中西文化交流的主要节点，因此，上海演绎了江南藏书的多重景象：一是成为江南藏书的集散地，二是成为中国近代出版中心。上海的引流与输出功能，使大量古籍在上海商业环境下流通，为藏书家提供了丰富的书源，成为南北两大古旧图书市场之一，重构了江南藏书文化的新版图，集聚了一批跨越晚清民国的江南藏书家。

3. 藏书文化历史地图的建构

著名地理学家陈正祥先生是中国文化地理研究的重要学者，他在《中国文化地理》一书中，附有《唐代的诗人》《唐代前期的进士》《唐代后期的进士》《北宋的词人》《宋代的诗人》《北宋的宰相》《明代的进士》《明代的三鼎甲分布图》8 张地图。这是他据文献记载绘制的 268 幅中国历史与文化地理图中的一部分，他认为"主要人物的籍贯分布，在文化地理的研究上具有特殊意义"。①我 1981 年在广州求学时读到了香港出版的这本著作，给我留下了深刻的印象和启发。2019 年在常熟参观铁琴铜剑楼时，我看到展览中有大型"常熟历代私家藏书楼（部分）分布示意图"模型，标注了 56 个著名藏书楼，直观地加深了我对江南藏书的认识。对于中国藏书家的地理分布，尽管国内多位学者作过统计，但受限于各人所见，彼此数据尚有差距②，还未能建立更完整的藏书家信息资料。但目前所知资料并不妨碍我们的研究分析，希望有学者在不远的将来编制《中国藏书家文化地理分布图》，既有总图，也有按时代、按地域的分图，以便了解各个时期、各个地域的藏书家地理分布与变迁，不仅仅是江南。就目前而言，全国古籍普查已将各地馆藏古籍数量进行了汇总，按此可绘制《当代中国古籍收藏分布图》，从中可分析各地古籍藏量分布所蕴含的丰富信息。期待学界有人对此进行探索和实践，描绘中国当代古籍收藏与分布的文化版图。

---

① 陈正祥《中国文化地理》，生活·读书·新知三联书店，1983 年，第 252 页。

② 目前学界主要采用范凤书《中国藏书家省区分布统计表》的统计数量，对其所列安徽藏书家 188 人的统计，刘尚恒在《徽州刻书和藏书》中仅列徽州旧属六邑的藏家即达 174 人。（广陵书社，2003 年）

结 束 语

历史上的藏书属于学术文化范畴，从独立的藏书家到特定地域的藏书家群体所形成的文化景观，蕴含了丰富的地域文化特色，江南藏书文化具有中国藏书史的典型性。而本文对江南藏书历史文化地理所作的初步分析，还有明显的局限性，期待未来能以数字人文技术处理相关文献，对此进行更深入的探讨。江南藏书家是中国传统知识分子的代表，他们的藏书活动，创造了丰富的文化遗产；他们的藏书行为与思想，代表了一个时代的中国人的文化追求与文化责任，是我们铸造中华民族文化自信的重要基础。

略论江南藏书文化的国际化元素

王世伟

讨论江南藏书文化，首先需要对江南的地理范围有一个认知。"江南"是一个动态且多名称的历史地理概念，本文所讨论的"江南"，是指长江以南地区，其中江浙则是江南的核心区域。① 江南文化具有开放、出新、包容、多元、睿智、务实、诚信、精致等文化特质，同时江南地区的上海又处于亚太地区面向中国内陆和面向东亚和太平洋两个扇形的中心枢纽地理区位，并居于中国南北海岸线的中点，海纳百川和包容吸纳的历史地理与人文环境为江南藏书文化提供了国际化的舞台，孕育了国际化的人才，注入了面向东亚乃至全球的国际化的元素，在藏书机构、藏书传承、藏书流通、藏书保护、藏书研究等诸多方面都打上了国际化的烙印。

一、西方传教士在上海创办徐家汇藏书楼

公元 1291 年，中国元朝政府开始设立上海县，标志着上海建设城市的起点。上海"徐家汇"的地名记录了中国明代著名学者徐光启（1562—1633）与意大利籍耶稣会传教士利玛窦（Matteo Ricci，1552—1610）于 17 世纪初合作翻译西学经典名著这一中西学术文化交流的历史信息。1843 年，上海正式开埠，为中西文化的进一步扩大交流开启了大门并铺设了通道，也为江南藏书文化的国际化元素提供了经济外交和社会文化的环境。1933 年，曾经担任南京教区的惠大司牧在其所撰《徐汇纪略》中曾对徐家汇的历史文化区位特点进行了描述："明末清初，天主教传入中国后，利玛窦等研究中国文化，对于中国书籍，即已注

① 王世伟：《论江南文化与中国国家图书馆的创始与发展》，《图书馆杂志》2019年第9期，第17—18页。

意，逐渐收集，便为教士研究之需。……1842年耶稣会传教士重来中国，其文化重心，移至上海徐家汇。"① 首批法国传教士南格禄（Claude Gotteland，1803—1856）等携书先至上海青浦、后迁移至徐家汇，并购地建楼，藏书也与日俱增。这样，在1896—1897年间，闻名于世的徐家汇藏书楼便逐步形成了。徐家汇藏书楼或称为"徐家汇大书房"，在徐家汇藏书楼中的西文文献上盖有拉丁字"Zi-Ka-Wei Bibliotheca Major"以及中文"徐家汇大书房"印章的，多为法文等欧文藏书。胡道静先生（1913—2003）在其所著《上海图书馆史》中认为这是上海最早的公共图书馆，是上海公共图书馆事业的"曙光初现"和"黎明时代"。② 徐家汇藏书楼的公共图书馆的读者服务也在《申报》中留下了记载：1877年3月22日，《申报》刊登了"藏书便读"的新闻报道，其中提到当时的徐家汇藏书楼已有外国图书万卷（册），每年添购新书五六百部，读者需要付年费十两银子，便可以随时取出阅览并缴换，并提到当时的注册读者已有156人。③ 这些读者大都是当时在上海的耶稣会成员。可见，当年的徐家汇藏书楼不仅在文献收藏内容方面具有了国际化元素，而且也引进了欧美公共图书馆读者服务的新模式和新方法。根据1955年11月14日上海市军事管制委员会的命令、1956年11月12日中共上海市委致上海市文化局和上海市宗教局的文件，徐家汇藏书楼于1956年底正式并入上海图书馆，作为上海图书馆分馆，对外仍用徐家汇藏书楼名称。

徐家汇藏书楼作为江南藏书文化的国际化元素，还体现在1956年至1962年间有多家国际化的图书馆并入其中。一是亚洲文会图书馆。1871年，随着亚洲文会北中国支会会所落成，以收藏东方学图书而闻名于世的亚洲文汇（Library of the North China Branch Asiatic Society）也应运而生，并成为上海最早的专门图书馆，创办人为英国传教士伟烈亚力（Alexander Wylie，1815—1887），馆藏以西文文献为主。1955年2月，上海市文化局指令上海图书馆接管亚洲文会图

---

① 王世伟：《论徐家汇藏书楼的创建及其变迁》，黄建国，高跃新：《中国古代藏书楼研究》，中华书局1999年版，第259—261页。

② 胡道静：《上海图书馆史》，上海市通志馆1935年版，第1—3页。

③ 《藏书便读》，《申报》：第1503号（大清光绪丁丑二月初八日），1877-03-22（2）。

书馆，并归入徐家汇藏书楼。二为尚贤堂。这是 1896 年由京师总理衙门批准设立的图书馆，藏书多为英文的宗教图书，创办人为美国传教士李佳白（Glibert Reid，1857—1927）。三是耶稣会文学院图书馆（1956 年并入）、耶稣会神学院图书馆（1958 年并入）。

徐家汇藏书楼的创办发展和独特藏书的诸多国际化元素，使其成为江南藏书文化中颇具特点的文化现象，也为上海国际文化大都市增添了国际化的独特内容。

二、常熟翁氏藏书传承聚散的国际空间

在近代江南藏书文化中，常熟翁氏是一个重要的跨越国界而影响深远的文化案例。常熟翁氏"宝瓠斋"之所以能跻身于中国近代私人藏书家之林，有着其独特的藏书传承特点。常熟翁氏藏书历经六世，最早可追溯至翁同龢（1830—1904）的父亲翁心存（1791—1862），翁心存与翁同书（1810—1865）父子的藏书后传至翁同龢。翁万戈（1918—2020）为翁同龢的玄孙，他曾在对翁氏的世代藏书作过传承轨迹的描述：翁氏藏书"到我成长之后，交到我手中。所以从我高祖翁同龢到现在，这一部分古籍，已经守藏五世，少数的书，从高高祖翁心存算起，那就有六世了"。[①] 翁万戈在赴美学习美术期间，与同在美国学习英国文学的程华宝相恋，并于 1944 年结为夫妇。翁万戈的留美学习经历和婚姻为常熟六世藏书的传承聚散提供了国际空间的可能。翁万戈太太程华宝的父亲曾在国民党中央信托局任职，通过这层关系，翁万戈自 1947 年由美回国后，将原藏于天津的翁氏藏书精华部分通过煤船先至上海，然后通过程华宝父亲的关系，将这批世藏珍本海运到了美国，并妥存在纽约曼哈顿的贮藏公司保险柜中，在此后的近四十年中几乎无人知晓。这些孤本秘籍运至美国后的第一次显山露水是 1985 年在美国大都会博物馆的展出，江南藏书传承有序的重要古籍善本的集体

---

① 王世伟：《常熟翁氏家族及其世藏古籍善本》，王世伟：《历史文献研究》，国家图书馆出版社 2008 年版，第 124 页。

亮相，使这一展出成为当时震惊国内外学术界和文物界的国际文化事件。

翁氏藏书的国际空间还在不断延续。2000年2月22日，翁万戈夫妇携带着"翁氏藏书"精品从美国飞抵北京。在此前后经历了实地考察、国际航运、当面洽谈、报告请示、经费落实、款项汇交、协议签订、文献清点、火车护运等环节，2000年4月13日，翁氏藏书精品共计80种、540册实现整体转让并安全入藏上海图书馆善本书库。傅熹年先生在《常熟翁氏藏书图录》序中对翁氏世藏精品作了极高的评价："翁氏藏书是我国近代史上一个著名家族积六世、历时一百六十余年收藏的精品，其中有的是秘藏二百余年学人想望不知其存否的著名善本。即以其中的宋刊本而言，其珍稀程度和版本、文物价值超过美国各图书馆现藏中国宋刊古籍之总和，且大多数也是国内各图书馆、包括新易名的中国国家图书馆所缺的孤本秘籍。和当年周总理决定拨出巨款，分二批收购香港陈澄中所藏善本相比，这些珍籍回归虽非'空前'，但如考虑到翁氏藏书是海外的最后一批中国善本，则很可能是'绝后'，也就是说它是争取海外大批善本回归的最后一次机会。"①

五年之后的2015年，翁万戈及其子女认真考察中国大陆各家图书馆收藏条件、研究团队、服务理念之后，再次做出了将家藏《翁同龢日记》稿本47册和翁同龢档案资料600余件捐赠于上海图书馆的慎重决定。其中翁同龢日记稿本起自清咸丰八年六月二十一日（1858.7.31），止于清光绪三十年五月十四日（1904.6.27），持续时间长达46年之久，成为研究翁同龢和清代晚期重要的第一手文献史料。2018年9月14日，上海图书馆、上海交通大学出版社、上海书店出版社、上海书画出版社共同主办的翁同龢生平文献研究暨《翁同龢年谱长编》《翁同龢人际交往与晚清政局》《莱溪诗草》首发座谈会，其中《莱溪诗草》是上海图书馆为庆贺当年翁万戈先生百岁生日而出版的线装本诗集，曾在2018年7月28日寿庆前夕运抵美国。②《文汇报》记者在报道翁氏藏书这一段书缘时写道：

① 中国嘉德国际拍卖有限公司：《常熟翁氏藏书图录》，上海科技文献出版社2000年版，序言。
② 《上图持续推进翁同龢生平文献研究》，http://beta.library.sh.cn/SHLibrary/newsinfo.aspx？id=552。

"历经数十年的沧桑，它们跨越 14 000 公里的距离，最终又回到上海，这种曲折的经历，成就的是一份书缘，也是一段传奇。"① 字里行间对翁氏藏书作为江南藏书文化的传承聚散之国际空间作了形象的描述。

三、皕宋楼藏书舶载日本的国际文化事件

皕宋楼是江南古籍藏书名楼，因藏有宋版古籍多达二百种而名，其主人陆心源（1834—1894）被誉为清代末年的四大藏书家。如果说，陆心源的藏书多得益于太平天国起义和鸦片战争之后的社会乱局中的广泛收书购藏，那么，陆心源身后其藏书的散失并舶载日本也同样源于 1900 年庚子之乱的内忧外患，前后都有国际化的元素。

1900 年八国联军入侵北京，第二年的 1901 年，屈辱的《辛丑条约》签订。陆心源之子陆树藩（1868—1926）当时既面临经营实业失败，又面临北上赈灾赔资，还面临作为大家族的生活所需，这样就背负了巨额债务。② 无奈之下，陆树藩希望通过家藏古籍的售卖筹集资金，先通过登报来寻求买主，在寻求未果的情况下，陆树藩开始与日本方面进行接触，在此期间虽曾由张元济（1867—1959）进京向清政府建议收购皕宋楼藏书，但未被采纳。这样，日本方面觊觎已久的皕宋楼藏书在几经交涉后最终于 1907 年以 10 万多元的价格舶载日本，进入了日本岩崎氏家族的静嘉堂文库，其中还包括了陆氏藏书中的十万卷楼和守先阁藏书。据统计，静嘉堂文库中购自陆氏的藏书共计汉籍 4 146 部、43 218 册。③ 这一江南古籍藏书中的国际文化事件，在当时触发了国内舆论的风暴，也使这一江南古籍文化的传承命题引起了当时中国文化界和政界的震惊并采取了

---

① 李婷：《历经数十年跨越 14 000 公里，成就一份书缘》，《文汇报》，2019-01-13（02）。

② 顾志兴：《关于皕宋楼藏书之出售原因及评价》，王绍仁：《江南藏书史话》，上海古籍出版社 2009 年版，第 15 页。

③ 王世伟：《东瀛学术访问札记》，王世伟：《历史文献论丛》，上海社会科学院出版社 2004 年版，第 438 页。

一些亡羊补牢的举措。江南图书馆和国家图书馆的创办人缪荃孙（1844—1919）在其自撰《艺风老人年谱》的抄本中曾记载："光绪三十三年（1907年）丁未，年六十四岁。午帅（端方）奏派主图书馆事。十月，偕陈善余（陈庆年）赴浙，购八千卷楼藏书，以七万元得之。丁氏藏书旋陆续运江宁。"① 这样，清末四大藏书家之一的丁氏八千卷楼藏书便适时地入藏了当时的江南图书馆，不致重蹈皕宋楼藏书散失国外的覆辙。

2007年10月29日至30日，在皕宋楼藏书舶载日本的百年之际，湖州市人民政府与复旦大学在湖州师范学院联合主办了"皕宋楼暨江南藏书文化国际研讨会"，来自国内外的近百位学者出席了研讨会，会后所编《江南藏书史话》一书，收录了与会代表提交的50多篇论文，许多论文不仅更为广泛深入地研究了皕宋楼藏书舶载日本的国际文化事件，也围绕中日书籍交流、江南藏书研究以及湖州藏书研究等主题进行了深入探讨，成为江南藏书文化研究的新成果。②

四、江南藏书文化与抗日战争

抗日战争作为第二次世界大战的重要战场，也为江南藏书文化的现代发展历史提供了国际化的广阔场域和环境。1931年日军在东北发动九一八事变，1932年日军进攻上海，1937年日军先后在北京和上海发动七七卢沟桥事变和八一三事变，中国人民抗日战争全面展开，至1945年9月2日日本在投降书上签字，中国抗日战争胜利结束。在抗日战争期间和结束之后，江南藏书在面临日军劫掠的情况下，曾经经历了孤岛抢救、护书转移、战后索回等各类磨难和斗争，演绎了在侵略者铁蹄下中国图书馆人和文化人抢救古籍保存文脉的可歌可泣的动人故事，展现出江南藏书文化感人肺腑的多种国际场景切换。

---

① 南京图书馆编写组：《南京图书馆志》，南京出版社1996年版，第3页。
② 王绍仁：《江南藏书史话》，上海古籍出版社2009年版。

孤岛抢救。在上海被日军占领的孤岛期间的 1939 年 5 月，上海合众图书馆开始创办。其创办的宗旨，为"当昔国军西移之后，每痛倭寇侵略之深，辄念典籍为文化所系，东南实荟萃之区，因谋国故之保存，用维民族之精神……命名合众者，取众擎易举之义，各出所藏为创。"① 叶景葵（1874—1949）、张元济、顾廷龙（1904—1998）成为合众图书馆的主要创办人。合众图书馆从 1939 年开始创办，至抗日战争结束后的 1946 年，馆藏量已达 14 万册，其中大部分是古籍文献，在谋国故之保存、维民族之精神方面做出了重要的贡献。

与合众图书馆"谋国故之保存"异曲同工，郑振铎（1898—1958）也成为上海1937 年至 1941 年"孤岛"时期抢救江南古籍的领袖人物。1937 年上海八一三事变后，江南古籍大批流失，收购者中既有敌伪机关，也有包括美国国会图书馆在内的美国大学图书馆。郑振铎可谓心急如焚，所谓"收异书于兵荒马乱之世，守文献于秦火鲁壁之际"，通过他广泛的人脉和智慧的运作，购回了元刊《古今杂剧》等元明杂剧 64 册、242 种（其中有许多已成为孤本）；在先后购回的书单中，有刘氏玉海堂、郑氏群碧楼、邓氏风雨楼、张氏蕴辉斋、南浔张氏适园、刘氏嘉业堂等江南著名藏书楼的世代珍藏古籍。据统计，在 1940 年至 1941 年两年中，郑氏先后征集购回了江南古籍达 3 800 余种，其中宋元善本 300 余种，"收异书于兵荒马适之世"之举功莫大焉。郑振铎不仅凭个人之力抢救古籍，还创意成立文献保存同志会。据《张元济年谱长编》记载，1940 年 1 月 5 日，郑振铎与张元济、张寿镛（1875—1945）、何炳松（1890—1946）等联名致电时任国民政府组织部长朱家骅（1893—1963）和教育部长陈立夫（1900—2001），"创议在沪组织购书委员会，从事搜访遗佚，保存文献，以免落入敌手，流出海外。"同时，当时从具体方法上考虑，一是对外宜缜密，以暨大、光华及涵芬楼名义购书；二是款宜存中央银行。1940 年 2 月 3 日，郑振铎拟定《文献保存同志会办事细则》，张元济阅后认为细则"甚周密"。② 2020 年 11 月 6 日，中央电视台播出的

---

① 陈陶遗等：《呈为设立私立合众图书馆申请立案事》，上海图书馆永久档案 #1。

② 张人凤、柳和诚：《张元济年谱长编（上下卷）》，上海交通大学出版社 2011 年版，第 1128—1131 页。

纪录片"炮火下的国宝"第二集"孤岛大抢救",为人们讲述了郑振铎等人当年搜购江南古籍文献的生动感人的故事。

中国台湾学者苏精曾在 1979 年的《传记文学》(第 35 卷第 5 期)上发表了《抗战时期秘密搜购沦陷区古籍始末》,此文收入作者《近代藏书三十家》一书作为附录,可据以从另外的角度了解孤岛抢救的相关情况。①

护书转移。杭州文澜阁"四库全书"是四库七阁中南三阁之仅存者,也是江南藏书文化的重要传世文献之一。抗日战争时期,时任浙江图书馆馆长的陈训慈(1901—1991)富有远见并果断决策,将 140 箱的文澜阁"四库全书"和其他古籍 88 箱转移出杭州予以保存,这些古籍共计 3 467 部、42 536 册,这些存世珍贵文献得以在杭州沦陷前安全地运往浙江富阳。从 1937 年 8 月 1 日至 1946 年 5 月 7 日,在近 9 年的岁月中,文澜阁"四库全书"先后经浙江、福建、江西、湖南、贵州、重庆等地,辗转两千多公里,其中贵阳城北郊外山中的地母洞成为重要的临时保存地。2013 年 8 月,陈训慈的《运书日记》整理出版,让后人能够从字里行间体验当年这些动人心魄的护书场景。② 此外,在贵州省图书馆保存的档案文献中,有《代管文澜阁〈四库全书〉》专门档案,其中有相关文件、电文、信件、经费支出表格及各种凭据等,为人们了解抗战时期文澜阁《四库全书》在贵阳的经历提供了第一手资料。2020 年 11 月 8 日,中央电视台纪录片频道播出的《炮火下的国宝》第四集《四库全书》的抗战苦旅",生动形象地为人们展现了当年感人肺腑的苦旅场景。

曾经担任上海公共租界工部局总办的潘宗周(1867—1939)有"宝礼堂"藏书室,潘氏"喜储宋椠","眼识甚高,元明以下蔑如也"。③ 抗日战争中,潘宗周以其工部局总办的特殊身份和国际人脉,曾将"宝礼堂"所藏宋元珍本 111 部、1 088 册通过英国驻上海的文化机构并由英国军舰运往香港并保存在汇丰银行

---

① 苏精:《近代藏书三十家(增订本)》,中华书局 2009、2011 年版,第 234—246 页。

② 陈训慈:《运书日记》,周振鹤整理,中华书局 2013 年版。

③ 伦明:《辛亥以来藏书纪事诗(附补校)》,上海古籍出版社 1999 年版,第 12 页。

中，使这一江南藏书文化案例中注入了国际化的元素。

战后索回。由英国传教士伟烈亚力创办的亚洲文汇图书馆在抗战时期曾被日军占领，馆中珍贵文献半数以上被劫夺至日本，抗日战争结束后终被大部索回。

严绍璗曾撰有《追踪日本军国主义者在中国掠夺的文化资材》一文，记录了包括江南藏书在内的 20 世纪上半期的三十余年间汉籍被劫夺的黑暗历史，收录在所著《日本藏汉籍珍本追踪纪实——严绍璗海外访书志》一书中，[①] 成为江南藏书文化与抗日战争的研究资料。

五、江南藏书文化研究的国际化

江南藏书以其丰富的文献内涵和独特的地理区位吸引了国内外文献学界的目光，也成为中西文化交流的重要内容。从江南藏书文化研究的国际化观察，我们可以看到中外有诸多学者以跨越国界的眼光在这方面播种耕耘，形成了许多研究成果。仅举数例，可见一斑。

钱曾《读书敏求记》。早在清初，江南常熟的藏书家钱曾（1629—1701）在所作的《读书敏求记》中，在卷一经部就曾著录有"何晏论语集解十卷"，钱氏提要云："此书乃辽海萧公讳应宫，监军朝鲜时所得。甲午初夏，予以重价购之于公之乃孙，不啻获一珍珠船也。笔画奇古，似六朝初唐人隶书碑版，居然东国旧抄。行间所注字，中华罕有识之者。洵为书库中奇本。卷末二行云，'堺浦道祐居士重新命工镂梓。正平甲辰五月吉日谨志。'未知正平是朝鲜何时年号，俟续考之。"[②] 考"正平"为日本长庆天皇年号，始于 1347 年，终于 1370 年，则钱氏目录中已记录了中国古代《论语》典籍东传至日本和朝鲜的相关信息。

---

① 严绍璗：《日本藏汉籍珍本追踪纪实——严绍璗海外访书志》，上海古籍出版社 2005 年版，第 483—496 页。

② （清）钱曾：《读书敏求记》，丁瑜点校，书目文献出版社 1984 年版，第 11 页。

英国人傅兰雅。傅兰雅（John Pryer，1839—1928），1861 年来中国，曾于 19 世纪 60 年代至 90 年代的三十年中先后担任北京同文馆英文教习和上海英华书院首任院长，并在江南制造局翻译馆翻译了 130 种各类学科的西文图书。美国柏克莱加州大学东亚图书馆馆长周欣平在该馆所编《柏克莱加州大学东亚图书馆中文古籍善本书志》序中为人们提供了傅兰雅以及江南藏书文化的有关信息："柏克莱加州大学为美国西部'中国研究'之重镇，庋藏汉籍之历史源远流长。1886 年，著名英籍汉学家傅兰雅执教于此，将其在华所收集两千余种明清刻本悉数捐赠予柏克莱，遂开本校收藏中文文献之先河。20 世纪初，华人学者江亢虎（1883—1954）继傅氏之后任教柏克莱。江氏除将其个人藏书千余种悉数捐赠给柏克莱，还为本校自中国购得大量古籍。第二次世界大战之后，柏克莱加州大学中文藏书已增至 7.5 万余册，遂于 1947 年正式成立东亚图书馆。此后，该馆购得日本著名之'三井文库'全部收藏（中、日、韩文书籍十万余种），其中包括宋元明清善本多种，如曾经 20 世纪初江南著名藏书楼嘉业堂收藏之刻本和稿、抄、校本，均属难得一见之珍品。"[1] 四年之后的 2009 年，柏克莱加州大学东亚图书馆又编纂出版了《柏克莱加州大学东亚图书馆藏碑帖》，收录了馆藏中国古代善本碑帖和金石拓本 2 600 多种。[2] 美国柏克莱加州大学东亚图书馆馆藏以及傅兰雅与江南藏书文化的关系，为人们研究江南藏书文化提供了中美日之间的国际化视域。

岛田翰《皕宋楼藏书源流考》。日本汉学家岛田翰（1879—1915，字彦桢）所著《皕宋楼藏书源流考》是江南藏书文化历史研究的重要著作。关于此著作的文献学术价值，长泽规矩也（1902—1980）曾进行过评价："光绪三十三年，有陆心源书东渡之事。翰亦参预之。乃考皕宋楼藏书之源流，略述明季以来藏书聚散之事，叙陆氏搜书之次第，出售之颠末及陆氏藏书之特色，书中之孤本，东传

---

① 柏克莱加州大学东亚图书馆：《柏克莱加州大学东亚图书馆中文古籍善本书志》，上海古籍出版社 2005 年版，序。

② 柏克莱加州大学东亚图书馆：《柏克莱加州大学东亚图书馆藏碑帖》，上海古籍出版社 2009 年版。

日本之大概。所述颇得其要。"①《皕宋楼藏书源流考》在日本静嘉堂既有油印本，也有清光绪丁未（三十三年）武进董氏北京刊本。李希泌和张树华所编《中国古代藏书与近代图书馆史料》（春秋至五四前后）（中华书局 1982 年）在第五章"关于图书馆史的研究"中收录了日本岛田彦桢的《皕宋楼藏书源流考并购获本末》，著录为 1907 年 6 月，选自《国粹学报》第四年第八期，录光绪丁未六月刻本。从《皕宋楼藏书源流考》的选题和内容分析，这是有关江南藏书文化极具学术价值的选题。这一研究选题从江南藏书文化的历史逻辑出发，从江南藏书文化的整个系统进行观察，并探究内在各个藏书家之间的线性链环关系和网状辐射逻辑，为江南藏书文化的深入研究提供了重要的思路和方法。这一选题至今仍有继续深入研究的广阔空间和学术价值。

杨守敬《留真谱》。 清代末年的古籍版本目录学家杨守敬（1839—1915），曾经担任清政府出使日本大臣黎庶昌（1837—1897）的随员，在日本期间广泛深入地调研流传于日本的中国古籍，特别是中国已散佚的古籍，并将所收集的文献进行汇集和摹写，成《留真谱》初编 12 册（1901）和《留真谱二编》8 册（1917），成为中国最早编印的古籍书影图谱。关于近百年来中国学者赴日调研汉籍在域外流布的情况，严绍璗曾概述道："近百年来，我国学术界的有识之士，利用中日往来的多种时机，躬亲实践，调查汉籍在域外的流布，特别是在日本列岛的流布。黄遵宪的《日本国志》，杨守敬的《日本访书志》，盛宣怀的《愚斋东游日记》，董康的《书舶庸谭》，乃至傅增湘的《藏园群书经眼录》，孙楷第专访东京汉籍小说等等，都曾记录了日本保存于当时的若干汉籍，在中国学术史上功劳至大。"关于清末在日本从事典籍访问的我国各色人士，还有缪荃孙，事见《日游汇编》；罗振玉，事见《扶桑两月记》；贺纶夔，事见《钝斋东游日记》；黄嗣艾，事见《日本图书馆调查丛记》等。② 在近百年来中国学者赴日调研汉籍的同时，

① （日）长泽规矩也：《中国版本目录学书籍解题》，梅宪华、郭宝林译，书目文献出版社 1990 年版，第 139 页。
② 严绍璗：《日本藏汉籍珍本追踪纪实——严绍璗海外访书志》，上海古籍出版社 2005 年版，第 483—496 页。

近代日人赴中国访书也成风气，钱婉约于 2003 年曾撰有《近代日人中国访书记》一文，对此有详细的介绍。① 此后钱婉约又进行了广泛深入的文献调研，编译出版了《日本学人中国访书记》一书，内容包括内藤湖南、田中庆太郎、武内义雄、神田喜一郎、长泽规矩也、吉川幸次郎等六篇在内的访书资料，成为江南藏书文化国际化的重要研究文献。②

长泽规矩也《支那书籍解题》。长泽规矩也是日本目录学家，曾就读日本帝国大学中国哲学文学科，其获文学博士论文的题目即为《日汉书的印刷及其历史》，所著《支那书籍解题（书目书志之部）》（1940）共收录了 500 多部中国古籍书目及相关文献，内中有诸多江南藏书的信息，如第五部分"家藏"类著录有"脉望馆书目，明赵琦美编"，解题云："赵为常熟人，官至刑部郎中。天启四年殁，年六十二。致力于古书搜集及抄写比校，几忘寝食。殁后，藏书入绛云楼，据称遭火灾者甚多，但手泽本传入我国内阁文库者仍不止二三。"③ 又如第七部分"读书题跋"中著录有"读书敏求记四卷，清钱曾"，解题云："曾，字遵王，家多藏书，又从宗族牧斋游，精通版本。述古堂、也是园为其斋号，自号也是翁。从本书可窥见其鉴识之一斑，构成清朝书志学之源流，以百衲本为首，本书中成为书志学上术语之作俑者甚多。"④ 这些提要文字，虽短短数语，却对江南藏书家的藏书目录的文献学术价值进行了重要的揭示和点评。

江南藏书文化国际化研究的中国学者。中国有多位学者长期致力于中日乃至东亚文献交流的研究，为江南藏书文化的国际化研究开拓了广阔的研究领域。

严绍璗。严绍璗长期致力于汉籍在日本的流布研究，发表了诸多研究成果，其中 2005 年出版的《日本藏汉籍珍本追踪纪实——严绍璗海外访书志》，内中

① 王勇等：《中日"书籍之路"研究》，北京图书馆出版社 2003 年版，第 217—237 页。

② 内藤湖南、长泽规矩也等：《日本学人中国访书记》，钱婉约、宋炎编译，中华书局 2006 年版。

③（日）长泽规矩也：《中国版本目录学书籍解题》，梅宪华、郭宝林译，书目文献出版社 1990 年版，第 139 页。

④（日）长泽规矩也：《中国版本目录学书籍解题》，梅宪华、郭宝林译，书目文献出版社 1990 年版，第 139 页。

有不少江南藏书文化的资料。章培恒(1934—2011)在此书序言中举出了此书的两大特色,其一是:"从对收藏情况的介绍中显示出日本在该历史阶段的文化特色。书中对属于三菱财团的静嘉堂购藏归安陆氏书籍的描述就很具代表性。假如说,日本以前的珍视和大规模收购汉籍是由于对汉文化的崇奉,那么,在'脱亚论'兴起、资本主义已成为不可阻挡的潮流的时代,作为资本主义经济弄潮儿的三菱财团为什么在1907年还要以重资购买归安陆氏皕宋楼、十万卷楼和守先阁的藏书呢?绍璺先生对此的介绍,实际上提出了一个很值得深思的问题:在日本的资本主义文化过程中,对作为亚洲传统文化重要组成部分之一的中国传统文化到底采取了怎样的态度?这种态度是基于怎样的理念?其实际效果又如何?假如再以此与20世纪中国的有关情况相对照,我想也正是中日比较文化研究的一大课题。"[1] 显然,章先生基于江南藏书文化的国际化研究命题,提出了一个更具高度的研究视域。

王勇。王勇长期致力于中日文化研究,特别是创意中日书籍之路的研究。其于1990年就出版了《中国典籍在日本的流传与影响》(杭州大学出版社),他在所撰《"丝绸之路"与"书籍之路"——试论东亚文化交流的独特模式》一文中指出:"历史上中日两国交往甚少,为何文明景观极为相似?这个谜底现在可以揭开:中国典籍犹如文明的种子,经由书籍之路播撒到日本列岛,在异国他乡生根发芽,虽然不免出现种种变异,但中国文明的遗传基因始终传递着古老的信息。"[2] 与王勇教授为同事的王宝平也曾创办日本文化研究所,先后主编了《中国馆藏和刻本汉籍书目》(杭州大学出版社1995年)、《中国馆藏日人汉文书目》(杭州大学出版社1997年)等,其中有许多江南藏书文化的内容。

江南藏书文化研究也成为图书馆界国际化研究与交流的相关内容。如王一心所著《图书馆视角下的近代日本对华文化侵略》一书,分上下两篇,上篇为

---

① 严绍璺:《日本藏汉籍珍本追踪纪实——严绍璺海外访书志》,上海古籍出版社2005年版,第483—496页。

② 王勇等:《中日"书籍之路"研究》,北京图书馆出版社2003年版,第217—237页。

"在中国境内建立图书馆";下篇为"在中国境内破坏中国图书馆"。其中下篇中
分别列举了对中国图书馆的蓄意损毁、劫掠中国图书馆的计划性组织性和规模
化、文化侵略对中国图书馆学术研究的影响等具体史实和数据,其中有不少关
于江南藏书文化的内容。① 又如由国际图联善本手稿专业委员会主办、由浙江图
书馆承办的主题为"中国书写与印刷文化遗产和图书馆工作"的 2006 国际图联
(IFLA)杭州会前会于 2006 年 8 月 14 日至 16 日在浙江图书馆举行,会上韩国
学者朴现圭提交的《金陵刻书处与韩国人编著的经版》论文,认为当年金陵刻书
处保存了大量古代韩国人编著的佛教书籍的经版,为江南藏书文化与韩国的关
系提供了新视野。②

多少年来,江南藏书文化的国际化元素有了一些研究成果,以上列举的仅
是其中的一小部分。可以肯定的是,这一命题仍有进一步深入研究的空间;可
以期待的是,在未来的江南藏书文化研究中,相信会有更多江南藏书文化国际
化元素的研究成果问世。

---

① 王一心:《图书馆视角下的近代日本对华文化侵略》,国家图书馆出版社 2020 年版。
② 浙江图书馆:《中国书写印刷文化遗产和图书馆工作——2006 年国际图联(IFLA)杭州会前会论
　文集》,浙江古籍出版社 2009 年版,第 131 页。

清代江南运河流域私家藏书发达与学术文化兴盛之互动关系

陈东辉

就总体而言，江南运河流域堪称历史上私家藏书最为兴盛之区域，清代尤其如此，无论是数量还是质量，均属规模空前，在全国首屈一指。笔者认为，清代江南运河流域私家藏书之所以如此发达，原因是多方面的，而学术文化兴盛应是其中不容忽视的重要因素，并且清代江南运河流域私家藏书发达与学术文化兴盛存在着互为因果、互相促进的互动关系。众所周知，清代系中国学术史上集大成的重要时期，一大批学者在众多领域取得了辉煌璀璨的成果，其中以江南运河流域学者的成果最为突出。清代江南运河流域学者取得最大成就的是朴学领域，包括文字、音韵、训诂、目录、版本、校勘、辨伪、辑佚、编纂等，而从事朴学研究，需要大量的图书资料，但中国古代公家藏书一直不发达，所以清代江南运河流域学者在治学时主要依靠私家藏书。可以这么说，江南运河流域朴学的昌盛，在很大程度上促进了私家藏书的兴旺。

江南运河流域作为清代学术最为发达的地区，同时也是私家藏书最为兴盛的地区。江南运河流域的顾炎武、钱大昕、戴震、惠栋、章学诚、俞樾等均系大师级的超一流学者，在清代学术史上叱咤风云，成就卓著。与此相应，清代江南运河流域的藏书家人数众多。据吴晗《江浙藏书家史略》[①]一书统计，清代江苏有藏书家290人（绝大多数在苏南运河流域），浙江有267人，其中包括许多海内闻名的藏书大家，而藏书质量更是其他地区无与伦比的。另据范凤书统计，中国藏书家最多的10个市县依次是苏州、杭州、常熟、宁波、湖州、绍兴、

---

① 中华书局1981年版。

福州、嘉兴、海宁、南京。①除了福州之外，其余9个市县均在全国文化学术最为发达的江南运河流域。同一个省内，学术发展促进私家藏书兴盛的情况也十分明显。以浙江为例，在清代，该省学术文化事业最为发达的当数运河流域之杭州、宁波、绍兴、嘉兴和湖州，这些地区的私家藏书也远较浙江其他地区兴旺。上述现象绝非偶然的巧合，而是有着必然的联系。

清代江南运河流域学者大多本身拥有较多的藏书，主要是靠自己的藏书做学问，同时也利用他人的藏书。浙江秀水（今嘉兴）的朱彝尊乃清初著名学者，曾参修《明史》，著有《经义考》《日下旧闻》《曝书亭集》等，并编纂了《明诗综》和《词综》，堪称著作等身。由于学术研究的需要，朱氏购买和抄录了大量书籍。他在京参修《明史》期间，经常从史馆借抄，并借抄于无锡秦氏、昆山徐氏、钱塘龚氏、宁波范氏等明末清初的藏书世家，历年所抄达3万余卷，占其全部藏书的近40%。朱彝尊家有藏书三十椟，近8万卷，在其老家秀水梅会里建有著名的藏书楼"曝书亭"。为了搜求典籍，他的足迹遍布大半个中国。丰富的藏书，为朱氏的研究提供了极大便利。朱氏的重要著作《经义考》，乃规模宏大的专科版本目录学著作，取材宏富，辨订群书，识断通核，是研究中国古代学术文化史的重要工具书。试想如果没有"曝书亭"的大量藏书作基础，是难以写成《经义考》的。

又如清代中期的陈鳣系浙江海宁人，精于经学及文字学、训诂学，著有《经籍跋文》《石经说》《两汉金石记》《埤苍拾存》《声类拾存》《恒言广证》《续唐书》《松砚斋随笔》《简庄文钞》《简庄文钞续编》《简庄缀文》《简庄疏记》和《简庄诗钞》等。阮元称其"于经史百家靡不综览""浙西诸生中经学最深者也"②。与当时的著名学者钱大昕、王念孙、翁方纲、段玉裁等交往颇多，他们都敬重陈鳣的学问。为了从事经学等的研究，陈鳣一生中收藏图书达十余万卷，其在海宁

---

① 参见范凤书：《中国私家藏书史》"总论与专论"十一《中国藏书家的区域分布》，武汉大学出版社2013年修订版，第658页。

② （清）阮元：《定香亭笔谈》卷二，清光绪二十五年（1899）浙江书局重刻本。

的藏书楼名为"向山阁"，与黄丕烈士礼居、吴骞拜经楼齐名。陈氏藏书的特色与其学术旨趣紧密相关。他对经学研究颇深，其藏书亦多宋元刊经部珍本，内中不少系用重金收购而得。据清代浙江海盐藏书家钱泰吉在《曝书杂记》中的记载，陈鱣藏有宋刻《周易注疏》《周易本义》《尚书孔传》《尚书集传》《毛诗传笺》《周礼注》《礼记注》《礼记注疏》《尔雅单疏》《大学章句》《中庸章句》《论语集注》和《孟子集注》等。① 陈鱣还利用收藏经书众多的有利条件，对有关经书进行了校勘，最后汇成《经籍跋文》19 篇，学术价值甚高。

上文论述了清代江南运河流域学术发展促进了私家藏书的兴盛。从另一个角度来考察，私家藏书之兴盛，反过来又促进了清代江南运河流域学术尤其是朴学的发展。首先，私家藏书为学术研究提供了大量图书。可以这么说，如果没有大量的私家藏书的支撑，清代江南运河流域学术尤其是朴学研究要取得如此巨大的成就几乎是不可能的。蔡尚思在论及藏书与学术研究的关系时云："藏书的风气大盛，如钮氏世学楼、祁氏澹生堂、黄氏千顷堂、钱氏绛云楼、郑氏丛桂堂、徐氏传是楼，尤其是范尧卿的天一阁，藏书甚富；毛子晋父子的汲古阁，前后积书八万四千册。没有明末这批私人大图书馆，清初黄宗羲等人能博览群书，广搜史料吗？"② 事实确实如此。许多学者虽有自己的藏书，但一个人的家藏毕竟有限，一般还是需要利用他人的藏书。蔡氏提及的黄宗羲，家中虽有祖辈留下的许多图书，但他仍感不足，多次外出访书。钱谦益的绛云楼在明末清初的江苏私家藏书中首屈一指。清顺治七年（1650），黄宗羲赴绛云楼借书，钱谦益破例允其观书。黄氏看了钱氏丰富的藏书后，有云："得翻其书籍，凡余之欲见者，无不在焉！"③ 兴奋之情，溢于言表！

江苏嘉定（今属上海市）的钱大昕乃清代数一数二的朴学大师，著述宏富。与一些著名藏书家相比，钱氏的藏书并不算十分丰富，但他在治学过程中，曾

---

① 参见（清）钱泰吉：《曝书杂记》卷上，清同治七年（1868）刻本。

② 蔡尚思：《中国文化史要论（人物·图书）》（增订本），湖南人民出版社 1980 年版，第 89 页。

③ （清）黄宗羲：《天一阁藏书记》，载李希泌、张椒华编：《中国古代藏书与近代图书馆史料》，中华书局 1982 年版，第 37 页。

多次向黄丕烈、袁廷梼、卢文弨、周锡瓒、顾之逵、戈宙襄、严元照、何元锡、刘桐、吴骞等人借抄图书[①]，遂使他的学术著作益发博大精深。此外值得一提的是，由于某些善本钱大昕未曾寓目，从而使他的个别考证的精确性稍受影响。如傅增湘在为《校史随笔》[②]所作的"序言"中指出："窃惟史籍浩繁，号为难治。近代鸿著，无如王氏《商榷》、钱氏《考异》、赵氏《札记》。三君皆当代硕儒，竭毕生之力以成此书。其考辨精深，征引翔实，足为读史之津寄。然于疑、误、夺、失之处，或取证本书，或旁稽他籍，咸能推断，以识其乖违，终难奋笔以显为刊正，则以未获多见旧本，无所取证也。第旧本难致，自昔已然。钱氏晓征博极群书，然观其《旧唐书考异》，言关内道地理于今本多所致疑，似于闻人诠本未全寓目。明刻如此，遑论宋、元。"钱大昕的《廿二史考异》和王鸣盛的《十七史商榷》，纠正了正史刊本中的诸多讹误，水平甚高。然而由于他们未能见到更多的宋元善本，致使个别考证失误。[③]同时，钱、王凭借个人学识指出的《五代史记》时本中的某些错误，在张元济所见之宋庆元刊本中不误，并且尚有不少未及指出者。[④]从某种意义上说，钱、王的上述考订变成了无效劳动。如果他们当时能见到较多的宋元善本，那么就不会出现上述问题了，《廿二史考异》和《十七史商榷》的质量也将更高。这一事例，从反面说明了私家藏书对学术研究的重要作用。

　　另外，有些江南运河流域学者因条件所限，本身藏书较少，在研究时主要借助他人藏书。值得一提的是，地处浙东运河流域的我国现存历史最为悠久之私家藏书楼——天一阁，虽然在建阁之初就确立了"代不分书，书不出阁"的制

---

① 参见（清）钱大昕：《竹汀先生日记钞》卷一，载陈文和主编：《嘉定钱大昕全集》（增订本）第8册，凤凰出版社2016年版，第527—557页。

② 傅增湘：《〈校史随笔〉序言》，载张元济：《校史随笔》卷首，上海古籍出版社1998年版，第1—2页。

③ 参见张元济：《校史随笔》"金史·考异所指有误"条，上海古籍出版社1998年版，第138—139页。

④ 参见张元济：《校史随笔》"五代史记·钱大昕考异所指此不误"条、"五代史记·王鸣盛商榷所指此不误"条、"五代史记·时本讹夺多可纠正"条，上海古籍出版社1998年版，第119—122页。

度，对登阁观书也限制得很严，但是仍有一些江南运河流域学者，如黄宗羲、万斯同、全祖望、钱大昕等，获得特许而有幸登阁观书。其中黄、万、全三人系浙东学派之大师，可见天一阁对浙东学术的繁荣与发展作出过积极的贡献。清初徐乾学（江苏昆山人）的传是楼藏书甚富，万斯同《传是楼藏书歌》赞曰："玉峰当代盛人物，君家昆弟真英豪。论才宇内原无双，积书寰内亦第一。"① 康熙年间徐乾学设局纂辑《大清一统志》，延聘阎若璩、胡渭、顾祖禹、黄仪、姜震英、查慎行、黄虞稷等著名学者分纂。胡渭借此机会充分利用传是楼的丰富藏书，"纵观天下郡国之书，凡与《禹贡》山川疆域相涉者，随手钞集，与经文比次，以郦道元《水经注》疏其下，郦注所阙，凡古今载籍之言，苟有当于《禹贡》，必备录之"②，最终完成了《禹贡锥指》这一清代学术史上的名著。诚如梁启超所云："这部书虽然有许多错处，但精勤搜讨，开后来研究地理沿革的专门学问，价值当然也不可磨灭。"③ 顾祖禹的传世名著《读史方舆纪要》，也在很大程度上得益于传是楼的众多藏书。

值得一提的是，清代一些藏书家较早地意识到不秘私藏、互相交流的重要性。清初浙江秀水（今嘉兴）藏书家曹溶在《流通古书约》中，曾明确指出藏书家最重要的社会职责在于流通阅读，而不仅仅是收藏保管，务使历代珍贵典籍，不以深锁秘藏而与世隔绝。

清代江南运河流域藏书家大多具有渊博的学识，不少人乃是有影响的一代大师。他们利用丰富的藏书，积极从事目录、版本、经学、小学、史学、文学等领域的研究，以及校勘、辨伪、辑佚、编纂、刊刻等方面的学术活动，为清代学术的繁荣与发展作出了重要贡献。江苏苏州的黄丕烈之"士礼居""百宋一廛"藏书堪称乾嘉时期藏书的杰出代表，也是中国藏书史上罕见的突出典范。《清朝野史大观》云："前清二百七十年间，南北收藏家，其于古书面目，版本源

---

① 转引自（清）叶昌炽著，王欣夫补正，徐鹏辑：《藏书纪事诗（附补正）》卷四《徐乾学健庵》，上海古籍出版社 1989 年版，第 392 页。

② （清）杭世骏：《道古堂文集》卷四十《胡东樵先生墓志铭》，清乾隆四十一年（1776）刻本。

③ 梁启超著，朱维铮校注：《中国近三百年学术史》，复旦大学出版社 2016 年版，第 81 页。

流，深知笃嗜者，颇不乏人，必以荛圃为巨擘。"近人陈登原云："乾嘉间之藏书史，可谓百宋一廛之时代允矣。"[1] 黄丕烈毕生致力于古籍的收藏和整理研究，在藏书活动的各个方面均成绩卓著，同时在校勘学、版本学、目录学等领域也有很深的造诣。他一生共批校了700多种古籍并撰写了题跋。这些题跋说明该书的来龙去脉，介绍作者的情况，区别刻本的优劣，学术价值和史料价值都很高，影响颇大。古旧书行业一直流传有"顾批黄跋"的说法。凡是一部由黄丕烈写题跋、作校勘的书，就身价倍增。《荛圃藏书题识》《荛圃藏书题识续录》和《荛圃藏书题识再续录》，收录黄氏题跋共计800余篇，成为后人研究古典文献学和清代学术文化史的重要资料。

　　清代江南运河流域藏书家在目录学、版本学领域成绩卓著。钱谦益的《绛云楼书目》，钱曾的《也是园书目》《述古堂藏书目》《读书敏求记》，孙星衍的《平津馆鉴藏书籍记》，黄丕烈的《士礼居藏书题跋记》《荛圃藏书题识》《百宋一廛书录》，周中孚的《郑堂读书记》，瞿镛的《铁琴铜剑楼藏书目》《铁琴铜剑楼藏宋元本书目》，邵懿辰的《四库简明目录标注》，李慈铭的《越缦堂读书记》，丁丙的《八千卷楼书目》《善本书室藏书志》，陆心源的《皕宋楼藏书志》《仪顾堂题跋》等，均为高质量的书目题跋之作，在中国目录学史上占有重要地位。其中的《读书敏求记》由清初著名藏书家钱曾所撰，收录钱氏藏书中精华部分634种，专记宋元精刻。该书开创了藏书题跋记形式的目录新体裁，同时还开拓了目录学中版本研究的新领域，为版本目录学的发展奠定了初步基础。钱氏在书中总结出了图书版本鉴定方法上的不少规律，其中主要是以版刻、字体、纸墨、校补状况以及内容等为依据，考定图书雕版刷印的年代及版本优劣，为后人研究版本提供了宝贵经验。清代中叶以后，受该书之影响，版本目录学逐渐发展成为显学，产生了大量的善本书目录和题跋记等著作。此外，钱氏对该书所著录图书的评价与考辨，都援引了比较丰富的资料，颇为学者所重。清代学者阮福重刻该书时尝谓："遵王此书述著作之源流，究缮刻之同异，留心搜讨不遗余力，于

---

① 陈登原：《古今典籍聚散考》，商务印书馆 1936 年版，第 341 页。

目录书中洵为佳著。"① 评论堪称允当。

由此可见，清代私家藏书与学术发展关系密切。清代学术最为发达的江南运河流域，同时也是私家藏书最为兴盛的地区。相反，清代学术不发达的地区，私家藏书也较少。从总体而言，清代北方地区的学术发展明显不如南方地区，与之相应，北方地区的私家藏书也明显不如南方地区多。藏书不足，在很大程度上限制了北方学者的视野，对学术的发展产生了不利影响。桂馥曾云："北方学者，目不见书，又鲜师承，是以无成功。"② 桂馥所言，固然有些偏颇，并不全面，但也不无道理。这一情况，也可以从反面说明清代江南运河流域私家藏书与学术发展之间的互动关系。以江南运河流域与其周边地区作比较，也存在着这种情况。如清代浙江西南部的处州（今丽水）、严州（今建德、淳安、桐庐）和衢州等地的学术发展水平，远远不如地处江南运河流域的宁绍地区和杭嘉湖地区，其私家藏书的数量同样差距甚大，学术研究昌盛与私家藏书兴旺之互动关系十分明显。

---

① 清道光五年（1825）小琅嬛仙馆《读书敏求记》刻本序。

② （清）桂馥：《晚学集》卷六《上阮中丞书》，《续修四库全书》第1458册，上海古籍出版社1995—2002年版，第697页。

江南藏书文化对长三角文化贡献价值之初探

邱颖倩

文化是一个国家的脉络、一个民族的灵魂，是推动区域进步的重要力量。上海是拥有红色文化、海派文化和江南文化的沃土，其中江南文化既辐射长三角，又结合长三角及其周边的地缘文化，交融、打磨、升华成为新时代的文化共同体。江南的藏书文化，对长三角、全中国乃至全世界的文化矩阵，产生并持续影响着文化输出，是长三角发展的"关键词"，本文主要探讨江南藏书文化作为"标帜"如何助推长三角文化一体化的发展。

一、江南与江南文化

（一）江南的定义

1. 以地缘分隔

字面上的江南，即是"长江以南"，从此意义上来说长江以北的江苏省地区就被排除在外，如扬州、泰州、徐州、盐城等。

狭义的江南，主要指长江下游以南的区域，尤其特指环太湖区域，相当于江苏南部、浙江北部及安徽东南部，属于江南核心。

广义的江南，一般指明朝时期的"南直隶"，大致相当于现在上海市、江苏省、安徽省全境以及江西省婺源县、湖北省英山县、浙江省嵊泗县。

2. 观历史沿革

（1）唐朝

唐太宗贞观元年（627），分天下为十道，其中"江南道"已经完全处于长江以南，大致相当于今浙江、福建、江西、湖南四省，江苏、安徽的长江以南、湖北、四川江南的一部分及贵州东北部的地区。

唐玄宗开元二十一年（733），中央政府又将江南道细分为江南东道——今浙江、福建二省及江苏长江以南地区；江南西道——今江西、湖南二省，安徽南部，湖北东部长江以南地区，黔中道——今贵州全部及其与四川、湖南、广西接壤之地，湖北西南端。

（2）宋元

宋朝改"道"为"路"，唐朝监察机构道的划分是以山河地理为主要原则的，宋朝路的划分则是在唐朝的基础上，兼顾了经济和人文的差异性。[①]北宋二十四路中设有江南东路（属府江宁，现南京）、江南西路（属府洪州，现南昌）；南宋缩减为十六路后，改为两浙东路（属府绍兴）、两浙西路（属府临安）。

（3）明清

朱元璋建明朝后，以南京应天府和中都凤阳府为核心打造了一个京师之地，包括松江府、苏州府、扬州府等，俗称"直隶"。永乐十九年（1421），明成祖朱棣迁都燕京，"直隶"成为"南直隶"。

顺治二年（1645），清政府将明南直隶改为江南省，包含今江苏、上海、安徽三地。顺治十八年（1661），江南省设左、右布政使，为江南分省迈开了第一步。康熙六年（1667），改江南右布政使为江苏布政使司，江南左布政使为安徽布政使司。[②]

（4）新时代

党的十九大报告指出"中国特色社会主义进入了新时代"。2019 年 12 月，中共中央、国务院印发了《长江三角洲区域一体化发展规划纲要》，其中指出"支持长江三角洲区域一体化发展并上升为国家战略"，规划以上海市，江苏省南京、无锡、常州、苏州、南通、扬州、镇江、盐城、泰州，浙江省杭州、宁波、温州、湖州、嘉兴、绍兴、金华、舟山、台州，安徽省合肥、芜湖、马鞍山、

---

① 百度百科："宋朝行政区划 https://baike.baidu.com/item/%E5%AE%8B%E6%9C%9D%E8%A1%8C%E6%94%BF%E5%8C%BA%E5%88%92/9423156？fr=aladdin。

② 冯贤亮：《明清江南地区的环境变动及其社会控制模式》，《中国社会经济史研究》，2001 年第 3 期，第 19—38 页。

铜陵、安庆、滁州、池州、宣城 27 个城市为中心区辐射带动长三角地区高质量发展。"①

可以看出,"江南"既是一个地理空间,又是一个社会人文区域。"江南"是一个不断变化的地域概念,更是服务于现实的时代命题。

（二）江南文化的概念与特征

江南文化是在不断变化的江南地理位置和区域范围中形成的一个相对稳定的文化地理概念,包含着海派文化、吴文化、越文化、徽文化等。它是在一定的物质生产方式的基础上发生和发展的社会精神生活形式的总和,是在江南自然区域和行政区划中逐渐形成、融合、衍变、传播并被广泛感知和认同的文化现象和体系,是"包括信仰、知识、艺术、法律、风俗、道德以及作为社会成员的个人所获得的任何其他能力和习惯"②。

1. 诗气与地气的结合

汉乐府诗"江南可采莲,莲叶何田田",有渔女采莲的曼妙身影;李珣"山果熟,水花香,家家风景有池塘",有江南的富庶和惬意;白居易"日出江花红胜火,春来江水绿如蓝",有山水入画;司空图"桃源仙子不须夸,闻道惟裁一片花",胜过桃源仙境;韦庄"人人尽说江南好,游人只合江南老",是江南道不尽的好。

《中国国家地理》曾出过一个专辑,描绘"最能体现江南文化精神的十二种风物",③分别是乌篷船、大闸蟹、辑里丝、龙泉剑、蓝印花布、油纸伞、黄泥螺、龙井茶、霉干菜、扬州澡堂、紫砂壶、绍兴酒,这些便是普通百姓心中的有烟火气、看得见摸得着的器物江南了。

---

① 中共中央、国务院:《长江三角洲区域一体化发展规划纲要》,http://www.gov.cn/zhengce/2019-12/01/content_5457442.htm。

② [英]爱德华·泰勒:《原始文化》,连树声译,广西师范大学出版社 1992 年版,第 1 页。

③ 《江南到底在哪里?——最能体现江南精神的 12 种风物》,《中国国家地理·江南专辑》2007 年第3 期,第 16 页。

2. 传统与传承的统一

江南文化中家风家训绵延不绝。著名家规、家训、家风文献很多，如吴越国国王钱镠留给子孙的《钱氏家训》、北宋章仔钧留下的《章氏家训》、吴氏后人吴翟根据明代吴子玉的《家礼》并结合本宗族情况编辑而成的《吴氏家典》、浦江郑氏家族兴盛330年不衰的核心《郑氏规范》等，也是江南藏书文化中的一类特色瑰宝。家规、家训、家风作为中国优秀传统文化，不仅对传统文化的继承与发展有重要意义，而且对形成和谐的家庭氛围，弘扬中华优秀美德也起着至关重要的作用。

江南文化让商业艺术声名远扬。古代中国以农立国，以儒育民，农书、经书发达；商为末艺，商人卑微，故商人读物少见，商人著书更如凤毛麟角。然而，明清以来，商品经济空前繁荣，商人空前活跃，所谓"遍地徽商，钻天洞庭"。商人出巨资兴修书院，使创业精神和技能遗泽后辈。坊间渐渐开始出现专供商人阅读的专门读物，一些有文化的商人也将自己的经商经验写成专书，主纂或参与编著了大量商书，内容涉及商业经营管理技能、商品市场规律、商业道德、商业行为规范以及天文地理气象、水路交通、安全防骗等知识，如明代的《天下水陆路程》《客商一览醒迷》《士商类要》，清代《天下路程图引》《江湖必读》等，其中不乏孤本，珍稀程度可见一斑。商人读物与技艺著书，既能发扬该阶层的优势与美名，更重要的是，体现了当时文化与商业的有机结合，并对当时及后续社会的良性发展起到极为有利的帮助。商业兴盛使商人读物兴盛，又反过来促进商业更加兴盛，形成了完美的有机循环。

二、江南藏书楼与江南藏书家

我国私人藏书的历史源远流长，严格意义上来说，古代藏书楼就是我国第一代图书馆，区别于藏以致用的第二代图书馆（近代图书馆）和资源共享的第三代图书馆（现代图书馆），藏书楼更多偏重于"藏"多过于"用"。但江南藏书文化的实际情况，是有很多特征契合了近现代图书馆的特点，是藏书家们集体智慧的成果，应该说，江南藏书文化既是丰盛富裕，又是引领潮流的。

（一）江南藏书楼

雕刻印刷术的盛行和活字印刷术的发明，使得各种著作广泛流传。清代是中国封建藏书楼发展的鼎盛时期，皇家藏书楼即有文渊阁、文津阁、文源阁、文溯阁、文宗阁、文汇阁、文澜阁七阁。七阁建造前参照了宁波天一阁制式，建筑几乎都是江南民居的模样，是江南文化成果的御前肯定。

其中"南三阁"均在当时江南版图内，文澜阁选址杭州，是京杭大运河的起点；文宗阁选址镇江，是长江与大运河交汇的南入口；文汇阁选址扬州，是长江与大运河交汇的北入口，地理位置得天独厚，沿着京杭大运河的走势，更符合"以水喻文"的特征。

（二）江南藏书家古籍工作

1.建立藏书原生性保护

藏书保护自古就有"兵虫水火"一说。要想安全地将藏书保存下去，需要藏书楼主人坚持不懈的人力、物力、财力投入。官府藏书能请专门的管理吏员，私人藏书则一般难以消耗这样大的成本。由于深知"守藏之吏"的重要性，藏书家一般都是亲自管理所藏，且藏书作为私人财产，其使用权基本为整个家庭乃至家族所共享，除少数藏书家可能会将其捐出或赠予他人之外，大部分都会被子孙所继承。

天一阁主人曾订下训约："继乃子孙各房，相约为例，凡各厨锁钥，分房掌之，禁以书下阁梯，非各房子孙齐至，不开锁。子孙无故开门入阁者，罚不与祭三次；私领亲友入阁及擅开厨者，罚不与祭一年；擅将书借出者，罚不与祭三年；因而典鬻者，永摈逐不与祭。"[1] 即天一阁根据子孙人数分管图书，各房

---

[1]（清）阮元撰：《揅经室集》，二集卷八，四部丛刊景清道光本第 19 页。

掌握一把钥匙,所有的掌匙者到齐后才能打开书房。且严格规定书籍必须就室阅览,不准携带外出;子孙若不遵守规定,无故开门进入,禁三次祭祀;无故带朋友私自入阁,则要禁一年祭祀;无故将书借出,禁三年祭祀;若将藏书贩卖出去,则终身禁祭。不能参与祭祀在古代是一项十分严重的惩罚,意味着告知先祖此为不肖子孙,因此具有极强的警示力度。严格的规则使得天一阁的藏书传承了十三代。

2. 优化藏书再生性可能

"藏书"本身具有独立的价值和意义,不同的藏书家呈现出纷繁的特色和个性,对书籍自有一套爱惜方法,对书籍的保护传承可相应归纳为复本、副本、附本三类。

(1)复本

《现代汉语词典》上对"复本"的解释是"同一种书刊收藏不止一部时,第一部之外的称为复本";《信息资源建设》中对图书复本的解释是"泛指两本以上,内容和形式完全相同的图书";《复本数学模式初探》中指出,"所谓复本,是指收藏同一种出版物的册数,有时也叫复本量或复本数"。

古代采选书籍时采买复本也不在少数,"藏一阅一"能有利避免使用造成的书籍损坏,但这种情况一般是有相当财力,并对文化有更深层次要求的藏书家才能做到。

(2)副本

也称"别本"或"抄本",顾名思义多为用"抄录"或"翻刻"的形式,将书籍的内容多制造一份。抄录作为古人复制知识的重要方式,即使在明代雕版与活字印刷都较为发达的情况下,依然有其不可替代的地位与作用。如果是名家抄录,该副本的价值更是不菲,是别具一格的收藏品。从现今的眼光来看,甚至比原本更有存世价值,对研究书和抄书人的个性是尤为重要的依据。

(3)附本

是给正式文本做补充和说明的重要文本,也可以直白地理解为是正本的注释,与主书为一体。许多文人在赏书的时候,常常有自己的想法,便会将自己的心得或感悟记录下来，对其进行补治和添加题帖，久而久之就修撰了一本新的书籍，而新成一书，算是对原书的一种理性拓展。南朝宋裴松之《三国志注》，北魏郦道元《水经注》，唐李善《文选注》，南朝梁刘孝标《世说新语注》为"四大名注"。相较于中国传统文化，国外几乎没有名著注解之类的书册，汉文化圈内，也只在日本有一些。因此，这类书是我国不可复制的文化遗产，是值得研究的领域之一。

3. 转变思想共享藏书

古代的藏书大多数都"密藏于室，传于子孙"，极少数的才拿来分享流通。其原因是多方面的：第一、图书价值偏高。藏书楼往往意味着建造它的主人需要耗尽时间、精力甚至家产，完工后便是一笔巨大财富，自然要么秘不示人、传之子孙，要么只限亲朋好友、权贵官员、名流绅士赏阅；第二、图书在流通过程中的丢失、污损问题在古代社会的条件下难以解决；第三、当时社会大部分人不识字，完全没有阅读需求，自然就没有流通分享意识的普及。[①]

诚然，藏书秘而不宣，目的是为了尽可能延长书籍寿命，能使其保存久远，具有积极的一面，古代科技、保护制度及藏书环境都不理想，故藏书家们对书籍的极度重视和高度严密的管理，是一种必然的结果，中外皆是如此。但若过度私密已藏，则一旦遇到各种书厄，或是子孙不肖，所藏便覆水难收，散佚无存，亦是一种难以避免的厄运。

古书作为需要修复的一种载体，藏书家们秘宝所藏的心理是正常的，但书籍本身的意义与一般古物不同，它原本是记录历史文化、思想学问的载体，如果不能够得到传播，那么它本身存在的价值就会丧失。令人欣慰的是，相当一部分的藏书家在相互借书的过程中，获得了交流机会，疑义相与析，各有所得，客观上促进了学术的发展和进步。[②] 也渐渐愿意主动将藏书分享出来。

[①] 陈银涛：《古代藏书楼与近代图书馆》，《晋图学刊》2018 年第 1 期，第 55 页。
[②] 《明代私人藏书保护研究》，武汉大学硕士论文，2019 年，第 59 页。

三、江南藏书文化对长三角文化发展的启示

随着经济全球化与区域一体化的发展，国家、区域之间的竞争越来越集中地表现为城市之间的竞争，特别是具有一定国际影响力的大城市、特大城市之间的竞争。以城市群组织形式为代表的城镇密集区域，成为集聚国内乃至国际经济社会要素的巨大影响空间，如美国东北海岸、五大湖沿岸，日本东海道地区，英国以东南为中心向西北方向延伸的地区，西北欧以阿姆斯特丹、巴黎和鲁尔为中心的地区这些大型城市群地区被认为是最成熟的世界级城市群地区。[①]

改革开放初期，上海的发展一度陷入瓶颈，变化远不及广东等地大。1990年，社会学家费孝通提出"以上海为龙头，江、浙为两翼，以长江流域为腹地，通过陇海铁路大动脉与西北原材料基地和三线所蕴藏的技术力量相沟通，加速发展外向型经济"[②]。该设想被中央采纳并列入正式文件，为后来长江三角洲区域一体化发展和国家区域发展总体布局的战略定位提供了参考。2012年4月10日，《2010中国城市群发展报告》中显示长三角城市群已跻身六大世界级城市群。[③]

"十四五"已然到来，"构建人类命运共同体、实现共赢共享"的意识已贯穿了中国文化的方方面面：尊重多样文明、谋求共同发展的"上海精神"，和平合作、开放包容、互学互鉴、互利共赢的"丝路精神"，共赢、合作、可持续的亚洲安全观……人类命运共同体这一超越民族国家和意识形态的"全球观"，长三角文化的一体化，即是"破局之基""头羊之势"。

（一）扩大"招牌菜式"影响

品牌项目应向周边推广。长三角地理位置得天独厚，经济发达，对文化的

---

① 百度百科：世界级城市群 https：//baike.baidu.com/item/%E4%B8%96%E7%95%8C%E7%BA%A7%E5%9F%8E%E5%B8%82%E7%BE%A4/2559133？fr=aladdin。

② 费孝通：《关于建立长江三角洲经济开发区的初步设想》，民盟中央1990年版。

③ 方创琳：《2010中国城市群发展报告》，2011年。

克制和传统有着独特的展现方式，建筑就是其中之一。以上海为例，近几年来，落实"人民城市人民建，人民城市为人民"的重要理念，全力推进"建筑可阅读"工作，做好城市文脉保护和传承工作。"建筑可阅读"从 2018 年的黄浦等六个中心城区向全市全面推广，开展了一系列历史建筑保护活化工程，并大力推进历史建筑对外开放，吸引更多市民游客"走近"并"走进"建筑，目前全市开放建筑共 1 039 处，设置二维码共 2 458 处，并推出相应小程序和听书资源。[①] "建筑可阅读"是能够让人们走进城市的历史、触摸城市文化印记的良方。阅读建筑是回溯过往，展望未来的一个纽带，江南藏书文化中所谓的建筑，既有书中所描写的建筑，也有放置藏书的建筑，我们研究建筑，就是研究文化；研究文化，就是让建筑更好的为人知晓，如上海市黄浦区明复图书馆（中国科学社明复图书馆）内设石库门文献阅览室，是国内首家专门为石库门建筑打造的藏书功能空间，读者能够在阅览室内找到关于上海特色民居——石库门文化的文学故事、石库门建筑的学术书籍、石库门里弄的风土人情……这便是文化和建筑虚实结合，构建文旅一体的良性闭环。

再如上海每年举办上海国际电影节、上海电视节，集中展示当今世界电影、电视的优秀作品，2021 年上海国际电影节更是在"一带一路"电影周首次将展映活动延伸至杭州、宁波、南京、苏州、合肥五个城市，让长三角地区的观众在家门口也能感受"一带一路"沿线国家电影文化和风土人情，与广大影迷共享世界优秀电影盛宴。同样的，上海市虹口图书馆的特色馆藏主题——影视文献，其专藏数量超过总馆，还有专家主持服务，经常有研究生去该馆查阅文献、撰写论文，[②] 影视文献图书馆集收藏、传承、利用为一体，并在新时代更高效地为社会服务。

---

① 上海以多元方式力推"建筑可阅读"让知名老建筑可见、可听、可读、可品，https://www.sohu.com/a/418144149_123753。

② 周德明：《主体图书馆之三论：特征、建设和价值》，载周德明：《图林漫笔》，上海书店出版社2021 年版，第 14 页。

（二）打造"创新菜式"平台

长三角文化富于创新精神，有着浓烈的创新基因。明清两代，江南地区读书人多，科举人才多。但当时科举考试并不是实行分数面前人人平等的录取制度，而是实行分省取士制，即根据各地的文化发展水平的不同，对录取名额进行有差别的定额分配。①和现今的全国高考政策，以及刚刚落实的上海市中考政策类似。之所以这么做，是为了在人才选拔、录用方面，适当平衡教育发达与不发达地区的利益。但这么一来，文化发达、应试者众的江南地区，录取率就大大降低。其结果是绝大多数江南读书人在"学而仕"的道路上是走不通的。江南山明水秀、气候宜人、物产丰盈、人文荟萃，没有温饱之虞、又仕途不通的读书人，除了经商、务农之外，还有人从事了不同的行业，有塾师（教师）、幕僚（咨询）、账房（会计）、讼师（律师），也有一些人去从事学术研究。②人，始终是最重要的因素，这些江南读书人和他们的研究对于江南文化的开拓创新、兼容并蓄起到了关键性的作用。在长三角的创新，可以从重组时间和深耕空间做起。

1. 重组时间的"夜文化"

"火树银花合，星桥铁锁开。"——人类对夜晚的快乐趋之若鹜，总希望在有限的生命中体验不同的感受。光电的诞生，使我们比古人更加幸福，生命多了三分之一的长度。夜晚不再是黑暗、寂静、只适宜睡眠的，它变成了时空的底色。

境外博物馆有夜间"常态化"开放的先例。如卢浮宫博物馆日常开放时间到 18：00，而每周三和周五会延迟到 21：45；大英博物馆每逢周四、周五展览馆开放时间延长至 20：30；美国大都会艺术博物馆则是周五、周六开放至晚 21：00；我国台北故宫博物院周六夜间开放延长至 20：30，全年无休。国内也已有多家博物馆在每年节事期间开展"博物馆奇妙夜"活动，为白天紧张忙碌的

---

① 刘海峰、李兵：《中国科举史》，东方出版中心 2004 年版，第 297—299 页。

② 熊月之：《略论江南文化的务实精神》，华东师范大学学报（哲社版），2011 年，第 39 页。

市民或匆忙观光的游客提供独特的夜间参观体验。

上海市公共图书馆基本开放至 20：30，也不乏有 21：00 闭馆的中心图书馆，24 小时图书馆几乎更是每个公共图书馆的标配，为读者提供便捷的阅读体验。在运营上突破了传统图书馆服务时间的限制，实现了阅读不打烊，以创新服务方式，提高阅读效益。

市场化运行的书店更是看准了这块"蛋糕"，分隔出阅读区、美食餐饮、录音棚、茶空间、美学屋等，把书店的空间在夜晚留给读者，书店不仅仅是"卖书"，更是在提供文化服务。"夜间动物园""夜宿水族馆"等，都是文化创新，都是文化传播刻入个人文化基因中的方式。

从"送文化"到"种文化"，夜间公共文化的延伸，实属必然。[①]

2. 深耕空间的水文化

江南遍布水网，长江跨东西、运河执南北，更有海运可以带动文化传播和经济效益。水文化，是江南文化的越不过去的话题。

江南藏书楼偏爱在水网密布处建造，传播多数也靠着水路。滨水空间一直是人们喜爱的游乐空间之一，其观景、阅景、拼景合一，又易抒发情感。以现今的眼光结合文化遗存与文化设施，规划文化动线，策划沿线文化活动是可行的，如坐一次游船、尝一餐美食、观一场戏剧、品一种技艺等，将实实在在提供丰富多彩文化体验。

（三）建立"融合菜式"氛围

古籍中有一类书名为"套印本"，一直是藏书者喜欢的版本，是收藏界的一个亮点，是国家认定的善本。套印本是指用两种或两种以上颜色套印的书籍，主要是利用不同颜色以区别书中的不同内容。常见的有两色套印、三色套印、四色套印和五色套印。套色印刷术可视为雕版印刷术发明之后，中国对世界印

---

① 邱颖倩：《管窥夜间经济中的文化创新与城市重塑》，"第十一届民盟文化论坛：文化创新——在自觉中前行"，2020 年，第 193 页。

刷技术的又一重大贡献。① 与普通的雕版印刷相比，套色印刷在技术上更加复杂，在表现形式上也更加艺术化，是中国传统印刷技术中技术与艺术完美结合的典范。

套印本，是江南藏书文化的融合的体现，将不同刻者、注者、读者的思想碰撞在一起并转化成可见的成果，着实令人震撼。

江南读书人对外来文化的包容度极高，明清来华耶稣会士与传教士，在传教的同时也带来了西方科学，其影响集中在上海。大批江浙读书人定居于此，为接触西方科学提供了便利，许多人由此走上了介绍西学、研究科学的道路。"海派文化"其实质是在江南文化基础上对欧美文化的吸收借鉴，是在融合开埠后传入的对上海影响深远的近现代工业文明而逐步形成的上海特有的文化现象。

就长三角来看，区域内的城市各有分工，各有角色，都有自身发展特色，只有城市间错位、协调发展，才能共同构成整体，共同推动长三角一体化发展，实现共荣共生。在融合长三角文化的同时，扩展与其他地缘文化、汉文化等文化的交融度，开阔"海纳百川、大气谦和"的美好文化氛围。

---

① 《古书中那些美图，是怎样印出来的？》https://www.sohu.com/a/451127366_816781。

为善为忠绵世泽　且耕且读振家声

——以《常熟翁氏藏书研究》为中心

杨璐嘉

　　坐落于江苏省国家历史文化名城常熟古城区的翁家巷内有一座古色古香的宅院，名曰"綵衣堂"，而在翁家巷门口的"状元坊"石柱上有一副由钱仲联先生撰写的楹联，"此中出叔侄大魁、昆弟抚相，画栋雕梁，门第海虞称冠代；何必数榜眼感旧、会元有坊，华篇胜迹，声名琴水让高山。"此联中所称赞的便是父子入阁拜相、同为帝师，兄弟巡抚，叔侄连魁，三子公卿，四世韩苑的常熟璇洲里翁氏家族①16，而綵衣堂则是翁氏故居（现为翁同龢纪念馆）中的主体建筑，雕梁画栋，气势恢宏，具有典型的江南建筑风格。中国近代史上著名政治家、书法艺术家翁同龢便是翁氏家族中极为重要的人物。1970 年，日本著名汉学家岛田翰将翁氏藏书列为中国晚清九大藏书之一。这样一个簪缨不绝、人才辈出、成就斐然的江南典型的文化世家为世所罕见。或许，从其特色鲜明的家族藏书历程中可以探知翁氏家族根深叶茂、绵延至今依然人才辈出的影响因素。

　　由于历史原因，翁氏藏书被隐蔽多年后终得再现，轰动一时，世所惊叹，但关于翁氏藏书的研究成果较少，且不够深入，也缺乏系统性与整体性。为此，长期躬耕于常熟与苏州藏书文化研究的曹培根教授的著作《常熟翁氏藏书研究》（广陵书社 2019 年版）的问世，填补了翁氏家族藏书专题著作研究的空白。十年磨一剑，曹教授埋首伏案、爬梳文献、潜心研究常熟翁氏藏书，先后推出了《常熟翁氏藏书及其流向》《翁同龢藏书概论》《常熟翁氏文化世家》。《常熟翁氏藏书研究》作为《翁氏文化研究丛书》项目中的重要研究成果，是曹教授数十年来对翁氏藏书研究的最新力著。

---

① 曹培根：《常熟翁氏藏书研究》，广陵书社 2019 年版。

一、《常熟翁氏藏书研究》概述

《常熟翁氏藏书研究》全书共三十万字，除了"总序""前言""参考文献"和"后记"外，共设有十六章，并附录有"翁氏藏书大事纪要"和"江苏省立国学图书馆清点常熟翁氏捐赠藏书书目"。该书系统且深入地对翁氏藏书地域背景与典型意义、家族藏书的形成、藏书情况、藏书印章、藏书题跋、藏书目录、收藏精品、藏书交往人物、藏书楼等情况作了全方面的总结研究，堪称是对中国藏书世家藏书研究的经典之作。

本书前言中即提出"常熟是明清以来中国私家藏书中心地之一，藏书世家众多为其一大特色"。① 因此起始并成长于"藏书之乡"，常熟的历史传统、藏书文化和地域环境对翁氏家族的藏书发展具有极其深远的影响和意义。书中第一章《翁氏藏书地域背景与典型意义》中，作者便首先展示了吴文化核心区域常熟的"崇文擅藏"的历史传统，"藏书之乡"虞山派藏书家久而不散、别具一格的收藏风格和模式。基于中华传统藏书文化和文脉深厚的地域环境的背景之下，作者深入探讨了翁氏藏书所具有的典型意义，即从"耕读起家"到"藏以读用"，从"读书修身"到"为善绵世"。该章研究极为深湛，对常熟自古以来的社会历史环境分析深刻，解剖详细，论证明晰。将翁氏藏书发展的史实置于历史社会、传统文化的影响之下进行探讨。立足于全局性的社会大环境下的研究视野，反映出地域背景对藏书世家在藏书发展中所具有的深远意义。因此，翁氏家族藏书的兴起与发展蕴含着历史悠久、意义深远的人文内涵。第二章至第十章以翁氏家族人员为中心，分别展示了翁氏家族主要人物的藏书故实。根据翁氏藏书的发展特点，作者将翁氏藏书发展历程以翁心存作为标志，划分为前后两个时期。翁心存之前是翁氏藏书的形成期，至翁心存开始是翁氏藏书的发展期。因此，第二章《翁氏藏书的形成》中，作者通过文献考证，梳理出常熟翁氏的早期

---

① 曹培根：《常熟翁氏藏书研究》，广陵书社 2019 年版。

人物，并从翁氏后人保存先人著作与部分藏书中，剖析总结了早期翁氏藏书的特点。第三章至第十章，集中展现了《翁心存藏书》《翁同书藏书》《翁同爵藏书》《翁同龢藏书》《翁氏曾字辈藏书》《翁氏孙字辈藏书》《翁氏之字辈藏书》《翁氏庆字辈藏书》共六代家族成员的藏书情况及其相关著作。第十一章至第十六章，在探讨翁氏藏书印章、翁氏藏书题跋、翁氏藏书目录、翁氏收藏精品、翁氏藏书交往人物、翁氏藏书楼等藏书文化专题的基础上，梳理翁氏藏书文献，深刻剖析作为江南典型的耕读之家的翁氏藏书文化的特质个性，以及作为综合性学术文化活动的家族藏书对其氏族发展乃至学术文化繁荣的贡献。[①]

　　《常熟翁氏藏书研究》探源溯流、钩微掘隐，从多角度全方位勾勒出常熟翁氏始于七世祖翁应祥兄弟，历时四百多年十多代的藏书史实，展现了翁氏家族藏书的丰富内容和文化含义。作者通过深入文献考证爬梳，勾勒翁氏家族人员的读书成果与藏书经历、翁氏家族藏书在各个时期的发展历史，与家族主要人物藏书故实。通过与附录一《翁氏藏书大事纪要》互为补充，使翁氏藏书历史的叙述更趋丰满，突出家族成员个人爱好专攻及其藏书思想，重塑翁氏家族人员博学多艺的"兼类"藏书家形象，体现了翁氏读书者藏书家的特点。同时兼以对翁氏藏书印章、各种专题藏书目录、交往人物的解读，展现翁氏家族为读书藏书、读书修身、为善绵世的藏书理念与家学家风。本书通过作者专业细致的文献考证、条理清晰的撰写，呈现出的是一本内容翔实、评述客观、文字洗练、不可多得的专业性研究著作。

二、重视藏书版本，展现特色鲜明的翁氏藏书特点

　　据作者考证，明初之时，翁氏家族的翁景阳自姑苏长洲县迁入常熟璇洲里始，常熟翁氏一族在此发展。常熟自古文脉源远流长，地灵才俊辈出，具有崇文藏书的历史传统，荟萃了杨五川七桧山房、赵清常脉望仙馆、毛子晋汲古

---

① 曹培根：《常熟翁氏藏书研究》，广陵书社 2019 年版。

阁、钱牧翁绛云楼、钱曾述古堂、张月霄爱日精庐、陈子准稽瑞楼以及瞿子雍铁琴铜剑楼等众多藏书家和藏书楼，"以一邑之收藏，为中原之甲秀。"① 翁氏书香由此孕育，深受常熟虞山藏书流派的影响，藏书特点鲜明，可归纳为以下五点：

1. 好宋元椠本。翁氏藏书成长于常熟深厚的文脉地域环境中，天然继承有常熟钱氏绛云楼、毛氏汲古阁等藏书家专收宋椠的收藏传统，追求收藏宋元本，即便是残本，也会倾囊购置。据作者统计翁氏回归的 80 种藏书中宋元本就占比 19%；著录入《北京图书馆善本书目》中的"翁捐"书中宋元善本也占有相当的比例。②

2. 刻意收藏抄本。"常熟派"中的另外一派钱遵王、陆孟凫、曹彬侯等嗜好专收精抄本，翁氏也继承有此嗜好，刻意收藏抄本。据作者统计在《北京图书馆善本书目》"翁捐"书中，就有影宋抄本、明抄本、影明抄本和大量清抄本，占"翁捐"善本书的 60% 以上。③

3. 以校稿本为主。翁氏的藏书主要来源于家族收藏、购买、抄录、交换等多种方式。由于翁氏藏书是为读书而藏，因此多为经读之本，在通过传承、传递后都有家族成员的校勘、校注以及题跋，其中特别关注经名家批校的注本。据作者统计，在翁氏回归的 80 种书中，批校注本占比量较大，仅翁同龢一人的题批注本就占有 30%。④

4. 重视稿本收藏。由于稿本多未付梓，反映著作者的原始思想，故受人重视，尤其是名家手稿及史料价值较高的稿本，一向被藏书家珍爱。据作者统计，《北京图书馆善本书目》"翁捐"善本书中稿本有 33 种，其中翁氏先人稿本 21 种，均为珍贵的稿本。在翁氏回归藏书中，手稿本也占有一定的比例。

5. 重视地方文献收藏。由于翁氏藏书孕育于文脉深厚的"文学乡里""藏书之

① 袁同礼：《明代私家藏书概略》，《图书馆学季刊》1927 年第 2 期，第 1—5 页。
② 曹培根：《常熟翁氏藏书研究》，广陵书社 2019 年版。
③ 曹培根：《常熟翁氏藏书研究》，广陵书社 2019 年版。
④ 曹培根：《常熟翁氏藏书研究》，广陵书社 2019 年版。

乡"，因此受常熟地方的文化滋润，翁书藏书大都收藏有地方文集、地方名家著述以及继承了常熟藏书家的抄本、批注本等。这也反映出翁氏家族浓重的恋乡情结。

三、突出文献梳理，体现翁氏家族先进的藏书理念

1. "藏以读用"

叶德辉在《书林清话》卷九中分析总结了洪亮吉《北江诗话》对藏书家的分类，提出了对藏书家应划分为"著述家""校勘家""收藏家""赏鉴家""掠贩家"。翁氏家族以耕读起家，继承了常熟诸多藏书世家的藏书传统。踵事增华、广购精求、博考详校，兼具著述、校勘、鉴赏、收藏，为读书而藏书，藏书为读用，多有著书，且著述甚丰，堪称藏以致用的读书者藏书世家。

由于记载翁氏早期的文献不足，根据其后人的著作和部分藏书中考证，翁氏早期藏书或为科举应试、从事文学艺术创作之需的家庭自备式经典读物，并重视乡邦文献的收藏。① 例如翁同龢在《皇明常熟文献志》的题跋中曾写道："光绪庚子十二月，从吾邑旧家得此书。反复观览，未审其义例之所在。惟传本甚稀，谈邑事者，要当收庋。卷端有'昇'字小印，疑吾家朔州公所藏也。……计此书成时，公年不过四十耳，其曾入箧衍，固其宜也。"《皇明常熟文献志》是典型的征文考献之常熟地方资料书。② 翁心存作为翁氏家族藏书中承前启后的关键人物，自其之后，翁氏藏书进入了发展期，藏书除了家庭自备式藏书、科举应试藏书外，家族成员藏书更为多元化，例如翁心存收藏有邸抄、报刊等特种文献，如与鸦片战争有相关的报道；③ 翁同书虽从戎经武，但"箧多藏籍，丹黄未曾离手"，并收藏有经史子集、诗词书画、名贤稿本等；翁同爵则

---

① 曹培根：《常熟翁氏藏书研究》，广陵书社 2019 年版。
② 傅振伦：《傅振伦方志文存》，黄山书社 1988 年版，第 79—80 页。
③ 周德明，陈先行：《翁氏藏书与翁氏文献》，上海书画出版社 2016 年版，第 277—278 页。

留意于名人书画、钟鼎文物、拓本的收藏与鉴赏；翁同龢喜好搜罗精品，使翁氏藏书品质得以提升，翁氏藏书发展进入鼎盛时期，促使其成为中国晚清九大藏书之一。从现存的翁氏藏书中可以窥见，翁氏藏书除了少量家族著述外，收藏书籍多有家族成员的校勘、装冶，留下诸多批校本及题跋本。藏书类型几乎均是经读之本，异于束之高阁仅供欣赏或贩卖者之藏书，体现翁氏藏书藏以致用的典型特征。

2. "开放思想"

历代藏书家都有重收藏、轻流通或"借书与人为不孝"的旧观念，是谓"保守"型藏书家，但常熟多"开放"型藏书家，例如脉望馆赵氏父子通过精校刊刻、编目撰跋、提供阅抄等途径交流私藏。爱日精庐的张金吾抱着"乐与人共，有叩必应"的态度公开私藏。翁氏家族继承并发扬常熟派藏书家藏书致用、流通古籍、传播藏书信息、广传秘籍、共享私藏的开放思想。从翁氏回归的珍贵藏书中可见一斑。宋本《集韵》作为翁氏回归藏书中 11 种宋刻本之一，不仅是目前所有现行本之祖本，也是这一刊本目前仅存的孤本，极其珍贵。但翁同龢购得后并未将之束之高阁，秘不示人，而是乐于与人共同鉴赏、研究，从其上留有的题记文字便可得知，《集韵》上留有潘祖荫、沈瑜庆、汪鸣銮等多人题记。[1] 可见翁氏藏书的开放思想。

四、深入人物思想，再现翁氏读书为善的家风传承

翁同龢纪念馆中的綵衣堂内至今仍挂着一副楹联，由翁同龢所撰，联上题为"绵世泽莫如为善，振家声还是读书"。同样在翁氏家族的《族谱后序》中也有这样一句话："夫富贵不足保，而诗书忠厚之泽可及于无穷。故谨著先训以示子孙，以告我族之人，俾世世永以为式。"[2] 不论是挂于主室中的楹联，还是翁氏

---

① 傅振伦：《傅振伦方志文存》，黄山书社 1988 年版，第 79—80 页。

② （清）翁同龢，马卫中，张修龄：《选注翁同龢选集》，人民文学出版社 2004 年版，第 171 页。

祖训中皆可探知到翁氏家族的立世之本。中国历代家训中都有"耕读传家""仕而优则学,学而优则仕"的传统。例如《朱子家训》中提出"子孙虽愚,经书不可不读""诗书不可不读,礼义不可不知""穷则独善其身,达则为善济世"。历来重视读书是为修身、读书是为为善的传统。而翁氏家族正是继承发扬了读书修身、为善绵世的家风家学。

翁氏藏书的始祖翁心存,虽位居高官,但"事君则忠,事亲则孝,身居宰辅,刻苦甚于儒生"。"为语汝曹须自立,家风清白守仪型"是翁心存为翁同龢考取状元之勉励。翁同龢母亲许氏临终遗言中也劝导子孙贤孝,读好书,为善人,做清官。翁同龢之妻汤松病逝前留下了"为臣为忠,为子当孝"之语。[①]据《重修常昭合志》中记载:"同书喜博览,读书过目成诵,尤长于史学。虽在军中,丹黄不去手。其将兵以仁慈恻怛为事,前后十年,未尝妄戮一人。将校未食不先食,士卒无衣不独衣。故虽当粮尽援绝,无一人哗且乱者。既卒,扬州士民请建专祠,诏从之。所著有《𪩘轩杂记》及诗文集。"翁同书虽从戎军中,但诗书不离,领军仁慈恻怛,为官清廉正直,受将士民众的爱戴尊敬。翁同龢为官四十余年,状元宰相,两朝帝师,尊荣无比,主管财政十余年,开缺回乡后竟两袖清风,囊无余资,晚年生活,尚须亲友和门生接济,甚至典卖字画度日,其道德操守清廉作风,也是值得称赞的。[②]翁氏后代翁之熹、翁万戈继承先志、谨守藏书、不私诸子孙,毅然捐赠藏书、护书回归祖国。翁氏各个时期的家族成员不论身处何时,均能践行家训,自立操守,清正廉洁,达观处世,修身养性,翁氏家族正是读书修身,为善济世的典型。

中国古代社会发展以农耕生产作为物质文明的基础,以儒家传统思想作为精神文明的支柱。[③]自农耕社会中形成的"耕读传家"到"书香门第""藏书世家""世代书香"的演变发展可知,庋藏万卷缥缃、熟读经史子集、明辨礼仪廉

---

① 曹培根:《常熟翁氏藏书研究》,广陵书社 2019 年第 12 期。

② 谢俊美:《翁同龢传》,中华书局 1994 年版。

③ 徐雁:《"丹桂有根,生于书香门第"——对于书香文雅的都市文化生态的愿景》,《新世纪图书馆》2013 年第 5 期,第 3—5 页。

耻，藏书读书，修身养性，以立高德，是累世相传的家族中家学授受、家风传承、书香泽世的根基。翁氏家族从"耕读"起家，藏书历时四百多年十多代，正是遵循"绵世泽莫如为善，振家声还是读书"的家族古训，成为世所罕见的藏书世家。《常熟翁氏藏书研究》一书的出版则为翁氏家族藏书研究提供了内容翔实、剖析深刻、述评严谨的专业著作，为深入翁氏藏书研究提升新的高度。这部不刊之作，也将会流芳百世。

上海地区私家藏书文化发展脉络简述

李唯一

上海地区的私家藏书文化于元代开始，于明清兴盛，最后在民国时期逐渐衰弱并向公共藏书转化。每一个时期，上海地区会涌现出个别极具代表性的藏书家，从他们的身上我们能看到这个时期相应的私家藏书文化特色与形成这些特色的原因。

一、史料可考的上海私家藏书从元代开始

元代时期上海地区著名的藏书家有庄肃、杜元芳、孙道明和夏庭芝等人。其中庄肃是我们现在可以根据史料所确定的第一位上海地区的藏书家，他同时也是元代时期上海地区最具代表性的藏书家。

庄肃，字恭叔，号蓼塘，松江青龙镇人。在宋朝灭亡后弃官归隐。《上海县志》记载他"性嗜书"，家中的藏书"聚至八万卷，手钞经史子集，下至稗官小说，靡所不具"。后人元末明初文学家、藏书家陶宗仪在《辍耕录》中叹道："江南藏书家多者止三家，庄其一也。"庄肃的藏书丰富到什么程度？吴履震《五茸志逸》记载："元文宗时，经筵语及唐聂夷中诗，上询其有文集否？诸学士皆以未闻对。或进言庄氏富藏书，特旨访其家，果有聂集，上之，救授教授以旌之。"连为皇帝讲经的大学士们都没有听说过的文集，竟能在庄肃的收藏中找到。可惜庄肃死后，他的子孙不善保存书籍，致使庄肃的藏书大批量流失，其中的大部分都被烧毁。

这一时期上海地区的藏书家人数不多，藏书往往仅为个人雅趣，昙花一现，但开了私家藏书风气之先。他们都出现在朝代更替之时，因不愿出仕而选择隐居，在藏书中寻求内心安宁。

1. 政治文化中心南移

之所以是在元代开启了上海地区私家藏书的风气，这是和当时的历史条件密切相关的。1127年，金兵南下攻取北宋首都东京，掳走徽、钦二帝，导致北宋灭亡，史称靖康之乱。在战乱中登基的宋高宗赵构，定都临安（今杭州），建立南宋。整个宋朝的精华随之汇入江南地区。当时的上海地区属于华亭，是宋高宗南渡临安的必经之地，不少跟随南渡的中原学者留居于此，充实了上海地区的人口与文化底蕴。据绍熙《云间志》载："华亭一邑，旧图经所书，主户五万四千九百四十一，口十万三千四十三，今见管户九万七千。"可见宋高宗南渡之后，人口增长将近一倍。1149年，宋高宗建立了"市舶提举司"，青龙镇因其优越的地理环境，成为一个重要的对外通商港口。南宋末年，一年两熟的占城水稻被引入上海地区，使得粮食产量明显增高。棉种与棉植技术的引入与黄道婆带来的先进纺织技术，使得上海地区的棉纺织业迅猛发展。繁华的贸易带来了经济的飞速增长，促进了文化的进一步旺盛。正所谓经济基础决定上层建筑，有着良好经济与人口基础的上海地区，在经过宋朝移民的几代经营之后，必然会催生出一批私人藏书家。

2. 逃离政治漩涡

1271年，忽必烈建立中国历史上首次由少数民族建立的大一统王朝——元朝，定都大都（今北京）。1279年，彻底结束了南宋的统治。忽必烈统治时期推行等级制度，依序将人们分为蒙古人、色目人、汉人、南人来统治，同时停废科举制度长达半个世纪。《元史·选举志》中说："士无入仕之途，或习刀笔以为胥吏，或执仆役以事官僚，或作技巧贩鬻以为工匠商贾。"不能"入仕"，使得当时的知识分子失去了自己所追寻、所推崇的人生价值。元朝中后期，虽然朝廷恢复了科举制度，但是官场的黑暗使得当时的知识分子又陷入另一种困境。"昨日尚书，今朝参议，荣华休恋。归去来兮，远是非，绝名利。"[1] 于是很多知识分子选择了归隐，在由藏书筑起的桃源中麻痹自己。

---

[1] 张养浩：《中吕·普天乐·辞参议还》。

二、私家藏书风气在明清两代大盛

明清两代上海地区著名的藏书家有郁文博、何良俊、陆深、王圻、陶宗仪、孙克弘、莫是龙、陈继儒、施大经、朱大韶、韩应陛、朱庆昌、徐渭仁、程维岳、孙琼、谢恭铭、程文荣、张应时和钱熙祚等。其中最具代表性的藏书家是郁文博和钱熙祚。

郁文博，今松江人，明代成化年间曾官湖广提刑按察司金事、副使，迁陕西右参议，秦王朱诚泳有诗《送郁文博少参致政还上海》。归后筑万卷楼，以藏书、校勘为乐。①郁文博不仅是藏书家，还是校勘家，他79岁仍然丹铅不离手，校勘了陶宗仪的《说郛》120卷，使得这部著作有了最初的刊行。他还曾自赋诗一首："白头林下一耆儒，终日楼间校说郛；目力心思俱竭尽，不知有益后人无。"

钱熙祚，字锡之，今金山人。官叙选通判。生平好古今秘籍，收藏极多。道光十七年（1837）兼宗祠堂，堂后建阁以贮书，名曰"守山阁"。刻书著名一时，道光中，曾得张海鹏《墨海金壶》《借月山房汇抄》残版，又从文澜阁《四库全书》中录出流传较少之书。增补删汰校订，辑成《守山阁丛书》110种，652卷；《珠丛别录》28种；《指海》20集，141种和《式古居汇抄》等。②

这一时期的藏书特点是藏书家所藏书目繁多，内容多样，包容开放。藏书家们往往出身富贵或身居高职，有雄厚的经济实力。他们不仅仅只是藏书家，还是刻书家，对于自己收藏的书目会做出精心的整理并刊刻其中的精华。

1. 经济的日益发展促成了刻书业的发展

从宋高宗南渡至明代中叶，上海因交通便利、商业发展，已经变得十分繁荣。至明万历年间，上海已经号称"衣被天下"，棉纺织产品风行全国。经济的

---

① 李玉安、黄正雨：《中国藏书家通典》，中国国际文化出版社2005年版。

② 李玉安、黄正雨：《中国藏书家通典》，中国国际文化出版社2005年版。

日益发展促成了刻书业的发展，刻书业中还出现了资本主义关系的萌芽。著名的藏书家与刻书家毛晋之子毛扆在《钞本五经文字跋文》写道："吾家当日有印书作，聚印匠二十人，刷印经籍。""据记载，那时刻书的费用很低，三分银子刻一百字，每两银子换不到七百文，一百字只得二十文。"[①] 刻书业的飞速发展减少了书籍的印刷成本，加快了书籍的传播速度。很多藏书家往往家境殷实，士商融合，在建立藏书楼的同时也开设家庭刻坊，身为藏书家的同时自己也是刻书家，儒贾相通。

2. 学术风尚影响藏书活动

清朝前期，中国文化史上出现了一个重要的学术流派——乾嘉学派。乾嘉学派的学术发展对藏书活动的影响是不容忽视的。清代乾嘉时期系中国学术史上集大成的重要时期，一大批乾嘉学者在众多领域取得了璀璨的成果，包括文字、音韵、训诂、目录、版本、校勘、辨伪、辑佚、编纂等，而这些都是藏书文化所要研究的内容。[②] 乾嘉学派的学术研究倾向于经史考据，这需要查阅大量的文献资料，要读书就必须得有书，要有书就必须藏书，于是乾嘉学者成为藏书家也就顺理成章了。兴有丰在《清代藏书家考》中说："有朴学之提倡，而藏书之需要亟；有藏书供其需要，而朴学乃益发扬光大。"由此可见学术风尚是影响藏书活动的重要原因。

三、民国时期私家藏书开始向公藏过渡

清末民初，上海进入动荡年代，私家藏书活动受到很大影响。这一时期的上海出现了一批新式藏书家，比如叶景葵、蒋抑卮、刘体智等，其中叶景葵是他们中最具代表性的一位。

叶景葵，字揆初，号卷盦，别称存晦居士，浙江杭州人，居上海。他是民

---

① 路工：《访书见闻录》，上海古籍出版社 1985 年版。

② 陈建忠：《乾嘉学者与清代江南私家藏书》，《图书馆工作与研究》，2006 年。

国著名实业家、藏书家，也是中国首位银行董事长，上海合众图书馆的创办人之一。他偏爱名人稿校本，精于校书。其藏书达 2 800 余部，超过 3 万余册。抗日战争全面爆发之后，他和张元济等人一起创建了上海合众图书馆，并捐献出自己所有的藏书，之后一直为合众图书馆购入藏书。他撰有《杭州叶氏卷盦藏书目录》《卷盦书跋》等书，详细记录了自己购书藏书的过程。

这一时期的藏书家大多有着藏书家与实业家的双重身份，他们发现个人力量并不足以存储、保护、并传承藏书，于是开始寻求新的方法。藏书家转向消亡，而藏书不消亡，由私向公，福泽大众。

1. 新技术与新思潮带来藏书变化

清末民初，西方侵略者用坚船利炮打开了中国的大门，在为中国人民带来灾难的同时也带来了先进的技术与思想。"新文化运动"以后，最新的印刷技术与新思潮在中国几个大城市，尤其是北京和上海广泛传播。上海地区出现了许多新式书籍形式和印书局。20 世纪 20 年代，新式书籍形式逐步取代传统线装形式而居于主导地位，使得书籍印刷、流通更为通畅。① 这使得上海成为中国书籍与报刊发行与买卖的中心。今天的福州路在民国时期就聚集了众多书商，不仅新刊物在上海发行，私人藏书家流散出的珍本、善本也在此被再次售出。有眼光的私家藏书家都会与书商打好关系，以此快人一步获得书的信息。同时新的思潮带来了办学热，许多私家藏书家意识到了培养人才的重要性，纷纷开放自己的藏书楼给学生，甚至捐赠图书给学校，公共藏书的模式开始兴起。

2. 动荡的时局为私人藏书增加难度

中国近代史就是一部战争史，两次鸦片战争、中法战争、甲午战争、八国联军侵华一直到抗日战争，常年战乱造成人民流离失所。国外资本进驻中国，极大挤压了中国的近代实业，造成一些富商出身的藏书家破产，不得不散书以谋生。同时，外国侵略者或视典籍等同于珍贵文物，或出于破坏中国文脉的目的，对藏书中的珍本、善本进行抢夺与烧毁，对私家藏书造成了不可挽回的损

---

① 田明伟：《民国时期浙江私人藏书研究》，《图书馆学刊》，2015 年。

失。1932 年 "一·二八" 事变爆发，日军进攻上海。他们出于破坏中国文脉的目的炸毁了众多公立图书馆，并对个人收藏进行搜掠。私家藏书或流散失踪，或被成捆运走。[①] 在意识到个人的力量在那个时期并不能很好地保护藏书后，一些藏书家合理创办了公共图书馆，为保存国粹贡献了自己的力量。私家藏书逐渐没落，开始向公共藏书转变。

四、总　　结

1949 年中华人民共和国成立以后，藏书家纷纷把藏书与图书馆捐赠给了国家。叶景葵创办的合众图书馆于 1953 年被捐赠给上海市人民政府，1958 年被并入上海图书馆；叶鸿英创办的鸿英图书馆于 1950 年被移交至上海教育局，1958 年被并入上海图书馆；刘体智小校经阁中的书籍于 1951 年被捐献给上海图书馆。

上海地区的私家藏书，在元代初露端倪，在明清两代发展壮大，在民国时期逐渐没落并开始向公共藏书转变，直到如今，公共藏书已经完全取代了私家藏书。我们可以看出自古以来，私家藏书活动的发展与否，都是与当时的历史、经济、文化等因素紧密联系在一起的。

藏书楼虽然消亡了，但藏书没有消亡。如今面向公众的图书馆，代替了私人经营的藏书楼。而且从整个轨迹来看，越是面向大众就越繁荣，越是闭塞就越容易消亡。

---

① 张一望：《沦陷前的上海》。

上海藏书家研究述评

李唯一

明清以来，我国藏书家云集江南。苏沪浙皖四地地缘相近、人缘相亲、文缘相通，共同谱写出了中国私家藏书史上璀璨的江南藏书文化。然而新中国成立以来，学者对苏州、杭州、常熟等地的私家藏书研究甚多，对上海地区的私家藏书研究甚少。本文将对以元末明初以来出生及寓居上海的藏书家为研究对象的文献，以及涉及上海地区藏书家的研究成果进行述评。

一、条目类上海藏书家研究成果

1929年，浙江图书馆的著名图书馆学家金步瀛与杨立诚合编了我国第一部系统总结历朝历代著名藏书家事迹的辞典《中国藏书家考略》，按姓氏笔画排列，共收录藏书家741人。1978年新文丰出版公司将其引入台湾，与我国著名的古典文学史家和民俗学家杨荫深所著《中国文学家考略》合编，以《中国文学、藏书家考略》之名出版。1987年，俞运之校补初版《中国藏书家考略》后经上海古籍出版社重版，其中共收录上海籍藏书家32人。

1933年我国著名历史学家、现代明史研究的开拓者和奠基者之一吴晗在清华大学就读时编撰了《江苏藏书家小史》，按姓氏笔画排列，收录藏书家五百多人，其中含上海藏书家69人。该文原载于1934年4月《图书馆季刊》第8卷第1期，由于篇幅较长，连载两期，署名吴春晗。1981年中华书局将吴晗的《小史》与其发表于1932年《清华周刊》第37卷第9、10期的《两浙藏书家史略》合编，出版了《江浙藏书家史略》。

1989年9月，湖北教育出版社出版了李玉安、陈传艺合著的《中国藏书家辞典》。该书最大的特点是其收录藏书家数量之多，范围之广，在同类型的藏书家辞书中无人能出其右。该书上起先秦，下迄现代，按中国历史发展顺序，划分出 7 个阶段，对藏书家进行归纳。每一阶段的藏书家又按其生卒年的先后排列，生卒年代不详者则置于后，共收录藏书家 1 149 人，其中上海籍及寓居上海的藏书家共 65 人。该书着重记述藏书家搜书、藏书、抄书、校书、刻书和读书等实践活动，所载或搜书之勤，或藏书之富，或版本之善，或抄书之艰，或校书之精，或刻书之良，或读书之博，无不令人叹为观止。[①]

二、纪事诗体上海藏书家研究成果

关于上海地区藏书家的研究最早起始于清末叶昌炽所撰《藏书纪事诗》，这是我国藏书家研究的拓荒之作。该书汇集了自五代至清末 1 100 多位藏书家的零散史料，其中收录上海籍及寓居上海的藏书家共 39 人。该书不仅使藏书家事迹与书林掌故荟于一编，更开创了纪事诗体藏书家传的体裁，世人称便，此后继踵者不绝。先后启发了《江浙藏书家史略》《中国藏书家考略》《续补藏书纪事诗传》《中国藏书家辞典》《中国历代藏书家辞典》等专著。叶昌炽先生本身也是一位著名的藏书家，除了《藏书纪事诗》之外还出版有《语石》《滂喜斋藏书记》《邠州石室录》等著作，这些成果都与他丰厚的藏书离不开关系，可以说是治学型藏书家的典范。

1987 年书目文献出版社出版了由我国近代著名的学者、版本目录家和考古学家，同时也是藏书家和书法家的王謇所著的《续补藏书纪事诗》。该书对叶昌炽所撰《藏书纪事诗》进行了续补，其中增加了 15 位寓居上海的藏书家。所列藏书家如潘圣一、陈华鼎、范行准等，在其余研究江南藏书家与藏书史的著作中鲜有提及。该书行文简短精悍，但涉及内容多为作者亲历，读起来有身临其境之感。

1993 年 4 月，华东师范大学出版社出版了上海市文史研究馆周退密与华东

---

① 罗德运：《千载缥缃事，巍然指顾间》，《中国图书评论》1991 年第 2 期，第 48 页。

师范大学图书馆宋路霞合著的《上海近代藏书纪事诗》。在此之前，从未有两人合著的纪事诗体藏书家传问世，也从未有专为上海一地的藏书家立传的专著问世，《上海近代藏书纪事诗》可谓开两者之先河。我国著名文史学家郑逸梅在序中评价道："上海为近代富商巨贾荟萃之地，书香门第寥寥无几，藏书为稀有之事。即有，亦什九于沧桑世变中归诸公库，难于稽考。兹在《上海近代藏办纪事诗》中得六十家，可谓煞费苦心。深希此书早日出版，俾各地人士应运而起，循此例而普及于全国，凭此更突出了祖国的文明灿烂，光照寰宇。"[①] 因该书成书时间较近，资料相较于之前出版的纪事诗体藏书家传更为完善，每一位被收录的藏书家事迹都更为丰富。然而，虽说书名为《上海近代藏书纪事诗》，其中大部分藏书家都并非为上海籍，仅为曾寓居上海，曾在上海有过藏书活动。上文所提《续补藏书纪事诗》的著者王謇也被列入本书名录。

三、有关上海藏书家个体及书目题跋研究专著

清代藏书家韩应陛，上海松江人，喜好宋元古本，藏书处名为"读有用书斋"。1933 年韩氏后人沽售藏书，中介苏州塔倪巷百拥楼书肆的邹百耐因此编纂了《云间韩氏藏书题识汇录》。该书收录韩氏藏书 406 部，其中宋刻本 21 部，元刻本 9 部，明抄本 190 余部（含影宋抄本一百三十余部），且多为名家批校题跋本，如文徵明、赵琦美、毛晋、钱大昕、顾广圻、黄丕烈等。2013 年由黑龙江学者石菲整理点校，并对韩氏藏书以及两部尚未公开发表的稿本《读有用书斋藏书志》与《云间韩氏藏书题识汇录》进行分析研究，汇编成《中国历代书目题跋丛书：云间韩氏藏书题识汇录》。这是目前对韩氏藏书目录较为完备的汇录，是研究韩氏藏书的重要文献。

金山钱氏家族，是清代上海著名的藏书世家，其主要家族成员有钱熙祚、钱熙经与钱熙辅三兄弟。其中钱熙祚所建的藏书楼就是大名鼎鼎的守山阁，其

---

① 周退密、宋路霞：《上海近代藏书纪事诗》，华东师范大学出版社 1993 年版。

辑刻有《守山阁丛书》《指海》《珠丛别录》《小万卷楼丛书》等书。其中《守山阁丛书》最负盛名，收书110种。清代著名训诂学家阮元称赞道"或注按语，或系札记，其采择雠校之精，迥出诸家丛书之上矣。夫刊刻秘籍，于人谓之有功，于己谓之有福。……今钱氏荟萃群书，津逮后学，其志深可嘉尚。"2017年11月，文汇出版社出版了由新闻记者唐昱霄与金山钱氏家族后人钱基敏合著的《一个书香世家的千年回眸——金山钱氏家族史》，对金山钱氏家族的历史做了回顾。然而，该书对20世纪以降钱氏家族的人物与命运描写较为细致，但是对19世纪钱氏家族的校书与刻书活动的描写则往往几笔带过，过于简陋了，关于金山钱氏的藏书刻书研究仍待拓荒。

叶景葵，民国著名实业家、藏书家，他虽然是杭州人，但晚年一直定居上海。1937年，叶景葵与张元济在上海创办了合众图书馆。合众图书馆成立之初，叶景葵"搜残编于乱后，系遗献于垂亡，已将敝斋旧藏悉数捐赠[①]"。叶景葵在13年间先后捐赠图书3 344种，34 160册。2017年4月上海交通大学出版社出版了由柳和城编撰的《叶景葵年谱长编》。该书客观、完整和系统地记录了叶景葵的家庭生活、求学经历、社会政治活动、金融实业活动、图书收藏、学术思想发展、个人情操、和友朋交谊等情况。丰富详尽的史料，展现了在民国这个思想冲撞，山河动荡的特殊时期，叶景葵作为一个新式藏书家所具有的独特的藏书思想。该书对研究上海民国时期藏书家的转型有重要意义。

四、上海藏书家研究论文

20世纪80年代，随着大学教育的普及新兴的研究论述方式地兴起，有关上海藏书家的研究论文开始渐渐出现于各大报刊。论文能讲的东西很多，但是因为篇幅限制，大多数还是以对单个藏书家的研究为主。最早有施礼康的"古代上海地区私家藏书概述"（《史林》1987年第3期），通过对上海地区私家藏书

---

① 叶景葵：《卷盦书跋》，上海古籍出版社2006年版。

家的梳理侧面反映出私家藏书之兴衰与政治、经济密切相关；王细荣的"近代上海商人藏书家张之铭"(《图书馆杂志》2017 第 2 期)，详细介绍了张之铭的生平，分析了他的藏书旨趣、藏书特点、藏书利用与藏书流布情况；田雨的"钱熙祚藏书与刻书考述"(《地方文化研究》2017 年第 6 期)，系统整理了钱熙祚的生平事迹与刻书成就，分析了他的刻书特点与不足之处；曹婧博与纪志刚的"晚清上海藏书家与西学传播——以韩应陛刻汉译《几何原本》后九卷为中心"(《自然辩证法通讯》2018 年第 9 期)，对韩应陛以及晚清松江藏书学派进行了深入研究，总结了晚清上海藏书家对西学传播起到的积极意义；崔欣的"《慈云楼藏书志》小考"(《图书馆杂志》2006 年第 11 期)，对比考察了现存李筠嘉的藏书志，即上海图书馆所藏《慈云楼藏书志》稿本与南京图书馆所藏《古香阁藏书志》稿本进行比较考察，揭示二者之传承关系，兼对《慈云楼藏书》的成书年代等问题略加考辨；肖郃的"吹万楼藏书与寒隐社刊书初探"(《收藏与投资》2021 年第 11 期)，通过对高燮建吹万楼藏书、聚书活动及其发起成立的金山寒隐社刊书活动的举要，探讨了高燮藏书、刊书的价值；谷玲玲的"叶景葵藏书交游与图书馆活动新探——以《卷盦札记》为考察中心"(《图书馆论坛》2021 年第 7 期)，通过对《卷盦札记》中所见叶景葵的阅书、校书、建馆等活动，重新探讨了叶景葵这类新式藏书家的价值。以上海藏书家为研究对象的论文正在逐年增多。

五、台湾地区有关上海藏书家研究成果

在大陆对上海藏书家有研究的同时，海峡对岸的台湾同胞，也以江南藏书家为主，对上海藏书家进行了研究。2006 年由台北乐学书局负责经销，明史研究小组出版了台湾辅仁大学图书资讯系陈冠至博士的《明代的江南藏书：五府藏书家的藏书活动与藏书生活》。在此之前，藏书史研究领域的著作中，同时对断代藏书史与区域藏书史进行研究的著作几乎没有。该书分为七章，外加附图、附表、附录和征引书目。以江南五府，即松江府、常州府、杭州府、嘉兴府与

湖州府这五处地理区域为轴线来贯穿整个藏书研究。作者通过对正史、文集、笔记、方志、书目题跋等史料的搜集，共获得了 229 位藏书家的资料。[①] 其中松江府即为上海地区，共收录藏书家 59 人。该书的先进性在于对江南地区藏书家的集团性进行了系统梳理，藏书家彼此的家族关系、姻亲关系、师承关系以及友朋关系都被直观体现在图表里。

1983 年台湾传记文学出版社把台北中央图书馆编辑、编纂、特藏组主任，台湾清华大学教授苏精发表于台湾《传记文学》杂志上的民国时期藏书家小传结集成书，出版了《近代藏书三十家》。该书以 1912 年后的藏书家为对象，撰写了共 32 位藏书家的家世生平、藏书聚散经过、所藏内容特点、编印校勘或著述，及与藏书有关的行实。其中 8 位藏书家建自己的书斋于上海。该书的特点在于充满人情味，苏精教授把这三十多位藏书家的事迹用朋友的口吻娓娓道来。在写道叶昌炽经历仕途不顺，白发人送黑发人等不幸之后流露出的惋惜，写道梁启超同时打理三馆、热衷培养图书馆人才时透露出的敬佩，写道朱希祖藏《尚书孔传》在十年之间几经转手发出的感叹，无一不体现出一种人文情怀。该书于 2009 年 4 月由中华书局在大陆出版。

六、总　结

20 世纪 80 年代以来，我国对藏书家与藏书史的研究进入一个发展时期，各种研究著作纷纷出版。2001 年由江苏古籍出版社出版了叶宝瑞主编《苏州藏书史》，2017 年由广陵书社出版了曹培根编著《苏州传统藏书文化研究》，2002 年由上海文化出版社出版了曹培根编著《常熟藏书家藏书楼研究》以及 2015 年由江苏凤凰教育出版社出版了《常熟藏书史》。更不提关于藏书家个体研究的专著，如《顾千里研究》《钱谦益藏书研究》《惠洞评传》等，更是比比皆是。然而

[①] 郑闯辉：《断代藏书史与区域藏书史研究的交汇——台湾版〈明代的江南藏书〉推介》，《山东图书馆学刊》2011 年第 2 期，第 30 页。

在以江南地区藏书家为研究对象的专著中，以上海地区藏书家为主的研究专著
寥寥无几。这其中固然有上海地区藏书家的基数较少的原因，也有上海地区藏
书家这个群体还未引起学界重视的原因。上海藏书家与藏书史在研究江南藏书
史中有重要的意义，我们现在要做的就是把目光重新重新聚焦于上海，珍惜现
在还留存的上海藏书家的遗产，趁着现在那些藏书家的后人还在世，多收集原
始材料。先充实对大藏书家个体的研究，再由一个个充实的个体，研究出一个
充实的整体。

津门江南书缘例释

李国庆

近代百年看天津，仅从近代天津藏书事迹即可窥视一二。近代以来，天津一隅，五方杂处。京城下野政客、满汉官吏、各地商界巨贾、各业翘楚、文化名流、各路高人，云集津门。或在津门做寓公，或寻求事业发展。而传世的藏书，亦随商业市场流到津门。这里的藏书家，几乎具备得天独厚的条件：雄厚财力、过人眼力和市场活力。在论及藏书文献中，多披露了大量善本古籍流入津门的实例。天津藏书家所藏善本古籍数量之富，质量之高，雄踞北方一隅。举凡宋椠元版、明清佳刻、稿抄校本、内府刻本、历代活字印本以及明代宫廷写本《永乐大典》、敦煌遗书等，琳琅满架，美不胜举。尤其是江南刻书与藏书，辗转流入津门者，数量颇夥，遂成大宗。

兹择津门一隅与江南刻书藏书有关者八例，试作简释如次。此亦管中窥豹，聊见两地人缘书缘事缘之一斑矣。

一、南宋临安府棚北大街陈宅书籍铺雕版印本《棠湖诗稿》

《棠湖诗稿》一卷，南宋岳珂撰。此本卷后镌"临安府棚北大街陈宅书籍铺印行"二行，此为南宋临安陈氏刊本。南宋临安业书者，以陈起、陈思父子为最著，以刻唐宋人诗文小集甚多。此本纸黄墨莹，刊印俱精。卷端及卷末分钤"毛晋私印""汲古主人""毛扆之印"等。此版乃名家刊刻、名家递藏、人间孤本，诚善本书中之极品。

藏书家周叔弢先生（晚年自号弢翁）在书店意外购得宋版《棠湖诗稿》，很快就让与了天津人民图书馆。他在《弢翁日记》和一则题跋中道及了此事。

1962 年 3 月 21 日《弢翁日记》载："午后，送宋本《棠湖诗稿》（见书影 1）

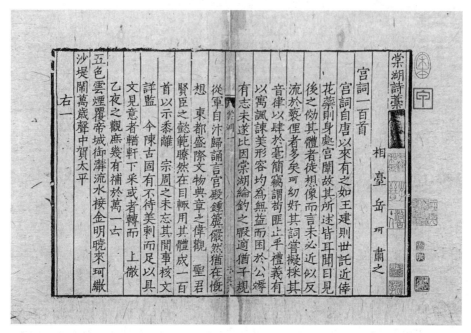

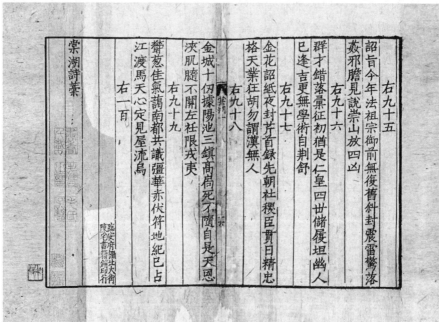

附录书影 1：宋版《棠湖诗稿》（二幅书影）

《棠湖诗稿》一卷，南宋岳珂撰。南宋临安府棚北大街陈宅书籍铺刊本。卷后镌"临安府棚北大街陈宅书籍铺印行"刊记二行。钤盖周叔弢"周暹"白文方印。今藏天津图书馆。

与人民图书馆，交兼山，并参观善本书库。"弢翁持宋版《棠湖诗稿》，亲自送交人民图书馆。馆方经手人是姒兼山主任。弢翁为人谦虚，做事低调。笔者推断，前两天弢翁和姒兼山主任见面时谈让书的安排，也包括弢翁直接去古籍部，把书当面交给姒兼山主任，而不是交给时任馆长。

　　当天，弢翁回家后，取来影印本《棠湖诗稿》，把自己访得宋版《棠湖诗稿》的事，写上一段跋文。跋文云："宋本陈之案头逾月，人民图书馆坚欲得之。余不应与馆争。去书之日，心意彷徨，若有所失也。三月廿一日弢翁记。"这段跋文，言简意赅，一句一个内容。"宋本陈之案头逾月"：弢翁 2 月 7 日得书，3 月 21 日让书，约一个半月时间。"人民图书馆坚欲得之"：馆派姒兼山和王振永两人，三番五次找弢翁要书。这对时年七十三岁的弢翁来说，是莫大的精神刺激。"余不应与馆争"：这是弢翁对自己提出的要求。此前，弢翁已将自庄严堪珍藏的价值连城的宋椠元刊、明清佳刻及稿抄校本统统地无偿捐献了国家，遑论一部心仪的宋版书！"去书之日，心意彷徨，若有所失也"。读罢，可见一位老人的爱书心情跃然纸上。

二、清代雍正年间绍兴府新昌吕抚活字泥版印本 《精订纲鉴二十一史通俗演义》

　　《精订纲鉴二十一史通俗演义》二十六卷四十四回，清吕抚撰。清雍正年间新昌活字泥版印本。抚字安世，浙江绍兴府新昌人。诸生，乾隆元年举孝廉方正。此书首载雍正五年李之果桂岩序、雍正十年抚自序。

　　1992 年初，上海古籍出版社正在着手编制《古本小说集成》。当时该社负责到各馆征集底本工作的是水赉佑先生。记得有一天，水赉佑先生来到天津图书馆古籍部。我作为古籍部负责人，对水赉佑先生进行一对一服务。因天图收藏了周绍良先生捐献的全部明清小说，所以，这宗藏书也就成为上古这部《集成》的底本大户。在上古开列的需要复制的馆藏小说底本中，就包括了《精订纲鉴二十一史通俗演义》。

　　按照当时贵我双方的底本提供协议，由需要单位开列书目，由藏书单位负责清点页数，以便计算底本费。当时，天图负责清点页数的是白莉蓉研究馆员。她在清点《精订纲鉴二十一史通俗演义》这部书的页数时，在此书的倒数第二卷，意外发现了作者印制这部书的原始记录，即"印字物件"。白莉蓉认为，这是一篇重要印刷文献，本书的版本既不是雕版印本，也不是泥活字本。究竟是什么版本？

　　我与白莉蓉带着这个问题，专程到国家图书馆请教古籍版本学专家李致忠先生。经李致忠先生仔细鉴定，确定《精订纲鉴二十一史通俗演义》的版本是活字泥版印本。由此产生了一个新名词。

　　由于白莉蓉在天津图书馆馆藏《精订纲鉴二十一史通俗演义》一书中，发现了关于活字泥板印书工艺文献——"印字物件"。这份文献是该书编撰者吕抚对其自制泥活字字母、制泥板印刷此书方法及使用的各种工具作了详细记载并绘

附录书影2：清代活字泥版印本《廿一史衍义》(二幅书影)

《精订纲鉴二十一史通俗演义》二十六卷四十四回，清吕抚撰。清雍正年间新昌吕抚活字泥版印本。今藏天津图书馆。

制了工具图。这是我国古代印刷术中的又一新工艺，且鲜为人知。嗣后，白莉蓉撰写论文《精订纲鉴二十一史通俗演义》，在《文献》杂志 1992 年发表《清吕抚活字泥板印书工艺》。2006 年国家文化行业标准（WH，T20—2006）《古籍定级标准》中对"活字泥版印本"作了如下定义："选用阳文反字的木质雕版作为字源，将特制泥条的一端压于木质雕版的一个文字上，制成一个阴文正字的泥质字模，再按照书的内容，选用对应的泥质字模，压于特制的泥版上，制成阳文反字的泥质印版，在泥版上敷墨覆纸而印成的书本。"这条定义的来源就是这篇"印字物件"。

三、佞宋主人吴县黄丕烈批校题跋本《穆天子传》

黄丕烈（1763—1825），江苏苏州人，清代著名藏书家、目录学家。字绍武，号荛圃、绍圃，又号复翁、佞宋主人、秋清居士、宋廛一翁等。藏书处士礼居、百宋一廛、陶陶室等。

藏书家每以自己得到一部善本而沾沾自喜。清嘉庆间，藏书家黄丕烈，曾得到一部明代翻刻的《穆天子传》。他在重病时以校对书中的文字自娱，心情由此好起来，病也痊愈了。这是比较典型的古代藏书家。清洪亮吉曾把藏书家分几个等次："钱少詹大昕、戴吉士震为考订家，卢学士文弨、翁阁学方钢为校雠家，鄞县范氏天一阁、钱唐吴氏瓶花斋、昆山徐氏传是楼为收藏家，吴门黄主事丕烈、邬镇鲍处士廷博为鉴赏家，吴门书估钱景开、陶五柳、湖南书估施汉英为掠贩家。"（《北江诗话》）虽不十分全面，但也有一定道理。文中把黄丕烈定为鉴赏家，其实他既精鉴赏，又善校雠。

黄丕烈得到的明代翻刻本《穆天子传》，是明万历时程荣校刻的汉魏丛书本。全书共计六卷，8 514 字。其内容主要记述周穆王西巡狩猎、在畿田畋游及盛姬之事。他批校此书时，曾"遍借诸家藏本，手校于此"。笔者依据原本进行统计，知道他曾借用了各家藏的八种善本校对此书。也就是说经过黄氏批校以后，一书在手，可以知道八个本子的情况。这是一部"顾校黄跋"的代表作品，具有重要学术和文献价值。后来黄丕烈所藏之书散出，归汪士钟艺芸书舍收藏；汪氏书散出，归聊城杨氏海源阁等藏书家收藏。

1930 年夏，聊城杨氏海源阁藏书散出，流落保定、天津市肆，济南敬古斋亦收购多帙。当时时局动荡，战事频发，时任山东省图书馆馆长、著名藏书家王献唐先生交卸离馆，束装旋里，适遇敬古斋出示此书及顾千里校《说文系传》。王献唐先生"深恐书流域外"，承敬古斋主人"慨然见许，挟书归寓"，二书始归王献唐先生收藏。嗣后友人顾实，闻王先生藏有此本，拟来济校勘，王先生感其意诚，迻写一本为赠。自后远地知交，时求假录，且怂恿印行。1934 年王先生"既不胜其困，又以近人喜习此书，苦乏善本"为感，遂编印《海岳楼秘籍丛刊》，将这部黄丕烈校跋本《穆天子传》收入其中，并请当时《穆传》研究专家顾实先生题跋，王献唐先生亦自作跋文一篇，道其原委，将二跋附书后刊行。后来的某个时候，王献唐先生将这部《穆天子传》转让给了天津藏书家周叔弢先生。

1980 年，顾廷龙先生为编辑《中国古籍善本书目》之事，专程赴天津周府拜访。在周府，二人谈到海源阁藏书往事，谈到周先生捐献《永乐大典》及从山东藏书家王献唐先生处得到黄丕烈校跋本《穆天子传》一事。

1980 年，顾廷龙先生在为周先生撰写《自庄严堪勘书图跋》时也记录了两人讨论《穆天子传》一事，称：周叔弢先生"尝收藏黄荛圃校《穆天子传》一书，为王君献唐故物，曾付景印，或以为影印本与先生所藏原本略有出入，遂传真本尚在山东某氏，秘不示人，称与影印本丝毫不爽。龙请观比勘，影印本与原本确有不同之处，如朱笔之深淡，校文位置之参差，点画略见肥瘦，谛审再三，始悦然当时影印条件较差，摄影、套版、描润三者技术皆不精，遂失真面，滋人疑窦耳。其为黄校亲笔，固无庸致疑矣。具见明眼精鉴，非后生所能企及万一也。"(《顾廷龙文集》第 244 页) 新中国成立后，周叔弢先生将自己珍藏的全部宋椠元刊、名抄佳刻举献国家。这部黄氏校跋本《穆天子传》，遂化私为公，入藏天津图书馆，现已入选第二期《国家珍贵古籍名录》。

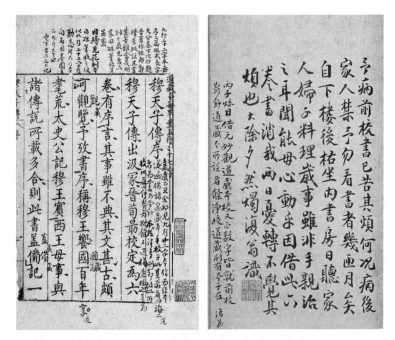

附录书影 3：黄丕烈批校本《穆天子传》（二幅书影）

《穆天子传》六卷　晋郭璞注　明程荣校，明万历时程荣校刻汉魏丛书本。清黄丕烈批校。钤盖黄丕烈"荛翁更子复翁"白文方印。今藏天津图书馆。

四、江苏宜兴人任振采先生向天图捐献天春园所藏全部地方志

任凤苞（1876—1952）字振采，江苏宜兴人。幼时入私塾读书，后随父宦游。民国十七年（1928）后迁居天津。在天津市山西路 186 号，与赤峰道交口的地方，有处绿植环合的庭院，浓密的树阴背后，掩映着一幢西洋风格的洋楼，这幢二层庭院式建筑，就是著名藏书家任凤苞的天春园。任是银行家，曾在交通、金城、中南和盐业银行任要职。公余之暇，喜好收藏明清时期刊印的地方志书，辟天春园以藏之。解放前夕，日本人觊觎这批明清方志。他得到消息后，速将方志转移，秘藏在中南银行楼上，逃过一劫。全国解放后不久，任凤苞先生便将自己珍藏的 2 500 多种明清方志全部无偿捐献天津图书馆。他是一位具有爱国主义精神的实业家。

由于任凤苞先生有雄厚财力访求明清方志，因而可以得到一些善本，同时也留下了一些用重值购书的逸事。1941 年，他用两根金条，买到一部明景泰刻本《寰宇通志》。据说，此书原藏在定州府真定县一个地主家里。一天，地主把书拿到书肆求购。书估拿在手里一看，见确是好书，开了一个善价，给地主500 元。当时，卖买地方志书用拐杖高度量，一拐杖，给银若干，根本卖不上价。地主见对方给了大价钱，先是一惊，后又反悔，把书揣到怀里不卖了。后来，地主的几个儿子析分家产，地主把这套书拆散，诸子各得数册。再后来，诸子又先后将自己分得的几册书卖掉。散出的书有如小溪归河，陆续被北京琉璃厂书肆觅得。经书估王明九之手，高价让给任凤苞先生。此事一时传为书林佳话。他还曾用大价钱，购得三部残本方志：原抄本《康熙大清一统志》（见附录书影 4）、清殿版《钦定方舆路程考略》和《皇舆全览》。原来这是天下仅存的三部孤本，任凤苞先生慧眼独具，得到后甚是喜爱，还特意刻了一方"三残书屋"朱文方印，分别钤在三书上，成为天春园方志中的一组特藏。任凤苞收藏的明清方志以数量大、精品多、版本佳、价值高名重海内外，成为私家藏志巨擘。2 500 多种明清方志，约占我国现存明清方志总数的三分之一。在当时居公私藏志前列，"于北，则北平图书馆差足伯仲；于南，则涵芬楼犹或不逮。至私家庋藏，若吴兴刘氏，杭县王氏，抑非其伦也"（引张国淦语）。天春园藏志涉及清代 22 个省份，其中直隶、江苏、浙江、山东、山西及四川等省的方志尤为齐备。任凤苞收藏的明代方志有 40 余种，其中天顺本《大明一统志》、弘治本《八闽通志》、嘉靖本《南畿志》、隆庆本《云南通志》、万历本《镇江府志》和《徐州志》等均为稀世珍品。"任公世富藏书，……往往有环异，为北平图书馆所未有者。且侧重近著，而不虚慕好古之称；切于实用，尤非寻常藏书家所及"（引瞿宣颖语）。

天春园收藏的方志，在民间藏家中首屈一指。1935 年，朱士嘉出版《中国地方志综录》，记其此前所睹任凤苞藏志 1 517 种，数量居私家之首。1936年，任凤苞自编《天春园方志目》，著录藏志 2 536 种；今藏天津图书馆的任凤苞藏志则有 2 591 种，约占现存中国方志总量 30%。任凤苞藏志有三大特

附录书影 4：宜兴任振采天春园藏书（一幅书影）

《钦定方舆路程考略》 清汪士铉等撰 清康熙内府刻本。钤盖任氏 "三残书
屋" 朱文方印。今藏天津图书馆。

点：一是种类多，如一统志、省通志、府志、厅志、州志、县志、镇志、乡
志等；二是地域广，涵盖清代 22 个省份，其中直、苏、晋、鲁、川、浙各省
志书都超过 200 种，还有关于新疆、西藏等的志书；三是质量高，明代方志
有 40 余种，其中天顺《大明一统志》、景泰《寰宇通志》、弘治《八闽通志》、
嘉靖《南畿志》、隆庆《云南通志》、万历《镇江府志》和《徐州志》皆是稀世之
珍，清代刊刻的方志名著天春园都有收藏，乾隆以前稀见刻本和抄本也有一
定数量。

任振采天春园藏志，一般钤有 "任振采所收天春园方志之一" "三残书
屋" "任氏 / 振采" "宜春任氏天春 / 园原有图书" "天津市人民图书 / 馆藏任氏天春
园 / 捐赠图书之章" 等藏书印章。

五、清季浙江永康胡宗楙与天津的梦选楼藏书

胡凤丹（1823—1890），字齐飞，号枫江，浙江永康县人。宗楙父。他肄业于杭州诂经精舍，十赴秋闱而未第。咸丰五年（1855），至京捐纳为光禄寺署正，因谙熟实务且办事干练，声名达于内廷，荐为兵部员外郎。咸丰十年（1860），英法联军侵占北京，以忠于职守得有司赏识，保举知府并荐膺道员候补。同治二年（1863），丁母忧回永康原籍。同治五年（1866），游历数省后抵湖北武昌，受巡抚曾国荃之委总理厘局。同治六年（1867），受湖广总督李瀚章之委为崇文书局督校。他以振兴文教为己任，刊行十三经、二十四史、百子全书及鄂局丛书凡270种，因校勘严谨质量佳善，得到曾国藩、张之洞的褒奖。光绪元年（1875）擢湖北督粮道。光绪三年（1877），愤于官场倾轧挂冠而去。

胡凤丹致仕之后，先是卜居杭州，借钞文澜阁藏书，继续搜集金华文献。光绪五年（1879），金华锄经堂宅院落成，其间筑十万卷楼以储藏书。藏书印有"臣印凤丹""曰凤曰樵""十万卷楼藏书""退补斋珍藏书画印"等。胡凤丹还编有《退补斋藏书志》四十卷，详录十万卷楼所庋，可惜大都失传。今浙江图书馆有吴乃应编《退补斋书目》抄本四卷，著录图书仅600余种，可窥其藏书一斑。

光绪二十九年（1903）胡宗楙中举，以知县分发江苏。光绪三十四年（1908），他旅进旅退后厌倦官场，应上海阜丰公司孙多森之请，走上实业救国道路。光绪三十四年（1908），胡宗楙北上天津，随孙多森襄办北洋实业，出任直隶全省工艺总局提调、北洋滦州官矿公司经理、直隶劝业道署总务科科长兼矿务、邮传两科科长等，以实绩突出擢直隶州知州，补缺后以知府用。1912年中华民国成立，孙多森出任中国银行总裁，胡宗楙为秘书长。1914年起任天津、河南中国银行行长等，获授北洋政府嘉禾奖章。1919年孙多森去世，胡宗楙辞职居津。

无论藏书、校书，还是刊书、著书，胡宗楙均深受父亲影响。其《金华经籍志序》云："夙承庭训，兼以连年浪游吴楚齐燕，胼胝所得，辄以易书。"长居天津之后，胡宗楙有了更多时间，来完成"刊先哲遗著"的心愿。他为了编《续金华

丛书》，四处搜访秘本遗籍。《甲戌自述》记录了其中甘苦："悉心搜采，如郑刚中《周易窥馀》诸书，簿录家所罕见，惟京师图书馆四库本有之，馆章迻录必先购券，以重金为质。时间又有制限，自寓所至城北往返二十余里。有时风雪出门，裹干糇往，或忍饥竟日，无如何也。"为抄录一部罕见之书，他不但要付出重金和时间，甚至到了忍饥挨饿的地步。1924 年，胡宗楙辑校的《续金华丛书》以梦选楼名义刊行，包括经部 5 种、史部 7 种、子部 13 种、集部 35 种，共 60 种 388 卷。在《胡氏续金华丛书序》中，傅增湘赞誉有加："搜香之富，校雠之精，匪特继承先志，而于文事凋敝之余，补缀缺遗，网罗邦献，其诣力殆百倍前人。"胡宗楙还整理《金华丛书》版片补刻完整，与《续金华丛书》版片一起捐给浙江图书馆。1925 年，胡宗楙刊行所撰《金华经籍志》，卷首有严修、傅增湘序及其自序。全书正编 24 卷，外编、存疑、辨误各 1 卷，总计收书 1 396 种，远超胡凤丹《金华文萃书目提要》165 种的规模。此书解题仿孙诒让《温州经籍志》、朱彝尊《经义考》等而折中之，是一部体例完善、影响深远的地方经籍目录。

胡宗楙在天津建的藏书楼有"精舍五楹"，规模上超出居所"堂三楹"，可见其对藏书的重视。根据文献记载，他的藏书处有"嫏嬛胜处""梦选楼""颐园"等，三者其实是有区别的：颐园是胡氏的私人园林，嫏嬛胜处是园中的藏书楼，梦选楼则是居所内的书斋，虽然有"楼"之名而且也藏书，但它并非独立的藏书场所。因与书斋朝夕相伴，故胡宗楙的个人著述，多有以梦选楼命名者。颐园的所在地，即今天津英租借区的五大道南海路的永健里，以胡氏籍贯永康，故曾名永康里。1982 年因重名，改称永健里。

1939 年，胡宗楙病逝于天津寓所。他身后留下的，除了编校的诸多金华文献，另有《梦选楼文抄》《梦选楼诗抄》各二卷。

胡宗楙的梦选楼藏书，据儿孙回忆去向有四：一是捐给天津崇化学会，二是捐给天津工商学院，三是捐给北京图书馆，四是"文革"抄家流失。胡宗楙之子胡庆昌，保存有胡宗楙自编《梦选楼藏书目》，著录书名、卷数、册数、作者、版本等，包括经部 95 种、史部 260 种、子部 257 种、集部 508 种，总计 1 120 种珍善本图书，应是梦选楼藏书的精华。

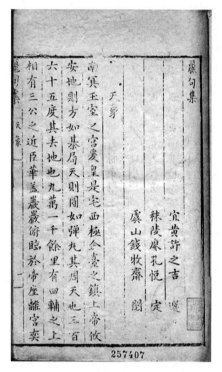

附录书影 5：胡宗楙藏书（一幅书影）

《丽句集》六卷　明许之吉撰　明刻本　钤盖："梦选楼胡氏宗楙藏"朱文长方
印　今藏天津图书馆。

六、常熟翁氏家族藏书在天津

常熟翁氏家族是著名的文化世家，藏书活动历十数代四百余年而不绝，缔
造了中国藏书史上的奇迹。

翁氏家族最早的藏书记录，始于明末的翁应祥（1565—1642）。但真正为
翁氏藏书奠基的，则是官至体仁阁大学士的翁心存（1791—1862）。道光五年
（1825），常熟藏书家陈揆病殁，其稽瑞楼很快散出，翁心存搜购约有万册，翁
氏藏书由此粗具规模。翁心存去世后，藏书归长子翁同书和四子翁同龢所有，
双流并行而且大为拓展。

翁同书（1810—1865）官至安徽巡抚，虽在军中却丹黄不离。他整体购得秦

恩复的石研斋藏书，并在祖居辟双桂轩以庋之。翁同书的这些藏书，由其子翁曾源、其孙翁斌孙先后继承。

翁同龢(1830—1904)号称"两朝帝师"，为晚清政坛闻人。他寓居京师时，购得宋元珍本数百种，著名的怡亲王府乐善堂遗书，就大多归他所有。他在京城的藏书室有一经堂、宝瓠斋等，并手写过《东堂书目》。光绪二十四年(1898)，翁同龢因支持维新变法，被清政府开缺回籍。翁同龢膝下空虚，嗣以其兄翁同爵之子翁曾翰。翁曾翰曾任内阁中书，负责保藏典籍，因此喜欢藏书抄书。可惜翁曾翰英年早逝(1878年)，其子翁安孙亦相踵离世(1881年)。

翁同龢被夺官归里后，京邸即由翁斌孙、翁之廉父子居主，所藏图书、碑帖、字画等，因为匆遽出京未能携行。光绪二十五年(1899)，翁斌孙将翁同龢寄存在京寓的藏品，连同文书档册、手札墨迹等运回常熟，存放在彩衣堂老宅之瓶隐庐。

翁斌孙(1860—1923)是翁同书之孙，字弢夫，号笏斋，又号廉访，晚号笏居士等。其父翁曾源(1834—1887)，同治二年(1863)状元，官国史馆纂修，因体弱告病归里以终。光绪三年(1877)，十七岁的翁斌孙进士及第，以侍讲衔任翰林院检讨，转功臣馆、国史馆、方略馆、会典馆协修、纂修、总纂等，迁内阁侍读、大同知府、冀宁道，宣统三年(1911)六月授直隶提法使。

翁斌孙因少年得志，很受叔祖父翁同龢钟爱，把他当接班人来培养。两人在京宦寓期间，翁同龢的公事私事，都由翁斌孙帮忙打理。这些在翁同龢的日记中有着频繁记载。由于特殊亲密的祖孙关系，光绪十六年(1890)，翁斌孙次子翁之廉被过继到翁安孙名下，成为翁同龢的曾孙。

翁斌孙的直隶提法使只干了两个月，辛亥武昌起义爆发。翁斌孙预感到政局不妙，离开保定退居天津，在英租界红墙道(今新华路231号)购宅。翁斌孙的书房称作笏斋。他对祖父翁同书、父亲翁曾源的藏书又有增益，如以600元购得宋本《古文关键》，以800元购得明钞《古堂类范》等。翁斌孙酷嗜坟典和金石之学，为了购藏上的方便，居京时曾与渠本翘在琉璃厂开设虹光阁，收售古籍、书画、文玩等。翁斌孙在津期间的日记，也经常有买书记录，不过经济上已现出窘象。他的藏书章还有"翁斌孙印""翁斌孙观""斌孙之印菏官世家"等。翁斌孙所抄书，有《穆天子传》《百夷传》《五国故事》等。翁斌孙的著述也不少，有《一笏斋集》《笏斋诗集》《笏斋漫记》《笏斋日记》《笏斋复瓿集》《笏斋所藏物》《湖楚行踪》《春闱小记》《津门所见录》《乙卯装书记》等三十余种。常熟市图书馆古籍部所藏《笏斋所藏物》，著录了他收藏的碑帖，每种都注明"家传旧物""文勤公旧藏""父亲藏""叔祖赐"或购于某地等。

翁斌孙有三子：翁之润、翁之廉、翁之憙。翁之润英年早逝，他以词学见长，主要活动于江南。翁之廉和翁之憙，除了为官在外，则长期随父亲生活。

光绪三十年（1904）翁同龢去世，所藏图书、碑帖、字画以及日记、手稿等自然由翁之廉继承。1916 年至 1917 年间，翁斌孙回常熟整理翁同龢遗物，将所藏精品转移到天津。至此，翁斌孙继承的翁同书藏书，翁之廉继承的翁同龢藏书，都集中在了天津翁宅。翁斌孙转运翁同龢藏书，是低调甚至秘密进行的，当时学人已未知其踪，以致有"翁氏藏书，今皆无尺牍片纸"之叹。

翁之廉（1882—1919），字敬之，清末任过观察使。藏书室名陔华词馆、灵蛮室、师曾室。他和藏书家傅增湘关系颇密，曾出旧椠十多部给傅增湘过目，如宋本《施顾注苏诗》《鉴戒录》等。翁之廉 1919 年在天津去世。翁之廉没有子女，应其夫人强春卿之请，1920 年翁之憙之子翁兴庆（时甫两岁），被过继到翁之廉名下。

1922 年翁斌孙病逝。这时，翁之憙继承了翁同书一系藏书，而翁兴庆则继承了翁同龢一系藏书。当然，这时的翁兴庆只有四岁，名下藏书实际由嗣母强春卿监护，本生父翁之憙代为保管。1923 年，商务印书馆涵芬楼准备影印出版翁同龢日记，即由张元济出面与翁之憙商定。

天津翁宅遗址在今烟台道与新华路转角处，是翁斌孙来津寓居时所置。

翁之憙（1896—1972），字克斋，自号翠岭归客。宣统三年（1911）八月，随父亲翁斌孙迁居津门。1920 年至 1922 年，任天津汉文《京津泰晤士报》编译，其间兼任南开中学英文教员。1956 年，受命筹建天津市医学图书馆（今天津市医学科学技术信息研究所），1957 年开馆并任副馆长。著作经后人编辑出版的有《入蒙与旅欧》等。

翁之熹典守的翁氏藏书，主要去向大体清楚：翁同龢一系藏书，由翁兴庆带到美国，2000 年 4 月被上海图书馆回购；翁同书一系藏书，1950 年捐赠给北京图书馆。

翁兴庆(今名翁万戈)1918 年 7 月生于上海，在天津接受启蒙教育并完成小学、初中学业。据翁兴庆回忆，他被过继到翁之廉名下并承继珍贵藏书时只有两岁，自然什么都不懂，"就跟天上掉馅饼似的"。四岁时翁兴庆被接到天津，住在英租界的一所房子。1948 年秋天，翁兴庆为了躲避战火，他把继承的藏书精品运往美国。他回忆说："到了天津，得到我父母、大哥的帮忙，把东西精选后装箱。全部带走是不可能的，东西实在太多，但精品都带走了。我让老伴和女儿先坐火车到上海，自己坐开滦煤矿局的煤船，带着那几箱书画前往上海。煤船只有两个舱，一个是船长的，一个就是我所在的客舱，摇摇晃晃走了三天，煤船抵达上海。"1948 年冬，翁兴庆到了纽约，而托运的书画，直至 1949 年春才抵达。

1985 年，纽约华美协进社举办翁氏藏书展览，许多孤本秘籍突然出现，令学界震惊不已。2000 年 4 月，翁兴庆将家藏 80 种 542 册善本古籍，通过中国嘉德国际拍卖有限公司，以 450 万美元价格转让给上海图书馆。上海图书馆入藏的翁氏藏书中，颇多珍罕秘籍，有些还是传世孤本。在这 80 种古籍中，有宋刻本 11 种，元刻本 4 种，明刻本 12 种，清刻本 26 种，名家抄本、稿本 27 种。在 11 种宋刻本中，有 8 种被学界认定为国宝级善本，包括：《集韵》十卷，南宋初明州刻本；《邵子观物内篇》二卷、《外篇》二卷、《后录》二卷、附《渔樵问对》一卷，南宋福建漕治刻本；《长短经》九卷，南宋初年杭州净戒院刻本；《重雕足本鉴诫录》十卷，南宋中期浙江刻本；《丁卯集》二卷，南宋后期临安府陈宅书籍铺刻本；《会昌一品制集》存十卷，南宋中期浙江刻本；《注东坡先生诗》原四十二卷存三十四卷，南宋嘉定六年宁宗时淮东仓司刊、宋理宗景定三年修补印本；《新刊嵩山居士文全集》存四十二卷，南宋乾道四年蜀刻本。

1948 年翁兴庆只身赴美之前，翁之熹整理天津藏书，编写了《常熟翁氏藏书记》，在序中他感慨"满地兵戈，保身匪易，保书良难"，并流露出化私为公的意思。1950 年，北京图书馆(今国家图书馆)善本部主任赵万里来天津。翁之熹与赵万里早就熟悉，因此约其到家中观书。赵万里看后激动不已，说发现了"生坑"，认为这些藏书无论数量还是质量，都不亚于著名的铁琴铜剑楼瞿氏藏书。由赵万里经手，自翁家购得 100 余种目录类书，大部分是刘喜海抄本，统一使用绿格纸，版心印有"东武刘氏味经书屋"字样，其中《脉望馆书目》《寸存堂书目》等都极为稀见。自 1950 年至 1952 年，翁之憙又分五批将珍善本古籍 3 779 册捐出，包括南宋淳佑年间刻本《论语集说》、南宋咸淳元年刻元递修本《说苑》、南宋中期刻本《本草衍义》和《昌黎先生文集》，还有元、明、清刻本和明清抄本。北京图书馆为此编有《常熟翁氏捐献书目册》。这批捐献图书，凡是翁同书一系藏书，多以翁之憙名义捐赠，凡是翁同龢一系藏书，多以翁兴庆名义捐赠。翁之憙长子翁开庆回忆说："1950 年夏，天津解放后不满半年，北京图书馆赵万里、高熙曾两先生来访，下榻我家，遴选家中所藏书籍，昼夜不息，历时半月有余。凡所选善本，父亲都悉数举以献国家。"

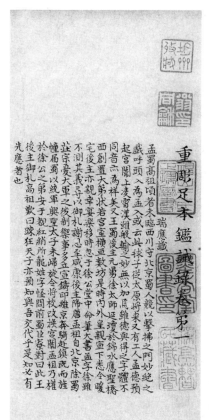

1950 年 9 月 18 日，文化部文物局局长郑振铎在《一年来"文物工作"纲要》中，盛赞翁之憙捐献的明清抄校本古籍等"尤为国之重宝"。文化部部长沈雁冰，亲自为翁之憙签署了褒奖状。

留在常熟的翁氏藏书，一部分散到民间被私家收藏，其余 7 000 余册捐赠给南京图书馆，1 712 册捐赠给常熟市图书馆。常熟博物馆藏有《皇家兵制考》和《笏斋日记》手稿等。翁同龢纪念馆也有少量翁氏藏书。

附录书影 6：常熟翁氏藏书（一幅书影）

《重雕足本鉴诫录》十卷　后蜀何光远撰　清康熙曹寅影宋抄本　钤盖："翁同龢印"白文方印。今藏上海图书馆肇自翁心存，终于翁之熹、翁兴庆，六代典守的常熟翁氏藏书，经过起承转合，在天津臻于鼎盛，最终又流布各方，完成了藏书史的一个轮回，也留下了常熟翁氏在天津藏书聚散的书林佳话。

七、天津图书馆藏杭州八千卷楼古籍善本

杭州丁氏八千卷楼，与常熟瞿氏铁琴铜剑楼、聊城杨氏海源阁、归安陆氏皕宋楼，并称"晚清四大藏书楼"。丁申、丁丙兄弟以补抄文澜阁《四库全书》名世界。杭州丁申、丁丙兄弟，在其祖父丁国典、其父丁英藏书的基础上访求图书，或购或抄，在将近三十年间，聚书 1.5 万多种、20 余万卷。计有宋元刻本 200 余种，铭刻经本、旧抄善本及著述稿本极多，收藏乡土文献亦多，具有地方特色。

1887 年，丁申过世。1888 年（光绪十四年），丁丙建书楼名"嘉惠堂"（浙江巡抚谭钟麟手书），前面一楼五间称"八千卷楼"，收四库全书所收或存目之书；后面一楼五间称"后八千卷楼"，收四库全书未收之书；又在旧屋西边新盖一楼三间，称"小八千卷楼"，收藏宋元刊本、明刊精本、旧抄本、校本、稿本等善本书籍，又称之为"善本书室"。

丁氏藏书印颇多，主要有"八千卷楼珍藏善本""丁氏八千卷楼藏书之记""钱塘丁氏藏书""嘉惠堂藏阅书""四库著录"及"曾藏八千卷楼"等数十种印章。

其藏书聚散，石祥先生在其所著《杭州丁氏八千卷楼书事新考》（2011 年 5 月上海古籍出版社）中论述颇详。此书第三章"八千卷楼藏书流散考"中，考述了八千卷楼藏书主要转归江南图书馆，其余零星散出者被孙峻寿松堂、袁氏刚伐邑斋及周大辅鸽峰草堂等十四位私人藏书家收藏。书中没有言及天津图书馆收藏丁氏八千卷楼旧藏古籍事。天图藏丁氏八千卷楼旧藏有多少种？目前尚不清楚，有待进一步考察。兹将笔者目验的天图藏丁氏八千卷楼书 16 种，开列书目如次，聊对石祥此书的一个补充。

五经四书大全一百七十五卷　明胡广等辑　明内府刻本

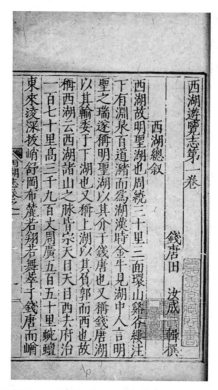

附录书影 7：杭州丁氏八千卷楼藏书（一幅书影）

《西湖游览志》二十四卷图一卷志馀二十六卷　明田汝成撰　明嘉靖二十六年
严宽刻万历十二年、二十五年补刻本　佚名批校　钤盖丁氏"嘉惠堂藏阅书"
朱文长方印。今藏天津图书馆。

　　九十册　版框高二六·四厘米　宽一七·五厘米　十行二十二字小字双行
二十一字黑口四周双边　钤八千卷楼藏书印朱文方印　钱塘丁氏正修堂藏书朱
文方印　善本书室朱文方印　　（馆藏号：S1563）

　　西湖游览志二十四卷图一卷志馀二十六卷（见附录5）明田汝成撰　明嘉靖
二十六年严宽刻万历十二年、二十五年补刻本　佚名批校
　　二十四册　版框高一九·八厘米　宽一二·九厘米　十行二十字白口四
周双边　有刻工　钤钱塘丁氏正修堂藏书朱文方印　嘉惠堂藏阅书朱文方
印　八千卷楼珍藏善本朱文方印　　（馆藏号：S558）

渊鉴斋御纂朱子全书六十六卷　清熊赐履、李光第等纂修　清康熙　五十二年内府刻本

二十八册　版框高一九厘米　宽一四厘米　九行二十字小字双行十九字黑口四周单边　钤八千卷楼朱文方印　八千卷楼藏书之记朱文方印　嘉惠堂丁氏藏书记白文方印　光绪庚寅嘉惠堂所得白文方印　　（馆藏号：S4469）

农政全书六十卷　明徐光启撰　明崇祯十二年平露堂刻本

十六册　版框高二〇·五厘米　宽一四·六厘米　有图　九行二十字小字双行字同白口四周单边　下书口镌平露堂　钤八千卷楼藏书之记朱文方印　此本见《明代版本图录》卷二,二四页,题"此书由华亭陈子龙删订润饰,苏抚张国维、松江府知府方岳贡合任剞劂之费。平露堂疑是松江府署斋名。清道光中有重刻本即从此出。"　　（馆藏号：S283）

元和姓纂十卷　唐林宝撰　清抄本

四册　版框高二〇厘米　宽一三·四厘米　十一行二十字白口左右双边　钤钱唐丁氏藏书白文方印　八千卷楼藏书记朱文方印　　（馆藏号：S2906）

金刚般若波罗密经一卷　姚秦释鸠摩罗什译　元释莫庵道肯集篆　明崇祯二年刻篆楷对照本

四册　版框高二六·五厘米　宽一四·七厘米　篆文三行七字楷体一行二十一字白口四周双边　卷末镌崇祯己巳孟夏奉佛弟子屈宷熏沐百拜画并篆书　钤八千卷楼朱文方印　嘉惠堂丁氏藏书白文方印　　（馆藏号：S173）

金丹正理大全十一种四十二卷　明朱睦　辑　明嘉靖十七年周藩刻本

二十四册　版框高一九·六厘米　宽一三·三厘米　十行二十一字小字双行字同黑口四周双边　钤八千卷楼珍藏善本朱文长方印　　（馆藏号：S222）

楚骚五卷　楚屈原撰　附录一卷　汉司马迁撰　明正德十五年熊宇　刻篆楷对照本

四册　版框高一九·四厘米　宽一四·七厘米　五行篆楷各五字白口四周单边　有刻工　钤八千卷楼收藏书籍朱文方印　世德堂朱文长方印　善本书室朱文方印　（馆藏号：S785）

韦苏州集十卷拾遗一卷　唐韦应物撰　明嘉靖二十年周桃村刻本

三册　版框高一七·五厘米　宽一二·四厘米　十行十八字白口四周单边　钤八千卷楼朱文方印　嘉惠堂藏阅书朱文长方印　（馆藏号：S920）

昌谷集二十二卷　宋曹彦约撰　清抄本

六册　九行二十一字小字双行字同白口左右双边　钤八千卷楼藏书之记朱文方印　（馆藏号：S3005）

荻溪集二卷　元王偕撰　清抄本

一册　版框高厘米　宽厘米　九行十八字无格　钤丁氏八千卷楼藏书记白文方印　（馆藏号：S3036）

虚斋蔡先生文集五卷　明蔡清撰　明正德十六年葛志贞刻本

三册　版框高二一·九厘米　宽一四·五厘米　十行二十四字黑口四周双边　有刻工　钤八千卷楼印朱文方印　（馆藏号：S1079）

宗子相集八卷　明宗臣撰　明嘉靖三十九年林朝聘等刻本

四册　版框高一九·八厘米　宽一三·六厘米　十行二十字白口四周双边　存七卷　一至七　钤八千卷楼朱文方印　嘉惠堂丁氏藏书之记白文方印　（馆藏号：S1141）

四六谈尘一卷　宋谢伋撰　清醉经楼抄本

一册　版框高二〇·八厘米　宽一三·四厘米　九行二十字白口左右双边　下书口镌醉经楼抄本　钤八千卷楼朱文长方印　（馆藏号：S3565）

竹斋诗馀一卷　宋黄机撰　清抄本

一册　版框高一九·一厘米　宽一四·五厘米　十三行二十字白口兰格四周双边　钤八千卷楼珍藏善本朱文长方印　（馆藏号：S3061）

王氏家藏集五种六十五卷　明王廷相撰　明嘉靖刻清顺治十二年杨时荐补刻本

十八册　版框高一七·八厘米　宽一三·三厘米　十行十八字白口四周单边　钤丁氏八千卷楼藏书记白文方印　（馆藏号：S1132）

八、上海藏书家黄裳先生古籍题跋书六种入藏天津图书馆

黄裳先生为当代藏书界巨擘，时人每得其题跋书，无不视为镇宅之宝。笔者虽未曾拜见黄裳先生，然确少有书信往来。2000年9月拙著《弢翁藏书年谱》出版。翌年4月中旬，笔者检出一册，题名寄至上海，请黄裳先生赐教。旋得先生回信："国庆先生：手示并大著、活字本目各一册，拜收，无任欣感。尊著周景良先生已寄我一册，读之深获教益。体例之精、搜辑之备，为书目类书，前所未有。可开一时风气。惜今日更无一大藏家如弢翁者，可供研求矣。贵馆藏书，多有可观，不知曾有善本目否？匆此复谢，即请　撰安。黄裳4.25。"作为晚辈后生，自己能够得到老先生赐复墨宝，真是高兴。这是自己与黄老唯一之交往事，附记于此，聊充谈资。

天津图书馆入藏黄裳先生六种古籍题跋书。现六种书著录信息及其题跋择录入下，以飨同道。

1. 西溪丛语二卷，（宋）姚宽撰，明嘉靖二十七年（1548）鹄鸣馆刻本。十行

二十一字，小字双行同，白口四周单边。口下刻"鹈鸣馆刻"四字。二册。

"西溪丛语自叙"后有黄裳墨笔题识一则：

此嘉靖中鹈鸣馆刻《西溪丛语》，系有名之书，藏书家皆重之。黄荛翁且不惮再三跋之。余旧藏一本，系海虞瞿氏旧物，继又收得天一阁旧藏卷下一册，同有鹈鸣馆字样，而却非一刻也。今日于书铺中又见此书，重其为陆南村故物，仍买之归。一书而储至三数本，殆可谓书痴矣，此本少有缺番，暇当据瞿本补之。癸巳（1953）腊月初九日，小燕。（下钤"黄裳小雁"朱文方印）

2. 听雨小楼词稿二卷，（清）杨英灿撰，清光绪十七年（1891）西溪草堂活字印本。九行二十一字，黑口四周双边。二册。

卷末有黄裳墨笔题识一则：

此《杨罗裳词稿》二卷，光绪中木活字本，流传甚稀，人未尝见也。偶得之于海上，遂与蓉裳、荔裳诗馀并藏，甚快事也。检书入库，漫记卷尾。丁酉（1957）清明日，黄裳记。

3. 唐摭言十五卷，（五代）王定保撰，清文瑞楼钞本。十一行二十一字，白口左右双边。二册。

此书有黄裳墨笔题跋多则：

一则在目录后：

此文瑞楼黑格钞本《唐摭言》十五卷，余见之杭估陈某手，即携归藏之，未与论价也。卷中朱校，卷尾手跋不知果出宋宾王否？余未见蔚如手迹，殊不敢定也。雍正丙午（1726）春初，金星轺迁居吴门，寓桃花坞。新第书客联踵至其门，宾王亦坐上常客也，论奇搜秘最为一时之盛。此本由宾王校雠事极可能，钞手更极精整，非出通俗钞胥可比也。有"小李山房"一印，山阴李柯溪也。流传有序，益足珍重。入春来，几每日雨，游兴为之大减，只枯坐斋中，日翻古书遣日。展阅此册更记，有阅宾王数事，手题卷耑并志岁月。辛卯（1951）春，穀雨后一日，黄裳。（下钤"裳读"朱文小长方印）

一则在卷十后：

黄荛翁跋旧抄本《唐摭言》云："蒋凝赋：'臼头花钿满目，不若徐妃半妆'，今本均作白头，昔人以臼头本为贵，此尚是白头本"云云。今按此语在第十卷首正作白头，是足为佳本之证也。裳按：此二语，非蒋赋中语，只言其以少许胜人多许耳！莪翁跋似误解，附记于此。辛卯（1951）三月廿四日春阴而末作霖，窗下漫读记。（下钤"裳读"朱文小长方印）

一则在卷末：

辛卯（1951）春，谷雨后一日海上所收。（下钤"黄""裳"白文连珠印）

一则在卷上内封：

《唐摭言》上，文瑞楼黑格钞本，宋宾王手校，李柯溪手校。

一则在卷下内封：

《唐摭言》下，宋宾王校文瑞楼钞本，辛卯（1951）春日收，黄裳藏书。

4. 唐欧阳先生文集八卷附录一卷，（唐）欧阳詹撰，明抄本。九行十八字，无格。六册。

此书首有万历丙午曹学佺"唐欧阳先生文集序"，李贻孙"欧阳行周文集序"，目录。卷端题"欧阳先生文集卷之一　唐国子监四门助教闽欧阳詹著"。

卷末有黄裳墨笔题跋二则

一则：壬辰（1952）立冬后三日得此明抄本于郭石麒许，黄裳。（下钤"黄裳百嘉"朱文方印）

二则：壬辰（1952）十月十六日重装笔。（下钤"小雁"朱文长方印）

5. 汉书一百卷，（汉）班固撰（唐）颜师古注（明）周采校刊，明嘉靖汪文盛刻明嘉靖二十八年（1549）补刻本。十二行二十二字，小字双行二十八字，白口，左右双边。四函二十册。

内有黄裳题跋二则：

一则：师古曰："纪理也，统理众事而系之于年月者也"　汉书一　此数行当在大题下，今因割补衔各剁去。黄裳记。（卷端，朱笔）

二则：癸巳（1953）芒种后日海上所收，小雁。（卷末，墨笔）

6.《明史地理志》，（清）张廷玉等撰，清董醇抄本。十六行，字不等。一册。

内有黄裳题跋一则：

附录书影 8：上海黄裳藏书（一幅书影）

《听雨小楼词稿》二卷　（清）杨英灿撰　清光绪十七年（1891）西溪草堂活字
印本。九行二十一字，黑口四周双边。二册。钤盖"黄裳藏本"朱文长方印。
今藏天津图书馆。

　　此董醇手写本《明史地理志》二册，极精整。余见之传薪书店案头，即以廉
值获之。书末有咸丰四年题名一行，距今已近百年。前人读书之勤，露钞之苦
约略可以得见也。余前获嘉靖小字本《唐文粹》有古杭董醇印记。当归检《武林
藏书录》一求其生平行谊再为题识。秋光暗好，饭后漫步街头，挟书归来漫记。
庚寅（1950）八月初九日，黄裳记。（下钤"黄""裳"白文连珠印）

参考文献

［1］李国庆：《弢翁藏书年谱》，黄山书社 2000 年版。

［2］石祥：《杭州丁氏八千卷楼书事新考》，上海古籍出版社 2011 年版。

［3］王振良：《沽上琅嬛：天津藏书楼和藏书家》，待出版。

影响中国出版史的吴越王后裔

——金山钱氏

钱基敏

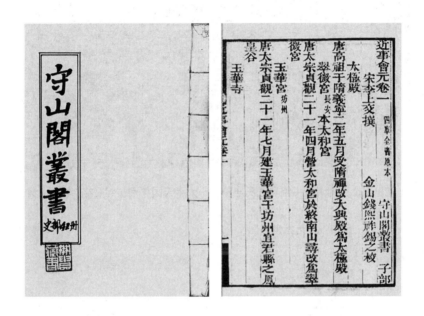

"钱氏一族在中国出版史上占有重要地位。"——《中国出版史》。

单单这一句话,就足以体现金山钱氏这一书香世家的刻书功绩。据记载,金山钱氏家族校刊历代各类名著达一千余卷(记载于新编《金山县志》),内容分为子、史、经、集四类,即现代图书分类法的医药、数学、哲学、佛学、天文、地理、历史、文学等。所刻书籍注重收集精品孤本。从先秦诸子到当代精要,可谓包罗万象。

这一支钱氏出自吴越王族,吴越王钱镠的第十五代孙钱以安约在明朝初年作为盐官被派遣到奉贤云间乡(现今的上海奉贤),钱以安的曾祖父钱应孙是南宋知军,直系祖是吴越王第六代孙钱景臻(1055—1126)和北宋皇帝宋仁宗的第十个女儿秦鲁国大长公主(1059—1144)的后代,在南宋有着举足轻重的地位,第十代钱象祖(1145—1211)出任南宋宰相(1205—1209),见金山钱氏远祖世系图。

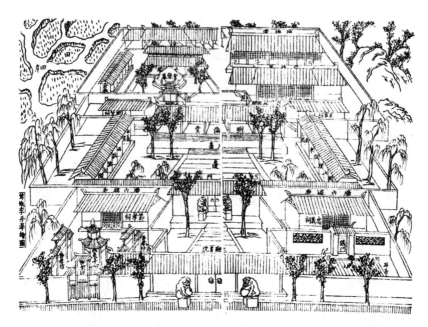

曾坐落上海金山的大观书院和钱氏宅第，于太平天国年间被毁（咸丰年金山县志）

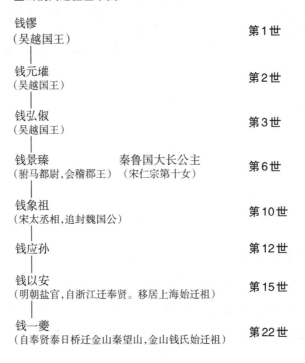

金山钱氏远祖世系图

钱镠
（吴越国王）　　　　　　　　　第1世

钱元瓘
（吴越国王）　　　　　　　　　第2世

钱弘俶
（吴越国王）　　　　　　　　　第3世

钱景臻　　　　　秦鲁国大长公主
（驸马都尉,会稽郡王）（宋仁宗第十女）　第6世

钱象祖
（宋太丞相,追封魏国公）　　　　第10世

钱应孙　　　　　　　　　　　　第12世

钱以安
（明朝盐官,自浙江迁奉贤。移居上海始迁祖）　第15世

钱一夔
（自奉贤泰日桥迁金山秦望山,金山钱氏始迁祖）　第22世

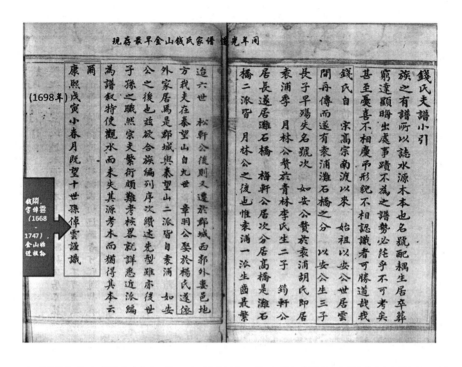

根据《中华印刷通史》记载，但凡提到五代十国时期的中国雕版印刷术，较为突出的就是地处南方太湖流域的吴越国。吴越钱氏诸王信奉佛教，而忠懿王钱弘俶（947—978）崇信甚笃，曾大量修建寺庙，兴造佛塔，雕印佛经。1917年，湖州天宁寺改建过程中，在石幢象鼻内发现了数卷藏存的"一切如来心秘密全身舍利宝箧印陀罗尼经"。卷首扉画前有"天下都元帅吴越国王钱弘俶印《宝箧印经》八万四千卷，在塔内供养。显德三年丙辰（956）岁记"。吴越王朝如此大规模的印刷活动，让人叹为观止。

五代之后，宋、元、明三朝荏苒而过，公元18世纪，中华大地已经进入康乾盛世。祖先身上的这种"书香魔性"，再次在金山钱氏的子孙身上焕发出无比耀眼的光芒！金山钱氏自临海到奉贤，从奉贤到金山，其传承数代的刻书事业在中国印刷史上写下了浓墨重彩的一笔。

同样在这本《中华印刷通史》中，有着对清代著名私人藏书家、刻书家所刻印的书籍所做的简要介绍，从中能看到这样一段话：

道光十三年（1833），钱熙祚完成宋章樵注《古文苑》二十一卷，刻板行世。

道光十七年（1837），钱熙祚在宗祠堂后建阁以贮书，取名"守山阁"。楼分四层，同时聘请名士如顾观光、李长龄、张文虎等在藏书楼中校勘、抄书，每日校书八十余种，抄书四百余卷。书阁位于湖湾之处，湖光山色，碧波荡漾。

根据光绪年间《钱氏家刻书目》所载，钱氏刻书自乾隆三十六年（1771）起，自钱树本（字根堂 1744—1790）至光绪年间从未间断，前后超过百年。1990年版金山县志记载着这个家族参与校勘刻印的历有五代计19人，其中"树"字辈4人，他们是：钱树立、树本、树棠、树芝；"熙"字辈7人，他们是：钱熙祚、熙泰、熙辅、熙载、熙彦、熙舆、熙哲；"培"字辈5人，他们是：钱培名、培让、培益、培荪、培杰；"铭"字辈2人，是钱铭烈、钱铭圭；"国"字辈有1人，为钱国宝（作者注：此处记载有误，熙字辈参与有9人，并无熙舆，为熙祚、熙泰、熙辅、熙载、熙彦、熙恩、熙哲、熙咸、熙经。金山钱氏并无"国"字辈，钱国宝应为钱铭彝，培字辈钱培廉也参与刻书，其子钱铭钟刊光绪金山县志，第五代刻书传人应是"润"字辈润功，润道）。五代校刻书超过20人。

金山钱氏家族参与刻书世系图

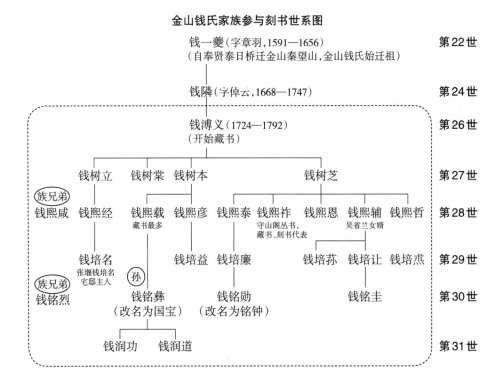

金山钱氏校勘翻刻的作品，最为著名的莫过于《守山阁丛书》《指海》《艺海珠尘》和《小万卷楼丛书》这四部巨著。自从这四部巨著问世，钱氏校勘古籍名著的名声大振，不仅在大江南北深受赞誉，并且引起国内外文坛的关注。钱熙泰金山县志咸丰手稿中提及"守山阁丛书指海等一时风行朝鲜日本诸国以重价购之"。

在金山钱氏的刻书成就中，《守山阁丛书》毫无争议是那颗皇冠上的明珠，道光乙未年（1825），钱熙祚和顾尚之，李兰垞、张啸山、兄弟钱熙泰共五人，于当年十月初四午刻，从秦望山乘船出发。钱熙泰的《湖楼校书记》里详细记载了众人来到文澜阁的所见所闻："十四日偕同人至文澜阁，假山杂树，进径幽奇。阁凡三层，各五间，最下层中置图书集成，左右皆经部；次上层周围而凹，其南为史部；最上层则子部集部，其书函以香楠，首刻鐵题，经饰以綠，史以朱子以蓝集以浅绛，每册之护页如之阁之后为……"

两百年前的校书情形：人流稀少的冬天，在湖楼校书抄书的一共有三十多人。坐在楼中，面对冬日的湖光山色，白天校书抄写笔耕不辍，夜里则点亮灯火，读书的声音到了半夜也不会停止。钱熙祚、钱熙泰等到了道光二十四年（1844），历时十年终于完成这部巨著，定名为《守山阁丛书》，分经、史、子、集 4 部，110 种 652 卷，主要为宋元明三朝名著。

《守山阁丛书》一经问世就大获好评。江苏仪征阮元（清乾隆进士，曾任湖广、两广、云贵总督、体仁阁大学士）及安徽绩溪胡培翚（曾任内阁中书、户部主事）为《守山阁丛书》写了双序。清同治进士、曾任翰林院侍讲学士、内阁学士的张之洞预言："其书在五百年中，必不泯灭者也。"

这部丛书刊出后，钱熙祚又把《墨海金壶》中未收入《守山阁丛书》的 28 种辑成《珠丛别录》82 卷，其内容多为医、农、道家、艺术方面的书籍。接着又根据张海鹏所辑《借月山庄汇抄》残版，经校勘、增辑，重编为《式古居汇钞》，共收各类古籍 49 种 135 卷。

只可叹天意弄人，战火无情。保存在钱家楼阁里的《守山阁丛书》如此之皇皇巨著不幸在咸丰庚申（1860）太平军战事中被毁之一炬。直到光绪十五年

（1889），上海鸿文书局印出影印本，但流传极少。待民国十年（1921），上海博古斋又为之影印缩本，并附《珠尘别录》。

钱氏刻书坊出品的《指海》又是一部容量巨大的名著。其所辑内容有两类：一类是古今书籍仅存孤本，从来没有刊刻的；或原版已废，其内容大多是关于科学、政治、风俗、社会舆论等；另一类是原本已失传，后来翻刻的版本一传再传，承袭谬误，已丧失本来面貌的，或者原书已久失，依赖他书援引，只略存梗概的。凡此种种，钱熙祚都广泛对照多种书籍加以校勘。为了使读者方便复案查阅，钱熙祚随校随刊，刊至第十二卷，可惜天妒英才，钱熙祚于道光二十四年（1844）病逝，年仅四十四岁。他去世后，其嗣子钱培让、钱培杰遵遗嘱与顾观光、张文虎就存稿原例继续编纂，至道光二十六年（1840）续编8集，全书共20集，141种404卷，并附《守山阁剩稿》1卷。书前冠有绩溪胡培翚序，钱培让、钱培杰有跋。在历史地位上，《指海》取材精湛，体例完备，足与《守山阁丛书》相媲美。

熙字辈里，还有一个人不能不提，他就是钱熙泰。钱熙泰（1810—1859），字子和，号鲈香，著名的《文澜阁续抄书目》《古松楼剩稿》和咸丰年间《金山县志》均由他执笔。

《湖楼校书记》也有他的身影。1825年第一次与钱熙祚等同赴文澜阁校书，钱熙泰时年才十五岁，在钱熙泰自己的日记《钱鲈香先生笔记》中也详细描写了兄弟友人齐赴文澜阁查阅校勘书目，并结伴而游，寄情山水的故事。

> 先生生平与同邑顾尚之先生（观光）、南汇张啸山先生（文虎）最友善。道光乙未秋寓西湖，就文澜阁校书之役。三先生外，李兰垞、钱雪枝二先生也。雪枝先生名熙祚，鲈香先生之兄，即刻守山阁丛书者。其道光己亥二度校书，庚子三度校书，皆寓湖上之弥勒院十三间楼；则先生与啸山先生二人也。先生爱游，所至必穷其胜，校书得暇时，复出游，与啸山先生偕。湖上胜地既遍，乃更西至天目、九锁；南渡江，登会稽，探禹穴，访兰亭。

钱熙泰尚著有《锄月吟稿》《古松楼剩稿》等诗集。当然，如今倘若你想研究金山历史，也一定会参考查阅钱熙泰在咸丰八年完成的《金山县志》稿 8 册，此版《金山县志》今藏于上海图书馆。而后的光绪四年版《金山县志》也是根据此稿"增损分合"而成的。

再说说钱熙祚的哥哥钱熙辅。钱熙辅（字鼎卿，1796—1866），曾任芜湖教谕，而他的岳父系清嘉庆时南汇著名学者吴省兰，曾辑《艺海珠尘》丛书，以天干为序，随校随刊，共完成甲至辛八集 163 种，而后逝世。为了帮老丈人完成未竟之业，钱熙辅续辑壬癸二集，共收书 42 种，内容为唐宋以来松江府地方文献，包括经学、小学、舆地、掌故、笔记、小说、天文、历算、诗文等，并于道光三十年（1850）刊成。此外，他还校勘重印有《海国图志》《重学》，著有《勤有书堂剩稿》诗集。

在金山钱氏的"培"字辈中，也有一个人值得介绍，他就是钱培名（字梦花，1818—1887）曾为候选县丞，钱熙祚从侄。其父钱熙经（1796—1849），曾协助钱熙祚校勘《守山阁丛书》和《指海》，该书完成后，认为"古今宜刊的著作尚有许多"，

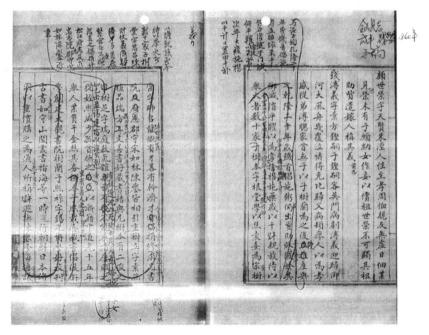

钱熙泰（金山县志咸丰年）手稿

拟继续编辑，但因病未能如愿，遂于道光末令其子培名编校《小万卷楼丛书》，仍由顾观光、张文虎协助，按《守山阁丛书》体例编辑，至咸丰四年（1854），因太平天国战争中止，《小万卷楼丛书》共 17 种、68 卷。钱培名除校勘讹误外，还对其中《越绝书》《申鉴》《中论》《医经正本书》《陆士衡文集》等书各附《札记》1 卷，增补了逸文、脱文。光绪四年（1878）重刊时，撤去《续吕氏读诗记》3 卷，易以顾观光的《武陵山人杂著》1 卷，为 17 种 66 卷。为此，当时的金山县学使专门奖给他"家风好古"匾额，钱培名死后于光绪十三年（1887）被列入清芬祠，加以纪念。

　　咸丰十年（1860），太平军过境，军兵将钱氏刻书坊洗劫一空。近代学者、金山名士姚光曾这样形容当时的惨状："兵匪所至，书籍版片无留焉。即有孑遗，书以裹物，版以为薪……行军以天雨泥泞，取书版铺道路，延垣至数里，冥冥浩劫，可胜慨哉！"乱兵过后，钱熙祚嗣子钱培荪（1821—1876），号子馨，浙江试用同知，赏戴蓝翎。深感已无力再重新刊刻，于是和张文虎商量（此时顾

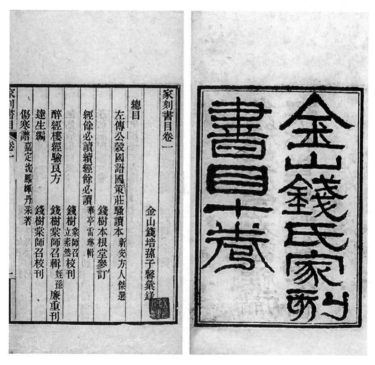

《金山钱氏家刻书目》书影

观光也已病逝），先辑钱氏世代所刻书目、序、跋、校勘记等一编，又以战乱后新刻共 10 卷，其书方成而病卒。钱培荪的妻子又复请张文虎校雠并为之序，最终于光绪四年刊成。

太平天国之后，钱熙泰儿子钱培廉重建了金山钱氏宗祠和钱氏花园。今天的金山秦望山依然青山绿水，祠堂得以幸存，花园古朴幽深，记载着金山钱氏四百年的"守山"古松楼旁的刻书身影，祠堂里积淀了近千年的血脉传承。

附：金山钱氏家刻书目

守山阁丛书	钱熙祚等刻
珠丛别录	钱熙祚等刻
指海	钱熙祚刻，十二集、九十种、二百三十六卷；钱培让、钱培杰（杰）续刻八集
艺海珠尘　壬癸集	钱熙辅刻
小万卷楼丛书	钱培名刊刻
金山钱氏家刻书目	钱培荪刻
左传公谷，国语，国策，庄、骚读本	新安人方人杰选，钱树本（根堂）参订
经余必读、续经余必读	华亭雷琳辑，钱树棠（师台）校刊
达生编	钱树棠校刊
醉经楼经验良方	钱树棠辑，钱树立（素然）校刊，侄孙钱廉重刊
伤寒谱	嘉定沈凤辉著，钱树棠、钱树立校刊
保素堂稿	华亭钱金甫著，钱树立校刊
温热病指南集	淞滨陈祖恭著，钱树芝（端五）校刊
春秋阙如编　八卷	钱熙彦（邦士）、钱熙载（虞揆）校刊
元诗选补	钱熙彦辑刊
元史续编　十六卷	明胡粹中评纂，钱熙载校刊
素问灵枢	钱熙祚校刊
胎产秘书	钱熙祚重刊

(续表)

华严墨海集	钱熙哲（叔保）编次
古松楼剩稿	钱熙泰（子和）著
货币文字考	华亭马昂著，钱培益（贞吉）校刊
江南北大营纪事本末　二卷	秀水杜文澜编，活字版，钱国宝（子通）校
务民义斋算学　三种	乌程徐有壬撰，活字版，钱国宝校
疡科辑要	平湖沈志裕纂，活字版，钱国宝校
万一权衡	活字版，钱国宝校
甲子元术法、癸卯元术简法、五星简法	金山顾观光著，钱润道（慎元）、钱润功（诵之）校刊
光绪金山县志	钱铭勋刊
金山县志，咸丰年稿	钱熙泰著

金山钱氏校刻书籍研究[*]

陈 吉

一、引 言

金山的钱氏家族系吴越王钱镠后裔，约于明季由廿二世孙钱一夔（1591—1696）自奉贤泰日桥始迁金山秦望山南，并自称"秦山钱氏"①。此后，自廿七世树字辈起，钱氏有连续五代子孙参与家族的校刻书籍事业，而其中明确见诸史籍的便有32人，其成就更是在中国出版史上占有举足轻重的地位。

目前，学界对金山钱氏校刻书籍的研究主要集中于两块，一是廿八世孙钱熙祚的《守山阁丛书》《珠丛别录》及《指海》②，并以《守山阁丛书》的版本目录学价值为其讨论重点③，二是廿九世孙钱培名的《小万卷楼丛书》④，而于其他家族

* 本文为上海市金山区"十四五"规划之"金山寻根计划"项目、2021年金山区文化和旅游局"一个江南书香世家的薪火传承——关于金山钱氏历史文化资源挖掘与利用的思考"课题的阶段性成果。

① ［清］钱培均等辑，佚名续辑：《金山钱氏族谱》（俗称"肇发彭城"），民国递修稿本之现代复印本。
② 论文如田雨：《钱熙祚藏书与刻书考述》，《地方文化研究》，2017年12月，第68—74页。李天纲：《金山钱氏〈守山阁丛书〉与它的时代——〈一个书香世家的千年回眸〉代序》，《书城》，2020年9月，第28—34页等；专著如李春光：《古籍丛书述论》，辽沈书社1991年版，第235—242页。潘树广：《中国古代著名丛书提要》，广西师范大学出版社2015年版，第158—160页等。
③ 论文如王晓鹃：《〈古文苑〉版本考》，《福州大学学报（哲学社会科学版）》，2009年9月，第74—79页。李勤合：《陈舜俞〈庐山记〉版本述略》，《图书馆杂志》，2010年10月，第74—77页。许超杰：《〈词源〉版本源流考》，《文艺评论》，2014年12月，第111—114页等；专著如韦力：《书楼觅踪（上）》，中信出版社2017年版，第44页等。
④ 论文如刘乾：《〈西渡诗集〉校记》，《河南师范大学学报（哲学社会科学版）》，1993年5月，第3页。姜守恩：《考订详实，辑佚缀补——钱培名〈小万卷楼丛书〉的编纂过程及其学术价值》，《东吴中文研究集刊》第23期，2017年，第55—71页等；专著如李春光：《古籍丛书述论》，辽沈书社1991年版，第242—243页。李步嘉：《〈越绝书〉研究》，上海古籍出版社2003年版，第149—156页等。

成员的学术成果则关注较少，即便偶有提及，亦不出《钱氏家刻书目》的涉及范围①，且多为已有校刻书目的简单罗列，并无相应的深入探讨②。

有鉴于此，本文拟立足《金山钱氏族谱》《金山艺文志》等传世文献与前人研究成果，首次尝试对其家族发展历史及校勘出版事业进行全面梳理与系统分析，希冀能够抛砖引玉，为后续方家正确评判钱氏文化事业的成就、全面深化钱氏"守山精神"的认识提供有益的参考与帮助。

二、金 山 钱 氏

金山钱氏尊奉吴越王钱镠为始祖，认为家族"肇发彭城"③，按照时间顺序，其发展历史大致可细分为吴越钱氏（始祖—十四代）、华亭钱氏（十五代—廿一代）和秦山钱氏（廿二代—解放前）三个时期。

1. 由奉入金

吴越钱氏，即始祖钱镠至其十四世孙这段时期。通过《吴越王钱氏各派庆系宗谱》④及《新镌吴越钱氏续庆系谱》⑤两部谱牒文献，我们可以大致将其发展脉络梳理出来（世系简图见图1）。尽管目前为止，笔者尚未掌握靶向史料证明十三世国

---

① 论文如郑伟章：《金山钱氏刻书》，《出版工作》，1990 年 3 月，第 102—110 页。祁雯馨：《〈金山钱氏家刻书目〉所载书籍调查研究——以复旦大学图书馆藏为中心》，复旦大学 2019 年硕士毕业论文；专著如徐侠：《清代松江府文学世家述考（下）》，北京三联书店 2013 年版，第 991—999 页。钱基敏：《一个书香世家的千年回眸——金山钱氏家族史》，文汇出版社 2017 年版，第 165—168 页等。

② 目前笔者仅见成建军：《清代钱熙祚对〈灵枢经〉校勘整理贡献考略》，《中医药学刊》，2001 年 6 月，第 232—233 页。论文所述《灵枢》为《钱氏家刻书目》所载的钱熙祚校刻书籍，且未收入《守山阁丛书》《珠丛别录》和《指海》。

③ 乾宁二年（895），钱镠被唐王朝封为"彭城郡王"，参见［宋］欧阳修：《新五代史》卷六十七《吴越世家》，中华书局 1974 年版，第 838 页。

④ 不详：《吴越王钱氏各派庆系宗谱》卷三《世传》，民国五年（1916）重刻本。

⑤ ［清］钱林：《新镌吴越钱氏续庆系谱》卷十四《象祖魏国公子孙世系》，康熙九年（1670）刻本。

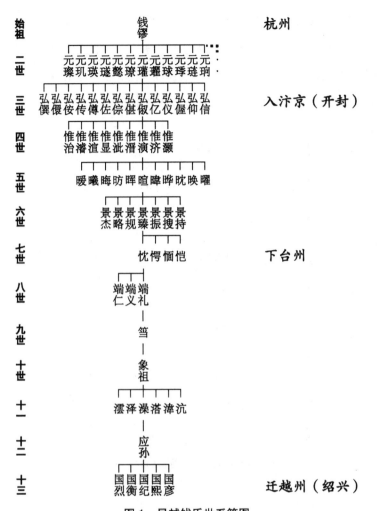

图 1　吴越钱氏世系简图
资料来源：始祖一四世据《新镌吴越钱氏续庆系谱》
五世—十三据《吴越王钱氏各派庆系宗谱》

字辈裔孙中，究竟何人才是金山钱氏的直系先祖，但所幸，十五世孙的身份是确定的，即《金山钱氏族谱》中"世居云间，……讳失传，娶□氏"的"以安公"。而《钱氏家乘》所记载的奉贤县（象祖公分出）以安公支天桂将军派，则可进一步将其生平事迹与活动轨迹细化为"盐官于奉贤县之袁浦，因家焉，是为始迁祖"①。

---

① ［清］钱文选：《钱氏家乘》卷十三《支派》，上海书店出版社 1996 年版，第 264 页。

由此推断，钱以安迁居袁浦盐场（今属奉贤区柘林镇）的时间约在元末明初。因为当时的盐场隶属华亭县管辖，故笔者将十五至廿一世孙这段时期命名为华亭钱氏时期。其后，以安公次子如安公入赘袁浦胡氏，继续定居该地，而其裔孙则又不知于何时何代北上迁至泰日桥（今属奉贤区金汇镇，世系简图见图2）。

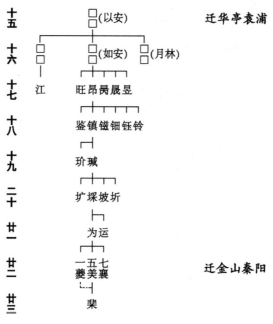

图2　华亭钱氏世系简图（虚线为过继）

资料来源：《金山钱氏族谱》

及至明季，廿二世孙钱一夔（1591—1656）始"由奉贤泰日桥迁居金山秦望山南"，继而"娶于杨氏，遂依外家居焉"，是为家族由奉入金的始祖。但值得一提的是，钱氏夫妇生前仅育有二女，并未诞育男嗣。在封建礼法的压力之下，他们不得不选择过继二弟钱五美的次子钱棐（1629—1687）为嗣，因此若从血缘上细究，钱棐才是金山钱氏真正意义上的始迁祖，即廿二代至解放前的秦山钱氏的始迁祖。

2. 义庄制度

入金以后，钱氏家族稳步发展。廿四世孙钱邻（1668—1747）时"家渐裕"①，至其长房长孙钱溥义（1724—1791）主家政时，更是"雄于财，且不自封殖"②。乾隆二十年（1755），金山大饥。他曾首倡施粥，并助赈米千余石，又"复号于门，减价平粜，自是以为常"③。弥留之际为膝下六子析产，他又允许每房各"提田三百亩，共田一千八百亩"，并仿北宋范仲淹之意，建立钱氏义庄制度④，既保证了宗族内部成员生有所养，也保障了地方公益事业赖之以成，还为后世子孙刊刻书籍奠定了坚实的物质基础。

溥义凡六子十三孙，俗称"六房十三堂"（图3），至其孙钱熙祚（1801—1844）时，因宗族人口与支派数量日繁，钱氏特于秦望山麓建立宗祠，并"重修族谱，以示水源木本之意"。宗祠以外，原构想重新"设庄捐置义田。凡向来资助宗族姻戚之举皆归之，……其无力读书者，设大小义塾，延师训诲。鳏寡孤独、老病废疾及婚丧应试诸费，均有专款"⑤，然因钱熙祚骤然辞世，继遭太平天国运动兵燹而被迫中止。直至光绪十六年（1890），钱氏义庄方由本支嗣孙钱铭江与钱铭铨复立，并增置义田一千三百亩。其总庄位于六保廿三六图黄字圩（今属金山卫镇塔港村）⑥，而新设的锡庆分庄则位于五保廿一图北云字圩（今属廊下镇）。与此同时，其族叔钱培廉也于今张堰镇的张泾河畔建立另一分庄⑦，对族属耕地统一实行科学化的管理。

至此直至金山解放，义庄制度始终都是钱氏财政收入的保障，为其代际相传的校勘刻书事业提供着源源不断的资金支持，也助力宗族成员持续造福桑梓，克成善举，如帮助政府修建大观书院、金山卫学和文庙，甚至赈济江北地

---

① 《金山钱氏族谱》之《孝悌录传》。

② ［清］钱铭江等：《金山钱氏支庄全案·钱氏设立支庄缘起》，光绪十六年（1890）刻本。

③ ［民国］姚裕廉等：《重辑张堰志》卷六《人物·列传上》，民国九年（1920）姚氏松韵草堂铅印本。

④ 《金山钱氏支庄全案》之《钱氏设立支庄缘起》。

⑤ 《金山钱氏支庄全案》之《钱君行略》。

⑥ 据《金山钱氏支庄全案·庄规》记载，总庄位于"本邑六保廿三六图横浦场西团黄字圩"。此处的横浦场，绝非今金山卫镇横浦村境内之横浦界集镇（六保二十图与七保三十七图交界），而是位于今金山卫镇塔港村境内之黄家宅自然村附近（六保廿三六图），北近山塘河与亭子桥，水陆交通皆便。

⑦ 《重辑张堰志》卷二《建置》。

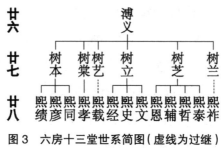

图3 六房十三堂世系简图（虚线为过继）

区灾民等①。这种不间断的供给与输出，反过来也为钱氏的校刻事业创造出良好的外部环境。

3. 书香传家

经济基础固然决定上层建筑，优渥的家境也的确使金山钱氏的"藏书之富甲于郡邑，不独以财雄于乡"②，即其超强的文献聚集能力使其校勘事业拥有更多可资选择的底本，也间接强化了其与周围藏书家之间的互联互通，有效促进了当地书籍的收藏与传播。然不可否认，连续五代族属成员的个人素质与当时浓厚的学术氛围，也是钱氏书香赖以传承的重要砝码。

个人素质应归功于家族的私塾教育及其教学理念。廿七世孙钱树本（1744—1790）主家政时，督课子弟即能言传身教，他以焦袁熹为宗，先后延请其从孙筠岩先生、嫡孙研溪先生，采用焦氏此木轩课本教授子弟课业③（图4），使其读经传而后根柢深、看史鉴而后议论伟，阖族门庭也因此肃穆凛然④。此木轩系列自此成为钱氏私塾教育的必备课本，并被多次校勘付梓⑤。而焦氏的治世思想与教学理念也因此根植于每一代钱氏英贤的脑海之中，伴其怀铅握椠，也助其著述名家⑥。

学术氛围则有赖于乾嘉以来相对平稳的政治局面。当时的许多考据学家曾

① 《金山钱氏族谱》之《世表》。

② 《金山钱氏支庄全案·序》。

③ ［清］焦袁熹著，钱熙载、钱熙彦校：《此木轩春秋阙如编·跋》，嘉庆十二年（1807）刻本。

④ 《金山钱氏族谱》之《外舅钱素然先生外姑金太君合葬志》。

⑤ 如［清］焦袁熹：《此木轩四书说》，道光二十四年（1844）守山阁重镌本。

⑥ 《金山钱氏支庄全案·序》。

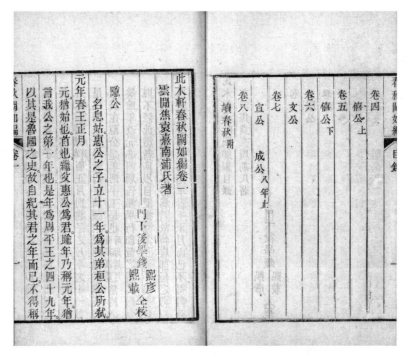

图 4　《此木轩春秋阙如编》

不计成本，以传承先哲精蕴、启示后学困蒙；还原本来面目、赓续孤本血脉为己任，大量校勘剞劂家藏秘笈及学术成果，掀起了一阵校书刻书的高潮[①]。受此影响，多务朴学，善于考据的钱氏子弟，或择善本、或引群籍、或注案语、或系札记，均不自觉地卷入到这股"于人谓之有功，于己谓之有福"[②]的校刻洪流中来。

三、校 刻 书 籍

书开书合间，金山钱氏墨香不止。这个"世好善读书，藏书甲一邑，尤喜校刊名人著述，父兄子弟，相为讲习"[③]的家族，其代际相传的校勘刻书事业，曾

① 王桂平：《明清江苏藏书家刻书成就和特征研究》，武汉大学出版社 2018 年版，第 153—160 页。

② ［清］钱熙祚：《守山阁丛书·（阮元）序》，道光刻本。

③ ［清］钱培荪：《钱氏家刻书目·序》，光绪四年（1878）刻本。

横跨乾隆至光绪七朝，历时百余年。而明确见诸史籍记载的骨干成员便有5代32人之多，其中树字辈4人，熙字辈9人，培字辈9人，铭字辈7人，润字辈2人，除钱熙咸①及钱铭烈②外，皆为钱溥义的直系子孙。

目前，《钱氏家刻书目》是汇总金山钱氏校刻书目的集大成者。但须知，此书是在太平天国运动后，其"先世遗书尽失，板片亦煨烬"③的时代背景下着手辑录的，后裔钱培荪虽殚精竭虑，努力辗转三年以广求远近收藏家手中书籍，最终却也只能做到"略备"而非"完帙"，根本无法扭转此类不可抗力所造成的竭蹙局面。并且，至少存在诸如刊刻于光绪十六年（1890）的《金山钱氏支庄全案》（成书年代在《钱氏家刻书目》之后）不为该书所载。有鉴于此，必然需要参阅更多文献史料，方能全面整理出金山钱氏的校刻书籍总目，继而对其彪炳史册的学术成就加以细致讨论、科学分析以及全面研究。

1.树本系统（附树艺）

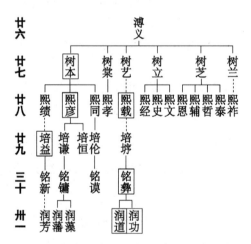

图5　树本系统世系简图（虚线为过继）

---

① 系钱邻次子铿源后裔，字绩三，号即山，道光乙未恩科举人，曾与钱熙祚共赴杭州文澜阁校书，参见《金山钱氏族谱》之《世表·钱熙咸》和［清］张文虎：《覆瓿集续刻》第二册《湖楼校书记》，光绪十九年（1878）刻本。

② 系钱邻次子铿源另一后裔，平湖籍附贡生，字廉和，号师竹，……始迁居（张堰）镇，……著有《汲级书屋诗钞》，参见《金山钱氏族谱》之《世表·钱铭烈》和《重辑张堰志》卷二《建置》。

③《钱氏家刻书目·序》。

首先讨论长房树本系统的校刻情况。

溥义长子树本（1744—1790），字根堂，号筠素，国子生，因累试不中，遂改习轩歧之术[1]。其人性格严峻，但有万石家风，又好搜罗典籍，每得一异书，便能展玩至几忘寝馈。其藏书之富，更是甲于五茸[2]。

树本次子熙彦（1773—1826），字邦士，号停云，附贡生[3]。树本四子熙载（1779—1834），字虞揆，号啸楼，附贡生，出嗣树艺（溥义三子），因捐修金山卫学和文庙、议叙按察司经历，又因捐建大观书院，议叙盐运司提举[4]。张文虎称"钱氏藏书，啸楼为冠"[5]，即指其人。

熙彦三子培益（1806—1851），字贞吉，号文甫，一号水西，例贡生，出嗣熙绩，生前亦因捐修金山卫文庙，议叙盐运司知事衔[6]。他生平"好书画碑帖、彝鼎古钱，其所居曰兰隐园。园有延青阁，所以聚古物也"[7]。

熙同（树本三子）幼孙铭彝（1835—?），又名国宝，字伯聪，号听甫，国子生[8]。太平天国运动兴起后，他响应朝廷号召，在家乡钱圩兴办团练，曾与张鏓等人共同驻守余来庙口，因功授同知衔[9]，后避乱迁居沪上，设文富楼，专用铅字活板排印诸书，并有汇印《平寇丛书》之志[10]。于西人机器之理，他亦聪敏善悟，颇有所会[11]。

铭彝长子润道（1856—1882），字一贯，号任之，廪膳生[12]。铭彝次子润功

---

① 《金山钱氏族谱》之《世表·钱树本》。
② 《金山钱氏族谱》之《外舅钱素然先生外姑金太君合葬志》。
③ 《金山钱氏族谱》之《世表·钱熙彦》。
④ 《金山钱氏族谱》之《世表·钱熙载》。
⑤ 《覆瓿集续刻》第三册《怀旧杂记》卷二。
⑥ 《金山钱氏族谱》之《世表·钱培益》。
⑦ 《覆瓿集续刻》第三册《怀旧杂记》卷二。
⑧ 《金山钱氏族谱》之《世表·钱铭彝》。
⑨ 《重辑张堰志》卷七《人物·列传下》。
⑩ 《钱氏家刻书目》卷十《江南北大营纪事本末·序》。
⑪ 《覆瓿集续刻》第三册《怀旧杂记》卷二。
⑫ 《金山钱氏族谱》之《世表·钱润道》。

（1857—1891），字次立，号颂之，邑庠生①。

表1　树本系统校刻书籍知见举目表

序号	书　名	卷数	作　者	版　本	馆藏举例	文献依据	备注
1	大题馈贫集钞	不分卷	焦袁熹　课本 钱树本　编次	乾隆三十一年（1766）刻本	苏大图书馆	春秋阙如编 咸丰志稿②	
2	左传读本	不详	方人杰　评选 钱树本　参订	乾隆三十六年（1771）刻本	未见	家刻书目 艺文志	
3	公谷读本	不详	方人杰　评选 钱树本　参订	乾隆三十六年（1771）刻本	未见	家刻书目 艺文志	
4	国语读本	不详	方人杰　评选 钱树本　参订	乾隆三十六年（1771）刻本	未见	家刻书目 艺文志	
5	国策读本	不详	方人杰　评选 钱树本　参订	乾隆三十六年（1771）刻本	未见	家刻书目 艺文志	
6	庄骚读本	三卷	方人杰　评辑 钱树本　参订	乾隆三十七年（1772）刻本	上海图书馆	家刻书目	
7	一点阁文选	不详	钱树本　辑	不详	未见	钱氏族谱 艺文志	选刻
8	漱石轩诗钞	不详	钱树本　著	不详	未见	钱氏族谱 艺文志	可能未曾刊刻
9	言行质心录	不详	钱树本　著	不详	未见	咸丰志稿	可能未曾刊刻

---

① 《金山钱氏族谱》之《世表·钱润功》。

② （治学）宗焦袁熹，尝参订其所遗《馈贫集》行世，参见［清］钱熙泰：咸丰《金山县志稿》第八册《列传·文苑（稿）》，咸丰八年（1858）稿本；乾隆丙戌春，先君（按：钱树本）是以有《馈贫集》之刻，参见《此木轩春秋阙如编·跋》）。

（续表）

序号	书　名	卷数	作　者	版　本	馆藏举例	文献依据	备注
10	保素堂稿	十卷	钱金甫　撰 钱森、钱树本 编辑	嘉庆六年 （1801）刻本	苏大图书馆	家刻书目 咸丰志稿①	非钱树立编辑
11	此木轩春秋阙如编	八卷	焦袁熹　著 钱熙载、钱熙彦　校刊	嘉庆十二年 （1807）刻本	上海图书馆	家刻书目	
12	元诗选补	一卷	钱熙彦　辑	不详	未见	家刻书目 钱氏族谱② 艺文志	非上图藏本
13	起云楼诗钞	不详	钱熙彦　著	不详	未见	钱氏族谱	可能未曾刊刻
14	元史续编	十六卷	胡粹中　评纂 钱熙载　详校	嘉庆二十二年（1817）刻本	上海图书馆	家刻书目	
15	雩史	四卷	钱琦　撰 钱熙载　校刊	道光十二年 （1832）刻本	上海图书馆	艺文志 雩史③	
16	云间文萃	六十卷	钱熙载④辑	不详	未见	钱氏族谱 艺文志	可能未曾刊刻
17	还读我书斋诗集	不详	钱熙载　著	不详	未见	钱氏族谱	可能未曾刊刻
18	货布文字考	四卷	马昂　考释 钱培益　校刊	道光二十二年（1842）刻本	上海图书馆	家刻书目	

① 族叔祖金甫学士家贫，临殁，以诗文未刊为憾，树本力任之，参见咸丰《金山县志稿》第八册《列传·文苑（稿）》。

② 《金山钱氏族谱》之《世表·钱熙彦》作"元诗选补遗"。

③ 前过金山，得与明经啸楼（按：钱熙载）遇，……知临江诸集之外，尚有《雩史》，索而付梓，参见［明］钱琦：《雩史·跋》，道光十二年（1832）钱氏刻本。

④ 《金山艺文志》又载该书为"钱熙彦辑"，似误，参见上海市地方志办公室：《上海府县旧志丛书·金山县卷》，上海古籍出版社，2014年，第834页。

（续表）

序号	书　名	卷数	作　者	版　本	馆藏举例	文献依据	备注
19	江南北大营纪事本末	二卷	杜文澜　编 钱铭彝　校	同治八年（1869）金山钱氏文富楼活字刻本	上海图书馆	家刻书目	
20	疡科辑要	不详	沈志裕　纂 钱铭彝　校印	同治八年（1869）活字刻本	未见	家刻书目 艺文志	
21	务民义斋算学	不详	徐有壬　纂 钱铭彝　校印	同治八年（1869）活字刻本	未见	家刻书目 艺文志	非上图藏本
22	万一权衡	不详	钱铭彝　著	不详	未见	家刻书目	
23	顾氏推步简法	四卷	顾观光　著 钱铭彝　校 钱润道、润功　校刊	光绪元年（1875）钱氏拜经书屋校刊本	上海图书馆	家刻书目	

　　*为行文简洁,《钱氏家刻书目》简称"家刻书目",《金山钱氏族谱》简称"钱氏族谱",《金山艺文志》简称"艺文志",咸丰《金山县志稿》简称"咸丰志稿"

　　2.树棠和树立系统

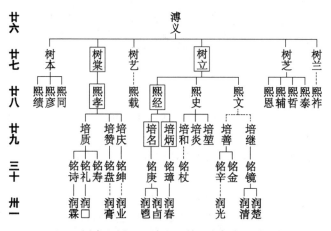

图6　树棠和树立系统世系简图（虚线为过继）

接下讨论二房树棠与四房树立系统的校刻情况。

溥义次子树棠（1759—1837），字思召，号憨南，国学生。嘉庆二十年（1815），捐助荒赈，议叙从九品衔，又以子熙孝诰封奉直大夫①。溥义四子树立（1764—1805），字希成，号素然，附贡生，例赠修职郎，以子熙史敕赠承德郎②。其藏书甚富，甲于五茸，手自丹黄，寒暑不倦，并课于目录之学③。

树棠之子熙孝（1781—1827），字步曾，号宣庵，国子生，候选布政司经历加二级，诰封奉直大夫。树立长子熙经（1796—1849），字心传，号漱六，附贡生。道光三年（1823）因捐赈议叙未入流，后援豫工例，授修职佐郎④。其人性格宽厚无城府，且好善乐施，被乡里誉为长者。他尝家居简出，以书史自娱⑤，遇所未见，即不惜重价购之，故其藏书处多有秘帙，名曰"万卷楼"。

熙经长子培名（1818—？），字德舆，号梦花，又号宾之，国子生，候补县丞⑥。同治九年（1870），曾负责张泾河北段的疏浚工程⑦。熙经三子培炳（生卒不详），号蓉斋，曾覆校《小万卷楼丛书》之《西渡集》⑧。

表2　树棠系统及树立系统校刻书籍知见举目表

序号	书名	卷数	作者	版本	馆藏举例	文献依据	备注
1	达生编	二卷	呕斋居士　撰 钱树棠　校刊	乾隆三十九年（1774）刻本	上海图书馆	家刻书目	

① 《金山钱氏族谱》之《世表·钱树棠》。

② 《金山钱氏族谱》之《世表·钱树立》。

③ 咸丰《金山县志稿》第八册《列传·文苑（稿）》。

④ 《金山钱氏族谱》之《世表·钱熙经》。

⑤ ［清］张文虎：《覆瓿集》第六册《舒艺室杂著乙编卷下·候选训导钱君殡志》，光绪五年（1879）刻本。

⑥ 《金山钱氏族谱》之《世表·钱培名》。

⑦ 《重辑张堰志》卷七《人物·列传下》。

⑧ ［清］钱熙经辑，钱培名续辑：《小万卷楼丛书·西渡集》，光绪四年（1878）金山钱氏重刊本。

（续表）

序号	书名	卷数	作者	版本	馆藏举例	文献依据	备注
2	伤寒谱	十六卷	沈风辉 辑 钱树棠、树立 校刊	嘉庆七年（1807）刻本	天津中医大第一附属医院图书馆	家刻书目 艺文志	
3	经余必读	八卷	雷琳 辑 钱树棠、树立 校刊	嘉庆八年（1803）刻本	上海图书馆	家刻书目	
4	经余必读续编	八卷	雷琳 辑 钱树棠、树立 校刊	嘉庆十年（1805）刻本	上海图书馆	家刻书目	
5	此木轩诗钞	八卷	焦袁熹 撰 钱树棠、钱树立 校刻	嘉庆十九年（1814）刻本	南京图书馆	艺文志	
6	（嘉庆）松江府志	八十四卷	钱树棠 总校并捐梓	嘉庆二十四年（1819）刊本	国家图书馆	咸丰志稿 重辑张堰志	
7	说文通论	一卷	雷琳、钱树棠、钱树立 辑	道光二十一年（1841）刻本	复旦图书馆	益雅堂丛书	
8	醉经楼经验良方	一卷	钱树棠 辑 钱培廉 校刊	光绪二年（1876）重刻本	上海图书馆	家刻书目	
9	经学质疑	十二卷	钱树立 著	不详	未见	钱氏族谱 咸丰志稿	可能未曾刊刻
10	读史管见	八卷	钱树立 著	不详	未见	钱氏族谱	可能未曾刊刻
11	纫兰书屋制艺	四卷	钱树立 著	不详	未见	钱氏族谱	可能未曾刊刻
12	小万卷楼丛书	一	钱熙经 辑 钱培名 辑刊	光绪四年（1878）金山钱氏重刊本	金山博物馆	家刻书目 重辑张堰志	

（续表）

序号	书名	卷　数	作　者	版　本	馆藏举例	文献依据	备注
13	续吕氏家塾读诗记	三卷	戴溪　撰 钱培名　校刻	咸丰四年（1854）刊本	上海图书馆	家刻书目	小万卷楼初刻①
14	绿雪馆诗钞	一卷	张鸿卓　撰 钱培名　校刻	同治八年（1869）刻本	复旦图书馆	覆瓿集②	

*为行文简洁,《钱氏家刻书目》简称"家刻书目",《金山钱氏族谱》简称"钱氏族谱",咸丰《金山县志稿》简称"咸丰志稿"

3.树芝系统(附树兰)

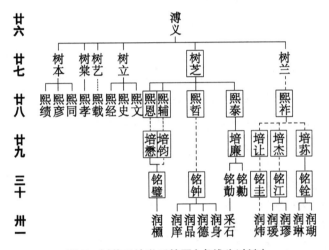

图7　树芝系统世系简图(虚线为过继)

接着讨论五房树芝系统的校刻情况。

溥义五子树芝(1770—1838),字瑞庭,号愚庵,国学生。道光三年(1823)助

① 《续吕氏（家塾）读诗记》,世颇有单行之本,拟删之,而补以顾君《(武陵山人)杂著》,参见《小万卷楼丛书·序》。
② 伟甫(按:张鸿卓)所为《绿雪馆诗词》,道光、咸丰间尝镌行矣。燬于粤寇,同治八年,金山钱宾之(按:钱培名)为校刊,参见《覆瓿集》第五册《舒艺室杂著乙编卷上·绿雪馆诗序》。

赈,议叙九品,以子熙辅官,覃恩貤封修职郎①。其人性格宽厚,待人以诚,远近识与不识,皆曰"钱公长者,治家有法",生前无他嗜好,常以金石书画自娱②。

树芝长子熙恩(1794—1837),字承露,号湛园,附贡生③。树芝次子熙辅(1796—1866),字次丞,号鼎卿,廪生,安徽芜湖县教谕,覃恩加二级,敕授修职郎,南汇吴省兰女婿,华亭韩应陛丈人④。其人好沉默渊览,晚年常居松江府城谷阳门外别业勤有书堂⑤。树芝三子熙祚(1801—1844),字锡之,号雪枝,例贡生,出嗣树兰(溥义六子)⑥。道光十五年(1835),江苏巡抚陈銮奏请修筑华亭海塘(今金山区山阳镇、漕泾镇与奉贤区柘林镇境),意欲就近采石,即取秦、查二山之石作为建筑材料。熙祚考虑到"石少坟多,不足采用,而毁弃骴骼为可悯"⑦,故倍捐运费,而后议遂寝,他也因此将其藏书处命名为"守山阁",冀与此山相守于无穷也⑧。熙祚抄书喜用纸印绿格,栏外镌"守山阁抄本"字样⑨,而其藏书印则有"钱熙祚鉴藏书画之钤记"⑩"金山钱熙祚锡之氏藏书记"⑪等。树芝四子熙哲(1804—1856),字叔保,号葆堂,国子生,因捐建大观书院,议叙八品顶带⑫。树芝五子熙泰(1810—1858),字子和,号鲈香(艻),优廪生,因道光二十二年(1842)捐助军需,议叙训导⑬。他为人宛委曲全,少无傲容厉色⑭。

---

① 《金山钱氏族谱》之《世表·钱树芝》。

② 《金山钱氏族谱》之《愚庵钱公小传》。

③ 《金山钱氏族谱》之《世表·钱熙恩》。

④ 《金山钱氏族谱》之《世表·钱熙辅》。

⑤ [清]钱熙辅:《勤有書堂剩稿·序》,光绪二年(1876)复园刻本。

⑥ 《金山钱氏族谱》之《世表·钱熙祚》。

⑦ [清]龚宝琦等:光绪《重修金山县志》卷五《山川志上·秦山》,光绪四年(1878)刊本。

⑧ [清]叶昌炽:《藏书纪事诗》卷六《金山钱氏守山阁藏书记》,北京燕山出版社2008年版,第496页。

⑨ 李致忠:《古书版本鉴定》,北京图书馆出版社2007年版,第185页。

⑩ 《藏书纪事诗》卷六《钱熙祚》,第497页。

⑪ 王国维撰,王亮整理:《传书堂藏书志(中)》,上海古籍出版社2014年版,第725页。

⑫ 《金山钱氏族谱》之《世表·钱熙哲》。

⑬ 《金山钱氏族谱》之《世表·钱熙泰》。

⑭ 《覆瓿集》第六册《舒艺室杂著乙编卷下·钱子和学博哀辞》。

熙辅长子培让（生卒年不详），字庆元，号廉溪，出嗣熙祚①，曾与培杰合作校勘《守山阁丛书》之《长春真人西游记》《大唐郊祀录》《燕乐考原》《曡庵杂述》②，并续辑《指海》③。熙辅次子培懋（1826—1863），字桐生，号虞章、子勉，庠生④，曾覆校《小万卷楼丛书》之《丰清敏公遗事》⑤。熙辅三子培钧（1828—？），号子和，因捐赈议叙九品顶带⑥。熙辅四子培荪（1834—1876），号子馨，生前为赏戴蓝翎，浙江试用同知，出嗣熙祚⑦，有别墅位于松江府城东门外，名曰"复园"⑧。熙哲独子培杰（1831—1874），字萃农，号伟甫，赏戴花翎⑨，知府衔候选同知，兼祧熙祚⑩。熙泰次子培廉（1833—1908），即钱廉，字义泉，号二泉，兼祧熙恩⑪，生前为直隶通判，蓝翎四品顶戴。太平天国运动兴起后，他归不复出，以名人书画暨磁铜等器自娱，鉴藏甚富⑫，乃父《金山县志稿》亦赖以成之。

培懋长子铭圭（1852—1876），号伯桓，因咸丰五年（1855）捐饷，议叙九品⑬。培懋次子铭璧（1848—1898），号仲谷，兼祧培钧，咸丰五年亦因捐饷，议叙九品⑭。培荪长子铭江（1873—1923），号禹门，出嗣培杰⑮。培荪次子铭铨（1875—1938），号选青，历任沪杭路总管、闽沪税务所长、江苏省议会议员等

① 《金山钱氏族谱》之《世表·钱培让》。
② ［清］钱熙祚：《守山阁丛书》，道光刻本。
③ ［清］钱熙祚：《指海·跋》，道光刻本。
④ 《金山钱氏族谱》之《世表·钱培懋》。
⑤ 《小万卷楼丛书》之《丰清敏公遗事》。
⑥ 《金山钱氏族谱》之《世表·钱培钧》。
⑦ 《金山钱氏族谱》之《世表·钱培荪》。
⑧ 《覆瓿集》第六册《舒艺室杂著乙编卷下·复园记》。
⑨ 《金山钱氏族谱》之《世表·钱培杰》。
⑩ 《金山钱氏支庄全案》之《江苏巡抚刚毅笺》。
⑪ 《金山钱氏族谱》之《世表·钱培廉》。
⑫ 《重辑张堰志》卷七《人物·列传下》。
⑬ 《金山钱氏族谱》之《世表·钱铭圭》。
⑭ 《金山钱氏族谱》之《世表·钱铭璧》。
⑮ 《金山钱氏族谱》之《世表·钱铭江》。

要职，清廉自矢，涓滴归公①。培廉长子铭钟（生卒不详），原名铭勋，字伯彝，号介眉，诸生，兼祧培杰及其嗣父熙哲②，性慷慨，独任光绪《重修金山县志》刊费③。

很明显，这一系统的子孙，其撰述与校刻书籍的成绩斐然，无怪乎张之洞评价其"可决其五百年中必不泯灭"④。

表3　树芝系统校刻书籍知见举目表

序号	书名	卷数	作者	版本	馆藏举例	文献依据	备注
1	温热病指南集	二卷	陈祖恭　著 钱树芝　校 钱培荪　重校	光绪二年（1876）重刻本	上海图书馆	家刻书目	
2	湛园公手抄二泉志	不分卷	钱熙恩　辑	清钞本	金山博物馆	说剑与描兰	应当未曾刊刻
3	艺海珠尘壬、癸集	—	吴省兰　辑 钱熙辅　续辑	道光刻本	国家图书馆	家刻书目	
4	海国图志	五十卷	魏源　撰 钱熙辅　校刊	不详	未见	家刻书目 艺文志	咸丰五年跋
5	重学	二十卷	艾约瑟　口译 李善兰　笔述 钱熙辅　校刊	同治五年（1866）刻本	上海图书馆	家刻书目	
6	勤有书堂剩稿	不分卷	钱熙辅　著 钱培荪　校刊	光绪二年（1876）复园刻本	天津图书馆	家刻书目	
7	学福斋集	五十八卷	沈大成　著 钱熙辅　校刻	不详	未见	家刻书目	咸丰二年跋
8	胎产秘书	三卷	古虞何氏　撰 钱熙祚　校刻	道光二十三年（1843）重刻本	未见	家刻书目 艺文志	非上图藏本

---

① 《金山钱氏族谱》之《世表·钱铭铨》。

② 《金山钱氏族谱》之《世表·钱铭钟》。

③ 《重辑张堰志》卷七《人物·列传下》。

④ ［清］张之洞：《书目答问二种》，中西书局，2012年9月，第223页。

（续表）

序号	书名	卷数	作者	版本	馆藏举例	文献依据	备注
9	此木轩四书说	九卷	焦袁熹 撰 钱熙祚 校刻	道光二十四年（1844）守山阁重刻本	上海图书馆	艺文志	
10	守山阁丛书	—	钱熙祚 辑	道光刻本	上海图书馆	家刻书目	
11	珠丛别录	—	钱熙祚 辑	道光刻本	上海图书馆	家刻书目	
12	指海	—	钱熙祚 辑 钱培杰、钱培让 续辑	道光刻本	上海图书馆	家刻书目	以式古居汇钞为基础
13	重广补注黄帝内经素问	廿四卷	钱熙祚 初校 钱培杰、钱培荪 刻	咸丰三年（1853）刻本	国家图书馆	家刻书目 艺文志	
14	新刊黄帝内经灵枢	廿四卷	钱熙祚 初校 钱培杰、钱培荪 刻	咸丰三年（1853）刻本	国家图书馆	家刻书目 艺文志	
15	华严墨海集	不详	钱熙哲 编次	不详	未见	家刻书目	
16	古松楼剩稿	一卷	钱熙泰 著	光绪元年（1875）刻本	金山图书馆	家刻书目	
17	担粥说	不详	钱熙泰 刊刻	道光二十九年（1849）刊本	未见	重辑张堰志①	
18	（咸丰）金山县志稿	八册	钱熙泰 纂 钱培廉 续纂	咸丰八年（1858）稿本	上海图书馆	光绪县志 重辑张堰志	未及刊刻
19	钱鲈香广文	一篇	钱熙泰 撰 卢道昌 编	光绪十一年（1885）刻本	金山图书馆	卫乡要略	

① 岁己酉秋，苏省被水成灾，请筹抚恤，……于是，钱君鲈香刊《担粥说》进予，参见《重辑张堰志》卷二《建置·义建·济婴局》。

（续表）

序号	书名	卷数	作者	版本	馆藏举例	文献依据	备注
20	钱鲈香笔记	不分卷	钱熙泰　著	民国钞本	上海图书馆	自在室书目	可能未曾刊刻
21	锄月吟稿	不详	钱熙泰　著	不详	未见	钱鲈香笔记	
22	（道光）张堰济婴局征信录	不分卷	钱熙泰　刊刻	不详	未见	重辑张堰志①	
23	文澜阁校书目录　文澜阁钞书目录　文澜阁续钞书目	不详	钱熙泰　撰	不详	未见	艺文志	可能未曾刊刻
24	烟鉴	不详	钱熙泰　著	不详	未见	艺文志	
25	金山钱氏族谱	不分卷	钱培均　纂	现代复印本	上海图书馆	钱氏族谱	
26	蕉鹿居遗稿	一卷	钱铭圭　著　钱培荪　校刊	光绪二年（1876）复园刻本	天津图书馆	家刻书目	附勤有书堂剩稿
27	钱氏家刻书目	十卷	钱培荪　汇录	光绪四年（1878）刻本	上海图书馆	家刻书目	
28	（光绪）重修金山县志	三十卷	钱铭钟　捐刊	光绪四年（1878）刻本	上海图书馆	光绪县志	
29	晚甘堂诗钞	一卷	朱甘澍　撰　钱铭璧、钱铭江、钱铭铨刻	光绪十三年（1887）刻本	复旦图书馆	晚甘堂诗钞②	

---

① 岁己酉秋，……以《征信录》示予，参见《重辑张堰志》卷二《建置·义建·济婴局》。

② 金山钱子铭璧、偕其从弟铭江、铭铨慨任剞劂。又以朱君之诗，经啸山鉴定，并为刊行，参见［清］朱甘澍：《晚甘堂诗钞·（姚光发）序》，光绪十三年（1887）钱氏刻本。

（续表）

序号	书名	卷数	作 者	版 本	馆藏举例	文献依据	备注
30	鼠壤余蔬	一卷	张文虎 撰 钱铭璧、钱铭江、钱铭铨 校勘	光绪十三年（1887）刻本	上海图书馆 金山博物馆	覆瓿集续刻	
	舒艺室诗续存	一卷		光绪十三年（1887）刻本			
	舒艺室尺牍偶存	一卷		光绪十五年（1889）刻本			
	湖楼校书记（余记、续记）	一卷		光绪十九年（1893）刻本			
	莲龛寻梦记	一卷		光绪十九年（1893）刻本			
	梦因录	一卷		光绪十九年（1893）刻本			
	怀旧杂记	三卷		光绪十九年（1893）刻本			
31	金山钱氏支庄全案	不分卷	钱铭江、钱铭铨 辑	光绪十六年（1890）刻本	上海图书馆	艺文志	

＊为行文简洁，《钱氏家刻书目》简称"家刻书目"，《金山钱氏族谱》简称"钱氏族谱"，光绪《重修金山县志》简称"光绪县志"，《金山艺文志》简称"艺文志"

4.校刻特点

由此可见，金山钱氏校刻书籍存在如下几个特点：

首先在人员方面，上述5代32人大致分属（1）树本附树艺（2）树棠及树立（3）树芝附树兰，三大血亲系统，其中树字辈4人，熙字辈9人，培字辈9人，铭字辈7人，润字辈2人，参与人数多，持续时间长，学术成果夥。他们或纵向祖孙、父子相继，如《温热病指南集》，由钱树芝校，孙辈钱培荪重校[1]，以及

---

[1] 旧为先大父愚庵公（按：钱树芝）刊行，遭寇后，板片已毁，印本鲜存，偶于从弟二泉培廉处得此帙，因重校付梓，……光绪元年仲秋，钱培荪谨识。见［清］陈祖恭著，钱树芝校，钱培荪重校：《温热病指南集·跋》，光绪二年（1876）刻本。

《顾氏推步简法》，由钱铭彝初校，其子钱润道、钱润功覆校并刊刻[1]；或横向胞兄、昆弟共襄，如《经余必读》和《经余必读续编》，由钱树棠、钱树立兄弟共同校刊[2]，以及《小万卷楼丛书》，虽由树立系统的钱熙经、钱培名父子相继主导完成，但除本系统的钱培炳（《西渡集》）外，树芝系统的钱熙泰（《律吕元音》）、钱培懋（《丰清敏公遗事》）和钱培杰（《陆士衡集》）亦有明确参与覆校工作，这也与丛书编纂需要大量校勘工作的历史背景相吻合。

其次在校刻方面，既有单行本与丛书的并行，亦有传统雕版向活字铅印嬗变的趋势，多而不滥，博而有要。这有赖于第一，慎选底本。如钱熙载曾致力于校勘《元史续编》，然搜求数载，却仅得一缮写精好却有帝虎鲁鱼之谬的钞本。后从沈氏处借得原刊旧本，方才详加雠校，补缺订讹，终成全璧[3]；第二，校雠精审。无论是重广，抑或是新刊，皆建立在充分吸收前人校勘、辨伪及辑佚成果的基础之上，甚至另作校勘记或札记，《重广补注黄帝内经素问》和《新刊黄帝内经灵枢》便是如此[4]。

再次在书籍方面，除个人诗歌集外，树字辈成员的关注点主要在经学和医学上。其中，四书五经是当时儒客学子研学的核心书籍，是知识分子读书与治学的起点，必然需要多研究、勤钻研，不难理解。而医学则不然，其入门门槛较高，且无法容错，并非寻常百姓提升社会阶级的理想途径。而树字辈之所以校刻医书，且种类齐全，几乎能够涵盖当时所有的常见疾病，当与其大多弃学从医，依靠岐黄之术立足本地有着千丝万缕的联系。从熙字辈成员起，金山钱氏的关注点则在前人基础上，逐渐延伸至史学与近代科学。以

---

[1]　先君（按：钱铭彝）存日，尝拟陆续付梓，会病不果。道等思继先志，而讪于力。兹先校刊其《推步简法》三种，以见一斑，……光绪元年，岁次乙亥冬，小门生钱润道、润功识，见〔清〕顾观光著，钱铭彝校算：《顾氏推步简法·跋》，光绪元年（1875）钱氏拜经书屋校刊本。

[2]　晓峰雷子（按：雷琳），乃与钱子憩南（按：钱树棠）、素然（按：钱树立）昆仲，自《夏小正》迄《路史》等书，汇为《经余必读》，见〔清〕雷琳、钱树棠、钱树立辑：《经余必读·序》，嘉庆八年（1803）刻本。

[3]　〔清〕胡粹中评纂，钱熙载详校：《元史续编·跋》，嘉庆二十二年（1817）刻本。

[4]　《钱氏家刻书目》卷九。

《守山阁丛书》为例，他们校刻的西方科技类书籍涵盖天文、历法、世界地理、水利、数学等学科①，或是中国近代首批系统"开眼看世界"的学者群体，并影响了顾观光②、张文虎③、李善兰④等人，间接为清朝在咸同之际开始的"洋务"和"变法"培养了早期的西学人才，在近代中国转型的过程中，起到了无法替代的作用⑤。

四、结　语

通过上文对金山钱氏校刻书籍的分析与讨论，笔者得出如下观点：

首先，金山钱氏尊奉吴越王钱镠为始祖，并自称"秦山钱氏"，其发展历史大致可细分为吴越钱氏（始祖—十四代）、华亭钱氏（十五代—廿一代）和秦山钱氏（廿二代—解放前）三个时期。明季，廿二世孙钱一夔携嗣子钱棐由奉贤泰日桥迁居金山秦望山南，是为金山钱氏之肇始。

其次，入金以后，这一支钱氏子孙于廿五世孙钱溥义时期开始"雄于财"，并仿北宋范仲淹之故事，建立钱氏义庄制度，后虽因战乱而中断，但直至金山解放，该制度始终都是家族财政收入的保障，为其代际相传的校勘刻书事业提供着源源不断资金支持。而家族连续五代族属成员的个人素质与当时浓厚的学术氛围，也是钱氏书香赖以传承的重要砝码。

再次，金山钱氏校刻事业存在三大特点。其一，在人员方面，5代32人大致分属于树本^{附树艺}、树棠及树立，以及树芝^{附树兰}三大血亲系统，或纵向祖孙、

① ［清］钱熙祚：《守山阁丛书》，道光刻本。
② 著作如《顾尚之算学》《顾氏推步简法》《算剩》《九数外录》等。
③ 直接入曾国藩幕府，协助其镇压太平天国以及开展洋务运动，参见［清］张文虎：《舒艺室日记（同治三至九年）》，清稿本。
④ 著作如《对数探源》《练炮宜知》《则古昔斋算学》《重学》等。
⑤ 李天纲：《金山钱氏〈守山阁丛书〉与它的时代——〈一个书香世家的千年回眸〉代序》，《书城》，2020年9月。

父子相继，或横向胞兄、昆弟共襄；其二，在校刻方面，形式多样，且多而不滥，博而有要，底本是慎选的，而校雠又是精审的；其三，在书籍方面，除个人诗歌集外，树字辈成员的关注点主要在经学和医学上，而从熙字辈成员起，则逐渐转向史学与近代科学，并通过顾、张、李等人，间接为清朝在咸同之际开始的"洋务"和"变法"培养了早期的西学人才，在近代中国转型的过程中，起到了无法替代的作用。

　　未来随着研究的深入，或许还会遇见新的材料，修正甚至否定本课题的旧有观点。但笔者认为，也正是因为如此，钱氏校刻书籍的研究才能不断积累与吸收前人的研究成果，不停刷新对新材料自身史料价值的认识，从而避免"简单粗暴"地管窥问题，将其简单化与脸谱化，于准确评价金山钱氏在抢救历代珍稀孤本、还原古籍本来面目、促进文献传播普及和孕育培养经世之才等方面所做出的巨大贡献，亦颇有裨益。有鉴于此，本文仍不啻为一次有益的探索。

1. ［清］钱林：《新镌吴越钱氏续庆系谱》，康熙九年（1670）刻本，上海图书馆藏。
2. ［清］钱熙祚：《守山阁丛书》，道光刻本，上海图书馆藏。
3. ［清］钱熙祚辑，钱培杰、钱培让续辑：《指海》，道光刻本，上海图书馆藏。
4. ［清］钱熙泰：咸丰《金山县志稿》，咸丰八年（1858）稿本，上海图书馆藏。
5. ［清］张文虎：《覆瓿集》，同光刻本，上海图书馆藏。
6. ［清］钱培荪：《钱氏家刻书目》，光绪四年（1878）刻本，上海图书馆藏。
7. ［清］钱熙经辑，钱培名续辑：《小万卷楼丛书》，光绪四年（1878）刻本，金山区博物馆藏。
8. ［清］龚宝琦等：光绪《重修金山县志》，光绪四年（1878）刻本，中国国家图书馆藏。
9. ［清］钱铭江等：《金山钱氏支庄全案》，光绪十六年（1890）刻本，上海图书馆藏。
10. ［清］张文虎：《覆瓿集续刻》，光绪十九年（1878）刻本，金山区博物馆藏。
11. ［清］钱培均等辑，佚名续辑：《金山钱氏族谱》（俗称"肇发彭城"），民国递修稿本之现代复印本，上海图书馆藏。
12. 不详：《吴越王钱氏各派庆系宗谱》，民国五年（1916）重刻本，私藏。
13. ［清］姚裕廉等：《重辑张堰志》，民国九年（1920）姚氏松韵草堂铅印本，金山区图书馆藏。
14. ［清］钱文选：《钱氏家乘》，上海书店出版社1996年版。
15. 徐侠：《清代松江府文学世家述考》，北京三联书店2013年版。

16. 上海地方志办公室：《上海府县旧志丛书·金山县卷》，上海古籍出版社 2014 年版。

17. 钱基敏：《一个书香世家的千年回眸——金山钱氏家族史》，文汇出版社 2017 年版。

18. 田雨：《钱熙祚藏书与刻书考述》，《地方文化研究》，2017 年 12 月。

19. 祁雯馨：《〈金山钱氏家刻书目〉所载书籍调查研究——以复旦大学图书馆藏为中心》，复旦大学 2019 年硕士毕业论文。

20. 李天纲：《金山钱氏〈守山阁丛书〉与它的时代——〈一个书香世家的千年回眸〉代序》，《书城》，2020 年 9 月。

姚后超《金山顾氏遗书提要》简述

柳向春

《金山顾氏遗书提要》，稿本。一册七叶。墨书竹纸。徐森玉旧藏。顾氏者，顾观光（1799—1862），字宾王，别号尚之，又号武陵山人，以号尚之行。金山人。累世行医，乡里称为善人。其友人张文虎曾称其"博通经传史子百家，尤究极古今中西天文历算之术，靡不因端竟委，能抉其所以然而摘其不尽然。时复摭瑕抵隙，而搜捕其未备。"又云："君于舆地、训诂、六书、音韵、宋儒性理以至二氏、术数之学皆能洞彻本末。尤喜校订古书，缀缉其散佚……"可谓清代金山学者的代表人物。顾氏著作甚多，生前身后，已经多有刊行面世者。但以身处卑下，尚存遗珠未能彰显于世人耳目者。其友人张文虎曾撰《顾尚之别传》，其中详细称引尚之著述云："君所著曰《算剩初续编》凡二卷。曰《九数存古》，依《九章》为九卷，而以堆垛、大衍、四元、旁要、重差、夕桀、割圜、弧矢诸术附焉。皆采自古书而分门隶之。曰《九数外录》，则隳栝西术为对数、割圜、八线、三角、弧三角、各等面体、圆锥、三曲线、静重学、动重学、流质重学、天重学，凡记十篇。曰《六历通考》，则搜古经所纪黄帝、颛顼、夏殷周鲁积年而为之考证。曰《九执历解》，曰《回回历解》，皆就其法而疏通证明之。曰《推步简法》，曰《新历推步简法》，曰《五星简法》，则就畴人所用术改度为百分，趋其简易而省其迂曲。曰《古韵》，则本休宁戴氏阴阳同入之说，兼取顾、江、段、孔诸家，分为二十二部，杂以《诗》《骚》，证其用韵之例，上皆种别为卷。曰《七国地理考》，以七国为纲，隶诸小国于下，而采辑古书，实以今地名，凡十卷。曰《国策编年考》，□策文年次先后，以篇目四散隶之。始周贞定王元年，讫秦始皇三十六年，为一卷。曰《周髀算经》《列女传》《吴越春秋》《华阳国志》诸校勘记，皆记其异文脱误，或采补逸文。曰《神农本草经》，曰《七纬拾遗》，越《帝王世纪》，皆所辑古人已佚之书。其曰《古书逸文》者，及所拟以补马氏《绎史》者也。余凡所校辑，已刊入《守山阁丛书》及《指海》者，不复及。以上皆君所手订，身后深所搜扩，而文虎为之别编者。曰《算剩余稿》，曰《杂著》，凡若干篇。君又据林亿校注《伤寒金匮》，谓今本次非是，别□编宋本目次，于《伤寒论》审定讹舛，略采旧说，间下己意为注，未成书，仅成《辨脉》《平脉》《太阳》上中，凡四篇。尝以学者读《禹贡》不得其条理，因为之释，远近争传，写之为《读本》，然往往牵于俗见，以意改窜，失君本旨……"又云："盖君于学，实事求是，无门户异同之见，不特算术为然，而算术为最精。夫后有作者，君所未知，不敢言。若其既见，则可谓集大成也。"张文虎与顾观光相识多年，又是顾氏长子顾深的老师，所撰《别传》材料全部得自顾深，来源可靠，自然最足以为尚之传。而张文虎本人，也是博雅多才，于顾氏学术人品最为了解，故曾于《怀旧杂记》中云："予作《顾尚之观光别传》，详列其所著书，知君者每憾其未显于世。然所辑《帝王世纪》已编于《指海》，所校《素问灵枢》则钱氏亦既镌之矣。迩者，上海制造局刊其所著《九数外录》入《十种算书》，钱梦花以其《武陵山人遗集》入《小万卷楼丛书》。钱慎之润道（听甫子，诸生）刊其《推步简法》三种，同里高近斋桂（诸生）刊其《七国地理考》《国策编年》，其《禹贡读本》则其子深刊于家塾，上海莫大令复节次刊其《六历通考》《九执历解》《回回历解》《算剩》初续余三编，惟《九数存古》卷帙较繁以及诸古书校勘记则犹有待耳。"张文虎卒于光绪年间，所见及之顾氏著述刊行状况如此。事实上，在此之后，顾尚之之著述，又有部分陆续付梓。但以近百年来时事倥扰，家国多故，尚之所撰，又有遗失泯灭者。且文虎当年所述尚之著作篇目，虽多提纲挈领，铺陈其大要，但总体而言，仅就张文观之，还不能完全领略顾氏著述之宗旨所在。

1907 年，顾氏同里后学姚后超撰《金山顾氏遗书提要》一篇，举尚之著作而为之表彰。后超即姚光（1891—1945），又名石子，为高吹万之甥，曾任金山张堰图书馆馆长，又为南社后期主任。生平好搜集乡贤文献，身后皆捐诸上海图书馆藏弆。其自撰文字则由后人编为《姚光集》。又本年，姚氏撰有《金山卫佚文》之作，且又搜罗乡里文献，陆续编定为《金山艺文志》，则此篇及所撰《顾尚之先生传略》，当皆系为此而撰者。此篇提要与张文虎所撰《别传》中所言相较，张氏所及尚之著述，姚氏均已提及，并多能撮述大意。又于张氏之文，另有补充，使得尚之所著，更复显明，此正所谓后出转精者。张、姚所列相较，文虎所云之《推步简法》《新历推步简法》，姚氏则作《甲子元推步简法》《癸卯元推步简法》，较张氏所言更为明确。又姚氏篇中所及之："未刊者尚有十二篇，目录于下：《杂论》《与钱湛园论素问书》《与张啸山论校勘丛书书》《再与张啸山论古韵书》《与胡竹村书》《水经注序》《(缉)[辑]竹书纪年书后》《医学启悟跋》《读平津馆尸子书后》《读秝学骈枝书后》《读诗声类志疑》《读时宪书志疑》。"当为姚氏辑佚所得。又有未刊行之《宋本伤寒金匮篇次》《文子校勘记》两种，则为文虎所未及者。故若考核尚之文献，当以姚光此文为最要者。

姚氏《顾尚之先生传略》中，也曾略及尚之著述，末云："余别为《遗书提要》于《怀旧楼丛录》中以志之。"而据石子后人所撰《姚光集编后记》："我父著作除以上三大部分外，其它尚有《读书札记》《倚剑吹箫楼诗话》《闲情偶笔》《怀旧楼丛录》等，当时恐亦未必抄录成册，现均已散失，偶尔发现片纸只字而已，均已无从刊印。"又据杨丽莹《扫叶山房研究》："《怀旧楼丛录》第八期至第九期共登二十则。……《怀旧楼丛录》主要记金山的名胜古迹、历史名人的著述和藏书等。姚氏的笔记文稿，目前收录最多、流传最广的是其子姚昆群所辑《姚光集》，但其中并未收《丛录》一稿。其子在《姚光集》后记中说《怀旧楼丛录》'当时恐未必抄录成册，现均已散失'，故未收此集。《文艺杂志》所登恐非姚氏笔记全部，但仍是目前仅存的《怀旧楼丛录》部分内容数据。尤可宝贵。"可惜的是，这部分仅存的《丛录》中，也未见《金山顾氏遗书提要》，则其可贵可宝，自不待言。

附：

姚氏《金山顾氏遗书提要》

我邑顾尚之先生，近代之通儒也。其行谊、学术，余已为传以表彰之矣。至于其著作，亦极繁富，已成书者有二十八种，中有七种尚未刊行。而已刊行者，亦皆埋没于陈编囊简之中，流行不广，终不克大明于世，是后之学者不能表彰之咎也。余既草先生传，复恐先生之伟著隐而勿彰，后人草草知之也。乃搜讨先生之遗书，撮其大略，辑为提要，使好古之士虽不得读其书而得知其大概，亦余表彰文献，发扬幽光之微意也。丁未孟冬，邑后学姚后超识。下钤"凤石"朱文椭圆印。

武陵山人遗书（计十二种，已刊行，板存同邑高氏）

六秭通考：此书据古经所纪黄帝、颛顼、夏、殷、周、鲁积年而为之考证。

九执秭解：

回回秭解：二书皆就其法，一一推明其本末而疏通之。又稍以新法，通其所穷。

算胜初编：录目如下：殷秭入蔀年考、鲁秭积年考、颛顼秭考、日法朔余强弱考补、平立定三差解、白道交周解、新立八线表求正切线法、弧矢启秘序、用诸乘差算八线表法、数学跋、交食余意、五星岁轮与伏见轮之不同。

算剩续编：录目如下：四元解序、对数探原序、用屡乘屡除求对数法、对数还原、对数衍用理分中末线求圆周法、书割圆捷术后、八线求弧背立法之根、解斜弧形切线分角法、解徐钧卿椭圆正术。

算剩余稿：录目如下：开方余议、开代纵立方法、解孔巽轩七乘方求矢术、正弧形边角比例法、斜弧三角形用垂弧法、斜弧三角形用次形法、求黄道高弧交角简法、求白道高弧交角算例、弧度与八线相求简法、用诸乘差求八线对数法、八线对数还原几何原本六和六较线解、重学杂解、代数余烬、微分术。

以上三书为先生争先启后之作，于弧、三角、八线、对数发微尤多，诚能洞彻乎古人立法之原，抉摘乎西人未言之秘。兹录其目，即可以知其内容矣。其《余稿》一书，非先生手订之本，卒后南汇张文虎为之编辑者也。

九数外录：

此书橐栝西术，为对数、割图、八线、平三角、弧三角、各等面体、圆锥、三曲线、静重学、动重学、流质重学、天重学，凡记十篇。时初译西算，解之者鲜，盖多佶屈聱牙。而先生冥搜力索，抉其所以然，并道其不尽然。深造自得，故能言简而要归乎中。

神农本草经：

古有《神农本草经》三卷，然阙佚失次，先生重为甄录其先后，则以本经目录定之，又用韩保升之说别为序录十首，列于卷首。而唐宋类书所引，有出《证类》外者，亦录入焉。盖为考古计，非为业医也，序固自言之矣。而先生之精于医理，于此亦可见一斑。

周髀算经校勘记：《周髀算经》乃古算之渊薮，然失传已久。及至梅定九、戴东原等始极力表彰，然终不能大明，且差误甚多。先生为之一一校定，后附《读周髀算经书后》一首，以发其微，于是全书始灿然可睹矣。

伤寒论补注：此书据林亿《校注伤寒金匮》，谓分次非是，各别为宋本目次于《伤寒论》审定舛误，略采旧说，间下己意为注。未成书，仅成《辨脉》《平脉》《太阳上中》四篇。

吴越春秋校勘记华阳国志校勘记：二书皆记其异文脱误，或采补逸文。

九数存古（已刊行，板存江南书局）：此书依《九章》分为九卷，而以《堆垛》《大衍》《四元》《旁要》《重差》《夕桀》《割圆》《弧三角》《矢》诸术附焉，皆采自古书而分门隶之。惟校雠不精，差误不少，以至读者压卷。其例云谓亦以严华夷之辨，大中外之防，乃谓体例画一故也。今则诋为泥古，任肆讥弹，殆不知著述之体（截）[裁]乎？

顾氏二种（已刊行，板存同邑高氏）：

七国地理考：此书以七国为纲，隶诸小国于下。采辑古书，实以今地名。至于古今传讹疑似及犬牙相错者，亦皆为剖别。凡七卷。

国策编年：《国策》之文分国隶事，参错杂见，不著年次。此书考求策文先后、年次，参以《史记》诸书，排年编纂。其有事不可考而文相涉者，依类散附之。始周贞定王元年，讫秦始皇二十六年为一卷。

以上二书，向离为二，今合订为《顾氏二种》。后序云：战国为研究历史学之枢要，而《舆地纪年》又为考索战国时事之枢要，二书固不可缺一也。

禹贡便读（已刊行）：学者读《禹贡》多不得其条理，先生因为之解释，远近争传写之为读本。惜牵于俗见，以意改窜，失先生之本旨矣。

甲子元推步简法、癸卯元推步简法、五星推步简法：三书为同邑钱氏刊行，皆就畴人所用术改度为百分，趋其简易而省其迂曲。

帝王世纪：此书刊入同邑钱氏所辑《指海》第六集中，乃辑古人已逸之本而成。《指海》板已毁，故原书未之见也。

杂著：已刊入钱氏所辑《小万卷丛书》者有二十二篇，名《武陵山人杂著》，目录于下：《杂说》《谈天集证》《秝学卮言》《七国正朔不同考》《中江考》《南江考》《西月日考补遗》《与钱湛园论鬼谷子书》《与沈卿云书》《与翁查麓书》《与张啸山论太阳行度解书》《与张啸山论古韵书》《与钱水西书》《与席晦甫书》《再与席晦甫书》《读冬至权度书后》《读地球图说书后》《读外台秘要书后》《读浙江图考书后》《读周髀算经书后》《读山海经书后》《读研六室文钞书后》。

未刊者尚有十二篇，目录于下：《杂论》《与钱湛园论素问书》《与张啸山论校勘丛书书》《再与张啸山论古韵书》《与胡竹村书》《水经注序》《(缉)[辑]竹书纪年书后》《医学启悟跋》《读平津馆尸子书后》《读秝学骈枝书后》《读诗声类志疑》《读时宪书志疑》。

宋本伤寒金匮篇次，未刊行。

文子校勘记，未刊行。

列女传校勘记，未刊行。

七纬拾遗，未刊行。

四书考异，未刊行。

古书逸文，未刊行。原书未之见，据云马氏《绎史》漏略颇多，此书即所以补其缺也。

古韵，未刊行。此书本休宁戴氏阴阳同入之说，兼取顾、江、段、孔诸家，分为二十二部，杂以诗骚，证其用韵之例。原书未之见也。

古籍再生性保护与馆藏利用效能

——上海图书馆的实践

刁青云

上海图书馆的馆藏历史文献分类规则中，除部分特殊文献外，对古籍类文献的整理与分库基本符合《出版词典》中的定义[①]。因古籍原件具有不可再生性，所以无论是公藏机构还是私人藏家，"如何对古籍文献实施保护"始终是不断探索与研究的重要课题。一般而言，保护工作主要分为两大部分：即原生性保护和再生性保护。原生性保护是指在不改变古籍载体的情况下，通过对文献本身实施加固和修复；对其保存与使用环境进行科学规范的管理、改良以及在古籍阅览中采用合理的方式等方法来延长古籍文献的寿命。即便如此，古籍原件依旧受到自然规律的影响，随着时间的推移，载体中的纸张、墨水以及绳线的物理与化学状态不可逆地处于逐渐衰变的过程中。此外，做好古籍原生性保护最大的弊端在于会严格限制文献原件的使用，不利于各界充分利用古籍资源，也不利于文化的传承与发展。

有鉴于此，再生性保护作为古籍保护工作的另一个重要领域，其意义便更为突出。古籍再生性保护是指通过传统技艺、现代技术以及数字化等方式将古籍内容复制或转移到其他载体，从而减少使用古籍原本的保护性措施。通过再生性保护，古籍文献得以化身千百，能够为社会各界广泛且便捷地运用，对中华传统文化发展起到较大的推动作用，对古籍原件本身而言，也能够得到更好的休眠存放，延长其自然寿命。因此，古籍再生性保护作为现今公认的，解决

[①] 古籍一般是指辛亥革命以前抄写、出版的书籍。这些图书多为线装本，用文言文写成，用繁体字刻印，句子一般不予点断，文义不易读懂。出于保管和利用的需要，民国时期出版的线装图书（古人所著），通常仍然当做古籍看待。界定古籍的时间下限不是固定不变的。

古籍类文献保护与利用之间矛盾的唯一途径，逐渐成为公藏机构馆藏建设的重要任务。

上海图书馆馆藏在编古籍约 180 万册（件），其中，有国家一级文物 700 种，二级文物 1 300 种。作为全国重要的古籍文献馆藏单位之一，"如何科学运用古籍再生性技术，在保护馆藏古籍的基础上，同时进一步提升馆藏利用效能"同样是一项重要课题，本文将以上海图书馆的实践为依据，就该问题做进一步分析与探讨。

一、上海图书馆的古籍再生性保护工作

古籍作为一种书籍，其本身是不可再生的，但是作为一种文献，它所包含的图文等一切知识均是可以被复制和转移载体的，基于这种特性，古籍再生性保护的概念与实践得以展开。再生性保护发展至今主流技术有缩微、影印、再生性出版以及数字化工程四种。上海图书馆的古籍再生性保护主要采用的方案是以影印为基础，兼顾再生性出版与数字化工程建设。因此本文对缩微技术不做详述。

（一）古籍影印

影印技术本身是因为书籍文献的出版发展所诞生的一项技术，以替代古代通过摹写、影抄、誊录等全人工的文献复制方式，数码摄影和扫描是现今最为主流的古籍影印方式。影印是古籍再生性保护及后续馆藏利用的基础性工作，也是古籍数字化工程能够持续科学、有序建设发展的重要保障。

上海图书馆的古籍影印是伴随着历史文献再生性保护项目"馆藏历史文献数字化"共同开展的，自 1996 年启动，已经持续了 26 年。依照每年核拨预算，结合不同历史文献在学术领域被使用的频率；文献本身的保存状态；是否急需修补抢救的需求；馆所数字图书馆建设不同阶段的要求以及国家重要纪念日对特殊文献的利用等情况综合研判每年度的推进计划。截至 2021 年年底，已完成馆

藏古籍等级品、善本稿抄本、刻本、地方志以及尺牍的数字化影印，普通古籍、家谱以及碑帖的影印工作仍在持续进行中。

古籍影印产生的电子版文献已经具备再生性保护的意义，能够替代原件提供阅览服务。但这项技术只有进一步结合出版或者数字化工程才能将其效能更好地发挥出来。

（二）古籍再生性出版

在影印保护的基础上，为进一步满足社会各界对于古籍文献的不同用途需求，上海图书馆数十年来一直将再生性出版作为一项重要工作持续开展，并在多个方面取得了重要的成果。

首先，古籍文献的最大价值之一便是其中蕴含的丰富史料资源，是开展各类学术研究的重要基础。上海图书馆通过馆内、外历史文献研究者与出版社的通力合作，以古籍版本学为主要视角，结合文献整理与影印的工作成果，遴选具有较高学术史料价值的古籍予以再生性出版，多年来不仅有参与国家再造善本项目的出版成果，更为学界带来《上海图书馆藏稀见方志丛刊》《上海图书馆藏古琴文献珍萃》《上海图书馆藏稿钞本日记丛刊》《翰墨瑰宝——上海图书馆藏碑帖珍本丛刊》等数十种重要的再生性出版物。

其次，除了满足学术研究外，上海图书馆与出版社也会使用高仿真技术进行出版以满足现代人们对于古籍收藏、书画鉴赏以及钤印碑帖研究等对文献还原度有更高要求的需要。近几年来，上海图书馆与上海人民出版社合作出版的《九成宫醴泉铭》以及与复旦大学出版社合作出版的《近代名人尺牍汇编》等再生性出版物均属于此类情况。

其三，数字化出版成为了新时代古籍再生性保护出版新的探索领域。随着计算机技术的不断发展，数字化出版物成为时下出版业广泛关注与探索的重要领域。通过数字化出版，古籍文献以虚拟的方式保存下所有状态数据，以更便捷高效的传播方式为更多读者提供文献服务，此外，数字化出版相较普通影印纸本出版物而言，成本更加经济实惠，尤其对于相关专业学生、古籍或历史爱好者以及学者等个人的文献利用与研究更具有价值和意义。2021年，上海图书馆与江苏凤凰出版社达成协议，支持《江苏文库》项目进行数字化出版。这也是上海图书馆在数字化出版中的第一次尝试。

（三）古籍数字化工程

古籍数字化工程是基于古籍影印技术、文献整理与计算机技术科学结合的系统化工程，其成果主要是以数据库的形式呈现。它除了能让使用者更便捷高效地对于古籍资源进行检索、阅览乃至复制、援引等一系列基本操作外，随着数据库建设的不断深入，语言工具、数字人文技术的使用，让历史研究者能够更快地实现多种类文献的跨库检索、比对、历史地理的建模、时空数据轴模型、人物数据关联、图谱关联等一系列高级算法与操作，较大程度地缩减了原先项目研究中繁复的文献收集整理工作，提升了文献的利用效能，也加速学术成果的产出。

早在1997年，上海图书馆便已经提出了"古籍数字化"这一术语，2010年发布了具有实践意义的"历史文献统一检索阅览平台"。随后，以"数字人文"为核心技术及理念的"历史文献大数据平台"建设开始运行，研发出了"古籍询证平台"与"家谱数字人文平台"，首次将古籍再生性保护从单纯的影印提高到了基于元数据加工及本体构建等系统的数字化层面，突破了单纯的文献检索阅览功能，实现了文献中不同数据之间的关联检索，进一步提升了文献的利用效能。

二、古籍再生性保护对馆藏利用效能的提升

上文主要从影印、出版和数字化三个方面，总结了上海图书馆26年来在古籍文献再生性保护方面的实践。通过这些技术与工程的开展，对于馆藏古籍利用效能的提升可以从以下几个方面体现：

（一）文献服务

通过上海图书馆历史文献中心阅览部的历年服务报告中可以清楚地看到，经过再生性保护后，古籍原件的阅览出库量以年均 20% 的比率逐年降低，与此同时，根据历史文献统一检索平台的后台统计，古籍文献在平台的阅读量 2019 年已经达到了 50 万册次，2020 年尽管上海受到了疫情的影响，但是古籍数字化阅览量直接破百万册次。家谱类文献年均平台阅读量均在三四百万册次。由此可见，再生性保护不仅对古籍原件具有较好的保护作用，在馆藏利用效能上同样也大大超越了普通原件的阅览服务。

其次，通过再生性保护措施产生的数据、影印本及仿真文献能够在绝大多数的环境中提供文献服务，不受如天气等古籍原生性保护因素的制约，为个人和研究机构提供更便捷与实时的文献服务。尺牍、碑帖等特藏文献也通过再生性出版和数字化工程，降低了借阅难度，为学界拓展了相关领域研究的素材，帮助完善解决了许多历史研究中曾经的空白和疑问。

其三，在古籍再生性保护项目的基础上，各级哲社项目、重大文化工程的开展对图书馆等公藏机构的文献利用效能有了更全面便捷的检索整理途径，以上海图书馆为例，近五年内与高校共同完成了"汉语基督教文献书目的整理与研究""古籍公文纸背文献研究"，通过数据支持高校及其他机构完成"中华字库""中华医藏""子海"等多个国家哲社重大项目、文化部重要工程。这样的效率在古籍再生性保护项目开展以前，是无法如此高效完成的。

（二）阅读推广服务

除了对基础的文献服务有着显著的提升外，对于图书馆历史文献阅读推广的各项服务均有较大的提升。

首先，在历史文献主题展览方面，通过数据库不仅能够快速收集所需文献信息，解决了原本筹备期较长的问题外，数字化文献能够与新媒体产生更为丰富的展览展示效果，提升展览吸引力的同时，通过线上展览技术，还打破了图书馆原有的物理空间束缚，拓宽了展览影响面。外加仿真技术的日渐成熟，不仅能让参观者直观感受文献的原貌，也解决了展期持续时间较短，甚至会因为突发的台风等缘故，导致展览在中途不得不采取临时闭展乃至提前闭展的措施以保护古籍原件的安全等问题。

受益于多年的数字化再生性保护，古籍已经能够突破自己的物理状态，与3D、AR、VR甚至MR技术进行可视化呈现，产生出新一代的具有图书馆特性的数字化文献展览，为读者提供更多维度的浸入式体验。不仅如此，加之与移动技术的结合，古籍文献能以更多样化的形态在现实场景中发挥其文献价值。这些实践在上海图书馆东馆的主题馆中已经完成了实现。

其次，与新媒体结合，提升了图书馆行业线上服务的效能，产生更多服务品牌。2020年的疫情使原本在图书馆行业中权重相对较小的线上服务变为了主流。无论是线上展览、讲座还是其他各类阅读推广、文献咨询工作，能够在这一年里顺利开展，古籍数字化打下的基础功不可没。不仅如此，通过这一年的探索，结合古籍数字化的成果与新媒体等技术，更多的阅读推广活动诞生，以"观止讲堂"等为品牌的线上知识服务，不仅成为古籍相关研究专业学生的线上课堂，也成为普通大众了解古籍的重要渠道。

其三，助力文创产品的研发。数字化项目的持续进行，在上海图书馆已经实现了与文创产品开发相结合，以古籍装帧纹饰为元素的领带、包等生活用品销售火爆，以馆藏小校场年画数字化为基础开发的餐盘更名列2020年上海优选特色伴手礼产品金榜，随着这些专题文创类产品的持续开发，也是将古籍中所蕴含的文化传播给更多的社会大众。未来，随着数字藏品等新产业的蓬勃发展，古籍数字化成果也将会带来更多的可能性。

（三）促进联合开发古籍文献资源

古籍再生性保护项目对于图书馆之间、图书馆与其他公藏机构乃至私人藏家之间共联共建，合作开发古籍文献资源为社会提供更好的文献服务起到了重要的推动和保障作用。

古籍原件本身是无法实现长期的互换共享，但是以再生性保护工作产生的数据是可以实现共享的。以上海图书馆为例,在数据共享方面,作为全国古籍收藏重镇,上海图书馆馆藏古籍文献的书目数据已完成共享,在"古籍询证平台"中,读者也可以方便地检索到全国已合作共享古籍数据单位的馆藏详细信息。此外,上海图书馆还积极响应全国联合在线发布古籍数字资源,以"江南文化"为主题,陆续开放相关古籍全文 400 余种,更有 8 000 余种家谱通过网络实现公开查询阅览。在联合整理开发方面,上海图书馆家谱文献已经通过数字化工程实现了多家单位线上联合编目,共享文献整理研究成果。

联合出版是古籍再生性保护措施中最为常见的,上海图书馆同样通过国家图书馆的统一指导、出版社的横向联系等方式,综合全国多家图书馆、其他公藏机构甚至个人藏家对某一主题古籍文献进行资源联合汇编影印出版。联合出版最大的受益者便是学者,通过这些出版物可以大幅减少因研究资料收集整理往来于不同图书馆的精力消耗。此外,由于古籍文献的文物特性,部分珍贵文献均为存世孤品,有些孤品因历史原因被分割为数个部分,由不同机构保存,通过古籍再生性联合出版,这些分散于各处的古籍经过重新汇总整理编辑,再次成为一个整体,有利于学界对其做更全面详细的研究。

此外,通过古籍再生性保护技术,上海图书馆与个人藏家同样建立了较好的长期合作关系。通过技术服务和合作影印出版等方法,私人藏家所藏的古籍原件得以更好的保存与使用,对于图书馆来说,能够从私人藏家手中征集到更多的古籍文献资源,无论是对文献本身学术价值的展现还是对于学界便捷获取更多史料都是具有重要意义的举措。

三、结　语

古籍再生性保护与馆藏利用效能的提升是一个需要图书馆人长期探索与研究的课题,从上海图书馆在古籍再生性保护与馆藏利用效能提升的实践,我们能够充分感受到这项工作科学持续开展的重要意义。但是，未来依旧存在着一些问题与挑战，包括但不限于古籍再生性保护复合型专业人才的培养；古籍数字化标准的制定；数字化出版的相关法律规范制定；经费的支持与保障；跨界创新以及字体的古今对照技术探索等，这些问题均有待于我们在未来共同探索与寻求更好的解决方案，为未来做好古籍甚至于更多种类历史文献的再生性保护，为学术研究，为弘扬与传承中华传统文化尽绵薄之力。

汲古惠今耀金山

——上海市金山区图书馆古籍整理成果丰硕、自成体系

张青云

古籍是中华文明的重要载体，也是江南文化的重要结晶，更是传承中华优秀传统文化不可或缺的文献基石和文本依据。位于沪郊的上海市金山区图书馆近年来坚持社会主义先进文化前进方向，坚定文化自信，在发挥公共图书馆日常功能，保障市民基本文化权益的同时，依托珍贵的馆藏古籍资源，切实践行"创造性转化，创新性发展"的时代要求，攻坚克难，久久为功，以系列丛书和精品项目的形式，不断整理出版珍稀文献，充分挖掘特色馆藏的现实价值，历年来的整理成果已斐然可观，自成体系，从而初步探索出公共图书馆古籍工作"服务与研究并重，保护与开发结合"的可行性模式，将古籍文献的灵芬之气渗透至所在城市的人文肌理，有效地提升了区域内各界读者的文化认同感，也让这之前令人"敬而不亲"的高冷古籍展现出永久魅力和时代风采……

一、丰厚珍稀的古籍馆藏是整理工作取之不尽、
用之不竭的文献源泉

金山区图书馆藏有古籍文献 9 194 册。从版本年代而言，以明刻本、清刻本为主，其中清代各时期的珍稀稿本、抄本、名家批点本也为数极多。从文献内容而言，以本邑文人诗文别集、本邑大型诗文总集、上海与江浙地区府县旧志、乡镇旧志、清代科考试卷、南社成员著述、南社名家诗笺为主，遍及经、史、子、集四部，自成体系，特色显著。

在金山馆的众多古籍馆藏中，刊刻年代最早的为刊刻于明朝晚期的李梦阳著《空同诗选》，距今已有 403 年，曾经王重民《中国善本书提要》著录，因书后

刊刻人闵齐伋的跋文中有"岁戊午"，所以上海图书馆、北京大学图书馆等将其刊刻年代断为万历四十六年戊午，即公元 1618 年，闵齐伋是套版印刷术的先驱，所刻双色、三色、四色、五色套印饮誉于世，后世遂将"闵凌刻"代称套版刻印本。此外，上海（原松江府属）籍作者的诗文别集尤为珍罕，例如刊刻于顺治丁酉（1657）的李雯《蓼斋集》、刊刻于康熙十七年（1678）的徐宾《芝云堂杂言》、刊刻于康熙辛酉年（1681）的周茂源《鹤静堂集》、刊刻于康熙三十二年癸酉（1693）的张汝弼《张东海文集四卷诗集四卷》、刊刻于康熙乙亥年（1695）的吴骐《颙颔集》、刊刻于康熙三十五年（1696）的高不骞《商榷集》、刊刻于乾隆十二年（1747）的周立勋《符胜堂集》以及刊刻于乾隆甲戌（1754）、乾隆甲午（1774）的沈大成《近游诗钞》《学福斋全集》，以上从刊刻年代来说，都属于善本，且涵盖了顺治、康熙、雍正、乾隆等清朝早期各个时段的刻本。另一特色是稿抄本众多。可以确定为珍稀稿本的有清代娄县著名文人沈祥龙的《味经堂诗录》，钤有"味经草堂诗文稿""约斋翰墨""沈祥龙印"等印。另有沈氏的《跃斋诗稿》，上书"癸亥年仲春日订"。书前并有章末题记。钞本方面，李雯的《李舒章尺牍四十九通》（书尾有姚光跋文）、吴骐的《吴日千未刻稿》、焦袁熹的《此木轩论文杂说》（书尾有王友光校语）都是未经刊刻的本子，具有很高的文献价值、文物价值、历史价值。

至于旧刻地方文献方面，馆藏亦称丰厚。府县旧志中的传真社影印明刻本《正德金山卫志》《乾隆金山县志》《光绪重修金山县志》，民国早期版《金山县鉴》《金山卫佚史》《金山艺文志》皆为记录一地之史的重要历史文献，弥足珍贵。南社文献中的《南社小说集》《南社丛选·文选》《南社丛选·诗选》《天梅遗集》《吹万楼文集》《吹万楼诗》《吹万楼日记节钞》《白蕉诗集》《高天梅哀挽录》《两京同游草》《三子游草》皆极具学术、艺术、版本价值。地方文学社团作品集中的《国学丛选》（国学商兑会会刊）、《春晖社选》（春晖文社社刊）均为全套"足本"，是反映地方文学流派兴衰轨迹的重要史料。另外，馆藏古籍文献中尚有清末木刻科举试卷 60 份，系真实反映清代科考考制的第一手资料和珍贵档案，具有历史文物性、学术资料性两方面的特殊价值。

二、古为今用、一以贯之是整理工作硕果累累的坚强保障

金山区图书馆素以抢救乡邦文献、弘扬传统文化为职志，并着力打造区域内的江南文化研究高地、藏书文化研究中心，为了保护和利用好上述珍贵馆藏，馆中确立了"服务与研究并重，保护与开发结合"的古籍工作总方针，于2014年、2017年分别制定了《上海市金山区图书馆地方古籍丛刊》《吴越文脉传承工程系列项目》（以下简称《丛刊》《项目》）的长远整理、出版规划，为确保该项工作持续有序进行，在上级主管部门的高度重视下，特成立了由金山区文旅局领导、金山图书馆领导、金山图书馆古籍部专业人员共同组成的该《丛刊》与《项目》的编委会，并礼聘上海图书馆历史文献中心古籍专家担任学术顾问。这两种丛书的规划与实施旨在充分利用馆藏古籍资源，不断整理、点校、影印、编著有关金山地区历史、文化、文学、艺术、科技及江南文化、吴越文化的各类著述，分辑数逐年出版，形成系列，用以展示地方文化实力和学术水准。该项工作自启动以来，蹄疾步稳，有序推进，每年都有优质成果产生。

《丛刊》方面，2014年9月，素有"海内孤本"之称的民国珍本文献《金山县鉴》一函四册影印本率先问世，此书的重印，对研究民国年间金山及邻邑的政治、经济、教育、实业、盐务、艺文、人物等诸方面都有重要的参考价值，因而得到沪上史志学界的高度赞誉。2015年4月，馆中古籍部点校整理的姚光先生目录学名著《金山艺文志》一书由上海辞书出版社正式出版，此书是一部集中刊录金山历代学人著述目录并梳理一方学术脉络的重要专著，此前并无单行整理本，读者群期盼已久，故本书面世后区内外研究界好评如潮，沪上媒体解放日报、解放网均作了专题报道。同年10月，民国年间金山著名文学社团"春晖文社"旧刻《春晖社选》一函二册影印问世，对研究金山文学史、社团史不无裨益。2017年6月，由馆中古籍部耗时一年余，根据馆藏古式底本整理的南社成员诗文集《述庐文录·惠风簃剩稿》一书由上海锦绣文章出版社出版。与此同步，金山民国早期著名文学社团"国学商兑会"旧刻《国学丛选》一函二册也影

印面世，因"国学商兑会"的成员亦多为南社中人，故而上述二书的问世，引发了国内南社研究界的关注，意义极为深远。2018年，馆里确立了馆藏旧刻《通艺阁诗录》8卷、稿本《清百家词录》16卷的整理项目，由馆中古籍部进行点校，此二书一为清代金山乡贤、桐城派古文名家姚椿所著的诗集，一为金山近现代国学大家周大烈所选的大型清词选本，素负盛誉，整理任务极为繁重，经夙夜勤耘，全力攻坚，二书如期竣稿，由华东师范大学出版社于2019年10月、11月先后出版，因点校精良，内容粹美，在桐城派研究界、清词研究界获得一致嘉许。在此二书整理的间隙，金山图书馆还于2018年7月影印了馆藏善本文献《明季云间陈子龙先生事状汇录》一函一册，对"云间派"文学研究及明末华亭地区抗清斗争研究都大有助益。

至于《项目》方面，则着眼于"推陈出新"，即从海量古籍文献中汲取有益成分，加以扬弃继承，转化创新，赋予其新的时代内涵和现代表达形式，从而使中华民族最基本的文化基因与当代文化相适应、与现代社会相协调，真正让书写在古籍里的文字"活"起来，并可从中溯寻到吴越文脉的演进轨迹，感受到江南文化的无穷魅力。2019年12月，由上海市金山区图书馆总体策划并牵头编撰，浙江省嘉兴市图书馆参与编撰的《吴越韵痕——金山、嘉兴风土诗词精读》一书由上海大学出版社正式出版，这是《项目》的第一个子项目。此书共精选上海市金山区、浙江省嘉兴市两地唐宋元明清历代的地方风土、风物诗词120首，加以专业的注释、今译、赏析，并插配精美图片近40幅，全书的材料来源出自金嘉两馆所藏的古籍文献与方志图书，如旧刻《国朝松江诗钞》《海藻》《正德金山卫志》《乾隆金山县志》《檇李诗系》《嘉兴府志》等。本书的馆际合作编著模式取得空前成功，也是对长三角一体化发展战略的切实响应，上海市图书馆、浙江省图书馆相关领导一致给予了高度评价，认为这是"近年来长三角图书馆界文献合作开发的最佳范例，既让两地读者领略经典，记住乡愁，又与'文旅融合''乡村振兴'等时代要求高度契合，编著模式值得推广"。此书并荣获"上海市书籍设计双年展"封面设计一等奖、"第十一届华东书籍设计双年展"封面设计奖。2020年6月，《项目》的第二个子项目《故纸溢芬——金山图书馆藏南社名家手稿珍品图录》一书由上海大学出版社出版，面世首发。此书由 100 幅金山图书馆所藏南社名家亲笔手稿组成，手稿的作者涉及柳亚子、陈去病、高旭、高燮、蔡守、傅熊湘等南社巨子，以各家自撰诗稿、词稿、文稿为主，书法上乘，笺纸精美，气息醇雅，具有极高的审美价值、文献价值，新书刚一问世，国内手稿文化研究者、南社研究者、近代文学研究者竞相索书，一时纸贵洛阳，业已成为书林佳话。同年 8 月，《项目》的第三个子项目《金山丛话》一书由中华书局出版，此书为地域传统文化精品图书，由 42 篇取资于旧刻金山地方古籍的文史随笔组成，文章内容主要是对金山区传统文化遗产各领域的个体研究，金山历代传世著述、经典诗文、书画艺术、文坛掌故、艺苑珍闻为其叙事主体，全书计 18 万字，史料翔实，文笔雅洁，被沪上读书界誉为"鸿丽的文笔与严谨的史实有机结合，足以引人入胜"。另外，此书问世首发后，已成为金山区各宾馆、酒店入住旅客的热门读物，被他们称之为"感受金山厚重人文底蕴的首选读物"，这也从一个侧面证明，古籍文献经过二度开发后，是能够为地方经济社会发展助力的。今年及以后，金山图书馆拟用数年时间，结合馆藏优势，完成《金山竹枝词》"胜迹篇""风物篇""风俗篇"等书的编著与出版，以最大程度地惠泽广大读者。

"潮平两岸阔，风正一帆悬"，金山区图书馆作为国家一级图书馆，将始终牢记书香润民、文化惠民的根本宗旨，以资政育人为指导，以历史唯物主义为准绳，在古籍整理、开发的道路上行稳致远，向着"弘扬传统文化，助力区域发展"的远景目标奋力迈进……

从读书图看古人的读书旨趣和书香传承

——以清代台州为例

张明君

　　人物和书籍处于同一画面，人物做出将要阅读、正在阅读或刚刚读毕之状的图画，就叫读书图①。中国古代读书图是我们了解古人读书信息的一个窗口，通过这个窗口，我们有可能挖掘出他们的阅读目的、阅读习惯、阅读的一些深层的社会背景、读书风气形成和传播等内涵，从而为我们当今的阅读教育作指导。然而目前我国关于读书图的研究还处于起步阶段。此类课题研究成果仅有论文数篇，其中有王波《中国古代传世画作中的读书图初探》《〈观书沉吟轴〉〈春闺倦读图〉：中国古代最美"读书图"研究》，李晓愚《明清才女文化与女性读书图研究》《缃编欲展又凝思——明清"美人读书图"中的情色主题》，凌冬梅《女性课读图与清代士人家族书香传承——以嘉兴地区为中心》《〈夜纺授经图〉与秀水钱氏家族书香传承研究》，徐雁平《课读图与文学传承中的母教》，顾伟玺《明清女性读书图的图式流变与艺术传达》，汤谷香、屈南的《清代瓷器中女性课读图的图像学解读》等，而更有一片宽阔的领域无人涉足，尚待开发。

　　台州处于经济较发达的江浙文化圈，藏书读书风气一直较为兴盛，自古至今，也产生过一些以读书为描绘内容的图画，这些读书图是整个中国古代读书图的重要组成部分，也是反映地区文化的一个小窗口，因此本文拟从清代台州的读书图作为切入点，从资料的搜集出发，从阅读学方面对读书图进行分析，以期对当今的阅读推广有所启示。

---

① 王波：《中国古代传世画作中的读书图初探》，《图书馆》，2015年第2期，第10—16页。

一、清代台州的读书图

1. 课读训子图

课读训子图是以课读教子为题材的读书图，清代台州已知的此类读书图有数幅：

《秋灯课诗图》，此为王彦威在其母逝后，为纪念其母课读的辛劳，请人绘制的。王彦威（1842—1904），原名禹堂，字渠城，号弢甫（夫），祖籍临海，后迁黄岩西桥。同治九年（1870）举人，后入仕为工部虞衡司主事，历官员外郎、军机章京、江南道监察御史、太常寺卿等，他甄录和搜集了大量光绪朝的外交史料，成为其继子王亮编《清季外交史料》的重要资料来源，对外交史料的保存和整理，居功至伟。其母卢德仪（1820—1865），字俪兰，卢肃烓之女，王维龄妻，以贤孝著称，劳瘁卒，有《焦尾阁遗稿》一卷，民国间王亮排印本。卢德仪能诗，曾在《秋夜课廉儿读诗》中云："良宵闲雅与诗宜，清课从头莫告疲。矮屋数椽灯一点，我家喜有读书儿。"[1] 图画所绘的就是此诗中秋夜课诗的场景。同治乙丑（1865），卢德仪病逝，王彦威悲欲绝，会稽赵撝叔感其意，为作《秋灯课诗图》，一时大江南北，通人硕士，题咏殆遍。图旋失于京师，阅十有三年，至光绪己丑（1889），复得之。[2] 因赵之谦所绘图与实际情形相差较远，又请李慈铭绘图一幅，《越缦堂日记》中记有李慈铭绘图之事："夜为弢夫续《秋灯课诗图》，其母卢恭人尝有诗云：'矮屋数椽灯一点，吾家喜有读书儿'也。弢夫乞其师赵之谦为之图，所写荒凉，不合景状，故为写图以正之。又为之作说。"[3] 此图至少有 9 幅，除赵之谦、李慈铭外，徐亚陶、缪裕丞、蒲华、张之

---

[1] 中国人民政协会议浙江省黄岩县委员会文史资料征集研究委员会：《黄岩文史资料》第 9 辑，1987 年版，第 179 页。

[2] 孙葆田：《秋灯课诗图序》，徐雁平：《清代家集丛刊》，第 110 册，国家图书馆出版社 2015 年版，第 275—278 页。

[3] 张桂丽：《李慈铭年谱》，上海古籍出版社 2016 年版，第 310 页。

万等都曾为绘图。

《寒机课读图》，此图为喻长霖为其母王氏所绘，喻长霖（1857—1940），字志韶，黄岩仙浦喻村人，光绪二十一年（1895）中榜眼，授翰林院编修，曾任京师大学堂提调，著有《民国台州府志》《清儒学案》《惺諟斋初稿》《古今中外交涉考》《九通会纂》等。喻氏之母王氏，乃黄岩文学之士王维祺之女，台州著名学者、教育家、藏书家王棻之胞妹。在家庭书香的濡染之下，王氏"粗通书史"[1]，且"有士行者，故能躬课其子"[2]。喻长霖之父原先学习儒术，后因乱中止，创办团练，不幸在御敌中阵亡，其母王氏就肩起生活和教育的重担，一边纺纱织布一边教育三个儿子。因为家境困难，长子和三子先后辍课，只有长霖学习如故，在王氏严督之下，喻长霖终于在其后的岁月里高中榜眼，实现了光宗耀祖的愿望。为感激母亲的劳苦课读，并追忆兄弟间朝夕相伴的情形，喻氏乃谨绘成此图，并请贤达名流为之题咏，为之题诗作跋者有著名学者俞樾、江西藏书家胡思敬、乙未状元资州骆成骧、台州太守赵增珂等[3]。喻氏作有《寒机课读图记》，并有自题诗。

《倦舫老人训子图》，此图为竹庵所绘，图中一着蓝衣的老者手持书卷，端然倚坐在几案边上，一红衣少年恭手而立，好像正听老者训话。周边的扶拦、假石、芭蕉、花盆、老式的几案和书橱、几案上的笔墨纸砚和盆花，整个画面布置得简单大方、秩序井然。该图描绘的是倦舫老人即清代著名学者洪颐煊训子的场景，肃手恭立的年轻人就是洪颐煊之子洪瞻墭。此图目前藏于临海博物馆。[4]

《张哲斋义方教子图》，义方堂旧在临海（今三门）花桥镇方前村，后改隶漪

① 喻长霖：《寒机课读图记》，喻学忠：《中华喻氏家风家训赏析》，重庆：西南师范大学出版社2016年版，第109页。

② 题喻志韶编修寒机课读图记.俞樾.春在堂杂文：六编一[M].

③ 喻学忠：《中华喻氏家风家训赏析》，西南师范大学出版社2016年版，第109—132页。

④ 台州市文物管理委员会办公室：《丹丘墨韵——台州国有馆藏书画精品集》，文物出版社2017年版，第160页。

《倦舫老人训子图》

堂，是张和孙读书教子处。张和孙（？—1277），字哲斋，三门县人，南宋抗元义士，平生淡泊功利，好读史书，关心国事，曾因留宿抗元名臣文天祥而名闻一时。清乾隆年间重刊《仙岩大忠祠录》，在旧本图像两幅的基础上，增至十二幅，其中就有《张哲斋义方教子图》一幅[1]，因此此图可能绘于清代。图中张和孙手持书卷，站立教其年幼之子，身后是书桌，桌上堆着书本。

2. 个人读书图

此处的个人读书图是指以现实中人物的个人读书情景为题材而自作或请人代画的读书图，一般以读书图主人为绘制对象，图绘成后，往往请多人题咏，有纪念、励志等寓意。台州此类图亦有数幅：

《九峰读书图》，为纸本、设色，高 32 厘米，横 132.5 厘米。此为清代著名画家蒲华为台州著名学者王舟瑶所绘的图画。王舟瑶（1858—1925），字星垣，

---

① 三门县政协文史资料与学习委员会：《仙岩大忠祠录》，杭州：杭州杭新印务有限公司 2013 年版，第 16—17、33、92 页。

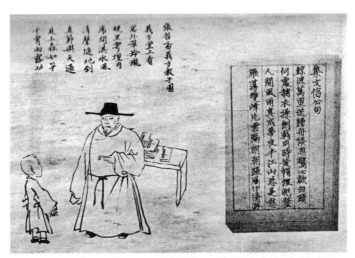

《张哲斋义方教子图》

《九峰读书图》(局部)

一字玫伯，号默庵，黄岩人，光绪十五年(1889)中举，曾受聘为京师大学堂师
范馆经史教习，后赴粤襄办学务，任职两广学务处，监督两广师范学堂(中山大
学前身)，回乡后专心纂辑乡邦文献。他于光绪年间，曾与黄方庆、江青、陈瑞
畴、喻长霖、孙瀄泉、郏颂平等人就读于黄岩九峰书院。王舟瑶在离开九峰后
数年，回忆起当年的读书景况，感念如今诸人分散，因作《九峰读书图记》，蒲
华根据此记作画。平远山景，九峰突兀而出，右中书屋三进，右屋窗中，一人
读书，屋外围墙环绕，苍松老柏，依书屋延至左幅。20世纪50年代，王氏家属

将此图送台州专署文管会，今藏临海博物馆。①

《九峰拥书图》。王咏霓《题王小林九峰拥书图》云："一径踏黄叶，苍然秋已深。九峰看不尽，之子独能吟。面壁无尘障，敦诗有好音。还馈我输汝，索画且搜寻。"② 从题名和诗的内容来看，所绘应是王维翰在九峰读书的画面。王维翰，字子墨，别字小林，又称啸林，黄岩西桥王氏余族。工韵语，善骈俪文，肄业会城诂经精舍。与王乐雕、王棻、蔡篪、王咏霓等乡邦名士结交。同治间黄岩县令孙憙建九峰名山阁，购藏书一万数千卷，命其典守，因编《九峰名山阁藏书目》四卷。他有《自题九峰拥书画卷》句云："坐榻拈毫事雠校，夜灯如豆澹秋烟。"王棻有和诗："满山红树夜摊书，凉月窥窗雪压庐。"③ 可能绘的是秋冬之夜在九峰书院读书校书之情形。

《松阴勘书图》，此为蒲华为许宏通所绘的校书图。许宏通（1858—？），字达夫，号兼善，庠生，临海人。蒲华为绘此图并赋诗《赠许达敷》一首："大石山翠扑书几，修竹座中兀佳士，琳琅万轴真可喜。试作百城南面视，有福读书期卓尔，千秋高志空山里。况复搜罗周远迩，抱残守缺良有以。元亭问字许停履，他时放棹中渡水。"④

《椒江读书图》，此为蒲华为黄蒸云所绘。蒲华曾数次寓临海葭沚（今属椒江）的黄蒸云家。黄蒸云（约1853—？），字煦东，光绪元年（1875）恩科，后无意仕进，遂改经商，成为台州著名富商。他在读书之余，常向蒲华学画兰花。蒲华曾为绘《椒江读书图》相赠。椒江是台州境内最大的一条河流，图中江水开阔，江帆悠然驶过，两岸风景如绘，远山苍茫如黛，一人闲坐楼中阅读，此人便是黄蒸云。此画绘于1875年，是蒲华离开台州后所作，上有其题诗一首。此图现藏于台州私人藏家斋中。⑤

① 王及：《蒲华研究》，浙江美术学院出版社2002年版，第31—33页。

② 徐雁平：《清代家集丛刊》，第110册，国家图书馆出版社2015年版，第26页。

③ 徐雁平：《清代东南书院与学术及文学》，安徽教育出版社2007年版，第426页。

④ 王及：《蒲华研究》，浙江美术学院出版社2002年版，第66页。

⑤ 张峋：《丹丘之旅——蒲华与晚清台州士林》，上海古籍出版社2019年版，第58页。

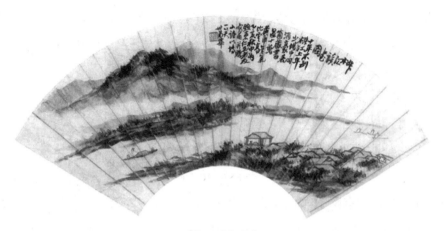

《椒江读书图》

《松窗读易图》，为绫本，水墨横幅，高约45厘米，宽约210厘米。为蒲华为黄秉义所绘之图。黄秉义，原名崇沛，字质诚，是椒江富商黄蒸云的从兄黄寿征之子，民国二年（1912）曾为安福国会众议员。黄寿征与蒲华交好，寿征之子秉义请蒲华为其所画一幅。图正中两山峰，松林掩映中，小屋成院落，前头小屋窗中，一人读书，窗外即为江面，一溪自右部重山中流下。黄质诚对此图甚为珍爱，制成帐栏，挂在床上不时欣赏，后传于裔。此画现藏杭州市文物商店。[①]

《凌沧阁读书图》和《沧水读书图》。林丙恭（1862—？），字爵铭，自号沧江钓雪叟等，岁贡生，太平（今属温岭）人，清末学者兼藏书家。赵佩江《石芙蓉

《松窗读易图》

① 王及：《蒲华研究》，浙江美术学院出版社2002年版，第33页。

馆集》卷七录有题林爵铭丙恭《凌沧阁读书图》诗一首。林丙恭《蕉荫补读庐诗稿》卷三有《自题沧水读书图》。凌沧阁是林氏藏书楼，两图绘其在楼内读书之情景。

《脱帽看诗图》。《台州经籍志》记载：《脱帽看诗图题词》一册，临海张勤补编，征集同光以来名人诗词不下数百首，真迹藏于家。①

3. 其他读书图

陈夔典《翻簧执扇读书图》。扇面长 40.5 厘米，宽 20 厘米，上有陈夔典自题诗："梧桐窗好月迟迟，针阁黄昏罢绣时。郎未归来侬未睡，挑灯细读二南诗。苍溪陈澧作于师竹馆。"此扇藏于黄岩王雪明家。② 陈澧即陈夔典（1859—1941），字尧臣，黄岩县城人，是黄岩翻簧竹刻工艺创始人。光绪九年（1883），与篾匠合作，以木雕浮雕手法，在竹上雕刻人物、山水、花卉，开设师竹馆翻簧竹器社。

《翻簧执扇读书图》

方契刻《班昭像》臂搁。尺寸不详。臂搁面上刻班昭读书像，左上方阴刻三行并题款："小峨大兄属，石梦生方契"，印"方契"。此器旧为叶恭绰旧藏，收录于王世襄、翁方戈合编的 BAMBOO CARVING OF CHINA 一书。方契（1800—1838），字矩平，号治庵，又号石梦生，黄岩人，为乾嘉后刻竹名手。工诗善画，精于铁笔，刻竹尤为绝技。③

方契刻《睡余书味在胸中》笔筒。高 11 厘米，口径 6.5 厘米。一面阴刻

---

① 项士元：《台州经籍志》，广文书局 1969 年版，第 2503 页。

②《藏珍——黄岩首届民间收藏展图录》，第 81 页。

③ 王及：《台州历代书画篆刻家传略》，陕西旅游出版社 1997 年版，第 175 页。

一书生单腿盘地而坐，涵咏诗书，旁置书籍文具及水盂、水勺、碗盏若干。另一面上横阴刻篆书："睡余书味在胸中。"并题三行行书款识："道光戊戌闰四月，苍溪方契刻奉柳堂先生清玩"（1838年）。此器为秦康祥先生旧藏，后赠予宁波天一阁博物馆。①

《渔樵耕读图》。何春是清代临海画家，号雷溪，善画山水，所绘无匠师气。《渔樵耕读图》是何春所绘的一幅在溪边庭院读书的图画。著名画家蒲华见到此画，曾为题诗一首："钓竹划破一溪云，隔岸归樵向夕曛。勒马劝耕人不到，四庭阒寂读奇文。"②

《桐阴秋读图》。《台州经籍志》记载：《桐阴秋读图题咏集》一册，黄岩陈霞编，光绪壬寅秋，陈霞与阮琴右、王崖林等宴集郡城白云山，崖林为作图，琴右题以二绝句，自此陆续征咏得三百余首，今藏于家。③从记载内容看，此图可能是描绘多人雅集的画卷。

黄岩翻簧竹雕④

二、从读书图看古人的读书旨趣

从台州的数幅读书图中，我们能看到古人的读书旨趣大致有两类：一是隐逸闲读的读书情怀，二是为求显达的功利目的，两者既对立又统一。

1.隐逸闲读的情怀

台州读书图中，有不少绘图目的是为了表现读书者隐逸闲读、逍遥自乐的读书情怀。如许宏通请人绘《松阴勘书图》，他在自序中称："生平颇嗜抄书，

---

① 鲍澄文：《黄岩翻簧竹雕》，浙江摄影出版社2014年版，第38—39页。

② 王及：《蒲华研究》，浙江美术学院出版社2002年版，第50页。

③ 项士元：《台州经籍志》，广文书局1969年版，第2504页。

④ 鲍澄文：《黄岩翻簧竹雕》，浙江摄影出版社2014年版，第36页。

每一卷成，随时点勘，三间老屋，荫以长松，日坐其中，呫哔不辍。"他很享受这种读书的状态，抄书点勘，日夜忘倦。赵佩江曾题《林丙恭〈凌沧阁读水图〉》曰："宣尼叹山梁，庄蒙观濠濮。水以镜形理镜心，非水之乐书之乐。"林丙恭在自己的藏书楼里，面对一江沧水，"听罢渊明泉，暇即展书读"①。陶渊明是隐逸精神的代表，将读书与听渊明泉对比，显示了他不慕荣利，超然忘我的读书心态。黄蒸云经商后，家境优裕，他性情洒脱豪宕，喜饮酒，也喜绘兰，藏书读书也如同他饮酒和绘兰一样，是满足基本生活需求后派生的一种精神需求，《椒江读书图》中，他独坐小楼，怡然读书，与窗外的景色相应相和。其实很多个人读书图表现的就是这样一种读书旨趣，它们往往用山水画来表达，所处的环境常用"松阴""桐阴""松窗""沧水"等来点明，读书环境相对幽雅。山水和读书是相映成趣的，山水是画的主体，充满整个画面，让人一见心旷神怡，有着逍遥世外之感，而读书是点睛之笔，是画之灵魂，反映着绘者或者图画主人的人生态度。画面中，读者的身份是模糊的，读者的姿态是模糊的，读书的内容是模糊的，这些都不重要，重要的是读者与山水心气相通，他已融入自然，是自然中的一部分。如果说非要用一种书来表达这种思想的话，那么《易》是最恰当不过的，所以读书图中有不少以读《易》命名的，如刘松年《秋窗读易图》、赵左《寒林读易图》、戴熙《山阴读易图》等。台州蒲华为黄秉义所绘就有《松窗读易图》。《易》就是《易经》，是我国古代的哲学之书，反映了天地融合、天人一体的辩证哲学观点。很多读书人受古代隐逸思想影响，在读书上也表现了这种境界。

2. 读书为博取功名

但另一方面，读书有其现实的功利性的，这在读书图中也很明显地体现。如王荦的《九峰读书图》，其后隐含的就是读书为现实服务的功利性的心态。九峰读书图描绘的是在九峰书院读书之事，古代书院一方面为学术交流提供场所，另一方面亦为科举考试服务。读书求官是多数书院学生所盼望的出路，

---

① 赵佩洼：《石芙蓉馆集》，吴小谦、黄晓慧校点，作家出版社2009年版，第173页。

当时九峰书院确实为台州造就了众多人才，王舟瑶念及读书的同仁，就感叹他们"几辈飞腾出草庐，木天花县各分居"①。"木天"指翰林院，"花县"是县治的代称，也就是他们多数已通过书院的读书，考取了功名，在各地为官，实现了自己的人生理想。博取功名的读书目的在课读图中反映更为直观。一般长辈课读的目的就是为了让子女应付科举考试，他们将读书看成改变子女命运的唯一希望，因此对读书也非常重视。喻长霖之母王氏，在其夫亡后，家境贫寒，但仍坚持让儿子读书，她说："读书，家之至宝也；家贫非病，不学乃病。"她的悲喜随着儿子读书的勤怠而变化，当儿子懒于读书时，她会声泪俱下："我所以忍死抚汝曹者，特望力学有成，为而父争一口气，而父为不死耳。而若废学，吾安望哉！"②可见她将所有希望都寄托在儿子的读书上了。而最后"芙蓉花发应胪云，吉语遥传果是君"，喻长霖高中榜眼，实现了母亲的夙愿，也实现了自己的读书理想。《秋灯课诗图》的主人王彦威的父亲为了生存转而经商，但他仍盼望子女走读书这条路，就由王氏之母卢氏课读。后来王彦威中举，官至太常寺卿，这是对其九泉之下母亲的最好的安慰，"慈乌慈乌勿更啼，雏乌今为凤来仪"。③《张哲斋义方教子图》和《倦舫老人训子图》这两幅画，不论其表面的训子是为"孝"还是"忠"，但其最终的指向都为求取功名，实现家国抱负。就连许宏通《松阴勘书图》，看似是隐逸闲读，但隐隐之中，仍然被功利性思想所占据，"有福读书期卓尔"，名利并没有完全消除，只不过许氏求取功名的愿望为抱残守缺、传承文献的千秋高志所取代。其实在古代，这两种读书旨趣看似矛盾，但都能很好地统一于一个读书人身上。他们一方面为了仕途，为了生存，刻苦研读，另一方面，又能享受书之乐趣，怡然乐读，"达则兼济天下，穷则读书著述"，一定程度上，两者可以随机切换。

---

① 王及：《蒲华研究》，浙江美术学院出版社 2002 年版，第 31 页。

② 喻长霖：《寒机课读图记》，喻学忠：《中华喻氏家风家训赏析》，西南师范大学出版社 2016 年版，第 109 页。

③ 孙锵鸣撰：《孙锵鸣集》，胡珠生编注，上海社会科学院出版社 2003 年版，第 176 页。

三、从读书图看古代社会的书香传承

1. 藏书是传承书香的基础

由清代台州的读书图可以看出，读书图的主人多为藏书家。如《椒江读书图》的主人黄蒸云虽是台州富商，但仍嗜书，蒲华曾在此图上题诗，云"若个藏书过十万，黄郎意气比云高"，可见其藏书量应是不少，且以此为好，如若有十万藏书，就会"意气比云高"。《松阴勘书图》的主人许宏通性好藏书，藏书处有"小石室"，所藏乡邦文献甚多，多罕见的珍本，此图绘的是许氏在松阴读书之情景，其背后即是其藏书楼，蒲华称其藏书"琳琅万轴真可喜"，拥有诸多藏书，可"南面而观"。《寒机课读图》的主人喻长霖家中有不少藏书，藏书楼称"惺諟斋"，乡邦文献收藏较出名。《凌沧阁读书图》和《沧水读书图》的主人林丙恭是台州藏书家，聚书万卷，有"万卷藏书任编蒲"之句，凌沧阁即是其藏书楼[1]。《倦舫训子图》的主人洪颐煊是清代著名的大学者，其"小停云山馆"藏书 4 万卷，在清中期台人中首屈一指。正因为他们家中多藏书，受书香熏陶，他们自然就以读书为风雅之事，或将读书作为毕生的精神追求和生活状态，如有机会，他们也喜欢将读书绘成图画。这些读书图很多以他们的藏书楼或书斋作为背景。数幅读书图中有两幅——《九峰读书图》和《九峰拥书图》，它们的主人王舟瑶和王维翰虽也是台州藏书家，但此两幅图画的背景却并非他们的藏书楼或书斋，而是当地著名的书院——九峰书院。九峰书院是同治年间由当时黄岩县令吴县孙熹所建，院内有名山阁藏书楼，楼内藏经史百家书数万卷。此地是绝好的读书处所，"百步之内，泉壑清旷，一室之中，古人森立"，孤坐一室，与众多前贤相伴，学问才会大有长进，书香才会扩展传承。富有的藏书，给九峰书院营造了浓厚的书香氛围，士子们"尽发阁中之书而读之"[2]，从而使九峰书院读书景况盛极一时。

---

① 夏首磊：《林丙恭著述研究》，绍兴文理学院硕士论文，2017 年，第 53 页。
② 王舟瑶：《九峰读书图记》，王及：《蒲华研究》，浙江美术学院出版社 2002 年版，第 32—33 页。

2. 通过请名人绘画题咏，向社会传递书香

如果说士人藏书读书是私人的事，那么请著名画师或画家绘成读书图，并向名人征请题咏，向社会传递出读书的情怀和理念，便具有社会影响力，此时，藏书读书的精神开始向社会渗透。

相比于个体的读书，将个人或集体读书的情景绘制成图画，更具有符号的意义，能更多地体现一种读书的精神。因为图像是读书行为的归纳，已超越时空关系，在时间上，"人与人阅世而成古，而图则可以长存"①，在空间上，它可以传播得更广更远。随着读书图在社会上的观摩与流传，读书的精神向社会散发。而题写在读书图上的题咏，则与图相配套，传递出浓浓的书香。读书图中，请人题咏最多的是课读图，在清代，课读图请人题咏这一风气很盛。台州两种课读图《秋灯课诗图》和《寒机课读图》，也效仿它们，遍请名人题咏。为《秋灯课诗图》题咏的有翁同龢、张之洞、瞿鸿禨、李慈铭、孙锵鸣、樊增祥、俞樾、张寿荣等人，为《寒机课读图》主人喻长霖所请题咏的人有胡思敬、成骧、赵增珂、赵鹤龄、刘嘉琛、李景骧、沈同芳、张继良等人，他们多为饱读诗书的名儒硕彦。经名流的题咏，少时苦读，而后考取功名、不负母望的读书成才的事迹便在社会中传播开来，读书更加为人们推崇。其他读书图中，《桐阴秋读图》也经多人题咏，汇刻成题咏集一册，图与诗随之扩散。《松阴勘书图》还有蒲华所赠诗句，经其一题，许宏通坐在树荫下专心校读的形象就在士人中流传开来，成为传播读书精神的一种象征。读书图中亦有名篇佳作，具有很强的感染力，可流传千古。如王舟瑶有《九峰读书图记》，在此图记中，他以饱蘸深情的文字怀念当年同学们在九峰读书的情境，全文感情真挚、文笔优美，可称佳作，此后他又为此图题诗五首，每一首诗都表达一种思念。如今这些图和诗文流传下来，成为台州古远的一脉书香。

3. 忠、孝是古代家族书香传承的内核

很明显，课读图中，忠、孝思想贯穿其中。寄托孝思是课读图绘制的初衷。

---

① 孙葆田：《秋灯课诗图序》，徐雁平：《清代家集丛刊》，第 110 册，国家图书馆出版社 2015 年版，第 275—278 页。

喻长霖"念母氏之劳苦，溯旧学所由来，□缕乌私，不胜感慕"，于是绘《寒机课读图》。王彦威之母病逝，他省试回来后悲痛欲绝，思念其母之教读，取其母之诗，请人绘《秋灯课诗图》，此举同他收集其母《焦尾阁遗稿》一样，"是诚孝子之用心"。这里的孝既体现在子辈身上，也体现在女性身上，女性以其尊老爱幼、相夫教子之德，获得"孝"的称号，喻氏之母和王氏之母都是孝妇。母因孝而教，子因孝而读，"愿君更励娱亲志，长念机声午夜寒"[①]，孝的家训使得家族的书香得以传承。有时孝不仅作为读书的源动力，而且直接将之写于书上作为家训流传。《倦舫老人训子图》绘的是洪颐煊训子的情景，洪氏手持一书，所训的内容也必与书有关，但究竟是课本的内容，还是家训，这个不得而知。洪颐煊先祖为临海学者洪若皋，洪若皋非常注重家风的建设，曾作有《孝顺解》一卷，全文以"人生何以要孝顺父母"开头。在此卷中，洪氏以"孝"作为家训，要求子女恪守。显然其子洪熙揆牢记恪守这一家训，他在卷首题："康熙乙亥春，父付男熙揆。人子收受此帖，如时常观看，潜心玩味，精藏勿失者，即受孝顺之报。名位禄寿俱全，子孙昌盛，后祀兴隆。皇天报应不爽。"由此可见，《倦舫老人训子图》里或许训的就是"孝"这一家风。洪氏一族累代书香，绵延不绝，也是建立在"孝"的基础上的。"孝"是对家庭的，而"忠"则是对国家的，一定程度上，"忠""孝"是结合在一起的。《张哲斋义方教子图》一方面体现了张和孙的"孝"，另一方面体现了他的"忠"。《仙岩大忠祠录》是为纪念文天祥而作的，文天祥因其"留取丹心"的气节受到人们的推崇，而帮助过文天祥，后来也舍身取义的张和孙亦被称"义士"，绘制此图就是为了纪念张和孙忠君爱国的思想。而和孙之子亦禀承其父气节，与其父一道就义，也是其父教育的功劳，是书香传承的结果。

4.女性读书补充延续清代社会的书香传承

在古代，藏书读书向为男性的权利，而到清代，读书图中亦闪现着女性的身影，并且有增多的趋势，尤其是课读图中，多数以女性为主。台州女性课读

---

① 喻学忠：《中华喻氏家风家训赏析》，西南师范大学出版社 2016 年版，第 124 页。

洪若皋《孝顺解》

图有《寒机课读图》和《秋灯课诗图》两幅，而实际上，未绘成图的女性课读事迹更多，就临海一地，在《民国临海县志》里记载的课读女性就有洪若皋之母董氏、何纮度母任氏、葛维屏之妻徐氏、葛凤喈之妻陈氏、张希培妻赵氏、刘启镐妻周氏、陈钟秀妻高氏、南乡王郁兰等。女性课读往往是在家庭遭变故、陷入贫困后，男性在教育中缺失的情况下，女性不得已而挑起重担。如喻氏之母课读，因喻长霖之父在御敌中阵亡；王氏之母课读，因王彦威之父因为家贫转而经商；葛维屏之妻课读因葛氏早卒；刘启镐之妻课子，因刘氏客死于外。她们往往一边纺织一边课读，纺织是她们重要的经济来源。尽管家贫，她们仍然督课甚严，葛维屏之妻徐氏"自督课，灯下训字，枕上诵书"[1]，不得少闲；喻长

---

① 何奏簧：《民国临海县志》(下)，中国文史出版社 2006 年版，第 223—300 页。

霖之母平日抚子甚宽，"惟课读綦严，日授诸子文字数十。某字某声某解必熟复数四"，令其就窗中认字，"错记则严谴不少贷"①；王彦威读书回来，卢氏督促学习，"覆其所业必精熟而后寝"。课读的女性一般具有贤孝的美德，并有才华，能知四书五经，擅吟咏，她们不仅自身充满书香气，还承担起家族书香传承的重任。非课读图中也有女性的身影。台州有两幅，一幅是陈夔典的《翻簧执扇读书图》，描绘的是某女子在其夫未归时，罢绣读书自怡之情景。她读的是二南诗，即《诗经》中的《周南》和《召南》，是文学作品，纯粹是陶冶心灵。这说明在清代，女性读书不仅是妇德的要求，更是提升自身情趣的要求，具有娱己的功能。另一幅是臂搁面上刻的班昭读书画像，班昭是东汉时人物，非现实中人，但是艺术作品是作者思想观念的反映，能绘制古代妇女的读书图，说明清代女性读书在生活中也被普遍接受。

清代女性课读群体和女性读书群体的增多，一定程度上反映了女性地位的提升，女性也成为清代社会书香重要的继承者和传播者。

四、结　　语

通过以上对清代台州读书图的考察，我们可以大略地看出古代社会读书人读书的一些旨趣和书香的传承方式和规律，从而可以促进我们更好地理解古代书画中的读书涵义，进而丰富阅读学的内涵。历史是一面镜子，古人的读书规律同样适用于当今社会，从阅读推广方面来看，台州读书图也可以提供给我们一些有益的启示。通过对台州读书图的分析，笔者认为要更好地进行阅读推广，可以从以下几方面着手：一、进行家庭的藏书建设。因为藏书是读书的基础，可以营造浓厚的书香氛围，要使自己养成读书的习惯，使家庭形成良好的读书气氛，家庭藏书建设是必不可少的；二、阅读推广要重视母亲在家庭教育中的作

---

① 喻长霖：《寒机课读图记》，喻学忠：《中华喻氏家风家训赏析》，西南师范大学出版社 2016 年版，第 109 页。

用，因为母亲是孩子的第一任老师，她的言传身教可以渗透入孩子的一言一行，形成良好的家风；三、要重视读书环境的选择和营造，特别是在清静幽雅、风景宜人之处，读书更有效率；四、就整个社会而言，通过绘画、吟咏等多种宣传方式，可以有效推进阅读推广。当然，作为祖先留给我们的珍贵的文化遗产，传世的台州读书图本身亦可作为本地书香的标志和符号，在地区的阅读推广中是必不可少的元素，可适时地加以运用。

王彦威之《秋灯课诗图》及其诗词题跋研究

张明君

课读图是以课读幼子为题材而创作的图画,是特殊类型的读书图。在清代,随着女性在家庭教育中作用的增大和孝亲文化的进一步弘扬,绘制课读图并请人题咏成了一种风尚。课读图著名的有钱陈群的《夜访授经图》、蒋士铨的《鸣机课读图》、洪亮吉的《机声灯影图》和《寒檠永慕图》、瞿岱的《分灯课读图》、毕沅的《慈闱授经图》等。而清末著名外交史料专家王彦威请人为其母代画的课读图卷——《秋灯课诗图》,则也是颇为有名的一册。此图所积图幅甚多,达9幅以上,著名画家赵之谦、蒲华、任阜长、著名史学家李慈铭都曾为其写绘,而为此画题跋的朝中要员和名家硕儒更是不计其数,李慈铭、张之洞、孙锵鸣、瞿鸿禨、翁同龢、樊增祥、俞樾等都有题诗吟咏。王彦威将此图与为其母所编的遗诗集《焦尾阁遗稿》一起请名人题写,两者名迹辉煌,相互映照,在海内士人间引起了巨大的反响,王氏家族的影响力迅速扩展开,而王彦威自己也跻身于名流之列。

一、王彦威生平

王彦威(1842—1904),原名禹堂,字渠城,号弢甫(夫),祖籍临海,后迁黄岩西桥。同治九年(1870)举人,后连试礼闱皆不第,吴县孙熹在京,替他捐了个工部虞衡司主事的备员职位,但他因祖母年老多病,只在省内游幕。光绪八年(1882)祖母亡故,王彦威入江苏学政黄体芳幕中。光绪十二年(1886),王彦威考取军机章京,得以接触国家大计和内府秘藏。光绪三十年(1904),他拜太常寺少卿,然视事仅四个月,即猝死于任上。[①] 王彦威著有

---

① 张劲松:《晚清浙东名士王彦威事略》,《大观周刊》,2013年第13期,第21—22页。

《枢垣笔记》《扈从笔记》《秋灯课诗之屋日记》《藜庵丛稿》《清朝掌故》《清朝大典》《史汉校勘记》等，而他一生中最重要的贡献是在对外交史料的搜集和整理上。王彦威喜搜购史料，尤喜搜集外交史料。当时清政府的外交文件没有系统刊行，仅依靠外籍转译，失实颇多，导致军事、政治、外交都比较被动，王彦威意识到了这些，任职军机章京时，他就开始全面收集这方面的资料。他从"大库"中抄录了道光、咸丰、同治三朝《筹办洋务始末记》稿本和光绪元年至十二年的外交案卷，光绪十二年之后的资料包括诏令、奏章、折片、条约、照会、会议纪录及"留中不发"的机密文件，他每日甄录。在他的辛勤搜罗之下，十余年来，积稿盈笥。临终前他将资料托付继子王亮，由王亮继续充实光绪、宣统朝的资料，并编成 273 卷的鸿编巨著——《清季外交史料》。该书承接三朝《筹办洋务始末记》，使晚清外交的官方档案文献得以合成完璧，"于是清代外交史料粲然大备矣"①。是书出版后，颇受世人重视，蒋介石、蔡元培、袁同礼、蒋廷黻等均为之作序，胡适颇为推崇，认为其出版，是继周口店北京猿人、旧石器文化、新石器文化、安阳殷墟文字、西域的汉晋木简等八件大发现之后，"史学界搜求材料运动"的第九件大事②，因而在中国近代外交史上享有颇为重要的地位③。

二、课诗图绘制之背景

1. 清代课读图的绘制之风影响

课读图的绘制在中国有着源远流长的历史。早在五代时，西蜀画院的宫廷画师黄筌就绘有《班彪训女图》。如果说《训女图》是取材于典故，那么宋代寇准

---

① 王彦威、王亮：《清季外交史料》，李育民、刘利民、李传斌等点校整理，湖南师范大学出版社2015 年版整理前言。

② 王彦威、王亮：《清季外交史料》，李育民、刘利民、李传斌等点校整理，湖南师范大学出版社2015 年版胡序。

③ 张劲松：《晚清浙东名士王彦威事略》，《大观周刊》2013 年第 13 期，第 21—22 页。

之母所绘的《寒窗课子图》便是以自己课子为内容入画的课读图。清代之前，课读图并不是很多，清代以后，课读图的绘制日益增多，这些图不仅请名人题写，且有惊动朝廷，被赐御制诗笔的，“先朝钱老近瞿公，世泽天题动九重”①，因而绘图之风愈加浓烈。这里的钱老指钱陈群，钱氏请人为其母南楼老人绘《夜纺授经图》，乾隆十六年（1751），高宗帝南巡，索看钱陈群所著文集，读到其中的《题母夜纺授经图》诗文，深为感动，命钱氏将图晋呈御览，阅后在图首亲笔作题跋，并赐七绝二首②。瞿公指瞿鸿禨，瞿鸿禨将其祖父瞿岱为其祖母汤氏所绘《分灯课子图》及自绘《自济图》进奉慈禧太后和光绪帝御览，慈禧太后在画上题了“耀德昭媺”四字以示奖励。③④

中国一直推崇“忠孝”之风，课读图受皇帝和太后观摩题字后，越来越多的人开始模仿绘制课读图，一以宏扬家族的门风，一以为自己的仕途拓开门路。王彦威显然也是受此股风气的影响，孙葆田在《秋灯课诗图序》中言及王彦威请他作序时说：“（弢甫）既别去，复以书责诺者再，且曰：‘曩游金陵于孙琴西太仆座上，见洪北江《机声灯影图》，名作如林，独偃师武虚谷（注：即武亿）一作，致为超绝。’”⑤在孙衣言的座上能发现洪亮吉的课读图，说明课读图在当时流传颇盛，洪氏图卷上的题跋至为超绝，令王氏羡慕不已，才令他有广请名人题咏的想法。张之洞在《王卢贤母秋灯课诗图六首》中亦有诗云：“欲补一行黄绢字，祝君八座紫泥封。”显然，受朝廷赏字是一件光耀门楣的事，王彦威也私心向往之，张之洞题诗是深谙王氏心理的。

---

①《王卢贤母秋灯课诗图六首》，张之洞：《张之洞诗文集》，上海古籍出版社 2008 年版，第 156 页。

② 凌冬梅：《〈夜纺授经图〉与秀水钱氏家族书香传承研究》，《图书馆研究与工作》2019 年第 3 期，第 20—23 页。

③ 陈三立：《散原静舍诗文集 增订本》（上），李开军校点，上海古籍出版社 2003 年版，第 959 页。

④ 汤锦程：《中华汤姓源流》，中国文联出版社 2006 年版，第 872—873 页。

⑤ 孙葆田：《秋灯课诗图序》，徐雁平、张剑：《清代家集丛刊》，110，国家图书馆出版社 2015 年版，第 275—278 页。

2. 卢氏课读

课诗图所绘的是王彦威之母卢氏课读的情形。卢氏名德仪，字梅邻，黄岩人，举人卢埙之孙女，处士卢肃炡之女。她向以贤孝著称，曾割臂为其父治病，从小"通五经大义，旁及文史"，所为诗词"清雅有法"[1]。朱镜清有诗句云："幼习经书授册府，写就篇章拟小山。"卢氏诗虽遗留不多，但俞樾浏览过后，以为"五言如'鸟声过雨润，蝉语引风长'，七言如'清磬一声声破晚，闲花如雨下春山'皆可诵也"[2]。卢氏著有《焦尾阁诗抄》若干卷、《丛录》若干卷、《正气集》四卷[3]，藏于家，然于辛酉兵燹，稿俱散失，《焦尾阁遗稿》乃其烬余之诗。（台州经籍志记有《焦尾阁脞录》二卷）

古代传统上以家族为单元，卢氏嫁入王家，便融入他们，叔叔和小姑子们也是她的家庭成员，他们年纪尚幼，她便教他们读书识字，俨然如师长。对她儿子的教育，她当然责无旁贷。彦威年纪小时，卢氏亲自教其读书，五岁时，便授予《孝经》《论语》[4]，六岁时，"教之数与方名"，举止合乎《礼记·内则》的标准[5]。王彦威入学后，从学塾回来，"入覆其所业必精熟而后寝"，由此见卢氏教子颇为严格，所教内容除诗外，尚有《孝经》《论语》等传统学习内容。潘祖荫对卢氏课读描述为："王君兄弟以骑竹之年，奉折蓂之教，篝灯开帙，罔非中经，拭觚肄书，先成上字，列史龟鉴，儒林格言，口讲掌录，无闲宵昕。"[6]卢氏教书和其子读书是非常辛苦的，常常至五更不歇，"母也耽咏儿勤披，夜

① 任清：《唐宋明清文集：第2辑 清人文集：卷3》，天津古籍出版社1999年版，第1936页。

② 俞樾：《春在堂随笔》，徐明、文青、校点，辽宁教育出版社2001年版，第73页。

③ 周郁雨：《焦尾阁遗稿跋》，徐雁平、张剑：《清代家集丛刊》，110，国家图书馆出版社2015年版，第265—267页。

④ 顾志兴：《浙江藏书史》（下），杭州出版社2006年版，第544页。

⑤ 管礼耕：《王母卢淑人家传》，徐雁平、张剑：《清代家集丛刊》，110，国家图书馆出版社2015年版，第282—284页。

⑥ 潘阳荫：《焦尾阁遗稿序》，徐雁平、张剑：《清代家集丛刊》，110，国家图书馆出版社2015年版，第196—199页。

漏五下声若伊"①。在其辛苦教读之下，其子均有出息。朝鲜金永慕在序中言："工部王君弢甫兄弟凡五人，赖其母之教，皆跻于成立而有声乎邦国。"②弢甫为长子，最终官至太常寺少卿，是兄弟五人中官位最高者。彦澂、彦成均诸生，彦澂以州判候补江苏署邳州知县，彦成以知县候补安徽，彦载经商，彦武海标外委。

卢氏课读也跟其夫有关，其夫王维龄，字广良，别字菊人，少聪颖好学，因家贫转而经商。虽然经商使家里经济宽裕了很多，但在卢氏心里，这始终是一件憾事，因为古代人都崇尚读书，商人只忝列士农工商的末位，因此卢氏的课读，是一种对其夫弃儒经商的补偿心理，她希望通过课读，极力栽培子女成才。俞樾在其随笔中记有此事："孺人在室时，闻所许嫁之王君菊人，因父老废学，意甚郁郁，故其课子诗云'矮屋数椽灯一点，吾家喜有读书儿。'盖失望于前，而欲取偿于后也。"③

3. 王彦威之孝心

王彦威《课诗图》的绘制缘于其不见其母最后一面的憾事。他的母亲卢氏在经战乱后不久，便因操劳过度而生病，而此年正是王彦威赴试之年，"同治乙丑（1865），浙江大定，补行乡试，先母已卧病阅月"，他不忍赴试，卢氏督促其前行，"抚床大恨曰：'吾二十余年黾勉教诲尔者，冀尔成名。今有试事而不往，欲何为耶？'"王氏只得前行。他在杭参加乡试后，即闻其母病亡的消息，即刻赶回家，抚棺痛哭，孙葆田《秋灯课诗图序》云："同治乙丑（1865），弢甫赴行省试，太恭人没于家，弢甫痛视敛之不亲，哀毁几绝。封翁抚而慰之，弢甫奉太恭人遗诗，辄啼泣不止。"④虽然此后他考中举人，可以告慰母亲，可是他对自

---

① 王颂蔚：《题王水部弢甫母卢太淑人行述后》，徐雁平、张剑：《清代家集丛刊》，110，国家图书馆出版社 2015 年版，第 20—21 页。

② 黄咏霓：《光绪黄岩县志》，清光绪三年刻本：卷十三。

③ 俞樾：《春在堂随笔》，徐明、文青校点，辽宁教育出版社 2001 年版，第 73 页。

④ 孙葆田：《秋灯课诗图序》，徐雁平、张剑：《清代家集丛刊》，110，国家图书馆出版社 2015 年版，第 275—278 页。

己未在母亲最后时刻尽孝的遗憾耿耿于怀，于是开始追思母亲的举动。母亲卢氏擅写诗，曾作诗数百首，他收集其遗诗，辑而存之，成《焦尾阁遗稿》一卷。稿成后，名人题咏无数，瑞安孙衣言、德清俞樾、武进女士张婉紃、朝鲜金永慕为之序。会稽赵撝叔感其孝心，为绘《秋灯课诗图》。王氏还将自己藏书读书之庐命名为"秋灯课诗之屋"，他的日记也命名为《秋灯课诗之屋日记》，可见他对其母课诗的怀念之深。此后王彦威有机会即请人绘图题咏。"呼工写为图，如对亲在时"①，面对图画，就像面对亡母，彦威心灵有所安慰。

三、图画及其题咏

1. 图画

此图的画面取自卢氏遗稿中的一首诗《秋夜课廉儿读诗》："良宵闲雅与诗宜，清课从头莫告疲。矮屋数椽灯一点，我家喜有读书儿。"②廉儿是王彦威的小名，课诗的时间应是咸丰十一年（1861）太平军攻入台州之前，地点可能是他的老家苍溪，他家在离县城不远的直下街租有矮屋数楹，"数椽容膝茅龙覆"③，彼时王维龄经商家境尚可，夫妇唱和，所以诗中透着温馨。但读图时略带伤悲，盖因王彦威失母之缘故。

从目前资料看，《秋灯课诗图》至少有九幅。樊增祥《秋灯课诗图记》记载有七幅，第一幅为赵之谦所绘，第二幅为徐宝谦所绘，第三幅为缪裕承绘，第四幅为李慈铭所绘，其他三幅，一为任薰作，余两幅为胡某所作。又据李秀华《台州名媛卢德仪生平及其诗歌考略》一文所述，王舟瑶《台诗四录》记有第八

---

① 董沛：《题秋灯课诗图》，徐雁平、张剑：《清代家集丛刊》，110，国家图书馆出版社 2015 年版，第 15—16 页。

② 中国人民政协会议浙江省黄岩县委员会文史资料征集研究委员会：《黄岩文史资料》（第 9 辑）1987 年版，第 179 页。

③ 冯一梅：《题秋灯课诗图》，徐雁平、张剑：《清代家集丛刊》，110，国家图书馆出版社 2015 年版，第 29—30 页。

幅，为张子青画，张子青即张之万（1811—1897），直隶南皮（今河北）人，道光二十七年（1847）状元及第，官至东阁大学士，工书画，以画山水著名①。另台州张崪《丹丘之旅》中又载有一幅，为蒲华所绘。

为王氏绘图的不乏名家，赵之谦，字益甫，别字冷君，是晚清杰出的篆刻家、书画家，晚年蛰居上海写字作画，是著名海派画家。他除为王氏绘此图外，还为其故宅的台门匾额题字，并留下石刻门联一对，"礼义之门是称世族，廉让所宅乃曰仁风"，民国期间报纸上曾刊登过王彦威如何资助赵之谦赴京考试的故事，说明两者交情不浅。蒲华原名成，字作英，秀水（今嘉兴）人，擅画花卉竹石，亦长于山水，与虚谷、吴昌硕、任伯年合称"清末海派四杰"，与台州有着较深的渊源关系。同治九年（1870），王彦威中举后，与蒲华初遇于紫阳书院，两年后，他们又相遇于宁波，蒲华为其绘图，并题七律二首。②任薰（1835—1893），字阜长，又字舜琴，萧山人，也是著名海派画家，与任伯年、任渭长并称画坛"三任"。徐宝谦虽名气没有前几位大，但绘画也不错。徐宝谦，字子牧、号亚陶，浙江崇德（今桐乡崇福）人，光绪六年（1880）进士，官刑部郎中，工诗词，善书法、绘事。

图画所绘，多是写景状物。赵之谦所绘应为山水画，岩石高峻，有米芾横点作画之笔意，古木数株，枝干遒劲老辣，而灯下两人则缩在草堂一角。缪裕丞之画，则"秋山平远，夜气清寥"，在这样的夜里，茅屋疏窗，曲柄铁灯，母子二人，读书其间。而屋外远处是江岸上连绵的翠色，白云遮蔽山峰，忽连忽断，近处的小径，寒树丛生，微江点叶，"百虑静于山中，万籁清于月下"。徐宝谦的画，有棵高大的梧桐，在梧桐的不远处，有瓦屋三椽，"檀桥故在，花箭森于兰盎，纸材取自蕉天，香苏被径，想清士之门庭，黄月当楼，照旧家之帘幌"，此图的特点是"用墨清远，使人意消"③。蒲华的画，虽无人描述，然他擅

---

① 吴海林、李延沛：《中国历史人物辞典》1983年版，第722页。

② 张崪：《丹丘之旅——蒲华与晚清台州士林》，上海古籍出版社2019年版，第100—101页。

③ 樊增祥：《秋灯课诗图记》，徐雁平、张剑：《清代家集丛刊》，110，国家图书馆出版社2015年版，第305—307页。

长的是山水，为台州所写数幅读书图亦以山水为主，想其画亦应是此类。

王彦威对此并不很满意，"恭人课子方在盛年，上奉威姑，下事君子，而画者多摹截发之状，或近拾穗之形"，又王氏所租屋近在城市，而画者又"类点缀苍茫，驱使云树，麻皴斧劈，突兀空山，鼠尾丁头，槎枒荒夜，所写题目，实为乖违"。光绪十六年（1890）十月，他请李慈铭再绘课诗图一幅。李慈铭善画，李濬之《清画家诗史》有著录。李慈铭纠正了此前画作任意驰骋的特点，与王氏实际课读情形较为接近："碧瓦齐檐，赭墙匝迮。廊庑相倚，窗户洞明"，有灯一盏，照在一床书册上。门外略点缀花树，有老桂一株，预兆科名，霜柿一树，暗喻七德，又有"高枝竦出，寒筱丛生，翠竹碧梧，拟佳子弟"①。

关于此图册的画面，樊增祥、李慈铭均有描述，尤以樊增祥所写较为全面，且细致独到，李慈铭《荀学斋日记》云："阅云门（即樊增祥）为弢夫所作秋灯课诗图记，骈文，惟取余图及徐亚陶、赵之谦等三图，分诠画理，而图之情事曲折都到，以此题陈陈相因，文字难工，故避俗就新，正切所谓图记聪明人语也。"②

2. 题咏

课读图绘制后，请名人题咏是清代文人的惯例。王彦威的课诗图，不仅绘图极多，所请题咏之人亦多，《台州经籍志》引自《默盦集》云此图有《秋灯课诗图题词四册》，藏于王家。朱铭盘在《考功王君秋灯课诗图后序》称："是图自辛未（1871）已来，先后题名之士几近百人，征讨之勤，殆为莫二。"③ 自有此图后，王彦威对此极为珍视，不论去哪里，都携带于身边，晨夕览诵。故鸿生巨儒、大夫君子为其精神感动，"昌之诗，咏其时"。

图画有九幅，题咏最多的是赵之谦的这幅。孙葆田《秋灯课诗图序》称："会

---

① 《王弢甫工部秋灯课诗图记》，李慈铭：《越缦堂诗文集》（上），刘再华校，上海古籍出版社 2008 年版，第 1211—1212 页。

② 陈左高：《历代日记丛谈》，上海画报出版社 2004 年版，第 94 页。

③ 朱铭盘：《考功王君秋灯课诗图后序》，徐雁平、张剑：《清代家集丛刊》，110，国家图书馆出版社 2015 年版，第 344—348 页。

稽赵㧑叔感其意，为作《秋灯课诗图》，一时大江南北，通人硕士，题咏殆遍。"冯煦《秋灯课诗图跋》和刘可毅《书王弢夫先生秋灯课诗图后记后》明确写明为题的画为赵㧑叔所作。有些作序题咏的甚至没有见过图画，仅凭想象作序，如孙葆田作序云"然犹以未见此图为憾"，袁旭题诗亦云"我虽未见图，倾泪神先告" ①。清代课读图中女性大多一边纺织一边课读，而此图中多数题咏没有描绘卢氏纺织，只在少数几首中有提及纺织字眼，如王鹏运的《题秋灯课诗图》中有"午夜长吟声未已，轧轧鸣机相续" ②之句，易顺鼎也有"灯影机声比北江，身衣手线伤东野（孟郊）"。不知纺织是原图所有，还是题咏者的想象，但鉴于其时王彦威父亲尚在，家境亦可，很可能是题图者未见图，仅凭惯性想象而作。

王彦威所请题咏之人，有些是亲自请题的，如李慈铭、黄体芳、孙衣言等人。他们与王彦威关系比较密切，如李慈铭与王彦威交好，虽长王彦威十余岁，两者却是同年中举，关系维持在亦师亦友之间，常一起参加聚会，他为王彦威作《秋灯课诗图说》，亦为王氏之父作《王菊人年丈七秩寿叙》。黄体芳和孙衣言曾馆王彦威于幕中，两者均为王氏之父作有序及诗文。曾为王氏题咏的袁昶、沈曾植、王颂蔚等人，也多与王彦威有交集。如，光绪十四年（1888 年 3 月 28日），在北京崇效寺饯别邓承修的宴会上，与王彦威同时参加的人有李慈铭、李文田、黄体芳、王颂蔚、袁昶、沈曾植等。③曾为王氏作序的袁昶、沈曾植、王颂蔚均在列。

有些原本关系不亲密的，王彦威就托人请题，这样他的关系圈进一步打开。如郑孝胥、翁同龢、孙葆田等人，都是王氏托人请其题词的。孙葆田在其序中直言，王彦威"属其乡人张子远索题于葆田"。翁同龢题诗由李慈铭代征，李慈铭《癸巳琐院旬日记》未刊稿记："得常熟师书，以所题《王弢夫〈秋灯课诗图〉》

---

① 袁旭：《题秋灯课诗图》，徐雁平、张剑：《清代家集丛刊》，110，国家图书馆出版社 2015 年版，第 4—5 页。

② 王鹏运：《百字令》，徐雁平、张剑：《清代家集丛刊》，110，国家图书馆出版社 2015 年版，第 138 页。

③ 戴家妙：《寐叟题跋研究》，中国美术学院出版社 2015 年版，第 373 页。

四绝见示，即复。"常熟师指的是翁同龢，翁氏在所题《秋灯课诗图》四绝后附言："癸巳重九，榜将发矣。越缦先生为夔甫水部征诗，草草题此奉正。翁同龢。"[①] 当然有些请题，却以某种原因未完成，如张佩纶在其日记中记有王彦威求题之事："1 月 3 日，有王夔甫同年以《秋灯课诗图》求题，却之。复云门一纸，云近实戒诗，夔甫交满海内，亦不愿流传嗤点也。"[②] 王彦威馆瑞安黄体芳门下时，黄体立比部、仲俞扬侯官曾传赏此图，并许为题赞，然因事分散，均未践行。[③] 但不管是何种情形，王彦威想尽了各种办法，使《秋灯课诗图》名迹斑斑。

3. 失而复得

此图的绘制时间以赵之谦所绘图为最早，应绘于 1871 年，张謇《秋灯课诗图序》云"盖图成于夔甫乡举之明年"，王彦威于同治九年（1870）中举，那么同治九年的次年即 1871 年。又朱铭盘《考功王君秋灯课诗图后序》云"是图自辛未（1871）已来，先后题名之士几近百人，征讨之勤，殆为莫二"，计算时间一般从有图之年开始，那么辛未年就应该是绘图之年，与张謇所述的时间一致。

王彦威最珍视的是其师赵之谦所绘图，他时时带在身边。然而不幸的是，此图在辗转题咏中丢失，"梦随宾墨落江湖"[④]。此后，也就是光绪十五年（1889），此图失而复得。张謇云："展转舛失积十五六年之久，而得之于吾友郑苏龛舍人者也。"郑苏龛即郑孝胥（1860—1930），字苏龛，号海藏，福州人，官至布政使，有《海藏楼集》。关于此图复得的时间，没有疑义，所有资料都认为是光绪十五年（1889），至于什么时候遗失，则有多种说法。上述张謇认为失去有十五六年之久，孙葆田在《秋灯课诗图序》中云"图旋失于京师，阅十有三年，至光绪己丑（1889），复得之"，冯煦《秋灯课诗图跋》曰"失十余载而复得"，而程颂万《石巢诗集》云"亡去七年"，复得之。说法不一。

---

① 《社会科学战线》编辑部著：《古籍论丛》，福建人民出版社 1982 年版，第 334 页。

② 张佩纶：《中国近现代稀见史料丛刊：第 2 辑》，《张佩纶日记（上）》2015 年版，第 287 页。

③ 《朱铭盘考功王君秋灯课诗图后序》，徐雁平、张剑：《清代家集丛刊》，110，国家图书馆出版社 2015 年版，第 344—348 页。

④ 《王卢贤母秋灯课诗图六首》，张之洞：《张之洞诗文集》，上海古籍出版社 2008 年版，第 156 页。

关于郑孝胥得此图之经过，朱铭盘《考功王君秋灯课诗图后序》中有记："郑君苏盦用疏通之才，在清显之路，宏文异制，纷纶莘下。已而从考功之求，为先文之序。命豪未终，穆然畴昔，盖舍人与杨太史同为州人，兼有姻，特吊哭。既卒，理其遗文，考功亡图独入郑氏行坐，相保殆逾十年，以为手写之文，宝于齿发，口诵之制，温于瓶罍，固乃人子之微心，庶士之孤愿。"①王彦威重遇图画的事非常凑巧，刚好发生在他请郑孝胥题咏之时。关于此事的细节，郑孝胥本人记得更详细：光绪二年（1876），郑孝胥从北京南归，还没来得及整理行装，忽然天下大雨，全城陷入水灾。水退后，幸好此图完好，于是细细览读。因图中多名人手泽，他知图主人必亦是有名望之人。他追思此物之来源，原来是杨太史离乱时寄存的遗物，于是将此图时时带在身边，甚为宝贵。光绪十五年（1889），在京时遇王彦威请他为《焦尾阁遗稿》题词，看到俞樾题课诗图的诗重写于《焦尾阁遗稿》中，才知图主人是王彦威。②

失而复得给课诗图平添了一段佳话，增加了它的传奇性，众人皆以为这是王彦威的孝心感动了上天的缘故，郑孝胥认为"至诚能感召，宛若神鬼为"，张之洞以为"孝至神通信不诬"，冯煦以为"苏盦锡类之仁及于谁何之人，既世之所希，抑亦弢甫诚孝所激，有以致之邪"③。王彦威的孝心与卢氏贤孝的名声更大了。

四、课诗图对王氏家族及其社会的影响

课读图的内容比较单一，一般所绘图画无非就是其父母等人课读教育子女的场景，所题咏也较为单一，一般歌咏的也是图主人的孝心和课读者的贤德和才

① 《朱铭盘考功王君秋灯课诗图后序》，徐雁平、张剑：《清代家集丛刊》，110，国家图书馆出版社2015年版，第344—348页。

② 郑孝胥：《以秋灯课诗图册归弢甫属纪其事庚寅正月始为赋此》，徐雁平、张剑：《清代家集丛刊》，110，国家图书馆出版社2015年版，第44—46页。

③ 冯煦：《秋灯课诗图跋》，徐雁平、张剑：《清代家集丛刊》，110，国家图书馆出版社2015年版，第348—350页。

华，没有多少内容可以拓展。可就是这样千篇一律、没有多少新意而言的课读图，为什么还会有那么多人画它题咏它呢？这跟社会的提倡和对图主人的个人影响有关。前已言及，"忠""孝"是一个国家的统治者为了巩固政权而极力提倡的，课读图受朝廷题词题字后，更促进了这种风气的形成。对个人而言，正是看到了课读图给自己带来的好处，他们才乐衷于绘制此图。

《秋灯课诗图》显然能给王彦威带来某些利益的，首先，王氏课诗图承载了王氏家族的文化记忆。王彦威开始请人绘制此图，是在他中举后的次年，中举是家族历史上一件大事，标明了他从此脱离底层社会，有可能迈入上层官场。站在这个节点上去回忆儿时课读场景，会想起自己的艰难往事，并会思及已天人永隔的母亲，感慨会非常多，会"蔽卷涕沾襟"。但又想起自己的辛勤苦读终于有了回报，这对自己和母亲也是一种安慰，所以很多诗中会出现让王彦威之母不要悲伤之句，"慈乌慈乌勿更啼"，因为"雏乌今为凤来仪"。这里有两层意思，一是标明了如今的显达，有光耀门楣的意味，这是家族史上的标志性事件，值得大书一笔。二是卢氏课读也可以挖掘出它的内涵，铭记这段艰苦岁月，对今后的自己会有警示的作用，对家族的其他成员也有示范的作用。

而更为重要的是，《秋灯课诗图》宣扬了王氏家族的门风。古代社会不是以个人为单位，而是以家族为单位，家族成员往往休戚相关、荣辱与共。王彦威知道自己的命运是与家族连在一起的，于是他通过多种方式去表彰、宣扬家族的门风。由《西桥王氏家集》可以看到他所做的种种努力。他请人为其父作祝寿之文章，有黄体芳《王菊人先生七十寿序》、李慈铭《王菊人年丈七秩寿序》、朱福诜《王菊人先生七十寿序》，他自己为母亲卢氏撰有行状，并请人为其母的《焦尾阁遗稿》题咏，《秋灯课诗图》也是其宣扬门风、提高家族声望的工具之一，而且是比较有分量的工具。从《西桥王氏家集外编》看，西桥王氏家族所珍藏的家族成员唱和题咏中，与《秋灯课诗图》和《焦尾阁遗稿》有关的诗词文章占了相当大的比重，至少有八分之一内容与两者有关。通过这些文字的表述，王彦威将其父高风亮节的处士形象和其母孝顺有才的贤妇形象突出出来，使其一家在当地有一定的影响力，而王彦威的孝心也成为众人夸赞的题材，使他的知名度大大提升。为《课诗图》所题的名人有黄体芳、徐树铭、张之洞、施补华、董沛、孙锵鸣、陆润庠、瞿鸿禨、翁同龢、孙葆田、樊增祥、李慈铭、俞樾、陈宝忠、王麟书、张寿荣等，为《焦尾阁遗稿》所题的有左宗棠、沈葆桢、曾国荃、彭玉麟、翁同龢、陆润庠、张謇、俞樾、羊复礼、孙衣言等。王彦威还通过请多位著名画家和文士作画，以提升课读图册的价值，扩大其影响。即使图画丢失，失而复得也能增加一段奇缘，使他和诗词大家郑孝胥联系更为紧密。"交游悉在名，斯人必其侪"①，这些人的绘图和题词，使他跻身于名人之列。可以说，《秋灯课诗图》和《焦尾阁遗稿》已成为王氏家族文学成就与道德的文化符号，是其家族与外界文化交流的一个纽带。②

---

① 郑孝胥：《以秋灯课诗图册归发甫属纪其事庚寅正月始为赋此》，徐雁平、张剑：《清代家集丛刊》，110，国家图书馆出版社 2015 年版，第 44—46 页。

② 宋清秀：《清代江南女性文学史论》，上海古籍出版社 2015 年版，第 277 页。

民国时期世界书局的古籍整理出版（1917—1939）

邓　昉

1917 年，沈知方以"世界书局"的名称开始出版书籍，这一般被视为世界书局的创办时间。1921 年，沈知方扩大原有规模，将其改组为世界书局股份有限公司。1957 年，世界书局完成清理工作。据记载，41 年间，世界书局有出版物 5 580 种，建立了以上海总局为首、辐射全国各省市 40 余处分、支局的销售网络。①

在民国出版机构林立、竞争激烈的局面下，世界书局依靠编辑出版通俗读物、教科书、文学期刊、古籍等等，迅速打开了市场，成为仅次于商务印书馆、中华书局的民国第三大出版机构。作为一家大型的综合性出版机构，世界书局在出版、发行和营销上自有其成功之处，这点在它的古籍整理和出版方面也体现出来，值得探究。

一、沈知方的古籍出版理念

世界书局在古籍出版上的成绩，与创办人沈知方的出身和理念是密不可分的。沈知方，1882 年出生于浙江绍兴，近祖沈复粲是清代的金石学家、藏书家，家有藏书楼鸣野山房。《粹芬阁珍藏善本书目》序中的叙述是："家本世儒，有声士林：先世鸣野山房所藏，在嘉道间已流誉东南；而霞西公三昆季藏书之富，尤冠吾越"，其中"霞西公"即沈复粲。② 到了其父沈锡禹这一代，已经家道衰

---

① 朱联保：《上海世界书局回忆》，全国政协文史资料委员会编《文史资料存稿选编》23 文化，2002 年 8 月，第 262 页。
② 沈知方：《粹芬阁珍藏善本书目》序，上海图书馆藏《粹芬阁珍藏善本书目》一卷，世界书局 1934 年版。

落，仅靠在绍兴城里苍桥大街摆设书摊谋生。因此，虽然家境贫寒、仅受过几年学堂教育，沈知方却一直与古籍有着不解之缘。

1897 年，时年 16 岁的沈知方进入绍兴奎照楼书坊当学徒，开启了他的书业生涯。此后，他又先后在余姚的玉海楼书店、上海的广益书局、会文堂书局、商务印书馆、中华书局等处工作。在商务印书馆、中华书局期间，沈知方就开始有意识地尝试收聚、编印和出版古籍。

首先，沈知方对于古籍的这份情结与他的家族使命感密不可分。他在《〈国朝文汇〉序四》中曾提到祖父沈玉书的遗愿："先祖于学无所不窥，而尤笃嗜古文辞。架上所贮，文集最夥，尝谓文至国朝而极盛，作者辈出，类能遗貌取神，去疵存粹。……拟征同人，编成总集，而有志未逮，遽赴修文。"先祖未完成的伟业"存诸悬想"，是沈知方策划编成《国朝文汇》的动因之一。①

其次，缘于沈知方的个人喜爱和文化保存意识。在事业稍有成就之后，沈知方就"很注意搜罗书画和古籍，作为公余欣赏。"② 在 20 年代，他曾与魏炳荣一起资助陈立炎购买散出的卢氏抱经楼图书，盘进广智书局和古书流通处的存书，包括有康有为《广艺舟双楫》、梁启超《十五小豪杰》以及《章太炎丛书》《知不足斋丛书》等。此外，沈知方曾在自己同孚邨的居所举办"四美堂书画展览会"，邀请众人参观。他在开幕宣言中提到"书画为我民族文化之结晶……本堂向多收蓄，国难以后，更不惜重资以购储之，插架盈箱，并多珍品。……此本堂主人之收藏，所以异于前人者，因尽出所有，分期展览，历代珍品，萃于一室，有志保存艺术文化者，其必以先睹为快也！"③

再者，出于经营上的文化考量。虽然商人以逐利为先，但沈知方并不短视，他懂得古籍出版对于文化保存的重要性。早在 1902 年，他就与王均卿合伙创办

---

① ［清］沈粹芬、黄人等辑：《国朝文汇》，《续修四库全书》编纂委员会《续修四库全书》集部，上海古籍出版社 1995 年版。

② 刘廷枚：《我所知道的沈知方和世界书局》，全国政协文史资料委员会编《文史资料存稿选编》23 文化，2002 年 8 月，第 323 页。

③ 沈知方：《四美堂书画展览会开幕宣言》，载《四美堂古今书画展览会目录》。

了国学扶轮社，致力于国学整理和文集的出版。[1]除了出版一批以往遭到禁绝的文集之外，国学扶轮社最重要的古籍出版物当属由沈知方、黄人、王均卿等编辑的《国朝文汇》。《国朝文汇》百〇一册，现名为《清文汇》，以"不立宗派"为编辑方针，"搜罗国朝文学家之遗文，汇为一集"。该书分为四集，收录了1356家文，作品篇目数量数倍于《皇清文颖》《国朝文录》《国朝古文汇钞》等文学总集，是最大的一部清代文章总集。

对于沈知方开办国学扶轮社和整理出版古籍的行为，严复曾评价道："国学扶轮社主人，保存国粹之帜志也，其前所为书，已为海内承学之士所宝贵矣。"[2]

从以上可以看出，沈知方对于古籍的整理和出版，不仅只是出于商人盈利的目的，更多的是他个人自身文化理念、文化自觉外在的一种投射，而这种投射同样也在世界书局的古籍整理出版上体现出来。

二、世界书局的古籍整理出版成果

世界书局成立后，在沈知方的努力经营下，书局出版的教科书迅速占据市场，各类通俗小说、文学期刊也大受欢迎，逐渐成为了全国排名第三的出版企业。20年代时，商务印书馆、中华书局都在大力整理、出版古籍。为了不落于人后，世界书局也开始在古籍的编辑、出版上下了一番功夫。

世界书局早期出版的古籍大多为单行本，并未成规模，如1925年出版的秦同培选编的《精选广注黎氏古文辞类纂》《言文对照国语评注读本》《言文对照汉书评注读本》等等。在"国学整理社"成立后，世界书局有了专门的古籍编辑队伍，经过精心策划、版本挑选、详加编辑，其古籍出版物的数量大幅增加。到1939年为止，世界书局印行出版了上百种古籍，尤其是"国学名著""珍本医书

[1] 王均卿，字文濡，吴兴人，为1883年癸未科秀才，精于诗、古文辞，是南社名宿之一。曾受邀历任商务印书馆、中华书局、大东书局、文明书局等编辑。

[2] 王鹏飞：《沈知方晚清时期出版活动考论》，《河南大学学报（社会科学版）》，2018年第58卷第4期。

集成""四美堂碑帖集成"等著作印刷精美，质量上乘。

1. 成立"国学整理社"

虽然沈知方于 1934 年下半年辞去了世界书局总经理一职，但是他书局编译所所长的兼职仍然得以保留，继续掌管着编辑方面的工作。1935 年，沈知方在同孚邨个人住宅弄内，设立了世界书局的编辑分部，名"国学整理社"，从名字即可看出，该社以整理国学、传承文化为任。不论从编辑、印刷，以至于装帧，都可以看出世界书局对于古籍整理出版的雄心。

在编辑上，由沈知方亲自指导王缁尘、蔡丐因等人的编辑工作，对经史子集各部古籍进行版本挑选、圈句注释等；由武宇铭负责制成书底，发制锌版。[①]

在印刷技术上，世界书局特别将大连湾路上的印刷总厂第四层全部作为仿宋字排字部，采用仿古大字排印技术印刷古籍。这种精印方式使得全书精雅清晰，不仅实用性强，而且颇具收藏价值。

在装帧方式上，世界书局的古籍较少使用传统的线装形式。由于将原本几册甚至几十册的古籍缩印成一大厚册，线装书的形式无法做到，因此书局采用了西式的精装和平装的装帧方法。

2. 出版"国学名著"

1935 年到 1936 年间，世界书局按经、史、子、集四部，分期出版了"国学名著"，采用精印厚本装订。[②] 第一期 6 种，每种 1 册，包括有《资治通鉴》、"四史"（《史记》《汉书》《后汉书》《三国志》）、《文选》《龚定盦全集》《续资治通鉴》《十三经注疏》等，第二期为《诸子集成》30 种，合订为 8 大册，前有蔡元培题"诸子集成"四字。分上下编，上编收录了儒、道、墨、名、法、兵、杂等十六家书，下编为汉魏六朝之部，收录《淮南子》《新语》《法言》等十种。第六期 6 种，每种 1 厚册，有《康熙字典》《经籍籑诂》《说文解字段注》《说文通训定声》

---

① 王缁尘，笔名煮尘，浙江绍兴人，曾为开明书店的编辑。蔡丐因，亦有写成蔡丐因，名冠洛，以字行，诸暨人，应沈知方之聘，进入世界书局，主编中小学课本及文史书籍。

② 《上海出版志》曾有"国学名著丛书"条目，注出版数量为 43 种。但通过检视，实际出版物似有更多。宋原放、孙颙主编：《上海出版志》，上海社会科学院出版社 2000 年版，第 578 页。

《说文释例》《中国声韵学》等。

这些书里，有的古籍选用了沈知方粹芬阁藏书为底本，如《四史》《资治通鉴》《文选》等。笔者在其中《文选》印本中，发现了沈知方的藏书印三枚，分别题为"沈氏粹芬阁所得善本书""沈氏粹芬阁鉴藏书画印""山阴沈氏知方收藏金石书画经籍之印"。

3. 四美堂、古今书店的碑帖出版

在古籍之外，沈知方也一直收藏书画、碑帖等，"书画为我民族文化之结晶……本堂向多收蓄，国难以后，更不惜重资以购储之，插架盈箱，并多珍品。"① 由于对藏品追求"真"美、"新"美、"清"美、"精"美，因此他将自己同孚路同孚邨的收藏之所称为四美堂，并自号为"四美堂主人"。此外，他也会将一些优秀的作品拍摄真迹照片，开办展览会，供人欣赏。

1936 年 6 月开始，沈知方将收藏的一部分碑帖亲自设计、编辑为"四美堂碑帖集成"，由古今书店印行、世界书局出版发行。从目录看，该集成共有 4 集，每集 12 帖，所选的碑帖涵盖了正、草、隶、篆以及六朝各体。每部碑帖，分为甲、乙、丙三部分：甲部为全碑，即全碑文字，不论完整残缺，都照样收入；乙部为精品，由专家选取最精彩的字放大影印，以方便临写，而且集成的文句都是写作俱佳的，这也是"四美堂碑帖集成"最大的特点；丙部为集联，是名人所集的对联。

笔者所见上海图书馆馆藏的"四美堂碑帖集成"，分别为第一集的《四美堂颜真卿字帖：宋拓多宝塔铭全碑及精品合璧附集联》《四美堂柳公权字帖：宋拓玄秘塔铭全碑及精品合璧附集联》《四美堂赵松雪字帖：初拓福神观记全碑及精品合璧附集联》，以及第二集的《四美堂王羲之字帖：开皇本定武本兰亭序及精品合璧附兰亭始末记集联》，共 4 帖，其中第一集的 3 帖初版于 1936 年 6 月，再版时间为 1937 年 7 月，且再版本分为甲种黄面本、乙种绿面本两类。

因受到资金和技术的限制，这些字帖的影印水平介于珂罗版真迹和石印的

---

① 沈知方：《四美堂书画展览会开幕宣言》，载《四美堂古今书画展览会目录》。

习字帖中间。质量上，它们没有商务、中华出品的精良，难以用作收藏；而定价上又比一般的习字帖要高，如《四美堂颜真卿字帖》绿面本定价国币一元，而1933年青年协会书局出版的《平民千字帖》定价仅大洋五分。在这种两不靠的情况下，碑帖的市场销售情况并不理想。

4. 出版大型中医丛书《珍本医书集成》

在世界书局的古籍出版物中，中医典籍是另一个很重要的种类。整个民国时期，该局出版了中医医籍227种，占总出版物的4%，占比不算高，而且医书的质量也高低参差不齐。早期出版的医书中，实用性较强的有《薛生白医案》《叶天士女科医案》等，而《秘密丹方大全》《丹方大全》《叶天士秘方大全》等则易为书局赚取利润。

转折出现在1935年到1936年间。1936年1月，国民政府颁布了《中医条例》，社会各界开始关注中医。世界书局在这一时期出版的医籍不仅数量占了总医籍出版量的75%，而且出版了几部学术价值很高的中医学典籍，《珍本医书集成》就是其中之一。[①]

1930年，世界书局盘进了他"三三医学社"的一批中医医药丛书。裘吉生原为绍兴名医，后在杭州开设"三三医院"。他积四十余年之功，搜集了三千多种中医藏书，但囿于经济困难，无力刊印。1936年，裘吉生与世界书局商定，从藏书内精选珍本，辑出《珍本医书集成》，由世界书局出版。该丛书的出版，得到了当时政界和中医界的重视，林森、焦易堂、严福庆等人皆有题字，褚民谊、秦伯未、周小农等人作序。

《珍本医书集成》用仿古字版精印，装订成十四巨册，收录古今医书90种。内容上根据中医的学术特点，分为医经类5种、本草类5种、脉学类3种、伤寒类4种、通治类8种、内科类12种、外科类3种、妇科类4种、儿科类2种、方书类17种、医案类15种、杂著类12种等十二类。在裘氏所挑选的本子里，多有精刻本(如《回生集》)、精钞本(如《也是山人医案》)、批校本、稀有本

---

① 徐扬：《民国时期中医社团医籍出版研究》，北京中医药大学硕士论文，2017年5月。

（如《医便》《文堂集验方》《本草择要纲目》《食鉴本草》《松厓医径》等）、未刊稿本（如《扫叶庄医案》《花韵楼医案》《经验奇方》《履霜集》等）。有的书"未经采入《四库全书》,《永乐大典》,《古今图书集成》者,其价值之高贵可想而知……"[①]这些医籍"学医者必读,不知医者,家庭也可参考检查",具有很高的实用价值。

集成问世后,世界书局曾规划出版《珍本医书集成二集》,但是由于上海陷入战事,出版之事便戛然而止了。[②]

三、世界书局在古籍出版上的特点

清末民初,由于社会动荡,大量的私家藏书陆续散出,流入市场。为了使日渐散佚的旧籍能够保存、免遭澌灭,当时包括商务印书馆、中华书局、世界书局在内的许多出版机构都在蓄力搜集古籍,用以编辑影印出版,这些行为对中国传统文化的传承和古籍保存功不可没。尤其是 20 年代以后,许多对后世产生巨大影响的古籍图书陆续被整理出版。不过,由于在古籍收藏量、书局规模、印刷设备等方面的差异,世界书局选择了与商务印书馆、中华书局不同的出版发行模式。

1. 出版规模小而灵活变通

从经营方面来看,大部古籍丛书的出版最能体现一个出版社的实力与水平。商务印书馆和中华书局长期致力于古籍的编辑工作,它们依靠殷实的古籍藏书,编辑出版了《四部丛刊》(初编、二编、三编)《丛书集成初编》《四部备要》等大部古籍丛书。如《四部丛刊》初编共收古籍 323 种合 2 100 册,从 1915 年开始策划到 1923 年正式出版,历时 8 年,投入了大量的人力和物力。这些古籍丛书卷帙浩繁,每部都在一二千册左右,推出之后受到了当时许多高等学府和图书馆的欢迎。

---

① 张赞臣序,《内经素问校义》,《珍本医书集成》第一册,世界书局 1936 年版。
② 沈仲圭:《悼裘吉生先生》,《华西医药杂志》,1947 年第 2 卷第 8 期。

虽然从印刷方面的生产能力、财务状况看，世界书局有能力出版大部古籍丛书，但是囿于以下几个因素，无法完成这个工作：1.起步较晚，难以在短时间内征集到大量优质的古籍善本、珍本；2.完成编辑耗费时日长久；3.书局需要有一批熟悉古籍的编辑人才。

在此情况下，沈知方敏锐地发现，大部古籍丛书虽然格调高雅，不过动辄上千的册数，仅适用于收藏，不适合作为个人研究需要的工具书使用。因此，世界书局另辟蹊径，从编辑、印刷方面入手，以满足大众日常使用为目的。

在编辑上采取两种做法，第一种是"化整为零"，将大部丛书里的每部古籍独立辑出、影印、出版，如国学整理社编辑推出的"国学名著丛书"就采用此种方法。第二种是"化零为整"，例如出版的《章台纪胜名著丛刊》一册12种、《艺林名著丛刊·附著者墨迹》一册7种、《美化文学名著丛刊》一册11种等，这些都是将几部小文集进行结集出版。

在印刷上，使用金属版照相缩印技术，把那些每部数十册或上百册的古籍，缩印为一至三册间，不仅节省了置放书籍的面积，同时也方便携带、随时取用。

2.销售上做到物美价廉

图书出版之后，面临的问题就是销售数量和销售价格。由于体量巨大、不便随时加印，因此大部古籍大多采用预约销售制，即先收到预约价款，以充足的回流资金保证书籍的正常印刷和出版。《四部丛刊》初编在初版印刷前需"预约足五百部，即行开印……（预约）再不足（三百部）则还钱、并付息"，[1] 而且价格也不占优势，它最便宜的是毛边纸预约价，一次性缴足为四百元。这样高昂的价格，对于只需要单行本且购买力低的普通人来说，只能无力感叹。

相对而言，世界书局的销售则显得灵活多变。首先，零买零卖的销售方式，极大地增加了购书者的挑选余地；其次，将传统的古籍线装本装帧改为精装本或者平装普及本，降低了书籍的成本，因此在售价上也相应低廉，能够有效增加大家的购买欲望。这样，购书者就能用比较低廉的价格，买到自己心仪的古

---

① 张元济:《张元济日记》上册，商务印书馆1981年版，第130页。

籍，也真正做到了世界书局"尽力世界"的出版理想。

对于这种人无我有、灵活变通的做法，世界书局继任总经理陆高谊将之形容为"点吃名菜"。[①]郑振铎先生则称赞世界书局的这些图书是"廉价方便有用处"。[②]通过这种做法，世界书局的"国学名著丛刊"得到大卖，其中有些书在几年内反复再版，也极大提升了书局的声誉。

3.对中医古籍的重视

晚清以降，在西学东渐的影响下，知识分子大多对中医持有否定的态度，出版界亦不例外，几大书局出版的中医典籍都不多。从下列表格中可以看到，从出版时间跨度和自身业务规模两方面综合考量，中医医籍出版不是商务印书馆、中华书局、世界书局的重点。但是与商务、中华两家对中医漠视的态度不同，世界书局对待中医典籍的态度比较开明。在1935年的《世界书局图书目录》中可以看到，世界书局将中医分为了中医专著、中医医案、中医验方等三个门类，出版了《医学南针初集续集》《广注素问灵枢类纂》等十七种中医典籍。

民国时期中医医籍出版情况[③]

	出版的中医医籍（种）	出版总数（种）
商务印书馆	312	7 033（1912年—1930年）
中华书局	87	6 000余种
世界书局	163*	5 580

*仅统计《皇汉医学丛书》和《珍本医书集成》之和。

在商务、中华出版的医籍，多为普通单行本，内容偏养生静坐，药食疗养的书籍，世界书局分别由裘吉生、陈存仁编辑，出版了专门的中医古籍丛书，因此在质量上，也更胜一筹。

---

① 范军：《世界书局"点吃名菜"》，《中国编辑》，2008年第6期。
② 朱联保：《近现代上海出版业印象记》，学林出版社1993年版，第136页。
③ 数据参考徐扬：《民国时期中医社团医籍出版研究》，北京中医药大学硕士论文，2017年5月。

大型丛书中的中医古籍出版情况

	中医古籍（种）	丛书总数（种）
《四部丛刊》初编	8	323
《丛书集成初编》	94	4 100
《四部备要》	5	351

四、结　　语

世界书局的古籍整理出版因为"八一三"淞沪抗战的爆发而被迫中止了。它在大连湾路的总厂被日军占据，原来存在总厂内的书籍图版大部分也被毁损。在总厂沦陷的时期内，世界书局改托"租界中区"的中小型印刷厂代印书籍，以维持上海福州路发行所及内地分局的业务。①

世界书局当年整理出版的古籍，对现代的文学研究者、古籍研究者等仍然有着重要的参考价值，部分典籍也被重新整理、影印出版。如1980年，中华书局根据世界书局缩印本影印出版了阮元的《十三经注疏》；上海书店1986年重印了《诸子集成》；2012年，中国中医药出版社重新出版了整理本的《珍本医学集成》；2019年，生活·读书·新知三联书店重版王缁尘的《广解四书读本》。相信随着研究的深入，世界书局在古籍整理、出版上的成就会得到更多的认可。

---

① 朱联保：《上海世界书局回忆》，全国政协文史资料委员会编《文史资料存稿选编》23 文化，2002年版，第275页。

藏书集帖里人崇

——清代枫泾四大藏书家

郁伟新

枫泾素称文化之邦，人杰地灵，科第鼎盛，名人荟萃。清代时，枫泾有四大藏书家，分别为孙琮、程维岳、谢恭铭和程文荣，颇为里人所崇。他们在《嘉善历代藏书家述略》中均有记载，在《浙江历代藏书家》《江浙藏书家史略》《金山文化志》等专著中，也分别载有其名。现将清代枫泾四大藏书家及其藏书楼分述如下：

孙琮与"山晓阁" 孙琮（1636—？），字执升，号寒巢。枫泾南镇人，清初藏书家、文学家。他博学多才，但考取秀才后，便放弃科举之路，以隐士自居，专事读书著述。晚年尤喜山水，常扁舟往来吴越间，遍访山水胜迹及精庐名刹，谈禅吟诗，自得其乐。

孙琮平生酷爱藏书，藏书楼号为"山晓阁"，由宏博秦松龄题额，藏书有万余卷。"山晓阁"也是其私家园林，坐落在枫泾南镇东港的罗神庙桥东（今金圃宅第的东南角），园中有百年梧桐两棵，气势不凡。周围乔木参天，古树环立，花木掩映，环境优雅，在江南一带很有知名度。清代著名学者嘉兴朱彝尊与他相友善，曾多次来枫泾看望他，并给"山晓阁"写过一副很有名的楹联："不设藩篱，恐风月被人拘束；大开户牖，放江山入我襟怀。"

孙琮是藏书家，又是文学家，他的大量藏书为他品评古文发挥了很大作用。在"山晓阁"书斋里，他评选了大量古文，被人称为"手不停披，每选订一书，辄不胫而走"。所选古文自《左传》起至明代止，犹如《古文观止》的体例，其选目精当，见解通透，为文有法度，且笔力健举，成书后，广受欢迎。当时学子赴科举考试，因做八股文而须预先打好古文基础，所以每当他评点出一本书，人们便争相购买传阅。他曾把"唐宋八大家"的文集逐一作出评点，如《山晓阁选唐宋八大家文二十卷《山晓阁选唐大家韩昌黎全集》《山晓阁评点柳柳州全集》《山晓阁选欧阳庐陵文选》《山晓阁选宋大家苏老泉文》等，刻本至今尚存；又有《山晓阁评点左传》《山晓阁战国策选》《山晓阁评点西汉文选》《山晓阁史记选》《山晓阁重订昭明（南朝）文选》等也均有刻本流传于世；还有《山晓阁公羊谷梁传选》两卷，现为嘉善县图书馆所藏，有《山晓阁选明文全集》目次一册，现藏于金山区图书馆。孙琮亦善诗，每临名山胜地，皆有题咏，著有《山晓阁文集》《山晓阁诗集》《山晓阁词集》等。有诗赞其曰："藏书万卷好清吟，评点雄文气韵深。谁料当年山晓阁，闭门终不负初心。"

程维岳与"凇笠斋" 程维岳（1749—? ），字申伯，号爱庐。枫泾南镇人，著名藏书家，官至山东道御史。

程维岳生于枫泾南镇仁济里，父亲程国珍，善绘事。因程国祥（程国珍兄）早逝（1741 年卒，仅 20 岁）无子，将程维岳立为程国祥嗣子，此后寓居朱泾（户籍仍为枫泾南镇，时属嘉善）。程维岳自幼师从清代著名学者嘉兴钱陈群（程国祥的岳父），得以奠定文学基础；少年时以诗文在同龄人中崭露头角，乾隆二十九年（1764）入泮，为嘉善县学生员（秀才），时年仅 16 岁；乾隆三十三年（1768）中举，初授内阁中书。乾隆四十五年（1780）中进士（《清代官员履历档案》当时记载为嘉善人），历官礼部郎中、监察御史等职。乾隆五十五年（1790），改任万寿盛典馆提调，兼方略馆总纂。先后参与编纂《钦定盛京通志》《南巡盛典》和《萨拉尔纪略》《台湾纪略》《巴勒布纪略》及修纂《辽史》《金史》《元史》等。

乾隆五十八年（1793），程维岳因生母故世而辞职回乡守孝，此后不再复出为官。于是修葺祖传园林，筑楼藏书，一心致力于著书立说。他一度任无锡东林书院主讲，东林书院因倡导"读书、讲学、爱国"的精神成为江南地区人文荟萃之地和议论国事的主要舆论中心。他著作丰富，有《凇笠斋诗墨》《大梁书院试帖》《东林课艺》付梓，《观我阁古文事类撮华》《观我阁古文唐诗汇选》《国朝试律类抄》《历朝诗分类》皆校有定本。

程维岳的藏书楼称为"凇笠斋"，在朱泾的私家园林"寄闲别墅"中（位于龙渊里），园中名胜诸多，有斋三（春及斋、静读斋、瓶花斋）、堂四（爽垲溪堂、淡香堂、仰髯堂、望九草堂）、亭六（听潮亭、撷秀亭、苏仙亭、太古亭、翼然亭、仰坡亭），还有诸多楼（绛云春晓楼、二知楼、贮月楼、醉白楼）阁（观我阁、斗姥阁、吕仙阁）及倚云舫、吟香榭、绿雪轩、洗心池、潜蛟洞、手谈岩等，园中清溪环流，花木昌盛，风景宜人。

"凇笠斋"藏书有两万多卷，程维岳晚年常在群书中浏览博涉，与书相伴。其藏书之丰富，在江浙一带享有盛名，载入《江浙藏书家史略》。有诗赞其曰："历尽内廷修史艰，弃官讲学自悠闲。藏书满阁无馀隙，'凇笠'驰名江浙间。"

谢恭铭与"望云楼"　谢恭铭（1754—1820），字寿绅，号若农，枫泾南镇人。清代书法家、藏书家、金石学家。

谢恭铭出身于书香门第。父亲谢墉系清代名儒，曾九主文闱，官至内阁学士兼吏部左侍郎。他秉承家学，才华横溢，乾隆四十五年（1780）中举，乾隆五十二年（1787）中进士，授官内阁中书、文渊阁检校，负责审定历代墨迹。但任职不久，他便辞官回到故里，从此热衷于藏书、搜集碑帖和研究金石。

谢恭铭的藏书楼名为"望云楼"，位于枫泾南镇东港（今金圃宅第内）的私家园林内，建筑古朴典雅，周边小桥流水，花木簇拥，蔚为壮观。他除了继承父亲谢墉的藏书外，又陆续收藏很多图书、碑帖等，藏书达万卷以上。与众不同的是，他的藏书可供邑人阅读，时人与后辈获益匪浅。当年管理藏书的平湖人朱为弼，借此恣意披阅，博览群书，此后考取进士，官至漕运总督。

"望云楼"最具成就的是，将所藏唐代以来众多名家的碑帖墨迹，辑成《望云楼集帖》十八卷行世。其中最有影响的是，他将唐代著名的《灵飞六甲经》仅存于世的四十三行刻入该法帖，使其得以保存至今。此帖因非常珍贵而名重海内外。《望云楼集帖》保存的许多书法名家墨迹，对研究中国文字和临摹、借鉴、赏析、传播中国古代书法艺术具有很大价值。

"望云楼"最大特色是，镌刻、收藏了大量的碑石。由于他精于鉴别又富有碑帖，用自家碑帖真迹刻石，非同辗转翻摹者可比。他还请来被著名书法家梁同书誉为"浙江第一铁笔"的篆刻家陈如冈摹刻勒石，刻法"逼真"而尤为珍贵。其中有唐代以前的墨帖和宋徽宗、"宋四家"的碑帖刻石及赵孟頫、鲜于枢等元、明、清名家墨迹碑帖，尤以清代的碑刻为最多。同治二年（1863），"望云楼"毁于战火，近百块石刻为清统军刘秉璋从废墟中检出运至安徽无为县私宅内，现被安徽无为县米公祠所藏（米公祠现藏碑石总共一百五十多方）。其中仅涉及梁同书书迹的碑石有四十多方，如《谢东墅墓志铭》（5方），《临定武兰亭序》《题陆朗夫中丞誓墓图汇》《复孔谷园论书》（8方），《频罗庵诗帖》（5方），《友游仙诗十章》（3方），《般若波罗密多心经》（7方）；另外字迹已模糊的还有十多方。2018年6月，枫泾文史研究会组织赴无为县米公祠寻找"望云楼"碑石，笔者亲眼目睹了许多原属枫泾的石刻，如清代成亲王永瑆《重题听钟山房图》和相国曹振镛为《望云楼集帖》题诗的碑刻等。如今的无为县米公祠为全国文物保护单位，由此可见"望云楼"碑帖刻石的重要价值。有诗赞其曰："望云楼主亦堂堂，法帖图书万卷藏。堪叹珍稀碑刻石，制军掠走落何方？"

程文荣与"茹古楼"　程文荣（约1790—1853），字鱼石，号兰川，又号南村，枫泾南镇人。清代书法家、藏书家、金石学家。历官江宁府北捕通判。

程文荣的藏书楼名为"茹古楼"。藏书楼先建于枫泾瓶麓，后迁于南镇南阳村（今枫景家园朱枫公路西面），此处三面环水，环境优美；旁有百年苍藤老树数株，四时花木，临池绿竹，颇有泉石之胜。他的父亲程廷献也是藏书家，藏书有万卷。他继承了父亲的藏书，又不断增添各种书籍，使其藏书更为丰富和具有特色，从而列入《浙江历代藏书家》名录。

"茹古楼"的最大特色是碑帖收藏。所藏的宋拓五代后蜀广政十四年（951年）《毛诗》残本，为珍稀之帖。该本最早为黄树谷拥有，后为杭州赵昱所得，不久归黄丕烈，最后由程文荣收藏。程文荣过世后，很多人都认为此本已经散佚了。直到解放后，上海市文物保管委员会从程氏后人手中征集得到了这本宋拓蜀石经，失踪了一百多年的宋拓《毛诗》残本，才得以"重见天日"，现藏于上海图书馆。

"茹古楼"所藏的宋拓《历代钟鼎彝器款识法帖》孤本，也是稀世之宝。该本原是北宋末年钱塘人薛尚功撰写的金石学著作，南宋绍兴十四年（1144），江州郡守林师说命人刻石24片置于江州公库，拓本由此流传于世。但明代时，其宋拓本已不见于书目记载，故被黄丕烈称为"稀世之宝"。其身世也极为传奇，先后归藏于晚明罗氏、清代常熟归氏、南京陶珠琳、吴县黄丕烈、苏州汪士钟，最终为程文荣所藏。咸丰十年（1860），枫泾"茹古楼"被战火烧毁，该本也失去了踪影。如今，沉寂150余年的宋拓孤本《历代钟鼎彝器款识法帖》在"中国嘉德2018年秋拍会"上现身，并于2018年11月以3852万元成交，引起了学术界的高度重视。

程文荣金石学著作甚丰，著有《钟鼎款识校误》《嘉兴府金石志》《江宁金石志补》《绛帖考》《汉隶续补》等。所撰帖学考证著作《南村帖考》，是清中帖学要刊，涉及古帖广博，考证精确，辨析更是精微深刻，被录入《金石著录总览》，从而流传于世。他工书法，与嘉兴张廷济私交甚好，经常在一起探讨书法金石不知疲倦，今上海图书馆藏有张廷济致程文荣手札。有诗赞其曰："金石琳琅'茹古楼'，《南村帖考》墨香留。《毛诗》拓本能传世，通判勋功孰与俦？"

清代枫泾的四大藏书家，是清代枫泾文人的代表性人物。他们的藏书，不仅是个人的兴趣爱好所在，更可贵的是为历史文化的保护与传承起到了十分重要的作用。他们的藏书，有的在当时发挥了相当于图书馆的公益作用，对邑人追求文化知识具有较大的帮助。他们的藏书，对传播文化、培养人才具有积极的意义。他们崇尚文化的精神和作为，对后人的影响也很大。他们收藏的书籍、碑帖、刻石，从其珍贵的价值和当今学术界的重视程度来看，可以说是功德无量的。

南社社友藏书活动及藏书思想述略

陈　颖

　　作为清末民初最具规模的文人社团，南社一千多位社友中不乏藏书名家。武汉大学出版社 2013 年再版的范凤书先生《中国私家藏书史》（修订版）一书所列近代万册以上藏书家中，南社社友吴梅、王培孙、黄宾虹、侯鸿鉴、胡朴安、胡怀琛、高燮、李根源、周越然、马叙伦、柳亚子、陈柱、戴传贤、姚光、徐绍桨、陈莲痕、郑逸梅、陆澹安赫然在列，书中被提及的其他南社藏书家还有于右任、陶冶公、王大觉、胡石予、黄侃、高君定、陈匪石、诸宗元、黄节，两者相加共二十七人。南社藏书家多活动于江南，因而可以说是江南藏书活动的重要成员。此外，南社社友在接受传统教育的同时，又大都受到过西方文化影响，有着先进的藏书理念，对近代藏书思想，以及由传统私家藏书楼向现代图书馆的迈进也有着较为重要的贡献。

一、南社藏书家简介

　　南社藏书家的主要活跃时间是清末民初，主要活动范围集中在江南各地，但也有少部分涉及广东、广西、湖北等省。下面就其中活跃在江南，藏书有一定规模和特色的十四位藏书家，对其生平、藏书特点、藏书流向做一些简要介绍。

　　柳亚子（1887—1958），原名慰高，字安如，后改名人权，字亚卢，又改名弃疾，字亚子。江苏省苏州市吴江区北厍镇人。1909 年与陈去病、高旭共同创办南社，入社书编号 3。柳亚子 16 岁中秀才，后至上海加入光复会、同盟会。民国成立后，历任孙中山临时总统府秘书、国民党中央常务委员会委员兼监察委员会主席。1933 年创办上海通志馆并任馆长。1949 年后，历任中央人民政

府委员等职。柳氏家族是吴江地区的书香世家，人称为"胜溪柳氏"。柳亚子自
12 岁开始搜集、整理各类文献，一生中有两次较为集中的图书收藏活动，一次
是 1917 年吴江地区乡邦文献的收集整理，另一次是抗战期间对南明史资料的收
集，此外还收藏了大量南社文献和现代进步书刊报纸。1952 年，柳亚子先后向
北京图书馆、上海文管会、苏州博物馆等机构捐献自己收藏文献共约七万余卷。
藏书室有"磨剑室""活埋庵""羿楼"等，藏书印有"松陵柳氏""亚子过目""弃
疾""安如""柳亚子藏书""松陵柳氏""安如佩宜""羿楼""磨剑室主""曾经分湖
柳弃疾过眼""散尽黄金万卷书""曾经柳亚子披览"等。

高燮（1879—1958），字时若，号吹万。江苏金山（今上海金山区）人。1912
年 3 月 31 日由柳亚子介绍加入南社，入社书编号 240。高燮出身金山望族高氏
家族。曾与高旭共同创办觉民社，刊刻《觉民》月刊。1906 年又参加国学保存
会，1912 年被选为《南社文选》编辑员，同年与姚光、高旭、胡朴安成立国学商
兑会，出版《国学丛选》。1918 年任金山县修志总纂、张堰图书馆董事。1930 年
被聘为金山县文献委员会主任，1948 年被聘为上海市文献委员会顾问。高燮于
1917 年建造闲闲山庄，共藏书三十余万卷，所藏善本多为朱慎初"抱经堂"故
物，其藏书中以《诗经》各类版本七百余种最为珍贵。高燮藏书后多毁于抗战，
所余仅五万卷。解放后，《诗经》与其手编《诗经目录》让归复旦大学图书馆，其
余捐入上海图书馆。藏书室有"吹万楼""食古书库""葩庐""卷庵""风雨鸡鸣之
室"等，常用藏书章有"吹万楼藏书印""高氏吹万楼所得善本书""葩庐劫余长
物""葩庐鉴藏""葩庐藏本""骇子""吹万过目"等。

吴梅（1884—1939），字瞿安，号霜厓，江苏吴县（今苏州市吴中区）人，
1912 年 3 月 20 日由柳亚子介绍加入南社，入社书编号 236。中国著名曲学家。
1905 年秋开始，至东吴大学堂、北京大学、国立东南大学、国立中央大学等校
任教。他精通昆曲，整理了唐宋以来的不少优秀剧目，也创作了不少昆曲，是
把昆曲带入大学讲堂的第一人。吴梅从 18 岁开始藏书，1917 年任教北京大学期
间更是大量收购书籍，当时所藏已达二万余卷，藏书室名奢摩他室，藏书中以
曲学为主，多孤本秘册，吴梅曾发愿要搜罗到一百部明代嘉靖刊本，为此他在

苏州特辟一室，取名"百嘉室"，最终因抗战爆发未能如愿。建国后，由其子吴良士等将其所有藏书捐存北京图书馆。藏书印有"苏州吴梅""长洲吴氏霜厓居士藏书之章"等。

姚光（1891—1945），谱名后超，字凤石，号石子。江苏金山（今上海金山区）人，1909年由高旭介绍加入南社，入社书编号26。姚光出身金山望族，1906年与高旭在家乡创办钦明女校，后与高燮、高旭等同创国学商兑会、张堰图书馆等。1918年当选南社主任，主持社务。1928年与胡朴安、陈乃乾发起组织中国学会，后又发起组织金山县鉴社，编印《金山县鉴》二期。姚光所藏多海内珍本孤本，尤重视清人文集及乡邦文献搜藏。所藏明崇祯刻本《松江府志》为海内孤本①。姚光藏书主要为其著述和阅读服务，曾自称是"藏书者之藏书"，又是"读书者之藏书"②。新中国建立之初，其后昆群、昆田尊先人遗愿，将其所藏古书五万余卷悉数捐献上海市文物保管会，时任上海市市长的陈毅亲笔撰文嘉奖。姚光藏书室名"复庐""怀旧楼""松草韵堂"，常用藏书印有"书淫""姚光劫后所得"等。

王植善（1871—1952），字培孙，上海嘉定人。1912年10月20日由朱少屏介绍加入南社，入社书编号343。王植善1900年创办育才书塾（后改名南洋中学）自任校长。1915年独力捐设南洋中学图书室，1919年捐书即达4680种、丛书219部，1926年建成正式图书馆，供公众阅览，所藏书籍报刊十余万册，其中最为珍贵的是地方志，所收地方志达1470种，其数量和内容仅次于商务印书馆涵芬楼。王植善还曾以二万金购得杭州吴煦（春帆）十间书屋藏书，中有黄宗羲《明文海》原稿足本，别有顾沅手辑《吴郡文编》二百四十六卷，八十巨册，为"洵三吴文献之渊海"③。另据伦明《辛亥以来藏书纪事诗》："陈子彝（华鼎）言培荪佛学甚深邃，所藏语录甚多，凡大藏内外悉有之。山经地志，则与南海叶氏

---

① 王河：《中国历代藏书家辞典》，同济大学出版社1991年版，第320页。

② 朱庆祚：《上海图书馆事业志》，上海社会科学院出版社1996年版，第529页。

③ 范凤书：《中国私家藏书史》（修订版），武汉大学出版社2013年版，第734页。

埚，而可以相互裨补者甚多。亦间有向未见于著录之晚明史籍。"1952 年去世前王植善将毕生所藏全部捐献给了合众图书馆。藏书印有"王培孙纪念物""培孙信印""培孙"等。

侯鸿鉴（1872—1961），字葆三，号病骥，江苏无锡人。1909 年加入南社，未填入社书，其入社编号为 6。侯鸿鉴出身书香世家。1898 年任上海《时务晚报》主笔。1899 年创办务本学堂。1902 年留学日本弘文学院师范科。1905 年创办无锡竞志女学。辛亥革命后，被选为全国临时教育会议员，主编《无锡教育》杂志，先后任江苏、江西、河南、福建各省视学。1924 年赴亚、美、欧等十一国考察教育。1930 年任江苏省教育厅秘书。1945 年任竞志女中校长。侯鸿鉴家有藏经阁，室名"百一楼"，收藏有古籍及家传金石书画、汉唐宋元古物，共三万八千余件，抗战时毁于战火。此外，侯鸿鉴于图书馆事业有卓越贡献，1912 年与丁宝书等联名上书无锡军政府拨款筹办无锡图书馆，图书馆建成后曾任该馆馆长，还曾担任江苏图书馆、福建图书馆筹备委员会委员。

胡朴安（1878—1947），名韫玉，字仲明，号朴安，安徽泾县人。1910 年 12 月 17 日由朱少屏介绍加入南社，入社书编号 97。清末加入同盟会，曾任《国粹学报》《民立报》《民权报》《太平洋报》《天铎报》等报刊记者或编辑。历任中国公学、上海大学等校教授，还曾担任江苏省政府委员兼民政厅长等职。精于易经及文字学研究，被称为国学大师，著有《易学新解》《古书校读法》等。胡氏藏书达数十万卷，以藏经部为多，尤以小学类最为完备，达 450 余种，其中不乏明清精刻。清及清末民初诗文集和泾县胡氏家传历代著述也是其藏书特色，其中稿本 21 种。1947 年逝世后，由其子胡道彦将藏书十万卷捐入合众图书馆，合众后编有《泾县胡氏朴学斋藏书目录》，计有 3 180 部[①]。藏书室名"朴学斋"，藏书印有"朴学斋藏""朴学斋藏书印""安吴胡氏""樸安"等。

周越然（1885—1962），原名之彦，字越然，号复安。浙江吴兴（今湖州）人。1914 年 8 月 21 日加入南社，入社书编号 448。1914 年任上海公学教员。

---

① 朱庆祚：《上海图书馆事业志》，上海社会科学院出版社 1996 年版，第 523 页。

1915 年任国华书局编辑。还曾任上海商务印书馆函授学社副社长兼英文科科长，所编《英语模范读本》是民国时期最重要英语教科书。其藏书处最初为上海闸北一幢西式二层小楼，1932 年毁于一二八战火。抗战期间他再次收书，购入一批珍贵图书如《清内府旧钞剧本六种》《鼎峙春秋》《清明集》以及各类稿本小说、名家依丁氏八千卷楼藏本影写本等。后吴兴晒宋楼藏书东渡之前，周氏得其八种，其中包括《纂图互注南华真经》、稿本《吴兴蚕书》、明初本《管子》、吴钞《疑狱集》、丁钞《栲栲山人诗集》等。其中明人写本宋岳珂《愧郯录》15 卷，为祁氏澹生堂藏书。[①] 其藏书在他去世后，捐入上海市文物管理委员会，现部分收藏于上海图书馆。室名"言言斋"，藏书印有"越然""周越然""曾留吴兴周氏言言斋""言言斋善本图书""吴兴周氏言言斋劫后存书"等。

胡怀琛（1886—1938），安徽泾县人。字季仁，号寄尘。胡朴安之胞弟。1910 年 12 月 23 日由朱少屏介绍加入南社，入社书编号 105。1911 年起先后任《神州日报》《警报》《小说世界》《戏剧丛报》编辑。1932 年起任上海通志馆编纂。还曾在上海沪江大学、中国公学、国民大学、持志大学、正风文学院、上海大学等校任教。胡怀琛藏书最有价值的有两类：一是旧时民间蒙学课本，如《三字经》《百家姓》《千字文》等，收有各时代不同版本，如刻本、抄本、油印本、翻译本等，共约数百册。另一类是外籍人士和少数民族作者的汉文诗集，外籍人士包括日本、朝鲜、越南、俄罗斯等国，少数民族包括蒙、满、回、维吾尔等民族。时代则从元代至清末，藏本共有千余种。1940 年在他去世两年后，其子胡道静将其藏书捐入震旦大学，1949 年并入华东师范大学及复旦大学图书馆。室名"百瓶花斋""波罗奢馆"。

马叙伦（1885—1970），字彝初，更字夷初，号石翁、寒香，晚号石屋老人，浙江省杭县（今杭州市）人。南社早期社友，未填入社书，入社序号为 14。1902 年毕业于杭州养正书塾，曾任上海《政艺通报》《国粹学报》编辑。1911 年赴日留学。1917 年任北京大学教授。1922 年任浙江省立第一师范学校校长，浙江省教

---

① 朱庆祚：《上海图书馆事业志》，上海社会科学院出版社 1996 年版，第 526 页。

育厅厅长。1945 年底在上海发起组织中国民主促进会，积极投身民主爱国运动。1949 年后，曾任高等教育部部长等职。马叙伦自青年时代就喜聚书，伦明《辛亥以来藏书纪事诗》曾记马叙伦在广州"间摊往往获书佳，日日同寻府学街。……府学东街，广州买旧书处也。"马叙伦所收最多的是历代词集以及清代说文学著述，早年藏书二万余册，1930 年，马叙伦将其藏书共 18 296 册让渡给辅仁大学，后经院校合并，现藏北京师范大学，其中大多为善本。让渡之后，马叙伦依旧继续收集图书，并将收藏目标定在稿本、抄校本、明刻本，1950 年再次将 1 944 册藏书（其中包括 90 余种明刊本）全部捐献给浙江大学。藏书室名"天马山房""啸天庐""石屋"等。藏书印有"马叙伦印""夷初""天马山房藏书印""石屋""天马山房藏书"等。

陈柱（1890—1944），原名郁瑞，字柱尊，广西北流人。1911 年 10 月 12 日由潭谭介圃、傅熊湘、黄梦蘧介绍加入南社，入社书编号 196。陈柱出身读书世家，陈氏家族因居广西北流罗村，被称为"萝村陈"，其家族先祖出于浙江省天台县。陈柱早年曾留学日本，回国后加入中华学艺社，主持编辑《学艺》《国学》《学术世界》等杂志。此后的二十年里，陈柱奔波任教于交通大学、大夏大学、南京中央大学等江苏、上海两地高等学府。抗战期间，因交通大学不内迁，避居上海租界，后被汪伪挟持，但他只答应担任南京中央大学教授。陈柱好学，为读书而买书，薪金及发表文章所得稿费，除家庭开支及子女教育费外，大部分用于买书。家中藏书达十万册之多，建国初被运往广西图书馆收藏。室名"十万卷楼""守玄阁""变风变雅楼""注叠庐"等。

戴传贤（1890—1949），本名良弼，字季陶，号天仇，晚号孝园，浙江湖州人。1911 年 2 月 10 日由朱少屏介绍加入南社，入社书编号 115。1910 年起先后任上海《天铎报》、南洋槟榔屿《光华日报》编辑，并加入同盟会。1912 年与周浩等创办《民权报》。1914 年协助孙中山组织中华革命党，任浙江支部部长。1918 年任孙中山大元帅府代理秘书长。1924 年当选为国民党第一届中央执行委员会常委，兼任宣传部长。1928 年任国民党中央执行委员会委员及国民政府考试院院长。1948 年任国史馆馆长。戴季陶信奉佛教，收藏大量佛教文献，包括不同版本的藏经 5 部，方册、佛经近 2 万册，唐以前古佛铜像 200 多尊，古名碑帖、石刻等 2 000 余件，均收藏于南京汤山的望云书屋。望云书屋还存有孙中山、蒋介石、谭延闿等人书翰，还有碑帖、明版本旧书等。此外，他还收藏有大量珍贵的国术方面的图书，这些图书既有购置的，也有武术名家子弟的捐赠，其中多珍本秘籍。1937 年 11 月望云书屋在战乱中被匪徒盗窃并纵火烧屋，其最为珍贵的藏书均或毁或失。捐书方面，1934 年戴季陶向印度国际大学中国图书馆、青海图书馆捐赠大量书籍，仅青海图书馆就捐赠了 39 箱共计 9 800 册。此外他捐赠过的图书馆还有兰州图书馆（今甘肃省图书馆）、四川成都蜀华中学、柔金堂、广汉、翠亨村中学等。藏书室名"望云书屋"，藏书印有"戴传贤赠遗图书之章"。

　　陈莲痕，原名定扬，改名侃，号莲痕，江苏昆山人。1913 年 9 月 27 日由张廷珍介绍加入南社，入社书编号 702。陈莲痕早年就读于北京大学，后曾主持《新鲁日报》《新鲁月刊》笔政。据郑逸梅《艺林散叶》记载，陈莲痕："喜收方志，积二十年之力，得方志一千二百余种，凡一万余册。戊子夏，因贫悉让归辅仁大学。"[①] 另据《古籍保护研究》第 2 辑程仁桃、杨健的《北京师范大学图书馆藏古籍的源流、特色及整理出版情况》一文："1948 年，辅大图书馆又以黄金 65 两购入陈氏根香庐旧藏古籍 14 149 册，其中多为方志，为以后图书馆发展古籍地方志特色收藏奠定了基础。"[②] "据《辅仁大学图书馆登记簿》(1948) 记载：'自19751 至 21283 号，共价值黄金六十五两'，19751、21283 是登录的流水号，因每种书给一个登录号，可知这批书共 1 533 种，除去山水志、专志、杂志、游记、外纪等类别 258 种，地方志约有 1 275 种。这批方志不仅数量大，而且质量上乘，内含明刻方志 7 种……"[③] 陈莲痕藏书室名"陈氏根香庐"，藏书印有"莲痕四十后所得""根香庐珍藏"。

---

① 郑逸梅：《艺林散叶》，北方文艺出版社 2017 年版，第 586 页。

②《北京师范大学图书馆藏古籍的源流、特色及整理出版情况》，《古籍保护研究》（第 2 辑），大象出版社 2016 年版，第 346 页。

③ 同上。

　　李根源（1879—1965），字印泉，别号高黎贡山人。云南腾越（今腾冲人）人。1912年2月由宁调元介绍加入南社，入社书编号670。李根源1904年留日，翌年加入同盟会。1909年被委任为云南陆军讲武堂总办，后改任云南督练处副参议。武昌起义后，与蔡锷等率军起义，占领昆明。云南军政府成立后，任军政部总长兼参议院院长。1912年任国民党云南支部长。1917年任陕西省长。1922年任北洋政府农商总长、代总理。次年因反对曹锟贿选退出政坛。李根源性喜藏书，家有"柱笏楼"，贮图书、碑刻、尺牍等，藏品中尤以九十三块唐代志碑和汉碑最为珍贵，李根源曾特建有"曲石精庐九十三方唐志室"而名扬海内。1949年后，李根源响应国家号召，将所藏金石及书籍全部捐献给苏州市文物管理委员会，其中除唐代志碑外，还包括60块琴砖（汉代空心大砖），以及字画、瓷器、拓片和两万余册古籍图书，这些藏品除王之涣碑外，现大多藏于苏州博物馆。藏书室名"曲石精庐""柱笏楼"，藏书印有"曲石精庐""腾冲李根源"等。

二、南社藏书家的地域、职业和身份特征

1. 南社藏书家的地域特征

南社藏书家地区分布表（表一）

姓　名	祖　　籍	出生地或成长地	主要活动地
柳亚子	江苏省苏州市	江苏省苏州市	苏州、上海
高　燮	上海市金山区	上海市金山区	上海
吴　梅	江苏省苏州市	江苏省苏州市	苏州、上海、北京
姚　光	上海市金山区	上海市金山区	上海
王植善	上海市嘉定区	上海市嘉定区	上海
黄宾虹	安徽省歙县	浙江省金华市	安徽、江苏、上海
侯鸿鉴	江苏省无锡市	江苏省无锡市	上海、江苏

（续表）

姓　名	祖　籍	出生地或成长地	主要活动地
胡朴安	安徽省泾县	安徽省泾县	上海、江苏
周越然	浙江省湖州市	浙江省湖州市	上海、江苏
胡怀琛	安徽省泾县	安徽省泾县	上海
马叙伦	浙江省杭州市	浙江省杭州市	浙江、上海、北京
戴传贤	浙江省湖州市	浙江省湖州市	江苏、上海、浙江
陈莲痕	江苏省昆山市	江苏省昆山市	北京
陈　柱	浙江省天台县	广西省北流市	江苏、上海
李根源	云南省腾冲市	云南省腾冲市	云南、江苏
徐绍棨	浙江省杭州市	广东省番禺市	广东
于右任	陕西省三原市	陕西省三原市	陕西、上海
陶冶公	浙江省绍兴市	浙江省绍兴市	浙江、江苏、湖北
王大觉	上海市青浦区	江苏省昆山市周庄镇	江苏
胡石予	江苏省昆山市	江苏省昆山市	江苏
黄　侃	湖北省蕲春县	湖北省蕲春县	北京、上海、江苏、湖北
高君定	上海市金山区	上海市金山区	上海
陆澹安	江苏省苏州市	上海市	上海
陈匪石	江苏省南京市	江苏省南京市	江苏
郑逸梅	江苏省苏州市	上海市	上海
诸宗元	浙江省绍兴市	浙江省绍兴市	上海、江苏
黄　节	广东省顺德市	广东省顺德市	北京、上海

　　如上表所示，《中国私家藏书史》所列的 27 位南社藏书家，祖籍江苏的有 8
位、浙江的有 7 位、上海的有 5 位、安徽的 3 位，共 23 位，占大多数。但需要
指出的是陈柱和徐绍棨两位，虽是祖籍在江南，却出生成长在广西和广东。不
过陈柱的主要藏书活动和职业活动大多在江南，对江南教育、藏书事业产生过

相当影响，也可以算作活跃在江南地区的藏书家。余下藏书家中不是江南籍的只有于右任、李根源、黄侃、黄节4位，但这4位中的于右任、李根源、黄节的藏书活动其实和江南也有着很深的渊源。于右任的藏书活动始于上海，1915年他曾与康心如、张季鸾筹办民立图书公司，预备刊印善本丛书，这一时期他遍寻上海棋盘街一带古旧书店，购买到大批古籍，后虽出版计划未能实施，但却是于右任藏书活动的开端，另外于右任的藏书除捐献陕西图书馆及流传民间的之外，还有相当一部分捐赠于上海图书馆，也成为他的藏书与江南的又一种联系。李根源也是与江南有着不可分割的联系，这位高官在其退隐后，留在了苏州，并在江南一带寻书访碑，收藏古书旧刊，并且他的收藏最终留在了江南，现存苏州博物馆。黄节则更为江南图书馆事业发展做出过重要贡献，他1904年寓居上海，是南社创办重要图书机构国学保存会藏书楼的重要成员，并成为经营管理国学藏书楼的核心人物，负责处理藏书楼日常事务，致力于搜访古籍、整理刊印图书、组织捐款捐书、编制藏书目录、制定藏书楼开放制度。由此可知27位藏书家中除徐绍棨、黄侃，都对江南藏书文化产生过深远的影响。

2.南社藏书家的职业特征

南社藏书家身份各异，或为专心学术的学者，或为成就显著的艺术家，或为收入稳定的官员，或为进步文人。其中从事职业最多的是教师和报刊编辑。27位南社藏书家中从事过教育事业的有14位，从事过报刊编辑或撰稿人的有18位，两者都曾涉足的有10位。如马叙伦曾任上海《政艺通报》《国粹学报》编辑，后又任北京大学教授、浙江省立第一师范学校校长、浙江省教育厅厅长。胡朴安曾任《国粹学报》《民立报》《民权报》《太平洋报》《天铎报》等报刊记者或编辑，并历任中国公学、上海大学等校教授。同时他们中许多又是学者、艺术家，如吴梅是有名的曲家大师，胡朴安、黄侃均为国学家，黄宾虹是国画大师，周越然为性学家，侯鸿鉴、徐绍棨是图书馆学家。文人则更多，周越然、郑逸梅、陆澹安、胡石予都可算是文人，不过他们也都曾有过教学、办报的经历。

南社藏书家有不少是政府高官，但他们也有着自己的兴趣爱好或研究领域。戴传贤和李根源是最具代表性的两位。戴传贤曾任国民党中央执行委员会常委、宣传部长、国民政府考试院院长、国史馆馆长。戴氏中年之后笃信佛教，因而收藏大量不同版本的佛经，唐以前古佛铜像等等，此外，他还提倡国术，曾于百忙中为《国术馆五周年纪念刊》作序，大力宣扬国术，故其收藏的另一特色是有关国术方面的图书，其中珍本秘籍不在少数。李根源曾任国民党云南支部长、陕西省长、北洋政府农商总长、代总理。受父亲影响，他自幼对金石碑刻有着浓厚的兴趣，归隐后更是将精力大多放在访碑觅帖之上，他的藏品中尤以九十三块唐代志碑和汉画砖最为珍贵，晚年还曾编写相关专著《永昌府文征》《曲石文录》《吴郡西山访古记》等。

此外，尤其值得一提的是，南社藏书家中有多人从事过图书馆事业，侯鸿鉴、徐绍棨、王植善、高燮、姚石子、黄节、胡朴安、柳亚子、诸宗元均参与创办过图书馆。周越然是有名的目录学家，被收入《中国目录学家辞典》，其他被收入该辞典的南社藏书家还有吴梅、黄侃、柳亚子、胡怀琛。1905 年黄节、胡朴安、柳亚子、诸宗元、黄侃等创办的国学保存会藏书楼，是中国近代第一家私人创办的商业图书馆。侯鸿鉴 1912 年与丁宝书等联名上书无锡军政府拨款筹办了无锡图书馆，并成为创办过程中的主要推动者，图书馆建成后被任命为该馆馆长，他后来还曾担任江苏图书馆、福建图书馆筹备委员会委员。徐绍棨更是当时著名图书馆学家、版本学家，先后在广东高等学堂、中山大学、岭南大学讲授目录学、版本学，还曾担任广东省图书馆馆长、中山图书馆董事、中山大学图书馆委员等职。

3. 南社藏书家的出身特征

姓　名	出　身	姓　名	出　身
柳亚子	书香世家	陈柱	书香世家
高　燮	书香世家	李根源	书香世家
吴　梅	书香世家	徐绍棨	书香世家
姚　光	书香世家	于右任	出身贫寒
王植善	书香世家	陶冶公	书香世家

（续表）

姓　　名	出　　身	姓　　名	出　　身
黄宾虹	书香世家	王大觉	书香世家
侯鸿鉴	出身贫寒	胡石予	书香世家
胡朴安	书香世家	黄　侃	书香世家
周越然	书香门第	高君定	书香世家
胡怀琛	书香世家	陆澹安	普通职员
马叙伦	书香门第	陈匪石	书香世家
戴传贤	商贾之家	郑逸梅	普通职员
黄　节	商贾之家	诸宗元	仕宦家庭
陈莲痕	不详		

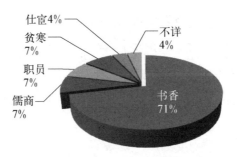

南社藏书家身份比例图示

　　南社藏书家大多出身书香门第。从图一可以看出的 27 位中有 20 位占 71%。其他的贫寒出身的有 2 位占 7%，儒商出身的有 2 位占 7%，仕宦出身 1 位占 4%，一般职员出身 2 位占 7%，还有一位生平不详。这说明家庭是影响南社藏书家走上藏书之路的主要因素。以柳亚子为例，上海图书馆收藏有两种经柳亚子整理的柳氏家藏书目录，一本是由柳亚子的父亲柳念曾先生编的《养余斋书目》，另一本是柳亚子高祖父柳树芳编的《养余斋书目草本》，养余斋是柳树芳的书斋名。另外，上图馆藏中的一本《听秋声馆学语》是柳亚子先祖柳以蕃曾读过的书，这本书有两个跋语，柳亚子的高祖柳树芳先生的跋："此卷乃南传顾氏藏本，余爱而录之，不特诗旨清远，即论书法端庄流丽，实从苏玉局胹（得）来，故乡文献聊见一斑，惜乎它家墨宝不能久留在吟案也，书罢为之黯然。"另一跋是柳亚子的："右侧为先高祖古槎府君手抄本，顷觅人写副。"这两则跋语不仅说明柳氏家族有藏书传统，也说明了柳亚子对于藏书的痴迷来自家族传承。

仕宦出身的南社社友事实上也可归于书香门第，清末仕宦阶层主要还是依靠科举选拔，因此读书成为他们的第一要事。诸宗元即是如此，他在藏书楼被毁后所赋诗《杭居被焚归视感赋》中自注："先君遗诗稿及手写《张江陵集》早移藏上海"，可见其父为读书人，诸宗元在另一首示儿诗中有"阿翁追忆儿时事，上塾曾无半日迟"。记录了他儿时的读书经历。至于南社藏书家中出身贫寒或市民阶层的，也都对读书和教育非常重视，比如于右任，他两岁丧母，父亲外出务工以维持生计。他由伯母抚养长大，然而无论是照顾他的伯母，还是不常回家的父亲都十分重视他的教育，据其《怀恩记》回忆："伯母督课每夜必至三鼓，我偶有过失，或听到我在塾中嬉戏，常数日不欢。"[1] 父亲虽在外乡，也常抄些书文寄给他，及回乡后，更是父子共学："我日间上学，晚则回家温习，父子常读至深夜，互相背诵。我向先严背书时，必先一揖，先严背时亦向书作揖如仪。"[2] 对知识的崇敬与向往影响了于右任的一生，也是他后来热衷藏书的主要原因。

三、南社社友藏书的特征及历史功绩

1. 鲜明的民族主义色彩

南社成立之初就带有强烈的民族主义色彩，创办人陈去病曾言："南者，对北而言，寓不向满清之意。"[3] 反满意旨十分明确。因而，南社藏书家也带有一

---

① 傅德华：《于右任辛亥文集》，复旦大学出版社 1986 年版，第 267 页。

② 傅德华：《于右任辛亥文集》，复旦大学出版社 1986 年版，第 268 页。

③ 陈去病：《南社长沙雅集记事》，《太平洋报》1913 年 10 月 10 日。

定的民族主义倾向，这其中就以南明史文献和乡邦文献的收藏最具有代表性。陈去病本人就曾大量收藏这两类文献，在他的学术成就中对乡邦文献的辑录和整理是最具有学术性和文化建设性的一类。[①]他对乡邦文献的整理研究带有很强的功利性，在《松陵文集·凡例》中他曾表明："企图从乡邦文献中寻找道路，便奋发兴起，乘与总集，复始辑《松陵文集》。"反映出他收藏乡邦文献的强烈民族性，他辑录有《松陵文集》《笠泽词征》《吴江诗录》等相关文集。

　　乡邦文献和南明史料也是柳亚子的主要收藏，其中吴江乡邦文献达六百多种，南明史资料达几百种。收藏于上海图书馆的吴易的《客问十三篇》即为柳亚子旧藏，是极具代表性的带有民族主义色彩的一本清代禁书。吴易，字日生，吴江人，明崇祯二年，加入复社，1643年中进士，后随史可法到徐州征战，又总督江南诸军，曾在南明唐王时任兵部尚书。鲁王时又曾任兵部侍郎，被封为长兴伯，鲁王失败后，他潜至嘉善，为清军捕获，严辞拒降，被清军在杭州杀害。由于是抗清将领，吴易的著作被禁，流传极少。上图这本《客问十三篇》，同时有陈去病和柳亚子两个人的跋语，柳跋："长兴伯《客问》一卷，巢南陈先生去病携去十年矣，顷始获归赵璧，晴窗展卷如久别故人忽然重对，喜可知，用书数语聊志因缘去尔。"陈跋一："予既刊《长兴伯集》，越三载友人柳弃疾始得此著于舜湖书贾，盖先已持往南林几失之交臂云，宝物重完历劫愈著，君子亦何惧而不乐为，善哉，书尾标木崔（鹤），一跋疑为吴超士榷也。"陈跋二"再案，木崔跋语知，此书本当刊行，而毁于兵乱，回忆寄荃铨曾尝语我云：公之辎重俱自沉于吴淞殆可信也。山荫诸贞壮宗元爱书成癖，与余志同，一日见之别录副本而去，于是人间乃有二册矣。"记录了南社藏书家陈去病、柳亚子、诸宗元之间的一段佳话。

　　除陈、柳二人外，南社王植善、吴梅、姚光、诸宗元等也都十分注重收藏这两类文献。他们的收藏整理，大量保存了相关史料，对后来丰富江南和南明历史研究有着不可忽视的作用。柳亚子就曾在这些史料基础上撰写《郑成功传》

---

① 赵霞：《陈去病研究》，河北大学出版社2013年版，第31页。

《中国灭亡小史》，都是反满抗清的作品。吴梅撰有传奇《血花飞》《轩亭秋》《风洞山》等，也都与他的收藏息息相关。

2.对古籍珍本善籍的收藏抢救

南社藏书家很多是数代递藏，如吴江柳氏、金山高氏和姚氏，在递藏过程中保存了大量经籍善本。同时，南社人是最后一批系统接受中国传统教育的知识分子，对中国传统文化有着深刻的了解，因而他们对国学经籍善本的认识鉴别，往往具有独到的眼光，在清末民初及抗战的乱世中也抢救收藏了大批善本珍籍，如周越然、徐绍棨都在战乱中有过购买抢救古籍的行动。本文列举的二十七位南社藏书家收藏的古籍中，最具历史价值的是金山高燮（吹万）葩经室的《诗经》、吴梅奢摩室的曲学、黄宾虹虹庐的印谱、胡朴安朴学斋的小学、李根源曲石精庐的金石印谱。以葩经室《诗经》为例，高燮一生共收集各时代、各版本《诗经》共720多种，据复旦大学图书馆统计其馆藏："《诗经》类图书收藏甚为丰富，其各种版本及历代各家评注合计共有七百二十种。其中有二百三十余种较珍贵或甚稀见之本列入馆藏善本书中。这些书大多得自高氏吹万楼，是高吹万先生竟毕生精力辛勤收集的成果。其中如明代吕柟所著《泾野先生毛诗说序》（明嘉靖刻本），明张以诚、徐光启参阅审定的《葩经嫡证》（明刻本），清冯登府所著《诗异文释》（稿本）、《三家诗遗说翼证》（稿本）等书均为海内孤本。"①此外金山姚光、嘉定王植善、无锡侯鸿鉴、吴兴周越然的藏书中珍本、善本也不在少数。如姚光崇祯本《松江府志》，康熙本《吴江县志》、王植善《过江诗略》，周越然的《愧郯录》、《鼎峙春秋》等等也都是海内孤本。需要说明的是，这里所列举的南社社友收藏的善本珍籍可谓挂一漏万，其中具体的情况还有待有心人继续发掘整理。

3.藏书类别、结构的多元化

南社藏书家收藏除传统古籍、金石、字画外，还有西文书、地方志、教科书、期刊、照片、名片等等，可谓类别丰富、结构多元。

---

① 陈尚君：《蛾术薪传 下》，商务印书馆2019年版，第637页。

这方面以周越然为突出代表，他的言言斋收藏品类极丰富，有古籍、旧平装、期刊、西文书等等。他专门写过一篇《购买西书的回忆》，文中提到他十一岁就开始收集西文书，到二十岁时就"已经几乎可以装满一小橱"，周越然收藏中还有一类是性书，包括很多西文性书，也是别开生面，成为近代开此方面藏书风气之先者。他的收藏里还有很多珍稀西文古本书籍，如1797年伦敦版的《第一次英国使节来华记》、1840年澳门版的《鸦片章程》、1843年澳门版的《游江南传》、1861年英国版的《好逑传》等，他在《购买西书的回忆》中曾说："虽非孤本，然皆罕见。"此外他收藏的通俗文学书刊也有相当规模，戏曲、小说、弹词等都有涉猎。同样，作为南社主任的柳亚子，其收藏品类完全不逊色于周越然，柳氏后来捐赠的收藏包罗万象，古籍中有刻本、稿本、抄本，近代文献有各种旧平装图书、签名本和大量期刊，此外还有珍贵书画、老照片、画册、全套南社入社书、来往信函、印章、作品手稿甚至名人名片等等。2019年南社成立110周年时，他捐献的部分照片由上海历史博物馆整理展出，引起不小轰动。同年他捐献给国家图书馆的南社入社书《南社社友录》也由上海大学出版社出版，并入选"上海改革开放四十年40种优秀文史图书"，成为中国近代史研究难得的第一手资料。

4. 对某一专业领域的收藏和研究

特别专注于某一领域的收集是南社藏书家另一特点。如柳亚子的南明史料、吴梅的曲学、胡朴安的小学、高燮的《诗经》、周越然的通俗文学和性学、李根源的汉砖唐碑、戴传贤的宗教和武学秘籍、陈莲痕的方志、姚光的金山地区地方志、胡怀琛的教科书和非汉裔作者的汉语诗集。此方面除前文所述高燮的《诗经》收藏外，吴梅先生的曲学收藏也同样是称雄海内。吴梅先生自十几岁开始搜救戏曲曲籍，共收藏有曲籍六千余种，包括很多孤本、善本，是全国首屈一指的曲学收藏大家。而值得称颂的是，对所收藏文献南社藏书家并未单纯停留在收藏层面，而是在学术上也有很高建树。如吴梅又被尊为曲学大师，在曲学研究方面与王国维齐名，达到学术顶端，他第一个让昆曲走入高校课堂，出版了《曲学通论》《中国戏曲概论》《元剧研究ABC》等一系列权威性学术著作，成为曲学研究史上一座高峰。此外，周越然的性学研究、胡朴安的小学研究、马叙伦和陈柱的国学研究也都卓有成就，而这些成就或多或少都建立在他们的藏书基础之上，可谓藏书与研究相得益彰。

四、南社藏书家的藏书理念及对近代公共图书馆事业发展的推进

1. 南社社友保存文献的藏书理念

以柳亚子为例，柳氏吴江乡邦文献的收藏，其主要目的就是想保存吴江地方的文学作品，他在《陈巢南先生五十寿序选》中就曾说："吾邑吴江，古称泽国，自汉庄夫子以文学开山，六朝唐宋，代有传人，尤莫盛于明清两代，彬彬郁郁，作者如林。顾艺文所志，累经兵燹，百不存一，存者又蝉灭蠹矢，零落殆尽。"不过与以往的藏书家过于注重于文献本身价值不同，柳亚子完全是从保存文献的角度出发，这表现在他着眼于"一家一卷之丛残，吉光片羽亦当掇拾收藏，俾无放失"，他收藏的六百多种乡邦文献中，很多是没有什么名气、不被人们所重视的作者作品，其中不乏孤本或尚未刊刻的稿本，而收藏这些文献的意义是最大限度的保存了吴江文人的著作，使许多不愿出世的吴江学者、诗人不致被历史的长河所湮没。柳亚子收藏南明史也有着保存稀见文献的想法。所谓南明是指崇祯后朱氏弘光、隆武、永历三帝和鲁监国、延平（郑成功）三王时期，共四十余年的历史。这段历史清代官修《明史》中大都不载或被歪曲，而很多相关史料却在民间秘密流传，但被列为禁书，濒于湮没，而柳亚子早在辛亥革命以前就开始冒着风险收藏这些禁书，为保存这些民间"幸存"的珍贵史料，也为后来的南明史研究，做出了重要贡献。

2. 南社社友藏以致用的藏书思想

南社社友多有自己的研究领域，他们的藏书一般是为他们的研究服务的。柳亚子南明史文献的收藏除保存外就还有为自己的研究服务的目的，他青年时代就利用自己收藏的南明史料，撰写了《郑成功传》《中国灭亡小史》等抗清

主题作品，中年时又编写了《南明史料书目提要》《南明史纲·史料》，一直到他耄耋之年，他还一直没有放下编写《南明史》的念头。同样，姚光、吴梅、陈柱、胡朴安、周越然都曾以自己的藏书为自己的研究服务，姚光称自己是"藏书者之藏书"，又是"读书者之藏书"，他也在其藏书的基础上写出了《金山艺文志》《金山卫佚史》。除了自用，南社社友还常将自己的藏书借予友人或者学生使用，吴梅就多次将自己的藏书无私提供给学生，他的学生钱南扬的《宋元南戏百一录》、卢前的《饮虹簃曲丛》都是利用他的藏书完成的，切实地促进了近代曲学研究的发展。另外，南社藏书家对文献的刊刻，也是他们藏以致用思想的另一种体现。以乡邦文献为例，南社藏书家致力于乡邦贤哲文献收藏的同时，热衷于编纂、刊刻乡梓先哲和文化名人的诗文著作。柳亚子先生就曾筹资对一些珍贵乡邦稀有文献加以校刊出版，如《松陵文录》《禊湖诗拾》《话雨斋碑帖目录》《梦鸥阁诗钞》《梦余赘笔》《陆湖遗集》等，使这些文献能更好的传播和被利用。

3. 南社社友由私藏变公藏的观念转变

不同于中国传统藏书家，南社社友很早就开始在自己的群体中进行了文献共享，这表现在他们的互借传抄中。柳亚子收藏的大批吴江乡邦文献，其中相当一部分就是对社友珍藏的抄录本，南社社友陈去病、顾悼秋、范烟桥、沈昌眉等都曾为柳亚子提供过珍贵藏本。陈去病曾将自己所藏大部分南明史文献借给柳亚子抄录，据陈去病外孙现任中华南社学坛总秘书长的张夷先生回忆，这些文献最终都在战乱中遗失。而前文所提及的吴易《客问十三篇》，是柳氏私藏在陈去病、诸宗元之间的流传，也可看出当年南社社友相互间藏书的互通共享。此外，柳亚子还组织吴江文献保存会，号召南社范烟桥、沈颖若等十多人一起收藏吴江乡邦文献共740余种，而其中包括他自己收藏的650种，他还编纂《吴江文献保存会书目》，力图形成一个吴江乡邦文献共享的研究小组。这些都是南社社友由私藏变公藏的藏书观念付诸现实行动的具体表现。

4. 对公共阅读和现代图书馆发展的推进

如果说互借传抄等还只是小范围的文献共享，那早在1903年南社社友李叔同等曾就在上海设立上海书画公会阅报处，向会友提供免费阅读《书画公会报》的场所①，这也是南社社友组织的第一次一定范围内的公共阅读活动。1904年南社刘季平等在上海丽泽学院创办丽泽学院图书馆②，刘季平买下一旧书店全部藏书作为馆藏，是南社社友创办的第一个学校图书馆。1905年南社社友又创办国学保存会藏书楼，由南社社友捐助馆藏，以收费形式对公众开放，是中国最早的私办商业公共图书馆，其最主要宗旨就是"庋藏古今载籍，搜罗秘要图书，分别部目，以供本会员及会外好学之士观览。"③ 这些由南社社友主导的活动和机构，有力推动了我国近代图书馆事业的发展。据山东大学郭建鹏博士《南社社友和图书馆事业》一文统计，南社社友共有27人不同程度参与了中国近代图书馆事业，其中以侯鸿鉴成就最为显著，他曾说："……图书馆的设立不仅将造就一批力学之士，同时也将改变着社会风尚，成为补助人民之智慧……救济社会之利器。"④ 侯鸿鉴还著有《古今图书馆考略》《无锡图书先哲藏书考》《福建藏书版片一斑》《中国图书馆学之研究与现象》等一系列有关藏书和图书馆的研究专著。其他南社社友参与并有贡献的在江南一带较有影响的图书馆还有合众图书馆和陈陶遗、科学院图书馆和任鸿隽、江南图书馆和丁三在、中华图书馆和王钝根等。南社周越然、邓实、刘师培、黄侃、马叙伦、吴梅、柳亚子、胡怀琛、邵瑞彭则是近代颇有成就的目录学家，分别编有《禁毁书目合刻》《孤本小说十种》《尚书源流考》《奢摩他室藏曲待价目》《研究中国小说参考的书目》《南明史料书目稿本》等有价值、有影响的目录学专著。而观察南社藏书家藏书的流向可以发现，南社藏书家中很多人都将毕生所藏捐入了图书馆，如柳亚子、高燮、王植善等等，他们的捐赠到今天为止都是这些图书馆的最珍贵的馆藏。总之，从南社社友所付诸的这些实际行动及相应成就，不难看出他们对近代江南地区图书馆建设和发展有着无法忽视的历史性贡献。

---

① 郭建鹏：《南社社友和图书馆事业》，《图书馆学研究》，2015年第15期。

② 同上。

③《国学保存会藏书楼章程》，《时报》1906年10月11日第四版。

④ 侯鸿鉴：《大公图书馆藏书目录序》，《大公图书馆藏书目录》，无锡锡成印刷公司1921年版。

　　南社藏书家人数众多，他们秉承"学以致用"的优秀传统，以传统文化为基底，以自己的学识为发展，形成有自己特色的藏书，他们的藏书量巨大，藏书类型多样，打破了传统藏书的局限性。他们为保存典籍，尤其是地方文献做出过巨大的贡献，他们通过刊刻、传抄使珍稀藏书能流传并泽被后世，他们也能跟上时代发展，他们的藏书理念走在时代前沿，促进了近代公共图书馆在中国的发展。总之，南社藏书家是江南近代藏书文化进步发展中至关重要、不可或缺的一部分。

嘉兴藏书家在上海

——兼述近代嘉兴与上海的文献流动

郑闯辉

嘉兴与上海，地脉相连，人物相亲，自古以来就有着紧密的联系。宋元时期，两地共属于秀州（嘉兴路）。明清以来，虽分属嘉兴府与松江府，但人员沟通非常密切。清末民国以来，上海开埠较早，得风气之先，发展水平在江南首屈一指。而此时的嘉兴，则随着大运河航运的衰落以及铁路的强势崛起，发展水平不如上海。因此，有大批嘉兴本地名门望族后代纷纷赴上海谋生，同时，也将藏书事业带到了上海。

《中国藏书通史》一书中指出："上海作为东南区域书籍聚散之中心，其形成虽较北京晚一些，但在三四十年代发展迅速，甚至有后来居上之势。究其缘由，主要有二：其一，与上海毗邻之江浙一带，素来为文物重地，卷帙浩繁，藏书家与藏书楼数量之多冠绝全国，但及至三十年代后，因战祸屡生，私家珍藏大多难以自保，稍加转手之即流入上海；其二，上海为近代中国之商业经济中心，客观上为书商及书业的经营发展提供了良好的商业环境和活动场所。"[1]

海宁陈乃乾先生也在《上海书林梦忆录》中说："辛亥后，移家上海，所见渐广。比馆徐氏积学斋，遂得与海内藏书家往还。课徒之暇，辄徜徉书肆中。诸书友亦以一日之长见推，苟有所得，必先举以相示，版本价值，每参与商榷。故三十年来几无日不与书友为伍，而江南藏书家之盛衰流转，亦历历在目。"[2]可见在民国时期的上海，特别是对陈乃乾这样的资深书业人士来说，是观察江南藏书家盛衰流转的一个极好窗口。

---

① 傅璇琮、谢灼华：《中国藏书通史》，宁波出版社 2001 年版，第 1149 页。

② 陈乃乾：《陈乃乾文集》，国家图书馆出版社 2009 年版，第 1 页。

　　而嘉兴藏书家在上海的这一群体，数量颇不少。其最著名者，有嘉兴海盐籍张元济、嘉兴桐乡籍陆费逵、嘉兴平湖籍孙振麟、嘉兴秀水籍倪禹功等人。如果按照现行嘉兴市行政区域，将海宁藏书家（如陈乃乾、蒋复璁等人）也纳入这一群体中，则嘉兴藏书家在上海的群体更为庞大。今择其主要人物，梳理如下：

一、张元济与上海、嘉兴文献事业

　　张元济（1867—1959），海盐人，中国现代出版业奠基人，教育家。主持商务印书馆期间，把一个印书作坊办成了中国近代史上最具影响力的出版企业。海盐张氏为藏书、刻书名家，其藏书传承达十代之久。张元济是海盐涉园藏书创建人张惟赤的九世孙。光绪二十四年（1898）参加维新运动，戊戌变法失败后革职，永不叙用，遂离京到沪，任南洋公学译书院院长。光绪二十八年（1902），张元济受商务印书馆夏瑞芳之请，进入商务印书馆，主持商务编译出版工作，先后任商务印书馆编译所所长、监理、董事长等职。他在近代文献的搜集、保存、传播等方面影响卓著，特别是1930年代创办东亚最大的图书馆——涵芬楼、东方图书馆及合众图书馆，成为中国近代图书馆事业的开拓者之一。可惜的是，1932年，在日军轰炸中，涵芬楼被焚毁，商务印书馆80%资产，46万册藏书，包括善本古籍3 700多种，悉数被毁。这可以说是上海藏书史中最令人痛心的一幕之一。

　　1. 张元济与合众图书馆

　　1939年，张元济、叶景葵等人联合创办合众图书馆，集纳江南一带众多名家的藏书。张元济将旧嘉兴府先哲遗著476部1 822册、海盐先哲遗著355部1 115册、张氏先世著述及刊印评校藏书104部856册及石墨图卷各一全部捐赠给合众图书馆。1953年，经张元济、陈叔通倡议，董事会会议决定将合众图书馆捐献给上海市人民政府。政府接受了捐献，并将其更名为上海市历史文献图书馆，1958年并入上海图书馆。合众图书馆的已有藏书，成为上海图书馆古籍收藏的基础。关于这一事项，笔者还听到过一个说法：当时张元济是把这些乡邦文献寄存在合众图书馆，准备日后捐赠给家乡的海盐图书馆或嘉兴图书馆，甚至 1950 年代还专门商议过此事，但当时嘉兴图书馆条件有限，海盐县则根本没有公共图书馆，无法接收这批藏书，因此最终捐赠给了上海图书馆。关于这一说法，上海图书馆历史文献中心黄显功主任也有相似记载："张元济于 1941 年春，以历年收藏的嘉兴一府前哲遗著 476 部 1 822 册，赠予'合众'，并以海盐先哲遗著 355 部 1 115 册，又张氏先世著述及刊印评校之书 104 部 856 册及石墨图卷各一，事先作寄存，冀日后宗祠书楼恢复或浙江海盐有地方图书馆之设，领回移贮，后经抗日战争，鉴于祠屋半毁，修复无力，本地之图书馆之建设更属无望，遂改为永远捐助。"①

2. 张元济与《槜李文系》

《槜李文系》是一部嘉兴的历代文献总集，其内容收录旧嘉兴府一府七县（嘉兴、秀水、海盐、平湖、嘉善、石门、桐乡）的历代名人名作，上自西汉下至清末，共收录作者 2 354 人，文 4 041 篇。张元济先生始终参与、主持并筹划组织《槜李文系》续编的收集、分工、汇总、成稿事宜。在之前，清光绪年间，嘉兴忻宝华编《槜李文系》，收作者 1 236 人、文 1 906 篇，计 46 卷、25 册。后来由藏书家陈其荣继续辑补，由于年事已高，把续编之事托付给了平湖葛嗣浵，葛再找张元济、金兆蕃商量其事，形成"三驾马车"。葛有传朴堂藏宋版善本、海内孤本 4 000 余种、方志 2 000 余种。金兆蕃 1914 年任清史馆总纂，助徐世昌编纂《清儒学案》。三人既是藏书家、学识渊博，又热心乡邦文献。由于张元济的威望、任职商务印书馆的地位，利于征稿。因此，张元济全面主持了这项挖掘、抢救、增补乡邦文献的工作。《槜李文系》续编自 1921 年 7 月开工，1925 年截稿。续编初稿辑成当在 1928 年。至 1935 年《槜李文系》续编定稿，历时 14 年，计 80 卷，共收作者 2 354 人，文章 4 041 篇，比忻宝华原稿增加约一倍。张元

---

① 黄显功：《合众图书馆旧藏文献的整理出版》，《新华书目报》2020 年 11 月 20 日第 011 版：理论园地。

济亲笔抄录《檇李文系目录》4 册。但该书终未印成，仅以稿本存世。初保存于嘉兴图书馆。1943 年秋被日伪劫盗。1948 年春，有书商携带《檇李文系》续辑稿到上海合众图书馆出售，要价黄金 20 两。张元济先生无力购回，倍感心酸。要求售者将书稿存放几天。后来，由热心公益事业、重视乡邦文献的海盐人颜文凯出资买下稿本，并捐赠给合众图书馆。此后，随合众图书馆并入上海图书馆，成为上海图书馆历史文献中心的善本文稿。①

2004 年，嘉兴市委、市政府出台《嘉兴市文化名城创建工作行动纲领》，将引进《檇李文系》列入议程，经协商得到上海图书馆大力支持，以优惠价格 28 万提供复制文稿。2005 年 3 月 1 日下午，在嘉兴图书馆馆长崔泉森、工作人员范笑我等人护送下，《檇李文系》稿本的仿真复制本 78 卷和微缩胶卷 5 卷从上海运回嘉兴，《檇李文系》于 62 年后重回故乡。2020 年，嘉兴图书馆又与上海图书馆合作，在国家图书馆出版社正式影印出版了《檇李诗文合集》，主要包括《檇李文系》与《檇李诗系》两个系列，共 72 大册，为整理、保存、研究《檇李文系》掀开了新的一页。这也成为嘉兴、上海两地文献交流的一个成功案例。

3. 张元济与文献保存同志会

除了合众图书馆外，张元济还参与了上海孤岛时期的文献保存同志会。1939 年底，由郑振铎发起，张元济、何炳松、张寿镛、张凤举等人数次联名向重庆国民政府当局发报，请求政府拨款以及时抢救民族文献。1940 年 1 月 5 日，张元济、张寿镛、何炳松、郑振铎等人联名分别致函教育部和中英庚款委员会，称"上海有大量珍贵图书出售，如我不收购，势将流入异域"，因之建议组织购书委员会以主持其事。这一组织对于保存江南地区藏书，不使其被日寇侵夺，发挥了重要作用。嘉兴沈曾植海日楼藏书，也由此得以收归中央图书馆。

据《张元济涉园善本藏书钩沉》一文介绍："1940 年，张元济与郑振铎、张寿镛等组织文献保存同志会，抢救下一大批濒于绝境的历史文献。随着当年文

---

① 杨成其：《张元济与〈檇李文系〉》，[EB/OL]，http://www.doc88.com/p-086372367586.html。

献保存同志会文件逐渐发表，张元济原藏部分善本的归宿也趋向明朗。十余部精品藏书均于那时归了重庆国民政府教育部。"[①] 另外，在张元济的参与下，邓邦述原群碧楼藏书精品于上海"孤岛"时期归文献保存同志会购得。在文献保存同志会的收书工作中，张元济经常兴致勃勃地在郑振铎陪同下，出入旧书店肆，访书选书。郑振铎也经常送来一些珍本样书，请张元济鉴定估价。经过"同志会"诸友的努力，一批又一批珍本古籍从书贾商人手中购回，避免了落入敌手的厄运。张元济还将他珍藏多年的宋版《荀子》、两册《永乐大典》等古书让售于教育部。到1941年底，日寇进占租界前，好几批珍本古籍经过香港安全运抵重庆。可是还有相当数量的书来不及启运，滞留上海。由于得到许多爱国人士的帮助和掩护，将书分散储藏，终于安全保存到抗战胜利。

二、蒋复璁与上海文献征集抢救

蒋复璁（1898—1992），字慰堂，浙江海宁（现嘉兴市海宁市）人。与其他寓居上海的嘉兴藏书家不同，蒋复璁是因为图书馆工作上的关系，与上海古籍行业发生密切接触的。其主要的事情有两项，一项是选印《四库全书》，一项是抢救孤岛时期上海古籍文献。

1933年初，蒋复璁奉南京教育部令，筹创国立中央图书馆。上任后，蒋复璁决定选印《四库全书》，作为与国外图书馆交换图书用，以充实自己馆藏。这时北平故宫博物院所藏文渊阁本《四库全书》，正随古物南迁，储藏于上海四川南路天主堂仓库，在上海影印十分方便。为此，蒋复璁于1933年5月，特地来沪看访商务印书馆元老张元济，商请由商务承印全书中尚未付印或已绝版的珍本。这才有后来的《四库全书珍本初集》，自1934年7月至1935年8月，分四期出书。共231种，1 960册，印1 000部。

1940年1月4日，蒋复璁身受使命启程，由重庆经香港赴上海，具体与张

① 柳和城：《书里书外——张元济与现代中国出版》，上海交通大学出版社2017年版，第142页。

元济、郑振铎、张凤举等人商洽布置搜购古籍之事。并决定，"以三分之二款项分配于上海，三分之一分配于香港，庶两地积藏书籍可以同时采购"。其收书原则为："以藏书家之书为主；未出者，拟劝其不出售；不能不出售者，则拟收购，决不听其分散零售或流入国外。"并议定苏州刘氏玉海堂、邓氏群碧楼两家藏书当先行收下。商定郑振铎、张凤举负责采访，张元济负责鉴定宋元善本，何炳松、张寿镛负责经费保管。[①] 柳和城先生在《书里书外——张元济与现代中国出版》一书中，专门撰有一文《张元济蒋复璁的两次合作》，对此介绍颇详。

三、陈乃乾与古书流通处

陈乃乾（1896—1971），海宁硖石（现嘉兴市海宁市硖石街道）人。辛亥革命后移家上海，馆于藏书家徐乃昌积书斋。1917 年前后在上海协助嘉兴人陈立炎设古书流通处。这是一处在上海古籍流通行业发挥了重要作用的商业机构。1916 年任上海进步书店编辑。1926 年任大东书局编辑、发行所所长，兼任持志学院、国民大学教授。上海沦陷后，迫于生计，陈乃乾为友人经营书店业务，勤于笔耕，发表了许多版本目录学、历史掌故等方面的学术文章。抗战胜利后，任上海市通志馆及文献委员会编纂。陈乃乾嗜书如命，积至万卷，颇多善本。几十年间生活在古书堆中，他的藏书处初名慎初堂，后又更名共读楼。1956 年，他调任北京古籍出版社、中华书局编辑时，中华书局特包沪京列车专箱以供其载书北上。

刊行目录是近代书肆故有的传统，既能显示书店的业务水准，又便于招徕更大范围的主顾。朱遂翔《杭州旧书业回忆录》中就有数语提及古书流通处的书目："民国五年（1916）上海有古书流通处之创设，主人为海盐陈立炎，颇有阅历，初出书目，但无定价，仍以讨价还价之方式行之；至第二期书目，各书始有定价，凡同行或熟人及图书馆向购可打九折，门市则无折扣。如是经营，营业大盛，购者亦称便利，外埠邮寄往来，殆无虚日，各省内地读者亦可购到喜爱之书。"

---

① 柳和城：《书里书外——张元济与现代中国出版》，上海交通大学出版社 2017 年版，第 497—499 页。

　　古书流通处曾是江南规模最大古书店，陈立炎以 2 万多元高价，收购了卢氏抱经楼全部藏书，而开设古书流通处。后因陈立炎年老体弱，便将全部古书让给中国书店，古书流通处存在约于 1920—1928 年间。地址最初在上海汉口路惠福里弄口，后迁山东路仁济医院隔壁，再迁广西路小花园。

　　古书流通处还出版有多种图书，因其"志不仅在于购售之间，而欲使之兼具出版之职能。辄以古书一经售出，则如黄鹤飞去，不可复返。当以其在手之日，为之影印，则以一化百，乃可普及。"当时古书流通处收得清鲍廷博《知不足斋丛书》全集三十辑，为足刻初印本，于 1921 年影印行世，大受欢迎。后续又辑有金石学要籍及旧拓本为《百一庐金石丛书》，促进金石学之研求工作。1922 年，又辑清刻善本书《尔雅》《韩非子》《盐铁论》《晏子春秋》《洛阳伽蓝记》等影印，为《古书丛刊》四辑。又得清嘉庆刻洪颐煊辑古佚要籍《别录》《七略》《灵宪》等共三十种为《经典集林》一书，于 1926 年以慎初堂名义影印，装为二册行世。1924 年左右，古书流通处停办，陈乃乾又设立中国书店，地址位于南京路西藏路口之大庆里。辑清代学者所著周秦诸子校文十种为《周秦诸子斠注十种》。

　　作为一个藏书家，陈乃乾自然有不少藏书。据胡道静先生记述："先师寓中，到处是古书，明版书随处而是，清刻本尤多。楼梯边壁，亦是书架。精抄及名校本，间亦有宋、元本书，则藏于二楼书斋。余乐翻阅之而忘日之西下也。"[1]

四、孙振麟（1903—1952）雪映庐藏书

　　孙振麟，嘉兴平湖人。寓沪经商，有所积蓄，为搜购古籍打下基础。他有暇就到上海福州路、河南路一带书店浏览，见有平湖乡邦文献，倾囊购之以归。编有《雪映庐藏书书目》。除了经商外，孙振麟将闲暇时间都用来搜集乡邦文献及古籍，组织抄写等。可惜英年早逝，年仅 49 岁。他逝世后，夫人顾赞玉为了更好地保存雪映庐藏书，避免因家庭情况变化造成损失，于当年（1952）将藏书

---

[1]　胡道静：《陈乃乾文集·序》，陈乃乾：《陈乃乾文集》，国家图书馆出版社 2009 年版，序第 1—2 页。

慷慨捐赠给数家图书馆。其中，给上海市文物管理委员会4 048册，后转上海图书馆。其中地方志两千多种，由上海图书馆收藏，并编有目录。另外，"给浙江省图书馆147册；给省立嘉兴图书馆一批，数目不详。"①

嘉兴市图书馆档案室藏有一封顾赞玉女士写给嘉兴图书馆的信，内容为："敬启者：兹有孙氏雪映庐所藏《槜李诗系》四十册，《续槜李诗系》二十册，《当湖外志》二册，《续当湖外志》二册，明《弘治嘉兴府志》残本抄本一册，拟捐赠贵馆入藏，即希察收为荷。此致　嘉兴图书馆。　孙顾赞玉启。"

由此可知，顾赞玉女士代表孙氏雪映庐，一共给嘉兴图书馆捐赠了5种65册。查检嘉兴图书馆古籍书目，可找到对应的藏书著录如下：

> 沈南疑先生《槜李诗系》：四十二卷，刻本。已着录。《善目》集部一九七一一。"鋄"误作"瑛"。有"嘉兴陈其荣珍藏记""陈氏其荣""当湖孙氏雪映庐振麟藏""求是斋""当湖陆氏求是斋藏印""乡邦文献""丁丑劫余""雪映庐""平湖屈氏一卷书塾所藏""清澄珍藏""乡邦文献所系""陆惟鉴""清澄"等藏书印。版本附注：十一行二十一字，阔黑口，左右双边，版心下镌：敦素堂。出版发行附注：有清康熙四十八年朱彝尊序，康熙四十九年金南鋄序。有壬申平湖屈曦题识。载体形态附注：版框高17.6厘米，宽13.6厘米。
>
> 《弘治嘉兴府志》：三十二卷，钞本。已着录。过录何元锡题跋，其作于嘉道间（何卒于道光七年，讳"琰"作"琬"），抄本则不避清讳，当为民国抄本。着录信息附注：有"当湖孙氏雪映庐振麟藏""求是斋""平湖陆氏所藏乡邦文献印""乡邦文献""丁丑劫余""雪映庐"等藏书印。出版发行附注：有丁丑暮春当湖陆惟鉴朱笔题识及印章。装订获得附注：存卷21—24。
>
> 《当湖外志》：八卷，重刻本。责任者：（清）马承昭纂辑。版本说明：重刻本。出版发行项：光绪元年，线装2册。
>
> 《续当湖外志八卷　忠义纪略一卷》：刻本。责任者：（清）马承昭　辑。

---

① 方剑秋：《平湖藏书家孙秉之》，《平湖文史资料第七辑》1997年版，第132—134页。

出版发行项：白榆村舍，清光绪元年（1875）。线装 2 册。

五、陆费逵与上海中华书局

陆费逵（1886—1941），嘉兴桐乡人。1905 年，陆费逵来到上海，任昌明公司上海支店（书店）经理，并参加筹建上海书业商会。1908 年，进商务印书馆，任国文部编辑，后任出版部部长兼《教育杂志》主编。民国元年（1912），创办上海中华书局，任局长、总经理，主持业务达三十年。1937 年 11 月，日本侵略者在上海图谋杀害著名爱国人士，陆费逵获悉，离开上海去了香港。

陆费逵创办的上海中华书局，出版过许多优质图书，如《新中华教科书》《聚珍仿宋版二十四史》《中华大字典》《辞海》《四部备要》《古今图书集成》等大部头图书，总计出版各种书籍达两万种，对中国传统文化的保存和流传做出了巨大的贡献。而这些出版的图书，也成为在上海图书市场上流转的巨量图书。

另外，陆费逵的藏书，以一种特殊的方式留在了上海。他的女儿陆费铭琇说："1946 年，母亲带着我们返回上海，只搬回部分家具及用品。因为住房窄小，将祖传的 50 箱古书及 120 幅字画转存在中华书局图书馆。中华书局将它们转移到上海辞书图书馆，目前还在辞书图书馆存放。我们曾多次交涉，他们声称是国有财产，至今不归还。'文革'时，家中父亲早期的珍贵档案，还有父亲去世时周恩来、董必武的唁电全文，被抄走后不知所终。"[1]

六、在上海的其他嘉兴籍藏书家

以上五人，是嘉兴藏书家在上海地区寓居或活动的佼佼者，本身是大藏书家，或者是大出版家或者书业中人，对上海甚至整个中国的文献事业都有贡献。除此之外，还有一些嘉兴藏书家也在上海，虽然没有那么显赫的功绩，但

---

① 沈秀红：《名人之后》，大象出版社 2018 年版，第 222 页。

是也对上海的文献事业有所影响、有所贡献。以下所列诸条，多来自阅读嘉兴学院图书馆陈心蓉研究馆员所著《嘉兴藏书史》一书时所辑资料。兹就所知，列举如下：

倪禹功（1911—1964）

倪禹功，字蕉簃，号昌潏，浙江嘉兴澄溪（今油车港镇）人。生于书香门第。1937 年起寓居上海，从事国画研究和书画鉴定及修复工作。与徐森玉、沙孟海、朱其石、吴湖帆、钱镜塘等相契，相互切磋书画艺术及名画鉴定，对家乡浙江的书画家、篆刻家的作品及生平尤为注重。著有《嘉秀近代画人搜铨》《嘉秀藏家集录》《盐邑虫鱼录》等五本手稿。

笔者曾撰写《"禹功手写〈嘉禾志〉，孤籍留传千万世"——倪禹功先生对嘉兴地方文献的贡献》一文，阐述了倪禹功为嘉兴图书馆手抄《至元嘉禾志》，撰著《嘉秀近代画人搜铨》《嘉秀藏家集录》等地方文献著作，将自己所收藏的古籍书画等珍贵文献全部捐赠给故乡嘉兴，总结了倪禹功对嘉兴地方文献事业的重要贡献①，可供参考，此处不再赘述。

另外值得一提的是，原藏于上海图书馆的《烟雨楼志》（清 朱稻孙　纂）钞本，于 1958 年由倪禹功先生借出精抄一部，赠送给嘉兴图书馆收藏。2021 年，在《嘉兴文献丛书》项目和上海图书馆的大力支持下，这部书由上海图书馆提供底本，国家图书馆出版社予以影印正式出版。这是上海、嘉兴两地密切联系、文献交流的又一成功案例。

沈曾植（1850—1922）

沈曾植，嘉兴人。晚年客居上海，数年即收有黄庭坚诗文集九种版本，其中宋刻本三种，元刻本一种，明刻本四种，还有一种为日本活字印本，均为世

---

① 郑闯辉：《"禹功手写〈嘉禾志〉，孤籍留传千万世"——倪禹功先生对嘉兴地方文献的贡献》，《山东图书馆学刊》2017 年第 5 期。

间罕传的珍本，其中一些是清代翻刻的祖本，学术价值很高。

钱镜塘（1907—1983）

钱镜塘，海宁硖石（现嘉兴市海宁市硖石街道）人。20岁以后，钱镜塘寓居上海，开始收藏历代金石书画，独资经营书画，掌握了古代书画鉴别能力，曾多次举办书画展销。富于收藏，收藏室名"数青草堂"。经他手收藏过的历代书画文物计有5万余件。从1956年起，钱镜塘先后将珍贵书画文献、印章计3900余件，捐献给上海博物馆、浙江博物馆以及嘉兴、海宁、海盐等地的收藏机构。数量之多、质量之精，实属罕见。

陆惟鎏（1888—1945）

陆惟鎏，嘉兴平湖人。编纂《樵李文系编目》（稿本）一册。著有《平湖经籍志拾遗》《丁丑十月记》《海上避难记》，惜未出版，书稿在几经动乱中散佚。他曾在杭州经商，酷好藏书，常盘桓于杭州书肆间，遇佳椠名抄，不惜重金易归，摩挲终日不释手，尤一意搜求乡贤遗著。最著名者如屠勋、屠应竣父子《太和堂诗文集》《兰晖堂诗文集》，沈懋孝的《长水文集》，刘廷元的《宋名臣言行略》《明名臣言行略》，王路的《花史左编》，诸明刊罕睹之本，都是他觅得后重金购归。日寇侵华时，他携眷避居上海。书画珍籍，仓促不及携带。稍事安定后，归检藏书，将其中三分之一秘密运出。

藏书家黄源

黄源（1905—2003），嘉兴海盐人。1925年，到上海立达学园读书。1927年10月鲁迅到上海后，在劳动大学和达学园演讲期间，黄源都被指定为鲁迅演讲作记录，从此与鲁迅结下不解之缘。1920年代末黄源在上海从事进步文学活动，跻身左翼文坛。1931年，为上海新生命书店编辑《世界新文艺名著译丛》。1933年进入《文学》杂志社担任编校，1934年8月兼任《译文》杂志及《译文丛书》编辑。他在鲁迅的直接指导下编辑《译文》月刊，后任主编，在鲁迅身边直接参与了反对文化"围剿"的斗争，为 1930 年代以上海为中心的左翼文化的蓬勃发展作出了贡献。黄源藏书数万册，1996 年向家乡海盐图书馆赠书 15 000 册，鲁迅致黄源的 38 封书信等一批珍贵的历史资料、照片以及黄源手稿等。

其他名气较小的寓居上海的嘉兴籍藏书家还有胡士莹、陈筱宝等人的藏书。胡士莹（1901—1979），嘉兴平湖人，抗日战争后，曾在上海暨南大学、复旦大学、圣约翰大学、光华大学、上海临时大学等校兼课。陈筱宝（1872—1937），嘉兴海盐人，寓居上海，妇科名医，陈盘根、陈大年父。世医陈耀宗孙，秉承家学，深明医理。平生藏书甚富，诊余披览甚勤。著有《医事散记》四卷，毁于日寇炮火。①

此外，嘉兴籍人士为上海图书馆捐赠古籍图书颇多。除了为人所熟知的张元济之外，还有"平湖金兆蕃之子问源捐献先人藏书 9 000 余册，其中有金兆蕃的《清史稿》原稿；海宁朱宁生捐献先人朱鹏生藏书 7 000 余册"。②

七、结　　语

由以上相关史料的钩稽陈述可知，近代以来，上海的图书文献事业在全国的地位日益重要，这其中，以张元济、陆费逵、陈乃乾、蒋复璁等为代表的嘉兴籍人士，在藏书事业、出版行业、图书流通行业、图书馆行业，为上海地区的文献生产、流通、保存做出了卓越的贡献，同时也促进了上海、嘉兴两地之间的文献流通，使得大批图书文献能够得以保存到今天，继续发挥作用，为各地专家学者以及有需要的读者使用。他们保存历代图书文献的功劳，值得我们永远铭记。

---

① 陈心蓉：《嘉兴藏书史》，国家图书馆出版社 2010 年版，第 332 页。

② 孙秉良：《筹建上图回顾》，上海图书馆：《岁月留痕——上海图书馆历史记忆》，上海科学技术文献出版社 2015 年版，第 22 页。

民国上海银行家藏书楼摭拾

柳和城

一、卷盦归公擎起一座图书馆

叶景葵（1874—1949），字揆初，号卷盦，浙江杭州人。29 岁（1903 年）进士及第，先后任奉天财政总局会办、督军赵尔巽重要幕僚、天津造币厂监督以及大清银行正监督（相当于行长）等职。民国后他先任汉冶萍公司经理，1915 年后出任浙江兴业银行董事长长达 30 余年。

浙江兴业银行为清末浙江士绅集资兴建浙江铁路而成立。叶景葵 1908 年后他曾一度"遥领"浙兴汉口分行总理。他任董事长后第一个重大举措，就是将浙兴总行由杭州迁至上海。这一顺应时代潮流的历史性决策，改变了浙兴的命运，也造就了叶景葵近代新式银行家的地位。因政府更迭，外患内忧，1914 年浙江铁路公司收归国有之后应退还股东的末期股款，竟延宕达 20 余年之久。叶景葵担任浙路清算处主任一职，随之也达将近 30 年。通过他坚持不懈的努力，最终股东们以八折之价收回应退末期股款。这从一个侧面反映出叶景葵作为现代企业家具有对公众的诚信意识及果敢执着的办事风格。

叶景葵卷盦藏书数量不算多，却以鲜明特色享誉书林。他尤其喜欢抄、校、稿本。书籍几经翻刻，就会走样，舛错百出，误人子弟。而抄校本往往离原著时代较近，错误较少；如遇名家校读本，更是点评、校改一字千金。至于稿本最为难得，其价值不言而喻。一些熟悉他的古书铺老板常常送来抄、校、稿本，请他挑选。1925 年前后，杭州抱经堂书贾朱遂翔告诉叶，说"在绍兴收得《方舆纪要》稿本，因虫蛀不易收拾，愿以廉价出让。""取来，则故纸一巨包，业已碎烂，检出首册，见旧跋与陶心云年丈跋，均定为顾氏原稿，以七十二元得之。灯下排目整理，剔除蠹鱼蛀虫不下数百，排列次序，残缺尚少，乃觅杭州修书人何长生细心修补，费时二年，于是完整如新矣。"① 这位虫口夺书的银行董事长到底忙了多少个夜晚，耗费了多少心血，现已无人知晓了。众所周知，《读史方舆纪要》是一部研究历史地理学的重要名著。作者顾祖禹，号称苑溪先生，清初地理学家，好远游，经过实地考察验证，我国古今疆域沿革及山川变迁了若指掌。前后花了30余年功夫，撰成此书。虽然早有刊本印行，但只印了一部分，不是全书。顾氏全稿的出现，意义重大。

从叶景葵亲自写定的《卷盦藏书志》以及后人整理的《卷盦书跋》看，叶氏藏书内抄、校、稿本之丰富，学术价值之高，令人刮目相待。如惠栋《周易正义辩证》手稿及定稿、钱大昕《演易》手稿及钱仪吉《南朝会要》、彭兆荪《全上古三代秦汉三国六朝文》底本等；批校本王念孙、王引之父子合校的《管子》、顾千里校《列子冲虚至德真经》、黄丕烈等校《扬子法言》等等。卷盦所藏文献类作品，以前知之甚少，近年陆续发掘有：《矿政杂钞》《卷盦政类钞》《甄屑录》，以上几种叶氏早年读书读报笔记（包括剪报），反映了作者青年时代读书求知、追求新学的众多侧面；《赵尚书（尔巽）奏议》，抄稿，注有"景葵起草"字样，对于研究叶氏维新思想及其理财生涯，乃是不可或缺的第一手史料；《汉行信稿》，为叶氏1909—1910年期间任浙江兴业银行汉行总理期间通信的底稿，弥足珍贵；《罪言之一鳞》，乃是叶景葵1911年任大清银行正监督的几个月中与各方通信存稿，显示了辛亥革命前夕中国金融业的一鳞半爪。

1937年10月，"淞沪会战"激战正酣。战事正在沪西兆丰公园（今中山公园）一带展开，离叶景葵兆丰别墅寓所仅一箭之遥。当时他为处理浙江兴业银行公务滞留汉口，无法返沪。张元济担心老友藏书有失，冒着危险连续数日，穿行在沪西租界边缘的沙袋与铁丝网间，来到叶宅，为老友整理包括《方舆纪要》在内的藏书。叶景葵得知老友在战火中为自己整理图书，由此得到启迪，同年11月5日在感谢老友的信中，透露了欲将个人藏书创办一所私人图书馆的意愿。函云：

---

① 叶景葵：《读史方舆纪要稿要》，《卷盦书跋（附三种）》，上海古籍出版社2019年版，第51—52页。

　　菊丈台鉴：顷接通丈（指陈叔通——引者注）信，知长者于危险之下为葵理故书，感惶无地。葵初购书，皆普通浏览之书。近来稍得先儒稿本及明刻各书，然亦未成片段。以近来物力之艰，得此已觉匪易。今岁室人物故，私计不再购书，并拟将难得之本，一为整比捐入可以共信之图书馆，而于普通各书，则当为随时消遣之用，虽未暇为之，而已有就正有道之意，盖自省鉴别不精，恐以乱玉也，今于危险时期承长者慨然代为检点，私衷何等庆幸。但敝寓正在炮火之下，敝藏无多，尽可将书箱送至尊寓。因稍为罕见之书皆存入柚木书箱之内，移送不难也，历年虽有草目，但凌乱无伦次，凡无价值而易得者置之可耳。葵到汉尚安，适昔时政府拟以衡州为最后退步，而近日已大肆轰炸，太原危急。河西之险，铁路可以凭陵，则成都、重庆等处，何尝不可轰炸？故只能相当驱避，而无绝对安全之地也。草草布谢。敬颂

　　颐福。　　　　　　　　　　　　再侄景葵谨上　廿六、十一、五。[1]

一个月后，叶景葵在汉口得知自己藏书已由老友整理完毕，又于 12 月 3 日复函张元济，谈藏书编目，函云："昨由汉馆奉到赐示，敬悉敝藏书籍承公鉴别，刻已全部保存，将来事定后，拟选择可以保存之价值者，请公再为鉴定，编一清目，想亦大雅所乐闻也。"[2]

　　1939 年 5 月，叶、张联络陈陶遗等人，正式创办合众图书馆。叶景葵捐资 10 万元，另募资 10 万元，动息不动本，作为常年开支。叶率先捐出全部藏书，租定辣斐德路辣斐坊（今复兴中路复兴坊）一沿街民居作筹备处并贮存图籍。同时购定蒲石路古拔路（今长乐路富民路）口一块空地，建筑馆舍。叶只要求在馆舍旁建一栋小楼作住宅，以 25 年为期。几位发起人均年事已高，特请顾廷龙南

---

① 1937 年 11 月 5 日叶景葵致张元济信，柳和城编：《叶景葵文集》下册，上海科技文献出版社 2016 年版，第 1348—1349 页。

② 1937 年 12 月 3 日叶景葵致张元济信，同上，第 1349 页。

下主持馆务。接着，蒋抑卮、张元济、李拔可、陈叔通、叶恭绰等先后捐出各自藏书、近代历史文献与金石书画等。1941 年 9 月，蒲石路馆舍落成，叶景葵也迁入新居，开始起"书寄生"的生活。"合众"矗立"孤岛"，其意义远远超出文化的范畴。

叶景葵 1949 年 4 月因突发心脏病去世。1953 年，合众图书馆改名历史文献图书馆，后并入上海图书馆。叶氏卷盦藏书与张元济涉园、李拔可墨巢、蒋抑卮凡将草堂等各家藏书一起，奠定了上图古文献收藏的基础。

二、凡将草堂藏书的聚与散

蒋抑卮（1875—1940），名鸿林，以字行，浙江杭州人。父亲设蒋广昌绸庄，让儿子从小读书，通过科举入仕途。但蒋抑卮厌弃八股，锐意学问，喜读深奥繁难的古籍及清儒声韵训诂书，曾从章太炎学音韵。光绪二十八年（1902 年）游学日本，后因耳病辍学返国。在日期间，与鲁迅交往甚密。鲁迅的处女作发表于许寿裳主编的《浙江潮》，该杂志就是蒋抑卮赞助的。后周氏兄弟印行《域外小说集》，也由蒋出资 150 元相助。此书在国内的代销处即蒋抑卮在上海开设的广昌隆绸缎庄。今存鲁迅书信最早的一封就是写给蒋抑卮的，两人还有合影存世。1909 年，蒋氏耳疾复发去日本治疗，与鲁迅、许寿裳共居一室，蒋治病的医院也是鲁迅接洽的。1915 年 7 月，鲁迅在北京教育部时，曾向蒋氏借阅明版书《嵇中散集》，用来校勘。鲁迅整理古籍，利用过凡将草堂藏书，当为文坛一段轶事。蒋氏早年还刻有《复堂日记》六卷初印本及八卷后印本。《鲁迅日记》中提到蒋抑卮，达 41 次之多。

清末发生江浙铁路风潮，1906 年浙江士绅创议成立浙江兴业银行，蒋氏是发起人之一，担任该行董事数十年。后定居上海，与叶景葵鼎力合作，始终为浙兴的领导核心人物之一。今存上海图书馆《蒋抑卮先生手札》原稿 3 册，有叶景葵题跋，收录 1929 年至 1930 年蒋氏作为浙兴办事董事兼汉口分行经理期间，写给董事长叶景葵与总经理徐新六（振飞）的私人信件。所谈大部分为银行公事，也有涉及时局以及南京政府向各银行摊派、勒索等内幕，颇具史料价值。这批信件，叶景葵于 1940 年 12 月在蒋抑卮逝世追悼会致词中有详尽介绍："民国十六年，国民军北伐下武汉，颁现金集中令，商市震动。汉行经理史晋生先生辛苦支拄，体力不胜，乃萌辞意。总办事处遂推抑卮先生以办事董事兼理汉行。先生于十八年四月初赴汉视事。而于莅汉一百零六天内（四月十四起七月二日止），除每日公务号信之外，复亲笔致函景葵五十六通，详叙号信所不能包括之公务及进行业务之计画，或应守秘密之事件。七月初东返，九月初回汉，又于七十九日内（九月十九起十二月八日止）亲笔来函四十九通。十八年底东返请辞兼职，景葵以汉行事务尚待整顿，复请先生回汉。十九年三月初又到汉，于四十二天之中，又亲笔来函二十六通。统计在任一年，亲笔重要报告达一百三十一通之多！"[①]

对于蒋抑卮读书、聚书经历及藏书归宿，叶景葵说：

　　先生素喜读书。留日时既因病未竟所学，归而改致力于国学。其学自汉学入手，而精于小学。能读深奥古籍，人所茫然者，先生独能提要钩玄。某年注意桐城文派，其研究之法，先广收桐城派之专集，泛滥阅之，即能言其师承传授及派别门户之不同。其研究声音［韵］训诂及清代诸家经说，亦复如是。先生略通东文，不习西文，而于译本中之近代经济学说，无不周览，而能言其优劣异同。因先生之好读善读，故藏书甚富而有系统。忆民国二十四年夏，先生与王绶珊先生及景葵均避暑莫干山，论及藏书之归束问题。景葵以为办法有二：一则捐赠浙江省立图书馆，该馆管理尚善，当可不负委托；或则合办私家图书馆，王先生所藏最多，可即以"绶珊"名馆。抑卮先生谓，二法均可酌用，并提议图书馆应有相当基金，俾垂久远。抗战起后，王先生病殁，其后人旨趣不同，

① 叶景葵：《在蒋抑卮先生追悼会上演词》，章树勋记录，《兴业邮乘》第108期，《叶景葵文集》上册，第351页。

无从接洽，缀珊图书馆之议无形取消，而浙江省立图书馆亦已破坏。景葵有感于此，发愿创办合众图书馆。抑卮先生异常赞同，并整理所藏，以待捐赠。①

蒋抑卮在上海范园宅后造了一幢藏书楼，取名凡将草堂（汉司马相如有《凡将篇》，为早期文字学著作），藏书15万卷以上，以购得苏州汪柳门万宜楼藏书为基础，陆续扩大经、史、子、集、丛书各部常见书，应有尽有。1939年，合众图书馆创办时，蒋氏即慨然允诺以藏书相馈赠，并捐助明庶农业公司股票5万元作为创办基金。顾廷龙当时帮助蒋整理藏书，有半个月工夫，蒋曾对顾说："从前的风气，大家注重人文科学，所以家家要收藏些旧学书籍。今后的趋势，大家必然注重自然科学了，旧书应该归到图书馆，让社会上从事这种学问者利用。并且一人的收求是有限的，终是要靠着互相通假的，所以图书馆是藏书的归束。"② 这种见解，出于一位旧学底蕴深厚的新式银行家之口，正是时代进步的写照。顾廷龙认为，蒋先生收书很有计画，既有了大宗书籍，四部图书应有尽有了，才把前人著述分作若干单位，从每个单位去收集补充。这是有系统的读书人的藏书。蒋抑卮病逝，家属遵其遗志，即请叶景葵来家取书。叶让蒋氏后人拣取一部分自己留用，余归图书馆。得经史子集及丛书各部共2 500余部，计97 593卷、34 463册，顾廷龙编成《杭州蒋氏凡将草堂藏书目录》一册，以志纪念。

蒋抑卮除兴办实业外，还热心社会公益事业。他在杭州蒋坳独力办有一座小学，除其父原定基金外，另捐助小学校基金5万元。他在杭州还办有一所医院。叶景葵《蒋君抑卮家传》称："君之克敦内行，而孜孜教育文化事业，至死不倦，为晚近所难能也。"③

---

① 叶景葵：《在蒋抑卮先生追悼会上演词》，章树勋记录，《兴业邮乘》第108期，《叶景葵文集》上册，第352页。

② 顾廷龙：《在蒋抑卮先生追悼会上演词》，章树勋记录，《兴业邮乘》第108期。

③ 叶景葵：《蒋君抑卮家传》，《叶景葵文集》上册，第348页。

　　留存蒋氏后人之手的凡将草堂藏书，后来命运如何呢？蒋抑卮之子蒋世承说："1952 年 9 月，由诸子世俊、世逖、世适、世显、世承出面，又将自留的凡将草堂藏书 1 213 种，计 20 887 册，约 59 110 卷，全部捐赠给华东军政委员会文化部。至此，前后共捐古籍 15.67 万卷，计 5.5 万余册。这批图书后来全部并入上海图书馆。"[1] 蒋抑卮之侄蒋赓声曾留有 15 箱凡将草堂藏书，大都为经其叔句读、批注之物。"文化大革命"中被抄，红卫兵竟以 3 分一斤的价格卖给废品站，得人民币 78 元，于一饮食店中挥霍殆尽。幸蒋赓声之子蒋见元闻讯赶到，于忙乱中抽得百余册藏匿回家，保存至今。

三、小校经阁主人的收藏情结

　　上海陕西北路东新闸路 1321 号西式住宅内，花园西侧有一座中国风格的八角亭式二层小楼，原先是著名银行家刘晦之的小校经阁藏书楼。虽然如今已分隔成多家居民住宅，然而其独特的造型与曾经承载过的厚重历史，引来一批批游人的好奇目光。

　　刘晦之（1880—1963），名体智，以字行。安徽庐江人，清末四川总督刘秉璋第四子。刘秉璋进士出身，却成为李鸿章淮军中一主将。除镇压太平天国外，他还是中法镇海之战的指挥者。镇海一战，中方大胜，刘氏以战功由浙江巡抚升至四川总督。其一生喜藏书，儒雅好学，有"淮军藏书家"之称。同治六、七年（1867—1868）间，他购得安徽无极县一老宅，旧有一楼，悬"远混天碧"四字榜额，语出柳宗元《永州新堂记》，故以"远碧楼"命其藏书处。刘氏编有《远碧楼书目》10 卷。远碧楼藏书后来归刘晦之继藏。刘晦之本人曾任大清银行芜湖督办，民国后参与创办中国实业银行，任上海分行经理及总经理等职。

---

[1]　蒋世承：《我的父亲蒋抑卮》，《浙江文史资料选辑》第 46 辑——浙江近代金融业与金融家，浙江人民出版社 1992 年第 1 版。

刘晦之凭借他执着的收藏情结和充裕的财力，远碧楼藏书在他手中不断增加，重编《远碧楼经籍目录》32卷，著录图书24 000多部，八九万册之多。父亲当年所缺的宋本也收有八九种，方志达千余种。如宋本《禹贡图》为丁氏持静斋旧藏，宋本《六艺》为南海孔氏旧藏，宋本唐僧《宏秀集》《切韵指掌图》则得自一许姓老者。此外还有宋本《史记》《两汉书》等。

刘晦之藏书除了收求精善之外，他有一个远大的计划，即发愿收齐《四库全书》原本和《四库存目》书，"为藏书家别开一格"。当年乾隆皇帝倡编《四库全书》，为了朝廷统一思想，许多书籍都被四库馆臣篡改过了，给后人制造了极大的谜团。刘晦之决心要恢复原书本来面目，胆识超群，魄力宏大。因此，他与福州路旧书店的老板个个熟悉，委托他们搜求天下的善本。郑振铎称赞说："刘君二十年前求书甚力，凡著录于《四库目》中者无不收，盖意欲完成一刻本之《四库全书》也。刻本不可得者，则罗致旧抄本，并传抄文渊阁本以实之。有志竟成，《四库》书之未得者，仅数十种耳。而溢出《四库》外者，亦十居三四，以一人之力而获致若斯之巨藏，二酉、三阁，无多让焉。"不过对《存目》书注意不够，"且择焉不精，所收每多下驷，庞杂无伦，仅知充目"[1]。1934年刘晦之在新闸路住宅内特造这八角亭式书楼，名曰"小校经阁"，常年雇佣十几名抄书、校书的秀才，从事这项工作。

刘晦之的这一计划实施到1949年，已收有藏书近10万册，编好抄就的书籍堆积如山。可惜由于种种原因，这个美好的理想只能成为梦想而已。

民国初，在实业救国的浪潮中，一批北洋政府官员联合富商创建中国实业银行，1919年4月正式成立，总行设于天津。中实拥有钞票发行权，最兴盛时全国设有分支行与办事处31个、汇兑处23处。刘晦之任上海分行经理，1932年总行迁上海，改任总经理。刘氏并非只懂钻故纸堆的书呆子，在银行经营上也有一套。1933年7月，他推出"特别有奖储蓄"新办法，社会反响强烈。当时中外各银行的有奖储蓄年限长，需每月缴款，中实来了个"无按月缴款之劳，期

---

[1] 郑振铎：《远碧楼善本书目五卷跋》，《西谛书话》上册，文物出版社1998年12月，第78页。

限只有八年，有三十二次得奖万元之机会，到期还本付息"①，购买者如潮。中实的储蓄款一度高达 4 000 万元，仅次于中国银行，超过交通与中央银行。为此得罪了同业及南京政府财政部。1935 年 9 月财政部下令中实银行的"特别有奖储蓄"移交中央信托局，并取消中实的钞票发行权。中实的股票大跌 85%，挤兑潮蜂拥而至，刘晦之只得称病避祸。董事会在南京政府授意下，撤了刘的总经理职务。几个股东还落井下石，以自己股票暴跌一五折为由，控告刘晦之"在职时侵占行款"②。法庭前后审理了一年多，虽则最后以控告者证据不足宣布刘氏无罪，但也搞得刘灰头土脸。1937 年初，南京政府财政部又饬令中国实业银行改组，强行加入占 87% 的官股，董事长、总经理全由中央银行指派。刘晦之从此离开银行界，埋头于他的小校经阁收藏中去了。

1940 年，郑振铎等在沪组织文献保存同志会，代重庆中央图书馆抢救流散的藏书家藏书。刘晦之闻讯，曾有意出让其所收集的《四库》书，"空藏求售"，索价四十万金。美国哈佛大学曾有染指囊括之意。郑振铎从友人处取来《远碧楼经籍目录》研究，他认为其旧本、新译混杂，自己花半月时间辑成《远碧楼善本书目》五卷，并首批选定宋元版书九种购下：

> 宋刊本《中兴馆阁录》《中兴馆阁续录》(黄跋)
>
> 宋刊本《续吴郡图经》(黄跋)
>
> 宋刊本《新定续志》(黄跋)此三种皆见《百宋一廛赋》中
>
> 宋刊本《唐僧弘秀集》(清宫旧藏)
>
> 宋刊本五臣《文选》(孤本)
>
> 宋刊本《广韵》(即《四部丛刊》影印之底本)
>
> 宋刊本《礼记》(天一阁旧藏)

---

① 中国实业银行储蓄部广告，《申报》1933 年 7 月 1 日。

②《申报》1935 年 9 月 1 日、12 月 14 日、12 月 15 日、1936 年 6 月 16 日、6 月 26 日、7 月 22 日、8 月 27 日、10 月 30 日等"中国实业银行股东控刘晦之侵占"案新闻。

元彭寅翁刊本《史记》(此书各家皆仅有残缺，此独完整，且刊书牌记俱在)

汲古阁刊本陆氏《南唐书》(黄顾合校并跋)、士礼居抄本《南唐书》(黄校并跋)[①]

以上书以 5.3 万元成交。郑振铎在一封信中称，将刘氏书"置之善本甲库中，此数书皆可谓'甲'中之'甲'者！地志二种，尤为今存地志中之最古刊本。"[②] 另有旧抄本《圣济总录》160 册，怡府旧藏，较道光刊本多出 2 卷半，足资校勘，以 3 000 元为文献保存同志会所得。上述远碧楼精品出售后，刘氏善本书并未尽，1941 年春又先后以两批宋元本及黄跋书向郑振铎等求售。其中有宋蜀本《后汉书》、元本《三国志》、宋本《大易粹言》、宋本《尚书注疏》、宋本《圣宋文选》、宋本《金陀续编》、高丽本《山谷诗注》，以及宋本《中兴词选》《禹贡图》《切韵指掌图》等，都是稀世秘籍，文献保存同志会"然因无此笔巨款，故未能留下"[③]，最后被平贾购去。

除藏书外，刘晦之的龟甲骨片和青铜器收藏也极为著名。其藏龟甲骨片有 2.8 万余片。30 年代拓集成《书契丛编》20 册。他曾主动请人将拓本带往日本，供郭沫若研究。郭极为感动，挑选一部分先期考释，著成《殷契粹编》一书。他在此书序言中记下了刘晦之这份"世所罕见"的"高谊"。刘氏所藏青铜器及古钱币，共计四五千件，1931 年约请鲍扶九编成《善斋吉金录》和《小校经阁金文拓本》二书。20 世纪 50 年代初，人们从新闸路小校经阁藏书楼搬出的宝贝有：线装古籍 500 箱，甲骨龟片 2.8 万件，各式古墨上万锭，古代兵器 130 件，唐朝乐器大小忽雷 2 具，三代彝器数百件，还有古代名人字画、瓷器等无数。刘晦之将藏书捐赠上海图书馆，将金石彝鼎、龟甲骨捐献或出让给了国家，现分藏北

---

① 《文献保存同志会第四号工作报告》(1940 年 8 月 24 日)，《出版史料》2004 年第 1 期，第 104 页。

② 1940 年 8 月 7 日郑振铎致张寿镛信，陈福康整理：《抢救祖国文献的珍贵记录——郑振铎先生书信集》第 127 页，学林出版社 1992 年 8 月。

③ 1941 年 5 月 21 日郑振铎致蒋复璁信，沈津整理：《郑振铎致蒋复璁信札 (上)》，《文献》2001 年第 3 期。

京故宫博物院、上海博物馆、中国科学院考古所。考古所曾为之编《善斋所藏甲骨拓本》，以资纪念。2000年1月，刘晦之之孙香港亿利达集团董事长刘永龄出资重印《善斋吉金录》，分赠有关学术机构和图书馆，受到学术界的好评，小校经阁藏书楼又添新佳话。

四、一部书目承载的历史记忆

1969年，台湾广文书局影印出版了一部记录张乃熊藏书的《芷圃善本书目》。这部编于上海"孤岛"时期薄薄的古籍书目抄本，承载着沉重的历史记忆。

浙江南浔富商张钧衡（石铭），自幼喜欢读书、藏书。辛亥后定居上海，利用他雄厚的财力迅速扩大其收藏。1916年，他请缪荃孙编《适园藏书志》，收录善本763部，内有宋本45部，元本57部，明人抄校本逾百部。朱学勤结一庐、张蓉镜小琅嬛福地、吴骞拜经楼、顾沅艺海楼等旧刊名抄，应有尽有。张石铭又先后将部分宋元古本刊刻成《张氏适园丛书初集》《适园丛书》和《择是居丛书》行世。

1928年1月，张石铭去世，其长子张乃熊继承其父藏书最多。张乃熊（1890—1945），字芹伯，号芷圃，是张石铭四个儿子中对藏书最有兴趣并最下功夫的一位。张芹伯在继承其父藏书的基础上，又收得韩应陛读有用书斋、张氏涉园、曹氏倦圃、杨守敬藏日本抄本等旧藏，善本达1 200余部。据后来所编《芷圃善本书目》著录，有宋本88部、元本74部，已超出《适园藏书志》一半以上。为了买这些书，他不惜卖掉部分祖传房产。

张芹伯作为南浔张家长房长孙，不仅打理着家里原有的房地产、围垦公司等产业，而且先后投资或发起创办的金融企业达八家之多，即通易银行（任董事）、东南信托公司（任常务董事）、大沪商业储蓄银行（任常务董事）、华安商业储蓄银行（任董事）、天一保险公司（任董事会监察人）、江海银行（任董事长）、大康银行（任董事长）和信孚银行（任董事会监察人）。江海银行与大康银行由张芹伯发起，分别创办于1934年3月、4月，由他登高一呼，应者甚众，上海滩许多实业家纷纷投资。但说实在话，张芹伯并不精于此道，他对于古籍版本却情有独钟。据说他每天上午去银行半天，下午就一头扎到他的书房里，摆弄他心爱的古书去了。1937年"八一三"后，张家的实业几乎都陷入困境，芹伯对他的藏书更为忧心忡忡。"孤岛"上虽则依然歌舞升平，纸醉金迷，但又能保持多久呢？谁也说不清。树大招风。北平旧书店老板、日本人、美国人，都看中了他的藏书。侄子张葱玉告诉他，重庆中央图书馆也在收书。张芹伯权衡再三，决定将藏书售与国家。经张葱玉联系，郑振铎、徐森玉等多次来到离苏州河南岸不远的石路张宅大院看书、议价。

　　"孤岛"上一边有醉生梦死的生活，一边也有神圣庄严的工作。郑振铎、徐森玉、张元济、张寿镛、何炳松等一批爱国文化人，为抢救濒于危亡的图书文献，经与重庆教育部联系后成立了一个叫"文献保存同志会"的秘密组织。从1940年起，同志会做了大量艰苦卓绝的工作，收购到大批珍本古籍和其他历史文献。张芹伯的藏书是他们认准的重点之一。1940年5月17日，郑振铎等在《文献保存同志会第二号工作报告》中称，江南各家藏书"其中以张芹伯书为最精。仅黄跋书已有九十余种。现正在编目。目成后，恐即将待价而沽（闻索价五十万）。"[1] 当时各方都在争夺旧家藏书，除北平书商外，郑振铎又听到一条传闻，忙致信蒋复璁："风闻张芹伯之弟在美国留学，曾于最近来函，欲代美国某图书馆大购宋版书。""务恳速为设法，或由渝设法通知张某，不应代为收购……"[2] 当然这只是传闻，一场虚惊。张芹伯仍表示售书于国家，不会做对不起民族和祖宗的事。

　　同年8月24日郑等人在《文献保存同志会第四号工作报告》中说：

　　　　张氏《芷圃（芹伯）善本书目》，顷已编就，凡分六卷，约在一千二百种左右（全部一千六百九十余部，其中约六百种为普通书），计宋刊本凡

① 《文献保存同志会第二号工作报告》（1940年5月7日），《出版史料》2001年第1期，第94页。
② 1940年5月21日郑振铎致蒋复璁信，《郑振铎致蒋复璁信札（上）》，《文献》2001年第3期。

八十八部，一千零八十册，元刊本凡七十四部，一千一百八十五册，明刊本凡四百零七部，四千六百九十七册，余皆为抄校本及稿本，仅黄荛圃校跋之书已近百部，可谓大观。适园旧藏，固十之八九在内，而芹伯二十年来新购之书。尤为精绝。……现正在商谈，有成交可能，索五十万，已还三十万，芹伯尚嫌过低，不欲售。然彼确有诚意，最多不出四十万或可购得。①

谐价谈判虽则艰苦，但因双方均有诚意，还是很快达成了协议。1940 年 10 月底，第一批"黄跋本"交到了郑振铎的手里。郑兴奋地致信蒋复璁说：

芹款已到，连定洋万元，共已付四万元（上月底付三万）。昨日傍晚，取来黄氏校跋书一百零一种，三百又三册（中一种仅有藏印），点收无误。兹钞目奉上，乞存查。此批书琳琅满目，应接不暇，虽仅二箱，而浩若烟海，黄跋书当以此为巨观矣。披览终夜，摩挲未几，几于忘饥。宋元部分，待点查完毕后，亦即可收下。乞勿念！②

郑振铎见到后的惊喜之情，溢于言表。不过"黄跋本"的数量似有误（详见下文）。张葱玉其时也将己藏善本 100 余种售与了同志会。

然而，张芹伯其他藏书的点交却并不顺利，荏苒延宕达一年之久。原因很多。首先，同志会方面认为，"尚应剔去不佳及可疑者三四百种"③，直到宋元本点交编目时，郑振铎还认为"颇有伪品，已加注明"，"中以《尚书注疏》（八行本）最为下驷，一望即知其为明翻也。十二行本《五代史记》亦不甚佳，因补板究竟太多也。《孝经》《大学》及《四言杂字》均为德州发现之物，当是明初训蒙之读本

---

① 《文献保存同志会第四号工作报告》（1940 年 8 月 24 日），《出版史料》2004 年第 1 期，第 106 页。
② 1941 年 11 月 1 日郑振铎致蒋复璁信，《郑振铎致蒋复璁信札（上）》，《文献》2001 年第 3 期。
③ 《文献保存同志会第九号工作报告》（1941 年 6 月 3 日），《出版史料》2001 年第 1 期，第 123 页。

也。《参寥子集》及《祖英集》亦全无金元气息。"① 这当然会引起张芹伯的不快。其次，张芹伯考虑到物价暴涨的原因，"希望以五万（美金）之数成交"②，并提出保留若干善本和吴兴人著作的要求。以后谐价又有几次反复。这时北平书贾节外生枝，插足进来，申称愿用美金全收芹伯藏书。郑振铎通过张葱玉说服张芹伯，坚持原议，最后商定以国币 70 万元成交，并于 1941 年 10 月 25 日以"希古堂"名义与张签订合同。当时金价一日三变，重庆方面汇款未到，蒋复璁等商请中英庚款委员会副董事长马锡尔在上海先行垫付。接着开始紧张的点交工作。虽则合同说明以《莚圃善本书目》点交，但同志会似乎又作了让步，同意张芹伯保留若干精品和吴兴人著述，可惜书名不详。这也是莚圃几种宋元版书和其他善本后来陆续现世的原因所在。

　　1941 年 12 月 8 日太平洋战争爆发前夕，点交工作方才结束，一部分善本恰已请西南联大李宝堂教授随身携带，安全送抵大后方。

五、荀斋藏书海外回归始末

　　1951 年，广东省银行香港分行经理徐伯郊（徐森玉之子）受国家委托，负责联络收回流散在港的文物。郑振铎作为国家文物局长在致徐的信中写道："至关于书画方面，如此时不购古钱，则尽可在四五月内，把必须购的一起购下也。最重要的是陈澄中的书，务请能设法购到国内收藏，重要者已仅此一家矣。"③ 此后郑在给徐的信中又多次提及陈的藏书，急切之心溢于言表："陈澄中的善本，请与他接洽"；"陈澄中的善本书，盼能便中进行。拟于讲好价格后，连同陈仁涛的古货币一同请'专款'"；"陈澄中氏的善本书……似必须以全力进行，并盼能早有结果。目录能设法寄下一阅否？"④ 陈澄中是谁？他的藏书为什么如此重要？

① 1941 年 12 月 2 日郑振铎致蒋复璁信，《郑振铎致蒋复璁信札（上）》，《文献》2001 年第 3 期。
②《文献保存同志会第九号工作报告》（1941 年 6 月 3 日），《出版史料》2001 年第 1 期，第 123 页。
③ 1951 年 3 月 27 日郑振铎致徐伯郊信，《抢救祖国文献的珍贵记录——郑振铎先生书信集》第 378 页。
④ 1951 年 4 月 8 日、4 月 28 日、7 月 31 日郑振铎致徐伯郊信，同上，第 380、382、384 页。

　　陈澄中（1894—1978），名清华，湖南祁阳人，民国时曾任中央银行总稽核。他虽是新式银行家，却嗜好古籍古碑。其岳父叶琢堂饶于资，陈氏靠其财力购藏甚富且精，当时与天津藏书家周叔弢齐名，有"北周南陈"之称。南宋廖莹中世綵堂刻书堪称精善，传世韩、柳文等均为海内孤本。陈澄中从湖南藏书家袁思亮处得《昌黎先生集》四十卷，此书原为丁日昌持静斋中物，渊源有绪，弥足珍贵。潘宗周宝礼堂藏有《河东先生集》，也是经历代名家递藏的极精之品。陈、潘两人都想得到对方手中的书，以成双璧。但大家互不相让，相持不下。陈氏坦陈己意商诸潘氏："世人向以韩柳两家并称，故韩柳二集亦以并置一处为宜，倘若两书分居二处，能无失群之憾耶？鄙以两书各作现大洋二万元，或以韩文归君，或以柳文归我，胥以二万元偿其值，如何？"[1] 结果潘氏同意将柳文归诸陈氏。《梦溪笔谈》，宋人沈括著，是我国古代重要的科技书。此书宋本早佚，传世最早的元大德刻本曾是明代内阁藏书，经清人汪士钟艺芸书舍等家递藏，最后也归陈澄中所得。另外，宋蜀刻《张承吉文集》、汲古阁影抄本《鲍参军集》《小学五书》《词苑英华》《焦氏易林》等，均为罕见秘本。

　　陈氏藏书中最著名的当数宋刻宋印本《荀子》，专家考定为南宋浙江官刻本。此书开卷有"道乡书院""孙朝肃印""士礼居""汪士钟藏""甲子丙寅韩德钧钱润文夫妇两度携书避难记""韩应陛鉴藏宋元名抄名校各善本于读有用书斋印记"等藏书印。松江韩氏读有用书斋藏书于抗战前后陆续散出，陈澄中当于此时购得这部宋版《荀子》。陈氏由此给自己的藏书楼取名荀斋，并特绘《荀斋图》，遍征名家题辞。张元济曾作《陈澄中得宋刻荀子绘〈荀斋图〉属题》古诗一首，结合时局，感慨云："千百年来重文不重武，乃有人袭我所长攻我弱。认取罗盘南北飞，轰然爆弹九天落。……陈侯视我古雕本，老见异书一欢跃。还祝高斋慎弄藏，毋为今日五丁雷电强取攫。"[2] 抗战中陈氏还辗转购得瞿氏铁琴铜

① 转引自宋路霞：《百年收藏——20世纪中国民间收藏风云录》，复旦大学出版社1999年版，第217页。

② 张元济：《陈澄中得宋刻荀子绘〈荀斋图〉属题》，《张元济全集》第4卷，商务印书馆2008年版，第33页。

剑楼若干善本书。

荀斋藏碑也多珍罕之本，如《神策军碑》，全名《皇帝巡幸左神策军纪圣德碑》，唐柳公权正书。此碑立于皇宫禁苑，外人很少能见到，椎拓更为困难，从宋代至今只传此一种，世称"宋拓孤本"。欧阳修《集古录跋尾》未见著录，赵明诚《金石录》也只列碑名而已。原碑宋初已毁，此拓本可能出于唐末或五代人之手。藏印累累，历代流传有绪。南宋时为权相贾似道所有，元代一直是翰林国史馆藏品，明初归内府，后入晋王府。清代又递经孙承泽、梁清标、安歧、张蓉舫、陈介祺等人收藏。陈氏荀斋还藏有《佛遗教经》《东海庙碑》《大观帖》《绛帖》《蜀石经》《嘉祐石经》等碑帖，皆为稀世珍品。

抗战胜利后陈澄中由上海移居香港，随身携带了一批善本古籍和珍本碑帖。当时美国国会图书馆等公私藏家都有囊括之意，陈氏未允。郑振铎一直关注着这批文物的流向，设法与陈氏联系，并请示了周恩来总理。周总理亲自过问此事，经徐伯郊在香港与陈清华商谈，终于分两次购回部分善本古籍。第一次1955年，国家拨款80万港元，购得荀斋所藏世綵堂《韩文》《柳文》和蜀刻本《丁卯集》等126部善本书，其中包括5册《永乐大典》。郑振铎兴奋地告诉张元济："得森玉先生函，知先生时以陈澄中的善本书能否收归国家所有为念。这件事已进行了两年多，最近方才解决，已在港点收完毕。从此世綵堂的韩、柳文，蜀刻的唐人数集，以及许多宋元善本，明抄黄跋，均得庋藏于北京图书馆了！"[①]第二次"文革"前夕的1965年，国家拨款25万元人民币，购回荀斋珍藏包括碑帖7种、古籍善本18种。碑帖有《神策军碑》《东海庙碑》《大观帖》《绛帖》《蜀石经》及《嘉祐石经》等；善本书有宋版《荀子》、宋刻《张承吉文集》、元刻本《梦溪笔谈》《任松乡集》、元明间刻本《断肠词》、明弘治间涂祯刻本《盐铁论》、明嘉靖刻本《泰山志》、清初毛氏汲古阁影抄《鲍参军集》《小学五书》《词苑英华》《焦氏易林》《汉书》等，以及清代乾嘉学者孙星衍、洪亮吉、顾千里跋《水经注》

---

① 1955年5月28日郑振铎致张元济信，《抢救祖国文献的珍贵记录——郑振铎先生书信集》第291页。

等。当荀斋藏书 1965 年 11 月运抵北京后，周总理还抽出时间一一过目，并指示北京图书馆要妥善典藏，供广大研究工作者使用。

陈氏晚年定居美国，身边仍有不少宋元本书，归其子陈国琅继承，后陆续散出。2003 年，陈氏荀斋 23 种善本书由嘉德公司整体转让给国家图书馆。2006 年 7 月，国家图书馆与上海图书馆辑编、上海古籍出版社出版《祁阳陈澄中旧藏善本古籍图录》1 函 12 册，展示了这批民族瑰宝的不朽身影。

陈澄中在上海的寓所也有大量藏书，大部分由其女儿陈国瑛、女婿刘吉敖"文革"前售予上海古籍书店，最终归上海图书馆收藏。部分留存较好的书，"文革"中被造反派抄家抄走。1980 年"落实政策"发还时，尚存 2 000 余种，包括宋刻本 15 种、元刻本 12 种、赵城金藏零本 9 种、金代单刻经 6 种、普宁藏零本 8 种、明铜活字本 6 种、稿本 11 种、明抄本 30 种、毛抄 3 种，他若卢文弨、鲍廷博、吴骞、黄丕烈、劳氏兄弟等名家批校题跋本达 87 种之多！[①] 最后也由陈国瑛、刘吉敖捐献给了上海图书馆。

上海银行界中的藏书家还有多位，如张寿镛（曾任国民政府财政次长兼中央银行副行长）的约园藏书、秦润卿（钱庄业耆宿、曾任交通银行上海分行经理）的抹云楼藏书、陈光甫（上海商业储蓄银行总经理）创办的海光图书馆，各具特色，为民国江南藏书文化不可分割的组成部分。

民国初至抗战爆发，是中国私家藏书最后一段黄金期。上海作为金融中心，银行家中受传统文化熏陶拥有藏书者不乏其人。随着现代图书馆事业的发展，私家藏书总将被逐渐纳入社会公藏的洪流，战争又加速了藏书的聚散与整合。上海几家银行家藏书楼的变迁，正是这段历史的真实写照，值得我们认真研究和总结。

2021 年 8 月于上海浦东明丰花园北窗下

---

① 陈先行：《郇斋藏书整理小纪》，转引自柳向春《徐伯郊是怎么从香港抢救文物的》，2017 年 5 月 14 日《澎湃新闻·上海书评》。

银行家的藏书楼

黄沂海

读万卷书，行万里路，赚万贯财。在中央权威缺失的北洋时代，具有独立发展意识和现代经营思想的国内银行家群体崛起。南京国民政府前期，银行家的黄金时代依然延续，他们不仅推动国有银行改革发展，更引发私营银行蓬勃兴起。那个时代聚集在资本市场呼风唤雨的银行家，大多是出身中国传统书香门第的精英，受过良好的海内外教育，受儒雅家风和沉稳行风所染，他们尊书爱书，读书藏书，修书捐书，留下甚多耐人寻味的文化印痕。

华夏文化源远流长，藏书文化更是文明古国的传统精粹。屈指一数，在不胜枚举的银行藏书家中，颇具影响的就有：掌管多家钱庄、清末"上海船王"郁泰峰的宜稼堂，大清银行安徽督办刘体智的小校经阁，上海钱业公会会长秦润卿的抹云楼，中国银行上海分行总稽核陈清华的荀斋，浙江兴业银行董事长叶景葵的卷庵，浙江兴业银行常务董事蒋抑卮的凡将堂，中国银行天津分行总经理陶湘的涉园，上海交通银行总管理处秘书长叶玉森……林林总总，书风浩荡，薪火相传，传奇延绵。

宜稼堂与"三进九庭心"

清末上海船王、钱业巨头郁泰峰是何身价？从其"郁半城"的外号便可知一二。生于1789年的郁泰峰称得上是"富二代"，其父郁馥山在申城经营沙船业字号赚取"第一桶金"，他继承父业以沙船业的同业组织上海商船会馆为核心，大力拓展航线，形成南货北运、北货南运的繁荣局面，又涉足金融、文教、城建、商市以及慈善等领域，长袖善舞，八面威风。这时，郁家拥有近200条沙船和100余家钱庄、商号、典当等企业，堪称沪上首富。

当年郁家到底有多牛？颇值一书的是，郁泰峰打理钱业的当口，还做过一件特别"牛"的事情。1856年，经朝廷批准，他与同行合作制造机铸银圆，也叫银饼，分一两、半两两种规格，开创中国钱币史上商铸银币之先河。

上海老城厢小南门内，有一条长500多米、富有明清建筑特色的乔家路，据闻明代科学家徐光启、抗倭将领乔一琦、海派书画大家王一亭、国务院副总理邹家华等名人，均出生或居住在这条路上，可谓巷短缘长，人杰地灵。郁泰峰的郁家大院，即在乔家路东端与巡道街交接处，沿天井、大厅步入第二进内宅，有一处两层楼两厢房的建筑，正是当年名闻大江南北的"宜稼堂藏书楼"。

"儒商"郁泰峰虽然富贵逼人，却自奉节俭，崇尚文化。1853年秋，小刀会占领上海县城长达一年半，沙船航运业遭遇重重困境，他除了维持日常经营之外，主要精力用于收藏宋元佳本，先后收得"艺云书舍""水月亭""小读书堆""五砚楼"及黄氏"百宋一廛"之藏书，请人校勘收集到的残本、抄本，并动笔撰写了一些序文及札记，刻印出书，诸如校勘重印宋代秦九韶、杨辉的《算经》、宋代萧常和元代郝经两家的《续后汉书》，刻印元代文学巨匠戴剡源、袁清容的文集等，均为重要且罕见的文献。郁泰峰先后斥资10万两白银，搜集历代名著典籍约50万卷，又在大宅内建造"宜稼堂藏书楼"，从浩繁卷帙中遴选出精品书籍，编成《宜稼堂丛书》，共6种，64本，计229卷，藏书之富称雄一时，被世人赞叹"功德无量"！

时称"三进九庭心"格局的藏书楼建立后，"谈笑有鸿儒，往来无白丁"，留下了一连串名家足迹：时任江苏巡抚的李鸿章，每次来沪造访，总不忘到藏书楼"打卡"，寻觅新购珍本，爱不释手之余，还向主人开口借阅、索要书籍；湘军将领、洋务派代表人物左宗棠也曾光顾此间，浏览藏书，钩沉索隐，留下了"五风十雨岁则熟，左图右史身其康"的书联；时任上海候补道的丁日昌，经常来"宜稼堂"查阅典籍，从不敢开口索书，有时只能偷偷地将心仪的书籍掖在袍子里带走，"窃书不算偷也"；申江名士、洋务派学者王弢也经常来郁家大院拜会郁泰峰，成为莫逆之交，《王弢日记》中有很多章节记述了他俩交流读书心得的片断……

这栋历经二百年风雨侵蚀的江南大宅，不仅保存了价值连城的古籍善本，还掩护过不少革命志士。抗日战争前夕，民主人士、出版家邹韬奋为躲避蒋介石特务的搜捕，曾和夫人沈粹缜一起秘密来郁家大院养病。解放战争时期，郁家后人利用大院内部结构复杂、曲径通幽的特点，为中共地下党刻制、印刷红色宣传文件。

风流总被雨打风吹去。郁泰峰撒手尘寰，藏书逐渐散佚，大多流入南北知名藏书家手中。所收汪氏"艺云书舍"之卷册，大部被北方藏书第一世家——山东杨氏"海源阁"所接纳，其他宋元旧本、名抄精校，入藏丁日昌的"持静斋"，还有一些精帙散编，则归于清末学者陆心源的"皕宋楼"。

小校经阁与《四库全书》

漫步上海新闸路和陕西北路路口，可以望见一座八角小楼，掩映在草木葱茏之间，虽不起眼，却是沪上现存的唯一一幢私家藏书楼旧址。藏书楼取名"小校经阁"，当年储书达10万册之巨，主人便是曾经担任大清银行安徽督办、中国实业银行董事及上海分行总经理的刘体智（字晦之）。刘体智的父亲大名赫赫，为李鸿章的心腹、清末四川总督刘秉璋，曾指挥打赢了中国近代史上难得的胜仗——中法镇海战役。

刘家祖上就有藏书传统，在安徽老家有个远碧楼，藏书5万余卷，其中有《远碧楼书目》10卷，郑振铎作过考证，认为远碧楼里精善虽不算太多，但确有一些是外界不经见之书。刘体智继承衣钵，其书目达32卷，著录图书2 400余部，版本以明版为多，间亦有十数部宋、元珍籍。至1949年，尚有宋版9部，各地方志1 000余部，善本达1 928册。此为建国初期上海市文管会接收时的考订结果。

因为父亲的缘故，刘体智很小便过继给李鸿章作义子，使他有机会进入天津李鸿章的家塾，随李氏子弟一起读书，与李氏门生故吏之间隔代交往。刘体智自幼天资出众，聪慧好学，中西文俱佳，并饱览故家旧族的典籍，这为他日后成为银行家和收藏家均打下了深厚基础。

晚清时，刘体智开始在金融界崭露头角，历任户部郎中和大清银行安徽督办。进入民国，刘体智举家迁至上海，并于 1919 年出任中国实业银行上海分行总经理。新官上任三把火，刘体智大刀阔斧推出新举措：首先是树立形象，斥资在北京东路和虎丘路路口盖起中实银行大厦；其次是裁减冗员，节省开支，短时间内使银行恢复元气；再次是振兴业务，吸收存款，在中资银行里首推"特别有奖储蓄"，一时聚集大量游资。常言道"人怕出名猪怕壮"，刘体智的高调引来了同业的妒忌倾轧，纷纷到国民政府财政部长宋子文跟前告状，说其扰乱市场秩序。其时宋子文正筹备发行"航空奖券"，生怕刘体智的"特别有奖储蓄"抢了他的生意，于是略施小计，下令对中实银行这项业务予以停牌。有奖储蓄急刹车，引起市民恐慌心理，银行门口涌现挤兑风潮，幸亏刘体智备足了"粮草"，左推右挡，才算平息风波。法币政策实施后，宋子文再祭整肃金融市场的大旗，像中实银行这样的民办商业银行，只好接受改组，加入官股，政府还委派原中央银行国库局长担任中实银行总经理，这无疑架空了刘体智的权力。刘体智被时局"摆了一道"，心灰意懒，索性辞了银行高管职务，一头钻进小校经阁里。

刘体智"躲进小楼成一统"，开启了一个"惊天计划"，欲以一己之力，创制中国第八部《四库全书》。众所周知，乾隆皇帝时编制的《四库全书》，共有七部抄本，由天下第一才子纪晓岚领衔主编，存放在各地藏书楼里，以规模庞大、版本精美著称，但其中不少属"存目"之书而无原书，并且有些内容因统治阶层意志而被删改，刘体智立志要把《四库全书》所有书目搜罗齐全，恢复其历史本来面目。为此，他依仗自己从事金融工作积攒的财力和魄力，长年雇用十几名抄书、校书的秀才，成天埋首于故纸堆里，研精极虑，孜孜以求。可惜的是，随着小校经阁被政府征用、私家产业渐渐坐吃山空，刘体智一度要靠借贷维持生计，这个宏大得有点异想天开的梦想只好付之东流……

捧"银行饭碗"时，刘体智不仅藏书，还喜好收藏文物，尤以龟甲骨片和青铜器见长。民国时期美国传教士"中国通"福开森在《历代吉金目》中记载："刘体智（晦之）是民国以来收藏青铜器最多的人。"著名历史学家容庚也说过："庐江刘体智先生收藏经籍书画金石之富，海内瞩望久矣。"1950 年，刘体智将所藏67 873 册古籍，包括 1928 部善本书全部捐赠给上海市文物管理委员会，这批藏书分别藏于上海图书馆和北京故宫博物院图书馆，几年后又将剩余数万册藏书分批捐出；所藏 28 000 余件龟甲骨片则悉数捐给故宫博物院，大批古墨古砚捐给安徽省博物馆。陈毅市长曾颁发嘉奖令，表彰他无私奉献的爱国精神。

身后不留一石一木，一分一毫，这在私家收藏史上，亦属凤毛麟角。晚年的刘体智以善斋老人为号，所辑录的著作有《小校经阁金文拓本》《善斋吉金录》等，既是对其收藏及过眼文物的研究与记载，更是近代最为权威的金石学著作。

抹云楼与"钱业领袖"

百善孝为先。民国时期担任上海钱业公会会长的秦润卿，不仅是近代钱业巨子，还是远近闻名的寒门孝子。他曾在家乡宁波慈城镇为母亲建造了一栋花园小洋房，岂料小楼刚刚落成，他母亲就溘然长逝，秦润卿强忍悲伤，将两层小洋房改建成了一座藏书楼，取名"抹云楼"。

说起抹云楼，绕不开秦润卿的先祖——"苏门四学士"之一、北宋著名词人秦观（字少游）。秦观 31 岁那一年，客游汴京、扬州等地，为欢送朋友履新上任，觥筹交错之余，即席作《满庭芳》一词，首句"山抹微云，天粘衰草"，描摹秋日暮景，抒写离愁别绪，情景交融，苏轼听后击节赞赏，称秦观为"山抹微云秦学士"。秦润卿追念先祖，更喜欢秦观的佳句，为此自号抹云老人，命名抹云楼，之后又建创"抹云楼图书馆"，设立"抹云楼奖学金"，引领风尚，奖掖后学，真可谓"云"开日出书声朗。据云，经秦润卿资助的优秀生，有的被保送到他在上海开办的"修能学社"，还有的培养进入高等学府甚至海外留学。

秦润卿自幼家境贫寒，求学不易，年少时闯荡上海，在协源钱庄当学徒"吃萝卜干饭"，生活艰辛并没有磨灭他的理想之光，长年手不释卷，嗜书之癖渐渐养成。升任钱庄经理后，手头较为宽裕，他抓住时机，陆续购藏珍本。如 20 世纪 30 年代初，冯氏子孙败落，出售醉经阁藏书，秦润卿闻讯派专人搜集庋藏；

日寇入侵宁波后，"天一阁"藏书楼部分古版善本被盗卖到上海，他多方设法购回，"惟恐这批文物流散国外，遂全部收购"。替秦润卿担任后期购书工作的张嵩坡曾描述过他的购书经历："书是从上海购买再运去的"，而他代为购买的图书数量则有上万册之多。有人作过盘点，抹云楼总藏书达 42 226 册（件），其中线装古籍 32 996 册，包括浙江省各县方志、《普陀山志》、《赵大愍公全集》（即《赵文华全集》手抄本）等。

1936 年，时值秦润卿 60 大寿，一众好友深知"钱业领袖"之秉性，决议变通方式，各自解囊出资，在慈湖中学新校址之上"购建书库，仍以抹云名楼，俾君藏书于此，供众浏览"，然而天不遂人愿，翌年抗战爆发，建馆构想戛然而止。直至 1945 年抗战取得胜利，原拟的抹云楼图书馆计划仍然受制于现实条件，难以落定，秦润卿锲而不舍，毅然将自家用作暮年回乡休憩之处的西式楼房无偿捐献，"即以抹云楼图书馆名之"，向公众开放。他还承担起图书馆的日常经费，"将其天一保险公司股份 5 000 元之每年股息作为经常开支"，组织"图书保管委员会"，由乡间士绅及家属两人共同组成，负责图书馆的运行管理。

当时的抹云楼图书馆，规模不俗，分为古籍、现代两部分，另设有报刊阅览室和儿童阅览室。卷帙浩繁，如何管理，秦润卿有其深思熟虑："至于书籍，除庋藏以往收藏之古籍善本之外，现正陆续添置，此室中满架新书皆属之。商务印书馆、中华书局所出新书，亦在订购，其他各种丛书亦将逐步采购，以资充实。"对于图书出借，他亲拟规定："除善本外，群众可以出借，唯我子孙，则仅能在馆内阅读，不准借出。"乍一看，此番规定殊为奇怪，但秦润卿自有深意："盖彼等或有不察，认为馆中图书，系我私产，借出之后，索还不易，要知道一经捐献，即为公物，而非我秦某所私有。"为了避免图书馆工作人员情面难却，秦润卿"写好手谕一纸，嘱管理人员制一玻框而悬之馆内，俾我子孙一望而知，庶可免管理人员之为难"。秦润卿严己宽人、身正为范的自律精神，由此可见一斑。

抹云楼图书馆兢兢业业为慈溪民众服务至 1952 年，秦润卿将全部书籍图册、碑帖字画联同物业捐赠给浙江省人民政府，他曾致函浙江省图书馆馆长陈训慈：

"润卿积年心愿偿于一旦，快慰奚似！"令人唏嘘不已的是，1991年在扩建一所小学时，抹云楼被无端拆毁。

荀斋与"数量守恒定律"

民国年间，古籍善本收藏大家有"南陈北周"之称，北为天津周叔弢，南为上海陈清华。《中国藏书家通典》一书如是描述：陈清华（字澄中），祖籍湖南祁阳，早年在上海定居经商，后任中国银行上海分行总稽核，其妻为浙江财阀之女。20世纪30年代开始收藏中国古籍善本和古碑帖拓本，于古本旧椠爱不释手，所藏宋元刻本既精且富，尤以万金购得海内孤本宋版《荀子》闻名于世。

话说宋刻本《荀子》，约刻于南宋光宗绍熙年间，刊刻精美，字大如钱，墨光如漆，版式疏朗，纸张系用宋代黄坛纸，保留着北宋国子监刻书的敦厚古朴之气，闻之书香扑鼻，睹之思绪万千，仿佛身临两宋时期工匠雕版印刷书籍的历史场景中。宋版《荀子》的背后，蕴藏着百折千回、柳暗花明的流传经历，从刻本所钤的印章不难看出，从"邹氏子之""邹印同心""忠公后裔""道乡书院""勤有堂读书处""甲子丙寅韩德钧钱润文夫妇两度携书避难记"等，一直辗转落入银行家陈清华的手里，其间饱经的忧患沧桑，难以一言道尽。当时著名版本目录学家、故宫图书馆馆长傅增湘获知后笑问："君非以万金得熙宁《荀子》者乎？是可以荀名其斋矣。"故此，陈氏书屋取名"荀斋"。

原来如此！陈清华久居银行高位要职，又系江浙财阀叶琢堂的乘龙快婿，难怪他能一掷万金收买善本，得"南陈北周"之誉。看来银行家欲变身藏书家，精神文明终究离不开物质文明啊。

陈清华在复旦大学读书期间，受教于薛仙舟先生，1915年在薛先生的帮助下赴美留学，获得伯克利大学经济学硕士学位。回国后他先后就职多家银行，操弄算盘账册之余，醉心于古籍收藏，除了《荀子》为其镇库之宝外，还藏有宋版《韩昌黎先生集》40卷，《柳河东先生集》40卷，元古迂陈仁子刻《梦溪笔谈》，明成化五年刻本《铁崖先生古乐府》等，均为世间绝无仅有之物，其藏书之精，质量之高，于江南无有匹敌者。抗战爆发后，陈清华辞去银行"金饭碗"，转入学校教授经济思想史，1949 年移居香港，并带走了数十种珍善之本。

20 世纪 50 年代中期，陈清华因家道中落，手头拮据，打算出让一部分古籍，美国、日本以及一些私人藏书家闻讯后都纷纷抛出橄榄枝。为了避免国宝级文物流入境外，时任国家文物局局长郑振铎向周恩来总理发去请示报告，准备斥资向其征集。周恩来非常关心此事，尽管时逢新中国刚刚成立，百废待兴，白手起家，经济上捉襟见肘，但还是拨出巨款 80 万元，分两次从香港收购包括"无价之宝"宋版《荀子》在内的 100 余部精本，据说这笔花费相当于那时全国大学生一年的伙食费，足见政府对拯救民族珍贵文化遗产的重视程度。作家黄裳在《荀斋小记》中写道："陈清华两次卖书，使国之瑰宝不流入域外，爱国之心，世所共仰。"如今，这批善本精品藏于国家图书馆，藏书印"陈印清华""荀斋""祁阳陈澄中藏书记""陈澄中收藏印"等清晰可见。

陈氏的收藏路数，甚是另类，他的"收藏经"很有见地，即家有藏品不能超过 100 件，超过这个数量就会成为包袱和累赘，经常为之牵肠挂肚，寝食难宁。所以，他的藏书倘若逾越 100 件，收进 1 件必须卖掉 1 件，吐故纳新，精益求精，始终遵循这一"数量守恒定律"。

卷庵与"合众图书馆"

长期与金钱打交道的叶景葵，也是个书香银行家。叶景葵（字揆初）出生于书宦世家，他 20 岁中举人，29 岁中进士，34 岁担任浙江兴业银行汉口分行总经理，之后他奉旨署理天津造币厂监督，屁股还没坐热，又空降大清银行任监督，主张大清银行向中央银行转轨，专以"维持币制，活动金融"为己任。叶景葵与浙江兴业银行渊源颇久，1915 年被推选为董事长。该行是中国最早实行董事长制度的银行，故而叶氏亦成为我国金融史上首位银行董事长。上任后，他革故鼎新，稳中求进，浙兴银行市场份额长年稳居私营银行之首，进入全盛时期。

　　叶景葵笃志藏书，源于 1917 年藏书家吴昌绶嫁女时挑出所藏 40 种明刊及旧抄善本，标价千元求售，充当嫁资，叶景葵听闻后慷慨出手，从此引发数十年搜集与整理古籍善本之"癖"。叶景葵所藏，并未停留在秘籍珍玩之层面，而是独辟蹊径，以名家稿本、抄本及批校书为搜罗对象，每得异书，必梳理考订，经他手校古书数百种，圈内获"手稿收藏家"之誉。数十年苦心经营，叶氏倾其积蓄，藏书 2 800 多部，计 3 万余册，稿本、抄本 600 余部，严可均辑《全上古三代秦汉三国六朝文》底本、惠栋《周易本义辩证》手稿、钱大昕《演易》手稿、周雪客《南唐书笺注》抄本等，皆为书之瑰宝。其中最珍贵的稿本，当数从杭州抱经堂购得的顾祖禹《读史方舆纪要》手稿。叶景葵刚拿到这部被书虫蛀过的"世间孤本"时，可谓一堆故纸，碎烂不堪，为此，他"灯下排目整理，剔除蠹鱼蛀虫不下数百"，并请修书高手修补，费时两年，使濒于毁灭的珍品重见天日。

　　目睹江浙藏书大量散佚，叶景葵在给友人的一封信里感言："弟因鉴于古籍沦亡，国内公立图书馆基本薄弱，政潮暗淡，将来必致有图书而无馆，私人更无论矣。是以发愿建一合众图书馆。"1939 年，叶景葵邀请商务印书馆董事长张元济等志同道合者，筹设私立合众图书馆。图书馆创建之初，叶景葵做了几桩事：一是确定发起人，成立图书馆理事会，建章立制，构筑框架；二是购下租界中心地块二亩作为馆舍建筑之地；三是捐款 10 万元，加募财产 10 万元，共计 20 万元作为日常经费，动息不动本，又将私家书斋"卷庵"全部藏书捐出，成为图书馆首批馆藏。1941 年长乐路新馆舍落成，当时朋辈响应，捐书日众，至 1949 年合众图书馆藏书已达 30 万卷，建国后更名为上海历史文献图书馆，今归于上海图书馆。

　　叶景葵的书斋取名"卷庵"，他生前出版的数本著作均不舍"卷庵"情结：《杭州叶氏卷盒卷庵目录》《卷庵书跋》《卷庵杂著》等。捧读其《卷庵书跋》，多为藏书跋语，或提撷英华，或评议体例，或考订版本，或叙述往事，内涵丰富，见解独到，令后学者获益匪浅。叶氏还常以"书寄生"自居，曾幽默地对人讲："昔日我为主而书为客，今书为馆所有，地亦馆所有，我租馆地，而阅馆书，书为主而我为客，无异寄生于书。"

1949 年上海解放前夜，叶景葵病逝。好友张元济饱含深情作诗云："万卷输将尽，豪情亦罕闻。君能成众志，天未丧斯文。"

凡将草堂与"拨伊铜钱"

当叶景葵倡导并筹建合众图书馆之际，他的事业"黄金拍档"、浙江兴业银行常务董事蒋抑卮自然不会作壁上观，他当即捐出明庶农业公司股票 5 万元作为图书馆购书基金，又率先捐书 3.4 万余册。蒋抑卮表示："旧书应该归到图书馆，让社会上从事这种学问者利用，一人的搜求是有限的，终是要靠着互相通假的。"

蒋家善于经商，名头赫赫，独占杭州丝绸业的半壁江山。蒋抑卮（字一枝）自幼好学不倦，曾随国学大师章太炎学习文字、音韵和训诂，1902 年东渡日本留学，专攻政治经济，初通金融之道。回国后，喝过洋墨水的蒋抑卮躬身参与了浙江兴业银行的筹划与创立，之后接替父亲成为该行董事。经营管理银行之余，蒋抑卮尤好读书藏书，茶余饭后手不释卷，与同仁以道德学问互相砥砺，形成了一种处事严谨沉稳的作风。

1918 年，蒋抑卮联手"银行业大咖"李馥荪、张嘉璈、钱新之等合资买下沪西宅地 70 余亩，兴建别墅区，取名"范园"。蒋家为园中大户，独占 644 号、646 号两幢别墅，蒋抑卮在自家别墅后面建一幢三层楼的藏书楼，以汉代司马相如文字学著作《凡将篇》为自励，得名"凡将草堂"，将多年来千辛万苦购入的图书珍藏于内，达 15 万卷以上。其中以购得苏州汪柳门万宜楼藏书为基础，陆续增添经、史、子、集各类典籍，特别是收藏了江南一些名门望族的族谱共 526 卷 451 册，以明成化和万历年间的抄本或刊本最为珍贵。

除了对合众图书馆鼎力相助，蒋抑卮最让人津津乐道的故事，是与鲁迅先生的一段书缘。1909 年 2 月，鲁迅和弟弟周作人在东京翻译出版《域外小说集》，这是周氏兄弟生平第一次的文学努力，此举得到了绍兴老乡蒋抑卮的支持，慨然垫出一笔印刷费。周作人《知堂回忆录》有一篇文章题为《蒋抑卮》，对此记述："他一听译印小说的话，就大为赞成，愿意垫出资本来，助成这件事，于是《域外小说集》的计划，便骤然于几日中决定了。"初集印了 1 000 册，二集印了 500 册，由于销售不佳，卖剩的书籍保存在杭州的蒋广昌绸庄和上海的凡将草堂藏书楼。对蒋抑卮的这一义举，鲁迅一直心存感激，两人鸿雁往来，联络不辍。有人盘点，从 1912 年到 1928 年，鲁迅日记中至少有 42 处提到蒋抑卮。1936 年鲁迅病重，蒋抑卮曾到大陆新村探望，兴奋地表示要为鲁迅办一个从事文学创作 30 周年纪念会。未料这一次见面竟成永别。追悼会那天，蒋抑卮送去了"文章千古"的挽幛，还找到许广平许诺要资助《鲁迅全集》的出版。

鲁迅年轻时爱给朋友起绰号。比如称文字学家钱玄同为"爬来爬去"，称日本留学的同学邵明之为"熊"，给蒋抑卮起的绰号，干脆就是一句绍兴闲话"拨伊铜钱"。原来，急公好义的蒋抑卮平常有句口头禅，凡是遇到危急难搞的事情，常说"拨伊铜钱"（即"给他钞票"的意思），充满了银行家的豪气、底气和义气。蒋抑卮"拨伊铜钱"之名不虚。他早年赞助的《浙江潮》，系 20 世纪初浙江籍留日学生创办的期刊，蒋闻讯创刊当即掏出 100 元作为杂志的开办费；他以个人名义设立"凡将草堂小学基金"，以其父母名义设立杭州孤儿院教育基金，并设想捐资设立一个奖励"以研究丝织为专务、著有信誉"的"本国人学术团体"，尽管这一愿望在他生前未能实现……

谨遵先父遗命，蒋抑卮的几个儿子也热心社会公益，1952 年把凡将草堂留存的藏书 200 余箱 1 213 种，全部捐赠给华东军政委员会文化部，如今绝大部分珍藏于上海图书馆。蒋抑卮生前在浙江兴业银行留下一笔可观的遗产，建国后划归中国人民银行上海分行。20 世纪 80 年代初落实政策，蒋氏后人拿出其中的 3 万元在浙江丝绸工学院（今浙江理工大学）设立"蒋抑卮丝绸奖学基金"，以奖掖优秀学子，振兴民族丝绸工业。

百川书屋与"陶氏书套"

津门众多的私人藏书家中，中国银行天津分行总经理陶湘是一位极富传奇色彩的人物，他的藏书多达 30 万卷，集于自身，又散于自身。纵观其三十余载藏书生涯，正所谓聚也匆匆，散也匆匆。

陶湘（字兰泉）大半生从事实业和金融业，在争逐利场之余暇，寄情于图书，自言"生平于缥缃外，无他嗜"，因而被称为商场俗世之雅人。陶湘行商足迹遍及多地，热衷于"跨界"经营，历任京汉铁路机器处总办，京汉铁路全路副监督，上海三新纱厂总办，山东峄县中兴煤矿公司董事，天津华新、裕元、北洋等纱厂经理，上海轮船招商局董事兼天津分局经理，山东鲁丰纱厂常务董事，北京交通银行代总经理等职。1926 年，他应国立故宫博物院管委会委员、故宫图书馆馆长傅增湘之聘，出任故宫博物院图书馆专门委员，成为专门鉴定殿本书的专家。

天津的成都道、西安道、山西路合围的三角地，民国时期这里西式洋楼鳞次栉比，然而十年前却被拆成一片临时绿地，唯有一幢洋楼岿然独存，显得有些孤独和无奈。因此处藏有宋版《百川学海》，藏书楼曾被称为"百川书屋""涉园"等名。1922 年"百川书屋"主人陶湘由北京迁居天津，便在这栋楼里展卷摩挲，藏书纂述，直至 1934 年移居上海。为收集宋版精品，陶湘不仅在京津两地书肆访求，而且还向南北方的书贾求购，一旦遇到孤本善本，不惜代价，一律收购珍藏，数年后其收藏宋版精品达 40 余种，均为罕见珍本。据傅增湘《故宫殿本书库现存目题辞》记载，陶湘藏书总数多达 30 万卷。

与当下收藏圈崇尚"真、精、新"如出一辙，陶氏藏书亦有三个特点：一是品性真，以明本及清初精刊本为搜求的大宗；二是品质精，嗜好毛氏汲古阁刻本、闵氏套印本、武英殿本，开化纸本等，所藏皆为海内一时之冠；三是品相新，藏书讲究完美无缺，尤其重视装帧精美，书籍入藏之前，他总要亲自检查整理，如稍有破损，必购旧纸，觅良工巧匠照原书笔法摹写补足，整旧如旧，还亲自设计月牙式四合书套，选工极严，被书林誉为"陶氏书套"。

丰富的藏书为陶湘校勘创造了条件，而精于校勘是保证刻书质量的关键因素。刻书不仅可以保存古籍，传承文化，还可以弥补存世之不足。经他校勘的书籍，几乎红笔圈遍，用心剖析其中的疑义错谬；而经他刻印的古籍，校订优良，纸墨优美，行款装订均为佳妙，在民国时期的出版界中享有盛誉。自 1921 年至 1931 年，涉园校勘、刻印的古籍均为当时所罕见。伦明在《辛亥以来藏书记事诗》中评价陶湘刻书成果："以类求书书不同，巧于弃取绍陶公，藏书岂若传书久，欲散家赀养刻工。"陶湘由藏书转入刻书，足见其目光如炬，志向高远。

"读书难，藏书尤难，藏之久而不散，则难之难"。明清思想家黄宗羲道出了典籍聚散的甘苦。陶湘虽为银行家，却不善理财，寓于沪上后，夫人撒手人寰，家务无人照料，又专事刻印古籍，入不敷出，难以供养子女读大学，家境每况愈下。于是他开始出售藏书，同时继续刊刻古籍，以维持生计。涉园藏书，海内外知名，大都争相购买，日本侵华后，陶湘不受利诱，拒绝与日伪合作。因刻书之业无后人继承，陶湘生前就有将遗留藏书及书板交国家保存之夙愿，他在遗嘱中教育后人，不论有无回报，也应"公藏世守，万勿弃置"。陶湘临终前，珍藏大部分散去，而利债陆续还清，所剩万余册精本图书及若干碑帖仿宋书板约 40 箱，寄存在天津交通银行保管箱库房里。新中国成立后，陶氏子女遵照父亲遗愿，将 40 箱藏书悉数捐献给国家，使陶湘毕生所聚集的最后一批珍藏化私为公，找到了最好的归宿。

"百川书屋"藏书的散佚，恰与时局动荡休戚相关，正如陶湘在《清代殿版书始末记》中所言："国力之孱弱而文物相与以俱衰。"别具慧眼识典籍，无奈聚散两匆匆。在浩瀚藏书历史长河里，陶湘宛若一颗流星，30 万卷典籍瞬间即逝，却在书界留下绚丽夺目的光耀。

五凤研斋与"中西文化通"

一个人，通晓中西文化，涉猎学术多门，洞悉世情百态，既攻诗词文赋，谙熟外文翻译，亦善书画篆刻，涉足音乐教学，尤考释甲骨文字，还能解析代数几何微积分难题，智商情商财商皆高，如此多面手，不算"牛人"算什么？曾任上海交通银行总管理处秘书长的叶玉森，便是奇人一枚。

1880 年，叶玉森（字荭渔）出生在江苏镇江九如巷，小小街巷人杰地灵，方圆一两里内，"盛产"文化名人，诸如"京江画派"代表人物张夕庵，《铁云藏龟》作者刘鹗，《马氏文通》作者马建忠，图书馆学大师、书法家柳诒徵，楹联学家赵曾望等。叶玉森从小天资颖异，16岁考取秀才，29岁赴日本早稻田大学、明治大学攻读法律。叶氏多才多艺，学啥像啥，担任音乐教员，编著《手风琴唱歌》一书，攻克数学难题，出版《筹尘》算稿一册，潜心文学创作，发表小说《阿娜恨史》《皇帝借债》《牛女怨》等，至于信手拈来的诗词楹联丹青治印，更是车载斗量，不计其数。甚为难得的是，他还翻译引进了不少外国著名诗人的作品，且风骚、乐府各体兼备，如雪莱的《云之自质》用骚体翻译，邓尼生的《战死者之蠕与孤》用乐府诗翻译，朗费罗的《矢与歌》用汉魏乐府体翻译，引领当时诗坛风气之先。

宦海浮沉，仕途坎坷。回国后叶玉森混迹于家乡政界，先后担任议会议员、政府知事、法院推事兼检察庭长等职，郁郁不得志，卸任来到上海闯荡，在同乡好友、南社同道的扶助下，进入上海交通银行总管理处任秘书长，谋一枝之栖。

叶玉森的五凤研斋，取自他收藏的"汉五凤二年砖砚"（五凤为西汉宣帝的年号），极为珍罕，故而砖砚被叶氏视作书斋长物。跻身银行案牍劳形之余，叶玉森埋首于五凤研斋，博览群书，潜心著述，特别在金文、甲骨文领域多有考释，朝夕摹写，对古文字的形体与笔法谙熟于心。他斥资购进甲骨1 300片，研究其结体和章法，"以毛笔为刀笔"，致力于甲骨文的书法创作。他的篆书不拘于字形，从用笔到结体随意念而行，生动婉转，精致细腻，富有书卷气息。他还是"在印坛上用甲骨文刻章开先河者之一"，并撰写《说契》及《研契枝谭》各一卷，奠定了其在甲骨学界的地位和影响。补白大王郑逸梅说："海内擅甲骨文者，罗振玉外，当推丹徒叶荭渔（玉森）。"

天妒英才，叶玉森"三商"虽高，"健商"却不及格。他长期焚膏继晷，废寝忘食，"每于子夜深，揽卷一灯熒，……勒披眼欲昏，冥素脑乃热"，终于积劳成疾，得了肺气肿，在贫病交迫中溘然长往，享年才54岁。叶玉森早年虽在家乡为官，但洁身自好，两袖清风，家无田产房产，又不善打理家政，一家老小及弟妹生活费用均由他负担，仅靠银行职员的收入难以维持开支，以致债台高筑，辞世时家徒四壁，丧葬费只好由上海交通银行解决。

叶玉森生前完成的最重要著作《殷墟书契前编集释》，经上海中南银行总银文书主任兼总务课长秦更年、四行储蓄会襄理吴静庵等热心人士组成的"叶荭渔（玉森）遗著整理同仁会"的鼎力相助，于 1934 年 10 月由上海大东书局石印面世。令人扼腕的是，其《殷墟书契后编集释》亦已脱稿，书稿却被佣人偷卖至扬州书肆，至今不知下落，惜哉，憾哉！叶氏五凤研斋遗书数万卷，被他的小儿媳称斤论两卖给了镇江图书馆。至今，镇江图书馆古籍部还收藏有他的数十种著作手稿，是国内收藏叶玉森文献最多的机构。

试探何良俊藏书文化中的"江南文化"因子

方海燕

何良俊（1506—1573），字元朗，号柘湖居士，松江府华亭县柘林镇人，其一生历经明正德、嘉靖、隆庆三朝，是明中期著名的戏曲理论家、艺术鉴赏和品评家。他主要活动于金陵、苏州、华亭这三个江南文化颇具代表性的地区，交游对象涵括了当时最具影响力的江南文人与画家群体，其文化思想精神谱系的形成深受江南文化的深厚影响。藏书文化与所处的历史时代、社会发展、文化环境等一定有着紧密关联，所以探究何良俊的藏书文化必须在江南文化视角下进行溯源思考，深入观照江南历史地理文化发展，拓展思考维度与范畴，以期探寻何良俊藏书文化的内涵脉络。

一、"江南"及"江南文化"

1."江南"的地域范畴

"江南"一词早在先秦典籍中就已出现，含义不确定，变化多端。唐以前的"江南"所指多为宽泛，较为明确的"江南"概念当是从唐代开始，大致指"长江以南"，但在具体用法上常超出其范围。至明清时代，对"江南"的使用较为随意，并没有一个统一的定义与标准。

时至今日，学界对"江南"的界说也常有分歧。参考地理范围与自然条件，并结合历史的因素，清华大学李伯重教授提出的"八府一州说"[①]比较权威。"八府一州"指的是明清时代的苏州、松江、常州、镇江、应天、杭州、嘉兴、湖州这"八府"，还有从苏州辖区里划出来的太仓州。

[①] 李伯重：《多视角看江南经济史》，上海三联书店2003年版，第448—449页。

在历史学界，除了"八府一州"，还有一些学说将江南的地域范围拓展了不少。比如"江南十府"说，认为宁波和绍兴也属于江南地区。还有一些城市在自然环境、生产方式、生活方式上与江南联系十分密切，比如扬州和南通；还有通过其他水系和江南相连通的徽州等，拥有"晴耕雨读"江南文化最重要的标志之一。因此，在划分江南时，采取了一个核心区的说法，即"八府一州"是江南的核心区，而其他一些地方都可以看作是延展区。

2. "江南文化"的内涵脉络

"江南文化"是在辨析和界定了"江南"这一地区的自然地理范围和经济范围之后，再延伸出来的一种地域文化的概念，是指以江苏、浙江为主体的长江下游南岸地区，在长久的历史发展进程中所积淀和传承下来的一种地域文化。这种地域文化的形成，不仅表现在自然山水、风俗民情、语言等显的自然人文条件上的相近，更重要的在于地域中表现出来的较为趋同的文化氛围。

从文化的历史变迁上看，吴越文化是江南文化的最初形态。吴越先民的那种坚韧、尚武、"断发文身、好勇轻死"的性格特征积淀成为江南文化最初的精神底色。西晋时期的"永嘉南渡"是吴越文化面临的第一次历史机遇。北方望族迁入江南，带来了东汉魏晋的老庄玄学，造成江南一时玄风炽烈。江南的社会风气从最初的尚武好勇开始逐渐转向崇文和放诞：他们抛开了政治喧嚣的负累，在江南的青山绿水中纵情享乐，个体的审美精神和个人主体意识开始觉醒。正如刘士林所言"构成江南文化的'诗眼'、使之与其他区域文化真正拉开距离的，恰是在它的人文世界中有一种最大限度地超越了文化实用主义的诗性气质与审美风度。"[①]

明代的江南文化由于商品经济的发展、市民社会的萌芽催生了个人主体意识的勃发，也使得江南文化此前就具有的注重个体精神自由的特质，得到了更大程度的推进。"江南在明清时代形成了一个以艺文、图书、兴学、隐读为地域特色的文化型社会，这是自然地理、历史发展和人文化成的必然，显示出明清

---

① 刘士林：《江南文化与江南生活方式》，《绍兴文理学院学报》2008年第2期，第26页。

江南的文化特质和个性，以及明清江南士人的精神趋尚、价值取向、生活内容和生存方式。"①

　　明代江南士人诗、书、画兼修并工，素养和成就超群绝伦，极能显示江南地域文化的优势和特色，成为江南艺文社会的基本特征和普遍实现。江南地区不仅聚书繁富，且士人普遍具有好书之雅，敬书之诚，嗜书之笃，求书之切，鉴书之精的特点，并将抄书、收藏、研究化成了日常生活的内容，成为生活的存在方式和审美方式。②

二、何良俊生平交游及藏书特点

1. 何良俊生平交游

　　何良俊生于正德元年（1506），卒于万历元年（1573）。何良俊的青少年时期（1506—1521）读书刻苦，曾有二十年足不下楼的典故。但乡试多年却不能得一举人功名，地方屡有推荐，称俊才，其间有十五年时间（1537—1551）在南京做寓公。嘉靖三十一年（1552）"因宰相怜其才"，以岁贡生身份进京谒选，次年被破格荐授南京翰林院孔目。致仕（1558）后，寓居南京、苏州。自嘉靖四十一年（1562）始常回华亭置业居住，隆庆三年（1569）最终结束寓居生活，返回故里华亭老家定居。

　　何良俊的交游比较集中，根据他活动的轨迹，可以确定主要分布在华亭、吴郡苏州、南都金陵三个地方。当时交通已经相当发达，为何良俊在两地间穿梭往返提供了方便。

　　华亭是何良俊出生的地方，在这块土地上，他度过了他的童年，才名初露，与同郡的董宜阳、张之象、徐献忠、莫如忠等交情颇深，其中不乏"书史古石刻名帖"爱好者，如董宜阳；不乏"赋诗染翰、才情蕴藉"的德才兼备之人张之象；

① 罗时进：《明清江南文化型社会的构成》，《浙江师范大学学报》2009年第5期，第65页。
② 罗时进：《明清江南文化型社会的构成》，《浙江师范大学学报》2009年第5期，第68页。

一样的才情横溢，一样的爱山乐水，一样的独立自处，一样的关心民生，又一样的不唯名、不唯利、不唯举业是图。正是这份难得的心性契合，才让他们的友谊长存。

在吴郡苏州，何良俊与江南文坛旗帜性人物文徵明相识相交，从文徵明为何良俊《语林》撰写的序看，评价极高，可见他们并不是泛泛之交。"元朗雅好，其书研寻演绎积有岁年，搜览篇籍，思企芳躅。昉自两汉，迄于宋元，下上千余年。正史所列，传记所存，奇踪胜践，渔猎靡遗。"文徵明也曾为何良俊别业傲园赋诗，何良俊赴南京任孔目，文徵明又有诗相送，关怀之心拳拳可见。同为音律雅好者的何良俊、皇甫汸两人常一同赏乐观舞，品评音律，畅饮达旦。这个从何良俊文集中两人唱和的诗篇数量最多即可知晓。

南都金陵，才俊翕集，风流弘长。何良俊遇到了以博学强识著称的王维桢，倾慕已久，他说自己"不喜得孔目，喜得为先生属吏，且得侍教于先生也"。两人一见如故，同游金陵，留诗于世。何良俊与他的"金陵六朝诗派"好友们尽情挥洒才情，山川文采，互相辉映，"点缀钟山风雨，妆饰六代繁华。"

2. 何良俊藏书特点

2.1 诗书传家，藏书丰富

何良俊自父辈何嗣、何孝始崛起于乡间，重视诗书传家。何孝"好读书，凡经传史策，虞初稗官之说，多所诵记，尤精六书、字学、说文、尔雅之书，能鉴别古器物、书画，以博识洽闻显于郡中"。[①] 何良俊一生嗜好读书，家有藏书楼清森阁"藏书四万卷，名画百签，古今名人墨帖数十本，三代鼎彝二十余种"。[②] 其自述云："每巡行田陌，必挟策以随。或如厕亦必手一编。所藏书四万卷，涉猎殆遍。"[③] 遇到好书，何良俊不吝钱财，"何子少好读书，遇有异书，必厚赀购之，撤衣食为费，虽饥冻不顾也。"[④] "一遇真迹，必厚赀购之，虽倾产不

---

① 何良俊：《何翰林集》，《四库存目丛书·子部》，第142册，齐鲁书社1997年版，第193页。

② 何良俊：《何翰林集》，《四库存目丛书·子部》，第142册，齐鲁书社1997年版，第27页。

③ 何良俊：《四友斋丛说》，《四库存目丛书·子部》，第103册，齐鲁书社1997年版，第285页。

④ 何良俊：《四友斋丛说》，《四库存目丛书·子部》，第103册，齐鲁书社1997年版，第285页。

惜。故家业日就贫薄，而所藏古人之迹亦已富矣。"[1] 他曾以山田一顷换赵孟頫《大洞玉经》。

清代叶昌炽《藏书纪事诗》、孙从添《藏书纪要》，今人吴晗《江浙藏书家史略》、李玉安和陈传艺《中国藏书家辞典》等关于古代藏书家的重要典籍中，何良俊的名字都赫然在列。

2.2 重视藏刻著一体

刻书于书籍的传播价值更深远，清人张海鹏云："藏书不如读书，读书不如刻书。读书只以为己，刻书可以泽人。上以寿作者之精神，下以惠后来之沾溉，视区区成就一己之学业者，其道不更广耶？"何良俊作为爱书爱读之人，自然明白其中道理。他拥有自己的家庭刻坊，前期为繙经堂，后期为香严精舍。所刻之书数量不多，但质量颇高。著名学者谢国桢在《江浙访书记》中谈道，明嘉靖年间何氏清森阁刻本《何氏语林》为明刻佳本，并早已脍炙人口。高质量的刊刻水平，使得当时一些著名学者、文人愿意把自己的诗文集拿来刊刻。如王维桢就曾经请何良俊刻印自己的诗文集。

据《佩文斋书画谱》《式古堂书画考》等文献记载，何良俊的藏印有"东海何元朗""何氏元朗""紫溪真逸""柘湖居士""橘里清赏""何良俊印""陆沈金马门""何元朗氏""两山""清森阁书画印"等。何良俊著作有《柘湖集》(28 卷)、《何氏语林》(30 卷)、《四友斋丛说》(38 卷)、《书画铭心录》(1 卷)等。

2.3 藏品特色突出

沈振辉先生《明代苏州地区收藏家述略》一文在论述收藏特点时云，苏州"收藏家与书画结缘"。这种收藏特点，在何良俊身上也表现得十分突出。如《四友斋丛说·诗三》载与文徵明的交往："衡山最喜评校书画，余每见必挟所藏以往，先生披览尽日。先生亦尽出所蓄，常自入书房中，捧四卷而出，展过复捧而入，更换四卷，虽数返不倦。"[2]

---

[1] 何良俊：《四友斋丛说》，《四库存目丛书·子部》，第 103 册，齐鲁书社 1997 年版，第 487 页。

[2] 何良俊：《四友斋丛说》，《四库存目丛书·子部》，第 103 册，齐鲁书社 1997 年版，第 483 页。

在藏品种类上，多稗官小说、书画、金元杂剧等艺文类藏书。明末松江名士陈继儒在《藏说小萃序》中载："余犹记吾乡陆学士俨山、何待诏柘湖（按：应为孔目）、徐明府长谷、张宪幕王屋，皆富于著述，而又好藏稗官小说，……其架上芸裹缃袭，几及万签。"[①] 何良俊在戏曲理论上造诣颇高，戏曲类藏书也是其特色之一："余家所藏杂剧本几三百种，旧戏文虽无刻本，然每见于词家之书。"[②] 而与此同时，号称"词山曲海"的李开先"其家所藏词山曲海不下千卷"而已。由此可知，良俊所藏戏曲之富。此外，据清人吴履震在《五茸志逸随笔》中称："何元朗蓄梨园甚精，曲皆手自校定。"

三、何良俊藏书文化中蕴含的江南文化因子

1. 崇文重教，经世致用

《礼记·学记》云："化民成俗，其必由学。"江南之所以具备较高的文化素质，与该地域崇文重教的浓郁风气紧密相关。崇文重教、经世致用，是江南文化的重要特质。千百年来，江南文化不拘泥于既有传统，而显示出积极务实入世、笃学尚行的特色。这在嘉靖、隆庆时代的松江士人身上也如此体现"虽然他们也流连于吴中九峰三泖之间，也徜徉于飘香鼎彝书画之中，诗酒酬唱、观戏听曲，但是越来越突出的社会矛盾使得士人素有的历史忧患意识和现实关怀精神开始在他们身上凸显。"

生活于这个时代的何良俊也深受江南文化此种特质的影响，其藏书文化中深深烙印下"崇文重教，经世致用"的文化理念。读书传家，藏为所用，博学多览，著书立说，经世致用。从其著作可看出何良俊崇文重教，学养积淀之深，以《四友斋丛说》为例，三十八卷，内容十分庞杂，包括经、史、子、道家、佛教、诗文论、书画论、词曲论、养生、考证、风俗等各个门类。另从其著作所获赞语也可看出何良俊不仅重藏，而且重学，学以致用，龚元成说《何氏语林》

① （明）陈继儒：《晚香堂集》，《四库禁毁丛刊》，北京出版社 2000 年版，第 25 页。

② 何良俊：《四友斋丛说》，《四库存目丛书·子部》，第 103 册，齐鲁书社 1997 年版，第 549 页。

"详而核，精而不秽，良史才也"；《四库全书》评此书："虽未能抗驾临川，并驱千古，要其语有根柢，终非明人小说所可比也。"从何良俊的日常言行也可管窥其"经世致用"的藏书文化理念：在科举不畅之时，依旧"束发即谈名理，抱经济概然，有轸国佐王之志"；任职翰林院孔目职时，虽官卑位贱，但积极为当事者谋。在整顿吏治、选拔人才、打击倭寇、丈量土地、兴修水利等方面，提出切实可行的建议。

2. 兼收并蓄，善纳求精

兼容并包，开放善纳，是江南文化最具优势的特质之一，往往体现在文人在独抒胸臆时，洋溢着的理性品格、批判意识和启蒙精神。通过对社会俗见、对经籍、对圣贤成说常持反思的态度，独立的见解，显示出江南文人可贵的自由思想的风骨。

"兼容并包，开放善纳"的江南文化特质与"兼收并蓄，善纳求精"的藏书文化不谋而合，"藏书是中国有悠久历史的传统文化现象，不是单纯为收藏和鉴赏而藏，而主要是为读书人读书创造条件。读书也不是为读书而读书，而是从读书中撷取精华，形成思想观点，为治学奠定基础。"

何良俊的藏书文化在"兼收并蓄，善纳求精"较为出色，以戏曲为例，何良俊对于词曲的批评在文学研究中知名度很高，他既是北方杂剧的支持者，又被公认为南方昆曲的理论先声。戏剧类藏书是其藏书特色之一，何良俊不仅熟读此类藏书，还深入研究，于实践传承中撷取精华，形成"本色论"观点。他对北方杂剧的复兴虽然在实践中并不成功，但是他提倡的简淡、清丽的戏曲本色趣味，较之于同时代的魏良辅等昆曲实践家更系统、全面，对于声律的重视无疑对同时代南方昆曲的实践是很好的理论启发。陈维昭先生曾指出"何良俊有着不容忽视的意义。尽管在他所有的论述中，讨论戏曲的文字所占的篇幅甚小，但是，他提出的一系列命题与论断却在其后的戏曲学领域中引发了激烈的争论。"[1]

---

[1] 陈维昭：《何良俊与明代戏曲学命题》，《戏剧艺术》2007年第3期，第24页。

3. 诗性审美，隐秀雅致

精细雅致、诗性审美追求，是崇文重教的必然结果，文人的精神气韵长期浸润于江南文化母体，渐渐养成了隐秀雅致、温婉多情、细腻浪漫的文化气质，审美追求也转向清雅、精细、温婉、灵秀。在优美环境中读书、吟诗、交友、雅集、游乐，成为江南文士崇尚的生活模式。

作为何良俊与文友们酬唱重要场所的"四友斋"，极其幽静风雅，"疏池艺竹，构屋三楹，以柄钟阜。纳云东涧，漂瀑石林，兰术威芋远索，虽在帝都，旷若樵垌渔野间。"力求为自己营造一个清逸雅致，格调高远的生活空间，尽显江南文化的"诗性审美"。

何良俊的书画收藏为其特色之一，书画收藏离不开鉴赏。艺术品鉴赏是江南文人的一种自娱方式，体现了他们的价值观和审美观，鉴赏同时也寻求精神上的升华，何良俊在其《书画铭心录》中，有他很多关于鉴赏书画体验的记载："凡士大夫收藏之家书画，皆往求观。虽真伪杂出，然有一二佳品，思之终不能去心。漫录于此，以备遗忘云"、（独苏长公《嵩阳帖》及赵文敏与申峰手简二卷）"因出示，回环展玩，神思飞越，真宇内奇宝也。"

除了书画，戏曲、民俗、饮食、文学等各种文化形态，都体现出优雅诗性的特点，何良俊将收藏、鉴赏、研究、著书化成了日常生活的内容，成为生活的存在方式和审美方式，这正是构筑何良俊藏书文化的重要人文支点。

藏书家钱熙泰家世与生平考

高文斌

一、钱熙泰家族活动范围

钱熙泰家族，据"熙"字辈下一代钱培均之《钱氏家谱》记载，自明末清初钱一夒（1591—1656，字章羽，族谱中亦称"章羽公"），从松江府华亭县泰日（今属奉贤区金汇镇）因"遂依外家（杨家）居焉"，遂迁居今"秦望山"（秦山别名，在今金山区张堰镇）地区，遂为金山钱氏第一代。

《金山钱氏支庄全案》条目下亦记载："始迁祖章羽，字一夒，清康熙间自奉贤迁金山钱圩村。"①《金山钱氏支庄全案》于清光绪十六年（1890）由钱铭江、钱铭铨编著，铭江、铭铨为钱一夒后裔，而《金山钱氏支庄全案》成书时间与钱一夒迁居金山时间相差有三百余年，此时的"钱圩村"（今金山区金山卫镇钱圩社区）当为光绪年间写法，故钱一夒首迁是否为今钱圩社区，尚存疑，而鉴于钱一夒迁金山第一代始，该家族在秦望山一带"开枝散叶"，繁衍发展，钱一夒所居确址尚待考证，此钱氏则可称"秦望山钱氏"。

表一　秦望山钱氏宅园、义庄、祠堂汇总

编号	宅\园	时 间	主 人	地 址	备 注
1	钱铿嗣宅		乡饮宾钱铿嗣	在"钱家垰"	后裔世居于此
2	古松楼	咸丰辛酉（1861），寇毁	钱氏	钱氏别墅，有楼三间，颜曰"古松楼"（在今金山区张堰）	楼中古松，在吴梁旧居，相传海忠介得诸海南，赠吴，盆树移植

---

① 钱铭江、钱铭铨：《金山钱氏支庄全案》，赵德余：《中国家谱资料选编（经济卷）》，上海古籍出版社2013年版。

（续表）

编号	宅\园	时　间	主　人	地　址	备　注
3	三命堂	暂且不明	今归钱氏	在中市（在今金山区张堰）	知府吴梁宅
4	仰止轩	暂且不明	钱氏	在今金山区张堰镇	陆文定树声书额
5	钱熙泰宅	暂且不明	训导钱熙泰	在新北街（在今金山区张堰新北街）	本吴氏旧居，寇毁，钱熙泰子通守廉建。有"世德作求堂"，为仇炳台书
6	钱培名宅	暂且不明	县丞钱培名	在官营巷西（在今金山区张堰镇政安弄西侧）	本黄氏居，寇毁，重建
7	钱铭烈宅	暂且不明	赠朝议大夫钱铭烈	在岳庙街（在今金山区张堰大街）	
8	兰隐园	暂且不明	盐知事钱培益	在今金山区金山卫镇钱圩	有"延青阁"，为培益藏金石处。姚椿有记
9	钱氏义庄	乾隆间	钱溥义	暂时不知	置田千亩赡族。曾孙廉于光绪中具呈详请奏咨立案
10	义庄	暂且不明	钱王氏、钱铭江、钱铭铨	六保廿三六图、六保廿五图（今金山区金山卫镇钱圩社区附近）	钱熙祚遗命置
11	义庄	光绪三十一年（1905）	钱氏	今金山区张堰镇	六保十七八图、镇北
12	钱氏宗祠	光绪中（1875—1908）	钱廉（又名钱培廉）	今金山区张堰镇	在武庙南，义庄内
13	钱氏别业	暂且不明		在板桥弄北（今金山区张堰镇）	案钱氏义庄即其旧址。原吴良用宅

注：以上据① 记载。

---

① 姚裕廉、范炳垣：《重辑张堰志》，上海地方志办公室：《上海乡镇旧志丛书》，上海社会科学院出版社 2005 年版。

从"表一　秦望山钱氏宅园、义庄、祠堂汇总"可看出，明清时期，"秦望山钱氏"的宅园、义庄、祠堂主要分布于今金山区张堰镇与金山卫镇一带。除此外，笔者发现，钱氏家族墓区与生活区相距并不算远，笔者梳理如下：

表二　秦望山钱氏家族墓汇总

编号	墓主	身份\官职	附葬者	地　　址
1	钱铿嗣	乡饮宾	钱铿嗣子钦奖乐善好施钱溥义袝	六保二十三六图横浦地字（疑今金山区金山卫镇钱圩社区西）
2	钱树立	赠公	钱树立子训导钱熙经袝	在六保二十五图官圩（今约金山区金山卫镇星火村东圩）
3	钱熙泰	署靖江教谕		六保二十五虞圩（疑今金山区金山卫镇横召村联合）
4	钱廉	直隶通判		六保二十五图乌圩（疑今金山区金山卫镇星火村东圩乌圩）
5	钱培名	县丞		六保二十五图官圩（疑今金山区金山卫镇星火村东圩）

注：以上据①记载。

"秦望山钱氏"的家族成员墓区虽与生活区域有一定距离，但总体上较临近这一地理空间。从"表二　秦望山钱氏家族墓汇总"来看，笔者认为，此地区均为"秦望山钱氏"的活动范围，即其家族田产与家业所在地，可见其家族生活轨迹之一斑。以上"表一"与"表二"，可基本锁定"秦望山钱氏"宅园、田产与当地大致活动区域。由此，这是他们耕耘家园、参与乡邦建设的"根据地"。

二、钱熙泰家族与地方建设发展

志为地方之史。有清一代，具远见卓识、乡邦情怀与一定经济能力的地

---

① 姚裕廉、范炳垣：《重辑张堰志》，上海地方志办公室：《上海乡镇旧志丛书》，上海社会科学院出版社2005年版。

方乡绅对修志之事热衷不已。笔者搜检清代乾隆《金山县志》，时"秦望山钱氏"记载尚不多，可见当时这支钱氏有影响力，但尚有限，而至清咸丰《金山县志》、光绪《金山县志》中，记载钱氏信息较多，由此可见，钱氏发迹迹象显著。

在"秦望山钱氏"家族生活地之张堰。此镇在清代时已颇繁华，清末民初，当地乡绅有修志之举，时《重辑张堰志》由姚裕廉、范炳垣修辑，历时十年，民国九年（1920）完稿，姚氏松韵草堂承印。当时的张堰设张堰市，时张堰市管辖范围超过了今金山区张堰镇的行政范围，其中亦含今金山卫镇钱圩社区范围。笔者又梳理民国《重辑张堰志》，发现记载"秦望山钱氏"参与当地社会建设与发展的内容明显偏多。如古代建桥之事，多为富户出资捐助，此时，关于"秦望山钱氏"则多有建桥之举。具体如下：

表三　秦望山钱氏建桥信息汇总

编号	桥名	建造者	钱氏建桥时间	地　　址	备　　注
1	亭子桥	钱溥义、杨四达	约在清乾隆年间	今金山区廊下镇光明村与金山卫镇星火村	钱、杨重建。跨山塘河
2	永寿桥	钱溥义	约在清乾隆年间	钱家埭	
3	开中桥	钱树棠	清嘉庆十一年（1806）	暂时不明	
4	广寿桥	濮应元；钱熙孝	清嘉庆年间（1796—1820）钱熙孝重建	河泾湾镇后（今金山区张堰镇秦山村）	在运盐河（今张泾河）西至山塘。明濮应元建，俗呼濮家桥。清光绪元年（1875）钱敦伦重建。1971年毁
5	永安桥	钱彬雅	清道光元年（1821）	十六图（约在今金山区金山卫镇星火村）	在山塘河南。俗呼韩家桥。跨沐沥港
6	大善桥	钱贻燕	道光二年（1822）	万春桥东南（今金山区金山卫镇塔港村）	在山塘河南。今建大善桥公路桥，坐落塔港双圩7组，跨直万河
7	广福桥	钱敦伦	道光二年（1822）	东圩村13组（今金山区金山卫镇星火村）	俗称费家桥。跨大潮河

（续表）

编号	桥名	建造者	钱氏建桥时间	地　址	备　注
8	界河桥	钱彬雅	道光四年（1824）	白泾桥西，接平湖界（约今金山区金山卫镇横召村）	
9	横溪桥	钱彬雅	道光四年（1824）	西堪二十图。钱家圩北首（约在今金山区金山卫镇塔港村）	南诸家路桥。俗称南朱家桥
10	心安桥	沈粲英；钱熙祚	道光七年（1827）钱熙祚重建	东堪角里五组，西堪建农村（今金山区张堰镇角里村与建农交界）	乾隆年沈粲英建。俗呼六里庵桥。跨运盐河（今张泾河）。1958年北移30米建水泥桥。
11	行善桥（山塘南之桥）	钱熙同	道光八年（1828）	东圩7组（今金山区金山卫镇星火村）	俗呼庵桥。跨东厍浜
12	万春桥（自运盐河西至山塘）	莫南成；钱熙祚；钱氏	道光十六年（1836）钱熙祚重建、光绪季年钱氏修	今金山区廊下镇万春村	乾隆年莫南成建。跨山塘河。1960年修筑成张吕公路桥
13	珊里桥（跨塘）	钱熙祚	道光十八年（1838）	（南堪原角里12组，北堪13组）今金山区张堰镇角里村	重建。俗称三里桥。跨三里港桥，单孔。1951年改建松金公路时毁
14	星渡桥	钱熙祚；奚重篡、吴朴诚	道光二十三年（1843）钱熙祚重建。	约金山区金山卫镇农建村长春沈家宅边	同治四年奚重篡、吴朴诚重建。又名新桥。跨新运河（今张泾河）
15	三星桥	钱振古	道光年（1821—1850）	三官堂东。横召一组（今金山区金山卫镇横召村）	重建
16	放生桥	钱熙同	道光年（1821—1850）	今金山区金山卫镇塔港村	北诸家路桥。俗称北朱家路桥

（续表）

编号	桥名	建造者	钱氏建桥时间	地　址	备　注
17	湖泾桥	钱振古	清光绪二十三年（1897）	秦山东。东堍河泾村9组，西堍10组（今金山区张堰镇秦山村）	钱润泽、孙翔云经劝近山殷户钱敦素、钱振古、高尚志、何仲安及镇米业公所等集资重修。双拼三堍。跨鱼漕浜。1981年改建水泥桥
18	白泾桥	姚广操；钱铭言	雍正年姚广操建，咸丰八年（1858）钱铭言修	横召村7村（今金山区金山卫镇横召村）	即中白泾桥
19	长寿桥	钱同志	清光绪五年（1879）	东圩村6组（今金山区金山卫镇星火村）	重建。俗呼"东厍浜桥"。跨东厍浜
20	虎啸桥	钱友素	民国丁卯春十六年（1927）	金山卫镇横召村	重建

注：以上资料据①、②、③、④、⑤记载。其中钱敦伦、钱彬雅、钱贻燕、钱振古、钱同志、钱友素均为钱氏家族堂名。综合资料时，笔者采用前志、后志相辅结合，后志总体遵从前志表述的方式。

古代社会大户时有建桥之举，钱熙泰家族建桥可看作这个家族经济实力与影响力的外在体现。从"表三　秦望山钱氏建桥信息汇总"中，可看出，以"秦望山钱氏"家族辈份来看，建桥者起自第五代钱溥义、第六代钱树棠、第七代

① 清咸丰《金山县志》，上海地方志办公室、上海市金山区地方志办公室：《上海府县旧志丛书（金山县卷）》，上海古籍出版社2014年版。

② 龚宝琦修、黄厚本纂：光绪《金山县志》，上海地方志办公室、上海市金山区地方志办公室：《上海府县旧志丛书（金山县卷）》，上海古籍出版社2014年版。

③ 姚裕廉、范炳垣：《重辑张堰志》，上海地方志办公室：《上海乡镇旧志丛书》，上海社会科学院出版社2005年版。

④ 沈泉生：《钱圩志》，百家出版社1993年版。

⑤ 陆治中：《张堰乡志》，上海社会科学院出版社1994年版。

"熙字辈"及后辈。由此,笔者认为:一、"秦望山钱氏"自钱溥义始,在当地已有一定影响,延绵至清道光年间,随着建桥数量渐增,从一定程度上体现了其活动范围的加强与拓展,家族影响力的递增,从中管窥家族随着清社会中兴而趋活跃与发达。二、"秦望山钱氏"建桥时具名有以个人名义,亦以家族各堂名冠名,目前梳理到涉大小规模不等桥梁 20 座,均为石质,其中不乏干河上重要桥梁,如山塘河上之亭子桥、万春桥,张泾河之上心安桥、星渡桥等。三、建桥所在地涉今金山区张堰镇、金山卫镇、廊下镇交界地区,其中广寿桥、湖泾桥、珊里桥、心安桥 4 座桥在张堰境;亭子桥等 12 座桥在金山卫境(其中 1 座与廊下为界桥);2 座桥在廊下境;另 2 座桥暂不知地址。

建桥所在地,一般为家族宅园周边、出入要津、田产利益等相关势力范围所在地,这些家族内需与刚需的交通建设,既服务于家族生活、经济产业,亦服务于地方社会,故钱氏直接参与了地方建设,这种公益善举,也促进了地方的发展。

对于一个家族来说,夯实家族后代教育基础与地区的文化教育,也是有利家族,扶助乡邦的一种体现,譬如建造学堂、修建寺庙等,以下为"秦望山钱氏"涉及的相关学堂、寺庙。

表四　"秦望山钱氏"相关学堂、寺庙

名　字	创立人/相关人	时　间	地　址	备　注
义庄学堂	钱氏	光绪三十一年(1905)立	六保十七八图、镇北钱氏义庄(今金山区张堰镇)	
崇义学堂	钱氏	光绪三十一年(1905)	六保二十三六图钱圩钱宅(今金山区金山卫镇钱圩)	
一簣学堂	钱氏	暂时不明	六保二十三六图钱圩钱宅(今金山区金山卫镇钱圩)	
寅宾学堂	高氏、钱氏	清代光绪三十四年(1908)	六保二十五图,孔家阙南七区	赁舍
模慈学堂	钱模慈	宣统元年正月	六保二十五图法云庵(今金山区金山卫镇八字村联星)	

（续表）

名　字	创立人/ 相关人	时　间	地　址	备　注
钦明学堂	高堪、何锡琛、钱铭勋、姚后超等	光绪三十四年（1908）	七保三十四六图，文帝庙暨济婴局屋（今金山区张堰镇成人学校）	借设
即是庵	钱熙载焚修之所	道光年间建	六保二十三六图（今金山区金山卫镇塔港村）	钱振古。1958年作他用
城隍庙	钱世德	光绪中	张堰石皮巷北（今金山区张堰镇和平新村与石皮巷交界）	倡捐重建大殿

　　注：以上资料据① 记载。

　　从上表可看出，"秦望山钱氏"涉及的相关学堂、寺庙亦主要分布于今张堰镇与金山卫镇一带。由此，笔者进一步认为，"秦望山钱氏"在此活动区域中，对当地进行了重要的教育扶持与信仰构建，如果我们认为建桥为外部的硬件条件，那么建学、修寺庙可称为精神思想的"软件"基础，这些方面，多维度地折射了"秦望山钱氏"的地方影响力。

　　除了建桥、建学堂、修寺庙外，钱熙泰祖父的义行为钱氏树立了热心公益，扶助乡邦的榜样意义。"乾隆丙子邑大疫，思怙门如市，贫无力者给以药……钱溥义……乾隆二十年，岁饥，首创施粥，并助米千余石……次年大饥，施以千记。"②

　　而对于施粥助米等这些经费的支出，除了钱氏广有田产，以田产赖有所济外，还不得不提到钱氏的"义庄制度"。"清代江南，宗族义庄最为繁盛。义庄济贫乏、赡孤寡、助学业，担负起宗族的社会保障责任……江南义庄，将备荒方略和置田目标相结合，即当义庄的备荒钱粮达到一定数目，就会买田置产，扩

---

① 姚裕廉、范炳垣：《重辑张堰志》，上海地方志办公室：《上海乡镇旧志丛书》，上海社会科学院出版社 2005 年版。

② 清光绪《金山县志》，上海地方志办公室、上海市金山区地方志办公室：《上海府县旧志丛书（金山县卷）》，上海古籍出版社 2014 年版。

大庄田规模，周而复始，朝着宗族荒歉无虞的目标不断努力。"①

目前来看，"秦望山钱氏"的义庄主要设于二处，一处早自清乾隆年间钱溥义设，光绪三十一年（1905）曾孙钱廉又"呈详请奏咨立案"。时《大清德宗景皇帝实录》卷二五八记载：光绪十八年辛卯，以创建义庄，追予江苏金山县三品封职监生钱溥义旌奖"②。另一处为钱王氏、钱铭江、钱铭铨设于金山卫镇钱圩社区附近的"钱氏支庄"。

二处"义庄"实均为钱溥义后裔。钱廉又称钱培廉，为钱树芝第五子钱熙泰之子；钱铭江、钱铭铨为钱溥义子钱树兰入嗣钱溥聪传出的后代。这二支钱氏也完善了"秦望山钱氏"的义庄制度。"金山钱氏义庄租余仿余一余三之制，预备三年口粮，以补岁歉缓征之不足。倘三年外有余，续行增置田亩"③。这种义庄制度，对粮食实行计划储备、计划购买的良性循环，对钱氏后裔给养进行保障，与此外，地方善举亦赖以成之。

钱熙泰亦颇关心公益慈善事业。道光二十二年（1842），钱熙泰捐助军需。道光二十九年（1849），金山县内水患成灾，造成老百姓大饥荒。他撰写《担粥说》呈请县令，请上级关注老百姓的民生，知县指令各图推行施粥，救济灾民。道光二十七年，张希仲、钱熙泰、戚澜等立置市房廿九间，并捐田、充费，咸丰十一年（1861）毁于兵，同治年间，钱廉重建平房三间。④

正因有了较丰厚的物质基础，钱氏家族开始并不满足于优渥的物质环境，他们的后裔子嗣像所有大族一样，一直在走科举之路，但家族中并无进士产生，但他们并不沉寂，却开始走向了一条以藏书为基础，以校勘、印刷出版为业的道路。

---

① 李学如、曹化芝：《清代江南宗族义庄的备荒制度——以族谱为考察中心》，《齐齐哈尔大学学报（哲学社会科学版）》，2017 年 10 月。

② 冯尔康：《清代宗族史料选辑》，天津古籍出版社 2014 年版。

③ 钱铭江、钱铭铨：《金山钱氏义庄全案》，木活字本，清光绪十六年。

④ 龚宝琦修、黄厚本纂：光绪《金山县志》，上海地方志办公室、上海市金山区地方志办公室：《上海府县旧志丛书（金山县卷）》，上海古籍出版社 2014 年版。

三、从钱熙泰管窥秦望山钱氏藏校刊印书籍之路

关于秦望山钱氏的发展，目前所知，钱熙泰是钱一夔之下第七代。在钱一夔下第五代中有钱溥义，即钱熙泰祖父。此时，钱氏家族显现中兴，钱溥义第五子钱树芝（1770—1838），字瑞庭，号愚庵，此"树"字辈始在物质生活优渥的环境下，在家有大量藏书的基础上，开始校勘、刊印书籍，随之转变成家族的一项事业，而钱熙泰即为钱树芝第五子。

早在钱熙泰祖父钱溥义时期，钱溥义就非常爱好、重视藏书。钱溥义，字景方，金山县人，乾隆初年，捐纳国子监生，后以孙贵得三品封职。《钱家祠堂碑记》云："性好藏书，家藏书籍以万计，抄藏未梓之书百数十种。命子孙樽节浮费，为抄藏诸书付梓计。"① 这些藏书即为其后代受诗书熏陶，走上校刊之路，奠定了基础。

钱氏家族校刊的书籍，有时间长、内容广、审校精等显著特点。"金山钱氏家族校刊历代各类名著达 1 000 余卷，内容分为子、史、经、集四类，即现代图书分类法的医药、数学、哲学、佛学、天文、地理、历史、文学等。所刻书籍注重收集精品孤本。从先秦诸子学说到当代精要，可谓包罗万象。"② 钱氏家族崇文重教，其传承数代的刻书事业在中国印刷史上留下过浓墨重彩的一笔。

"秦望山钱氏"自钱一夔迁居今金山地区后，子孙繁衍，后裔开枝散叶，从前文可看出，其故宅旧居因为子嗣的发展，逐渐进行了分居、迁移。"训导钱熙泰宅，在新北街。本吴氏旧居，寇毁。子通守廉建。有'世德作求堂'，为仇炳台书。"③ 由此可见，钱熙泰居今张堰镇新北街一带。

与当时所有的读书人一样，"学而优则仕"，是读书人通过勤奋读书体现自身

---

① 张汝皋：《松江历史文化概述》，上海古籍出版社 2009 年版。

② 朱炎初：《金山县志》，上海人民出版社 1990 年版。

③ 姚裕廉、范炳垣：《重辑张堰志》，上海地方志办公室：《上海乡镇旧志丛书》，上海社会科学院出版社 2005 年版。

价值，为家族增光的必由之路，钱熙泰是"优廪贡生，补博士弟子"，与一般秀才不同的是，他进入了国家最高学府国子监，国子监学生来源主要来自全国各府州县按名额贡入之生员（秀才），有岁贡、优贡、拔贡、恩贡、副贡等名目，号"五贡"。钱熙泰即属优贡。此只是秀才功名，若想再进一步，仍须参加乡试。若不再考取功名，以国子监生身份入仕，多被用做县丞，或教谕、训导等学官，秩低而俸薄，权轻而利小。钱熙泰正是在这样的背景下，"署靖江（今江苏泰州靖江）训导"，"训导：咸丰四年，钱熙泰，金山人……"① 明清时期，一般各县设"县儒学"，是一县最高教育机关，内设教谕一人，另设训导数人。训导是指辅助教谕的助手。县儒学也称县学，与供奉孔子等的文庙合建一处，教谕一职，类似今主管教育的副职领导。虽工资小，权力不大，但对于钱家这种富户来说，可算一份光宗耀祖的差事，于钱熙泰来说，这份职业也合自己的"胃口"。

1933年，同为张堰同乡的白蕉编辑当年第四卷第七期《人文》月刊时，曾刊印钱熙泰之《钱鲈香先生笔记》，其中记载："钱先生熙泰，号鲈香、字子和……性风雅好古，凡诗文、书画、金石，一见能辩其精粗真赝，习其事者谢弗如。家雄于资，好行其德，潜修不耀……著有《锄月吟稿》若干卷、《古松楼剩稿》一卷……"从中我们了解到，钱熙泰虽官职不高，但对于诗、书、画、印方面鉴赏能力颇强，家中拥有雄厚的物质与经济实力，为这位文化人做想做之事，提供了较好的先决条件。

道光年间，钱熙泰三兄钱熙祚从华亭县南塘（在今金山区山阳镇）张家请到张文虎（1808—1885）先生之家中。当时，位于杭州的图书馆——文澜阁《四库全书》已允许公阅抄录。自文澜阁《四库全书》允许公阅抄录后，文澜阁读书、抄书的个人与群体，常常有成群结队或零散的游客，他们有的租赁湖舫，有的步行前来阅书。

道光年间，钱熙祚就曾组织钱熙泰、张文虎、顾观光，雇了一批抄胥前后三次、每次三五十人来孤山抄书。钱熙祚编撰《守山阁丛书》，钱熙泰即活跃地

---

① 叶滋森主修、褚翔等纂：《靖江志》，刻本，清光绪五年（1879）。

参与其中。编撰一本丛书，必先了解丛书中那些古籍的版本，他们积极地做了"阅书、抄书、校书、编书"等工作。

第一次文澜阁之行，是道光十五年（1835），钱熙祚和钱熙泰、顾尚之、李善兰、张文虎共五人，于当年十月初四午刻，从秦望山乘船出发。"十四日偕同人至文澜阁，假山杂树，进径幽奇。阁凡三层，各五间，最下层中置图书集成，左右皆经部……"① 当时在湖楼校书抄书的有三十多人，白天校书抄写笔耕不辍，夜里则点亮灯火，读书的声音到了半夜也不会停止。其中，《文澜阁校书目录》《文澜阁抄书目录》正、续二集，《文澜阁续抄书目》均由钱熙泰执笔。据称"道光十五年，钱熙泰、钱熙祚等人一次便从阁中校书80余种，抄出432卷"。② 第二次文澜阁之行为道光十九年（1839）。据张文虎描述，"己亥（1839）庚子秋，钱君熙泰，续文澜阁校书之役，偕予两寓于此楼……"③ 第三次文澜阁之行为道光二十年（1840）。钱熙泰、钱熙祚、顾观光、钱熙咸、李长龄、张文虎，住杭州西湖文澜阁，勘校丛书。此后，到了道光二十四年（1844），钱熙祚主编、钱熙泰、张文虎、顾观光等校勘的这部巨著终于完成，定名为《守山阁丛书》，分经、史、子、集4部，110种652卷，主要为宋元明三朝名著。钱熙泰与"秦望山钱氏"通过藏书、阅书、抄书、校勘刻印，实现了图书的成果转化与活化利用，传承文化，同时也扩大了家族交际圈与影响力。

除了参与校刊图书外，作为一位深受儒家"济世安民"思想熏陶的文人乡绅，钱熙泰还致力于乡邦文化、教育的建设。清咸丰五年（1855年），他创设正心义塾，置田百亩，书数千卷，特别延请吴江（今属江苏苏州）人董兆雄为师，造就一批人才。此外，他还致力乡邦文献的校勘与编辑。今上海图书馆藏《咸丰金山县

① 钱熙泰：《湖楼校书记》，唐昱霄：《一个书香世家的千年回眸——金山钱氏家族史》，文汇出版社2017年版。

② 袁逸：《九死一生 战火涅槃——文澜阁〈四库全书〉的悲险传奇》，《光明日报》，2000年03月23日。张文虎：《十三间楼校书记》，邵之棠：《皇朝经世文统编》·卷十三，光绪二十七年（1901）刊行。

③ 龚宝琦修、黄厚本纂：光绪《金山县志》，上海地方志办公室、上海市金山区地方志办公室：《上海府县旧志丛书（金山县卷）》，上海古籍出版社2014年版。

志稿》(不分卷清咸丰五年未竟稿本），即是在其主持下编撰的一本县志。在钱熙泰的思想中，为乡邦续志，为家乡作承前启后的贡献，已然是自己的使命，实乃文化自觉。《咸丰金山县志稿》未编印完成，钱熙泰逝世后，其子钱廉曾"具禀邑令，愿捐资设局继纂，刊刻成书，以竟父志，因兵乱不果，钱氏子孙保其稿数十年。今归上海图书馆，存散页一束"。钱廉向当时金山知县说明情况，意向捐助设立编志组继续编撰，因兵乱此事没有成功，只存稿本，此稿本现存上海图书馆。

"钱熙泰有别墅古松楼，我邑钱氏别墅古松楼，曩为鲈香先生读书著述之所，有楼三间"①，随着岁月变迁，"古松楼"图书、书画等旧物流向了它处，如白蕉就曾在张堰姚光家中见到钱氏藏物，并记载："王澍临《十七帖》真迹长屏……旧藏古松楼钱氏，今归松韵草堂，故乡旧物，不致流落异地，可庆也。"② 由此，我们看出钱熙泰的收藏之富、刊著之勤。以文化人之思想，也管窥了钱熙泰等钱氏乡绅的道德情怀与文化品性，值得后人高山景行。

结　语

明清江南地区相对富饶、安稳，家传族承的生活环境，造就了秦望山钱氏的崛起与钱熙泰的成长，钱熙泰利用图书，以读、校、刊、流等方式，让家族藏书事业焕发出勃勃生命力，至清中、晚期，随着太平军战事与清社会问题凸显，社会转型中，钱熙泰后的秦望山钱氏也开始呈现图书校勘刊印事业的折变，至钱氏后裔钱培名继起勘印《小万卷丛书》后，渐呈颓弱之势，但尚有余响。清末民初后，随着家族变迁与时代巨变，钱氏家族的藏校刊印书籍事业终于走向了尾声，但该家族跨越百年，五代相继的藏书、校书、刊书事业却是江南罕见的文化现象。本文从钱熙泰家世生平、藏校书籍等活动进行梳理，虽不够全面，但仍是一次有益的尝试性研究。

---

① 白蕉：《白蕉文集》，东方出版中心 2018 年版。
② 白蕉：《白蕉文集》，东方出版中心 2018 年版。

学者兼藏书家忻虞卿生平与交友小考

王海明　秦　俭

一

忻虞卿是晚清嘉兴有名的藏书家兼学者，名宝华，字虞卿，后以字行。世居梅里（今嘉兴秀洲区王店镇）忻家头村，今忻虞卿故居仍存。忻家头村落历史悠久，因居民多姓忻而得名。清同治年间忻家出了举人，便在村间建造了占地三亩多的走马堂楼，又称忻家大房子。

忻虞卿生卒年不详，其大致的生活时代在同治、光绪时期。郑伟章的《文献家通考》与陆心蓉的《嘉兴藏书史》两著皆称忻虞卿生于清光绪八年（1882），卒于民国三十一年（1942），享年六十岁。据笔者研究，此说明显讹误。今考证如下：

其一，所知现藏上海图书馆稿本《槜李文系》系葛嗣浵、金兆蕃、张元济诸人在忻虞卿原辑稿的基础上续辑而成。该续辑稿中收录了一篇署名忻作霖题为《全浙舆地形势扼要说》的文章，并附有忻作霖的个人小传，曰："忻作霖，字右青。嘉兴梅会里人。附贡生，候选训导。性好风雅，倜傥不群。光绪丁酉乡试额满见遗，即绝意进取。平时好金石文字，搜罗不遗余力。事母以孝闻。著有《寿萱室诗钞》。作霖系宝华从弟，当时《槜李文系》征稿乃编辑，与有力也。光绪二十八年卒，时年三十六岁。"这一史料揭示出：

1. 忻作霖和忻虞卿系从弟兄关系；

2. 作霖卒于光绪二十八年，享年仅三十六岁，则应生于同治五年（1866）；

3. 作霖也曾参与忻虞卿原辑"《槜李文系》征稿乃编辑"工作。

从以上材料能明确忻虞卿既是作霖的从兄，其生年当不会晚于同治五年（1866），否则岂有从兄年龄小于从弟之理。

其二，据史料，忻虞卿之所以将原辑《槜李文系》的后续工作托付给平湖秀才葛嗣浵，乃是因该书"惜未完善"且"尚未刻"，而自己顾虑年事已高，无力完成，遂托付给后进贤才。民国十年（1921），葛嗣浵找了同乡金兆蕃、张元济共同辑成续编，终于在民国二十四年（1935）完成这部文献巨帙。考葛嗣浵、张元济两人均生于同治七年（1867），金兆蕃生于同治八年（1869）。那么忻氏担心自己年事已高而将《槜李文系》后续完善工作交给葛氏，按常理忻应是葛嗣浵、金兆蕃和张元济三人的长辈，年纪至少大十岁乃至二十岁以上才合情理。

其三，今存世的《澹庵书目》除有忻虞卿自序外，尚有嘉兴藏书家金蓉镜、蒋学坚两人的序。金序称光绪中曾亲赴梅里忻氏府宅访书，蒋言其1889—1907年在忻虞卿家做塾师达十年，说明忻虞卿的年龄与两人相近。现知金蓉镜生于咸丰五年（1855），蒋学坚生于道光二十五年（1845），由此可推论忻虞卿也应出生在这一期间。

其四，据民国谭新嘉自撰年谱《梦怀录》记载，清宣统三年（1911）傅增湘获悉忻虞卿欲出售藏书，便派时任天津图书馆提调的谭新嘉前往嘉兴王店忻氏家中选购，经与忻虞卿讨价还价，以二千三百余元购得忻氏藏书数百部约三千册[1]，知忻虞卿于宣统末年（1911）仍在世。又葛嗣浵的女婿、张元济儿子张树年称"忻氏原辑《槜李文系》上起汉代，下止于光绪中"[2]。忻虞卿应于光绪末至民国初将书稿托付葛嗣浵，葛氏于1921年始召集金兆蕃、张元济续辑，续辑《槜李文系》，最终完稿于1935年，张元济与金兆蕃探讨辑书的往来书信中只字不提及忻虞卿参与，可以肯定1935年《槜李文系》续辑稿成之时，忻氏已经不在世了。

其五，据傅增湘所撰朱彝尊《腾笑集》藏本题跋曰："书友李宝泉南下访书，为言虞卿年逾六十，生平喜收书，于乡先辈撰述搜访尤勤，多得精钞秘校本，宝泉以三千金捆载以去。"清宣统元年，傅增湘出任直隶提学使。当时的直隶省图书馆（今天津图书馆）建馆时间不长，除严范孙先生等人捐赠的藏书外，藏书

---

① 北京图书馆编：《北京图书馆藏珍本年谱丛刊》第196册，1998年版。

② 张树年：《我的父亲张元济》，上海：东方出版中心1997年版，第188—189页。

尚不丰富。傅氏对直隶图书馆的这种藏书状况尤为重视，亲自出马，四处筹资，用巨款收购北京琉璃厂书估李宝泉南下江浙访求到的一大批善本书，包括李氏小李山房、丁氏八千卷楼和刘氏嘉业堂等名家珍藏，总计多达十二万余卷。可知李宝泉购忻虞卿藏书当在光绪末或宣统初，而此时忻虞卿已年逾六十。

由以上分析可推断忻虞卿的大致生卒年，忻氏应生于道光二十至二十五年（1840—1845），卒于宣统三年至民国十年（1911—1921）。郑伟章《藏书家通考》及陆心蓉《嘉兴藏书史》两书言忻虞卿生于1882年，卒于1942年，属明显错误。

二

忻虞卿仕履情况多不可考。余霖《梅里备志》记载了一桩忻氏热心乡里公益事业，创议重修乡前贤藏书家朱彝尊的曝书亭建筑的史实。光绪末年，秀水藏书家朱彝尊的曝书亭及朱氏祠堂等建筑长期无人修缮，已破败不堪，"入其门，则瓦砾塞于涂；登其堂，则榛芜侵及座"。鉴于此状况，光绪三十四年（1908）忻虞卿倡议重葺，"鸠工庀材，详加整理"，后历数年"至宣统辛亥夏始告成"。①而余霖《续修曝书亭及竹垞太史祠堂落成记》亦云：岁戊申（1908）里人忻宝华勾资葺之，"易桷与瓦墁，拓地补垣，架石梁焉，费银币千余。"但在修缮过程中"遭时濡滞，而资用复告匮，工遂中辍"，至甲寅（1914）五月才落成。②

三

忻虞卿的交友情况。目前所知金蓉镜、蒋学坚、葛嗣浵等嘉兴藏书家与忻氏皆有往来。

---

① 蒋学坚：《重修曝书亭记》，载余霖：《梅里备志》卷七，《中国地方志集成》乡镇志辑第十九册，上海书店1992年版。

② 余霖：《梅里备志》卷二·园亭，《中国地方志集成》乡镇志辑第十九册，上海书店1992年版。

金蓉镜

光绪中期金蓉镜曾亲往梅里访忻氏藏书。据金蓉镜《澹庵书目》序曰："……往在光绪中予亲至梅里访其藏书之室，积轴如山。厥及于宣统初归，再访之则已散佚过半。然犹随收随弃，不复能聚矣。"

按金蓉镜（1855—1929），晚清藏书家、书画家。初名义田，字养寿，更名蓉镜，字闇伯，一字甸丞，又作殿丞，号香岩居士，嘉兴秀水人。清光绪十五年（1889）进士，授工部主事，考取军机，改直隶州。后官湖南。师从沈曾植，究心舆地之学，为诗文渊雅，喜画山水。吴湖帆将其与陈曾寿、夏敬观及宣古愚并称"文人画家"。尝居上海，辛亥革命后归乡，居南湖畔。藏书甚富，达数万卷，"香岩庵"为其藏书著述之所。光绪三十年（1904），金蓉镜与陶葆霖、沈进忠等发起捐书集款，筹办嘉郡图书馆（今嘉兴图书馆）。蓉镜立下遗言，云身后将所藏典籍全部捐献嘉郡图书馆，后计捐书 1 364 部、6 268 册，其中不乏明版孤本，佳刻精抄。金蓉镜著述甚丰，自撰有《郴游录》一卷、《郴州集》一卷、《潜庐文钞》二卷、《诗集》四卷等多种。

又金蓉镜的从弟正是与葛嗣浵、张元济一道续辑《槜李文系》的金兆蕃。两人年龄恰相差十二岁，昔金兆蕃六十华诞，金蓉镜曾赋长诗庆贺，有"弟生戊辰吾丙辰，差肩十二年相伦"之诗句。[1] 按金兆蕃（1869—1951），原名义襄，字篯孙，号药梦老人，别署安乐乡人。原籍秀水，清末移居平湖县。清光绪十五年（1889）举人，任内阁中书。倾心于维新变法，辛亥革命后任北京政府财政部佥事。1919 年北洋政府设立清史馆修清史，参与纂修。浙江省编修《浙江通志》，其撰著部分稿件。又与从兄金蓉镜补刊《嘉禾征献录》，为徐世昌代编《晚晴簃诗汇》。博学多闻，著有《安乐乡人诗》六卷，《药梦词》四卷。顾廷龙先生评价"近代诗词家擅书法者，首推金兆蕃丈"[2]。1921 年葛嗣浵等补辑《槜李文系》，最后由金兆蕃负责定稿。2010 年北京泰和嘉成拍卖有限公司秋季艺术品拍卖会，曾

---

① 陈左高：《金氏昆仲两宗师》，《上海文博论丛》2005 年第 2 期，第 74—75 页。

② 同上注。

有拍品《金兆蕃诗文稿》四册，成交价为 100 800 元。该书为金兆蕃墨书诗文手稿，内有《内存药梦盒诗稿》一册，《文稿·表》一册，《文稿·文五、文六》一册，《杂稿》一册，钤有"药梦""鸳鸯鹦鹉"白文方印。

蒋学坚

蒋学坚五十多岁时被忻虞卿聘为忻府私塾教师，执掌教席达十年之久。蒋学坚《澹庵书目》序云："余自戊戌假馆梅里忻氏，迄今丁未已阅十年。"余霖《梅里备志》亦称蒋氏"客梅里忻氏有年，善为诗文。"[1] 据称蒋学坚在梅里忻家当塾师时曾为忻虞卿家族编纂《忻氏十三世家谱》，也曾协助忻氏编辑《檇李文系》。

按蒋学坚（1845—1934），字子贞，号铁云，晚号石楠老人。海宁硖石镇人，光绪十二年（1886）贡生。就职训导。从师海盐张鼎，工词章、训诂、经史、诸子百家，尤邃于乡邦掌故。因其家道中落，乃以教学为业。光绪六年（1880）应知州李圭之聘，与朱昌燕等同修《海宁州志》。藏书处曰"平仲园"，又曰"息喧草堂"。著有《海昌文系》三十二卷、《海昌著录续考》六卷、《怀亭诗话》四卷等。

其祖父乃藏书家蒋楷（1774—1827），原名星桥，又名三益，字文隅，号梦花，又号梦华，太学生。来青阁即为蒋楷藏书楼名。蒋楷生性慷慨，广交朋友。当时的名流如黄丕烈、李富孙、吴骞等都与他有着密切的交往。海宁著名藏书家吴骞常常涉足来青阁，他看到蒋氏所藏的金石书画数量之富，价值之高，大为惊叹。吴骞曾有《过蒋梦花园居诗》一首，诗云："一树大一屋，一井碧一亭，幽哉君子居，一何清且奇。"管庭芬、黄丕烈的藏书题跋之中常常提到蒋楷之名。

其父蒋仁荣，字修华，号杉亭。好读书，暇即手执书卷，"咿哦不辍"。得同邑清著名数学家李善兰指点研治经学，拜苏州大儒陈奂（硕甫）为师，称"陈门高弟"，著有《大戴礼集说》《孟子音义考证》等书，其著述刊入王先谦《皇清经解续编》之中。

其堂叔藏书家蒋光煦（1813—1860），字日甫，一字爱笋，号雅山，又号生

---

① 余霖：《梅里备志》卷五·流寓，《中国地方志集成》乡镇志辑第十九册，上海书店 1992 年版。

沐，自号放庵居士，藏书处名"别下斋"。别下斋藏书一部分得自堂叔父蒋楷，一部分得自陈鳣"向山阁"、马瀛"吟香仙馆"等的旧藏。经数十年积累，所藏宋元古籍及精旧抄本达十万多卷，其中不乏名刻善本。成为浙北一大藏书名家。

其堂侄乃中国历史上大名鼎鼎的军事家蒋百里（1882—1938）。蒋百里名方震，字百里，以字行。蒋光煦之孙，年十三因父殁，而随母回硖居水月亭族屋。与同邑同庚张宗祥结为好友，努力奋进，好学不倦，四书五经乃至西方文学、哲学无不靡览。十七岁中秀才，1900年考入杭州求是书院（浙江大学前身），因其国文试卷总是名列前茅，常被争相传抄，有"硖石才子"之名，更深得浙江名儒陈仲恕器重和培养。1901年蒋百里被选送日本留学，后升入陆军士官学校第三期步兵科。在校期间，蒋百里学习刻苦，成绩优异，与同学蔡锷、张孝准并称为"中国三杰"。1905年又以步兵科第一名的成绩，列第三期士官生冠军，日本明治天皇亲授军刀嘉奖。他在日本由蔡锷介绍，结识梁启超，并终生事之为师。

蒋学坚一族还有一位名人，就是抗战时期为抢救我国江浙藏书家散出珍贵典籍而做出过杰出贡献并长期担任中央图书馆馆长的蒋复璁（慰堂）先生。

葛嗣浵

葛嗣浵乃忻虞卿晚年托付所辑书稿《槜李文系》者。他也是清末嘉兴一位很知名的藏书家兼教育家。

葛嗣浵（1867—1935），字稚威，又字词蔚，号竹林，别署水西居士，嘉兴平湖人。葛嗣浵是平湖藏书家葛金烺季子，也是清光绪朝政治人物、后因反对利用义和团排外于"庚子事变"被慈禧杀头的徐用仪之婿。早年为秀才增生，光绪时廪贡生，与张元济同科中举。游宦北京数年，因其岳父徐用仪被慈禧冤杀，遂弃官归田，以藏书、书画为娱。光绪二十五年（1899）葛嗣浵建藏书楼，为表示其仰承先恩之意，取名"守先阁"。"守先阁"藏书历三十余年，积书逾十万余册，四十万卷。其中善本、宋版书及孤本达四千余种，方志两千四百余种，宋元以来名家书画近四百轴，历年科举试卷几千种。藏书可与范氏"天一阁"、刘氏"嘉业堂"相匹敌。

葛嗣浵还在乡间兴文办学,服务桑梓。光绪二十七年(1901),他开始筹建学校,葛嗣浵先生将所创办的学校取名稚川,是为纪念他的先祖——晋代著名的炼丹家葛洪,因葛洪字稚川。当时新学初兴,无"学校"之称,故名稚川义塾。光绪三十年(1904)废科举,改名为稚川高等小学堂。民国乃名学校,民国十三年增设初中。稚川学校曾为国家培养了一大批杰出的栋梁之材。如国际著名的冶金专家、中科院学部委员邹元燨,首届韬奋奖获得者、中华书局高级编审兼著名学者周振甫,教育家张文郁,抗日英雄、飞行大队长梅元白,黄埔二期毕业生、革命烈士张堂坤等。可惜 1937 年 11 月,稚川学校被毁于侵华日军的炮火之中。

葛氏家族出过一位著名的香港电影女明星,就是被金庸视为"梦中情人"的夏梦。夏梦原名杨蒙,生于上海。其母葛维宗是平湖葛昌楣的次女。小名宗宝,字萝仙,号露西(Lucy)、玫瑰。其父为苏州人杨元恺,妹妹杨洁。葛昌楣乃葛嗣浵大哥葛嗣溁的儿子,葛嗣浵是夏梦的叔外祖。

葛嗣浵又结亲张元济,葛的女儿嫁给了张的儿子张树年,两人不仅是同年举人,也是儿女亲家。

藏书家忻虞卿的藏书活动与《澹庵书目》述略

王海明　秦　俭

一

忻虞卿是晚清嘉兴知名的藏书家兼学者，他生活的时代大约在清朝同治、光绪时期。嘉兴的历代私家藏书活动在浙江藏书史上占据着相当重要的地位。清孙从添《藏书纪要》曾说："大抵收藏书籍之家，惟吴中苏郡、虞山、昆山，浙中嘉、湖、杭、宁、绍最多。"① 他把嘉兴藏书家列在浙江之首。又《中国藏书家考略》收录历代藏书家 480 余人，仅清一代的嘉兴藏书家即有 62 位，几乎占到全部藏书家的 13%。嘉兴辖秀水、海宁、海盐、平湖、嘉善及桐乡等地，明清以来涌现了一大批藏书大家，如秀水项元汴、曹溶、朱彝尊，海宁陈鳣、吴骞、蒋光煦、蒋光焴，桐乡鲍廷博以及海盐张元济等。

忻虞卿作为众多嘉兴藏书家中的一员，尽管其知名度不及以上诸位，但在晚清嘉兴藏书家行列中也是颇有地位和影响的。和忻氏同时期的嘉兴藏书家金蓉镜、蒋学坚等对其藏书均有一定的评价。金蓉镜云："梅里忻氏虞卿喜收书，虽未为博综，而所见多精椠精校之本。随手记录积久成帙。"② 蒋学坚亦称："虞卿舍人雅好聚书，凡一二卷以及十百卷，大小各种书籍靡不赅备。其间宋元本、旧钞本、批校本约有数十种，尤足宝贵。"③ 又余霖《梅里备志》卷八·杂记也记忻氏藏书："光绪中叶，里中忻氏收藏书籍颇富有，有《不暇懒斋书目》，惜后渐散出。"④

---

① 孙从添：《藏书纪要》鉴别篇。

② 金蓉镜：《澹庵书目》序，不暇懒斋抄本忻宝华《澹庵书目》。

③ 蒋学坚：《澹庵书目》序，不暇懒斋抄本忻宝华《澹庵书目》。

④ 金霖：《梅里备志》卷八，《中国地方志集成》乡镇志辑第十九册，上海书店 1992 年版。

　　更为可贵的是，虽然忻氏藏书于宣统初流散殆尽，但忻虞卿却为我们留下了一部私家藏书目录《澹庵书目》。他的藏书面貌可在这部书目中得到较全面的反映。该书目题忻宝华撰，不分卷附补遗，凡二册，撰成于清宣统元年（1909），无刊刻。今存世的嘉兴忻氏不暇懒斋抄本，藏日本京都大学人文科学研究所图书馆。

　　然而这样一位学者型藏书家，由于史料多阙，对其藏书活动的探讨却相当欠缺。已出版的藏书家和藏书史研究专著中如顾志兴《浙江藏书史》，范凤书《中国私家藏书史》，杨立诚、金步瀛《中国藏书家传略》，吴晗《江浙藏书家史略》等对忻虞卿只字不提，即如郑伟章《文献家通考》和陆心蓉《嘉兴藏书史》的著述中对忻虞卿的介绍亦相当简要，叙述之中尚有舛误；《澹庵书目》这部目录学著作更是鲜有学者做过介绍。

二

　　忻虞卿的藏书活动，忻氏自谓："余平生癖嗜收藏。历年所得虽宋元本寥寥无几，而旁搜博采，四部书约略俱备，即近代所刊各种丛书亦网罗不少，其中有缺简则别购以补之；有缺页则借抄以足之。盖寝馈于兹者数十载矣。"

　　忻氏积书达三十载，"三十年心血所在"，藏书达数千种，超过三万卷。据现存的《澹庵书目》著录，经部藏书合计 260 余种 4 300 卷，史部书 340 余种 12 300 卷，子部书 370 余种 7 000 卷，集部书 550 余种 9 500 卷。

　　藏书的质量，其虽自谦"宋元本寥寥无几"，但也自认为"旁搜博采，四部书约略俱备。即近代所刊各种丛书亦网罗不少。"不仅金蓉镜说其所藏"多精椠精校之本"，蒋学坚亦称"其间宋元本、旧钞本、批校本约有数十种，尤足宝贵"。

　　忻氏藏书楼为不暇懒斋，藏书印有"宝华之印"小白方、"嘉兴忻氏"白方、"虞卿手校"朱方、"虞卿之印"白方、"忻氏宝华"朱方、"梅溪忻氏不暇懒斋珍藏"朱椭圆、"曾为忻虞卿所藏"朱方及"嘉兴忻虞卿三十年精力所聚"白方等。[①]

---

① 郑伟章：《文献家通考》，中华书局 1999 年版，第 1564 页。

不暇懒斋藏书自光绪末已陆续流出，至宣统初已散佚过半。金蓉镜曾说："往在光绪中予亲至梅里访其藏书之室，积轴如山。厥及于宣统初归，再访之则已散佚过半。然犹随收随弃，不复能聚矣。"傅增湘谈过忻虞卿散书曾介绍了一个情形：昔琉璃厂书肆老板李宝泉以三千金购走忻虞卿一批精钞秘校本藏书，书即将启运，李向虞卿辞行时，他却"避面不出"，询问家人，原来正在空堂独坐，面壁而哭泣。于是傅增湘感叹："若忻君者嗜书如命，宜其惶惶惜别，情不自禁矣。"

忻氏藏书散出时多由南北书肆收购。除上述北京琉璃厂书估李宝泉收得一批外，黄裳的藏书题跋中还介绍了其他书估兜售忻氏藏书的史料。黄裳《三藩纪事本末》题跋曰："月前寄在平湖，估人介往故家观书，凡十余箱，皆通常之本，只检出此册。当是嘉兴忻氏旧藏，未便还价，仍归之。昨汪估，又自平湖来，却挟此册于群书中并至，遂收得之，故书因缘如是。乙未二月廿二日，晨窗曝日记，黄裳。"[1]据此知黄裳此书是从汪估手中购得。

今收忻虞卿旧藏最多者为天津图书馆。傅增湘《朱竹垞腾笑集跋》云："其后宝泉载书北来，余略取畸零小帙，其余若全谢山五校《水经注》稿本、管芷湘手钞群书数十册，皆以归之天津图书馆，使得公诸当世，传之久远，庶足少慰虞卿生平搜采之雅意耳。"[2]

除李宝泉售给天津图书馆一批忻氏藏书外，天津图书馆亦自派人员亲赴嘉兴购得忻氏藏书数百部约三千册，此事记于时任天津图书馆提调（相当于馆长）的民国人物谭新嘉自撰年谱《梦怀录》中，时间或在李宝泉南下访书之后。按谭新嘉（1874—1939），字志贤，号胥山叟，浙江嘉兴人，他是我国著名历史地理学家谭其骧的叔父。

据谭氏《梦怀录》记载，宣统三年（1911）初，葛星槎致函傅增湘先生告知忻虞卿有书出售。是年三月傅即派谭新嘉（因其与忻虞卿有亲戚关系）带三千元汇

---

[1]　黄裳：《来燕榭读书记》，辽宁教育出版社 2001 年版，第 61 页。

[2]　傅增湘：《群园藏书题记》，上海古籍出版社 1989 年版，第 872—874 页。

票回南，前往嘉兴梅里忻氏府上选购。谭新嘉《梦怀录》说："余登新丰轮船至沪，候提汇款。回里同葛丈往王店挑选数百部，约三千册左右。会同葛丈与忻氏论价约费贰千三百余元。"①

天津图书馆购得的忻虞卿旧藏，傅增湘题跋与谭新嘉《梦怀录》均未作过多介绍。笔者据有关资料，对天津图书馆收藏的忻虞卿藏本略作钩沉。

经部有清抄本《三家诗遗说》八卷附《补遗》一卷，清冯登府撰。清卢见曾雅雨堂刻本《大戴礼记注》十三卷。清光绪八年（1882）徐氏八杉斋钞本《说文系传考异》四卷《附录》一卷，清汪宪撰。

史部有明嘉靖四十五年（1566）刻本《今言》四卷，明郑晓撰。钞本《蜀难叙略》一卷附《沈华阳传》一卷。该两抄本于1999年收入陆行素主编的《天津图书馆孤本秘籍丛书》中。清道光二十四年（1844）刻本《校经廎自订年谱》一卷，清李富孙撰。清康熙五十八年（1719）研云堂刻本《嘉善钱氏家传》四卷《恩纶》二卷，清钱以垲辑。清不暇懒斋钞本《至元嘉禾志》三十二卷，元徐硕纂修。清红格钞本《曝书亭藏书目》不分卷，清朱彝尊编。清嘉庆至道光间钞本《籀史》二卷，宋翟耆年撰，《澹庵书目》中注有国朝王士祯跋，下卷已佚。

子部有清末钞本《浙江甀录》四卷，清冯登府辑，有洪颐煊跋及冯登府自跋。清末钞稿本《獭祭录》六十二卷，清李绳远撰，十六册。内含事类二十卷，舆地十五卷，职官二十卷，氏族八卷。是书《澹庵书目》题"写本原稿"，然仅著录五十三卷。此书也收入了《天津图书馆孤本秘籍丛书》中。清钞本《云山日记》二卷，元郭天锡撰。是书记事自元至大元年戊申八月廿七日迄二年十月三十日。《澹庵书目》著录精钞本。

集部有师竹斋钞本《俞渐川集》四卷，清俞汝言撰。是书也收入《天津图书馆孤本秘籍丛书》。清嘉庆二十三年（1818）蒋楷刻本《南车草》一卷《微堂和章》一卷，清嘉庆五年（1800）三有堂刻本《曝书亭集笺注》二十三卷，有清孙银槎辑注，黄河清校勘。是书收入2009年天津图书馆编《天津图书馆珍藏清人别集善

---

① 北京图书馆编：《北京图书馆藏珍本年谱丛刊》第196册，1998年版。

本丛刊》。清乾隆间木山阁刻本《曝书亭集诗注》二十四卷《年谱》一卷，是书亦收入《天津图书馆珍藏清人别集善本丛刊》。清嘉庆十九年（1814）刻本《曝书亭词集注》七卷，清李富孙撰。清嘉庆稿本《红兰春雨词》三卷，清冯登府撰，该书封面题："石经阁词稿"。清钞本《北山文钞》一卷，清陈石英撰，收入《天津图书馆珍藏清人别集善本丛刊》。清扶荔山房刻本《静志居诗话》二十四卷，清朱彝尊撰，收入《天津图书馆珍藏清人别集善本丛刊》。清稿本管庭芬辑《管芷香自钞精本待青书屋杂钞初编、续编、再续、补编、附录、拾遗》和《管芷香自钞精本销夏录旧》五种十一卷。

<h2 style="text-align:center">三</h2>

藏书质量方面，宋元藏本有宋宝祐刊九行大字本《晋书》一百三十卷。元刊朱淑真《断肠集》十卷，此书原为海宁马思赞道古楼旧藏，卷末有黄丕烈题跋，忻虞卿藏书散失，该藏本又为海宁蒋学坚所有。[①] 元本《范德机评李杜诗选》十卷，该书系元郑鼐编，元著名学者、诗人虞集序，每半页十一行，每行二十二字。明清藏本有明刻《玉台新咏》八卷，有朱彝尊批校。明刻大字本《今言》四卷。汲古阁初印《孙可之集》十卷，该刻本系"某氏以明正德王鏊刻本朱笔校勘"。殿本《二十四史》及《康熙字典》等多种。

忻虞卿藏四部各类钞本几十种，如清黄宗羲《周易象数论》六卷、宋蔡卞《毛诗名物解》二十卷、清吴肃公《诗问》一卷、宋宇文懋昭《大金国志》四十卷、宋范成大《吴船录》一卷、宋杨潜《云间志》三卷、元徐硕《至元嘉禾志》三十二卷、宋田锡《咸平集》三十卷、宋吴则礼《北湖集》五卷、元郭天锡《云山日记》二卷（该本有元俞希鲁、清宋葆淳等人跋，系宋葆淳亲手所精钞）等。

忻氏藏书中既有黄丕烈、顾千里、卢文弨、袁廷梼、陈鳣、吴骞、莫友芝、刘履芬等藏书家的题跋本，也有一些藏书故家的旧藏。其从海宁吴骞家中曾购

---

① 徐珂：《清稗类钞》之九·艺术类，中华书局 2003 年版。

得多种秘籍，如《苏诗补注》五十卷，清查慎行的补注，吴骞手校本并藏。拜经楼藏精校钞本《晏子春秋》七卷，吴骞等跋并藏。《陶集》四卷，清蒋熏评阅并序，周文焜序，此乃吴氏拜经楼藏本并过录查慎行、胡铺、沈德潜、何焯诸家批语。

忻氏还藏有一些嘉兴学者的未刊稿本。如明末清初李绳元辑写本原稿《獭祭录》五十三卷，该书今藏天津图书馆。朱彝尊著《曝书亭笺启存稿》一卷，为旧钞未刻本，有李承模跋；未刻清史诠著《冯柳东太史年谱》一卷，该本今藏北京国家图书馆，后收录于《北京图书馆藏珍本年谱丛刊》第138册中；清著名嘉兴学者管庭芬《芷湘词余》一卷，该书《澹庵书目》著录管庭芬著，许光治序，管氏自跋，未刻；石经阁旧钞稿《红兰春雨词》三卷，清冯登府撰，封面钱泳题签"石经阁词稿"。

忻虞卿的藏书有两大特点，其一多旧钞本、批校本。其二是嘉兴乡邦文献收藏尤其丰富。忻虞卿藏有多达八种版本的《嘉兴府志》，如明赵文华《嘉兴府图记》二十卷、明柳琰《嘉兴府志》三十二卷、明邹衡《嘉兴府志补》三卷、明刘应珂《嘉兴府志》三十二卷、清袁国祥《嘉兴府志》十九卷、清吴永芳《嘉兴府志》十六卷、清伊汤安《嘉兴府志》八十卷、清于尚龄《嘉兴府志》六十卷等。藏有多种嘉兴的地方诗文集，如清沈季友辑《槜李诗系》四十二卷、清利瓦伊钧《梅里诗人遗集》不分卷、清许灿辑《梅里诗辑》二十八卷、清沈爱莲辑《续梅里诗辑》十二卷、钞本管庭芬辑《海隅遗珠录》不分卷、清蒋光煦辑《篝灯教读图题赠》三卷、清许仁沐、蒋学坚同辑《硖川诗续钞》十六卷附词一卷等。

忻虞卿格外重视收藏朱彝尊、冯登府、管庭芬等乡先辈学者的著述，《澹庵书目》著录的朱彝尊集部著作计有十一种之多，如朱彝尊《腾笑集》八卷，为竹垞先生诗文集初刻本之一，该书为康熙刻本，每半页十行，行十八字。上下黑口，单栏。扉叶大题书名，又两行题云"朱竹垞都下诗""曝书亭藏板"。书前有康熙二十五年竹垞主人朱彝尊锡鬯父自叙。此书诗文皆朱氏通籍之后所作，书名题曰"腾笑"，乃用《庄子北山移文》之语，借以自嘲。此书传本甚罕，刊刻时间早于朱氏全集。该书钤有"嘉兴忻虞卿三十年精力所聚"一印，也曾为冯登府收藏，冯氏有题语三则。光绪末宣统初，北京琉璃厂书商李宝泉南下浙江访书，花三千金购得忻虞卿藏书一批，此刻本即在其中，后藏书家傅增湘自李宝泉处购得，藏入双鉴楼。此事记于傅增湘《朱竹垞腾笑集跋》中。傅跋云："此刻传本较稀，柳东得此于梁珠渊茂才，事在百年以前，已言'旧本绝少'。余此帙获之嘉兴忻虞卿家，钤有'嘉兴忻虞卿三十年精力所聚'一印。书友李宝泉南下访书……其后宝泉载书北来，余略取畸零小帙……"[①] 1954 年初冬，藏书家黄裳在上海传薪书店购得同样版本一部。黄裳《腾笑集》题跋曰："此竹垞腾笑集，传本甚罕，刊刻远在全集之前。三月前见头本于徐绍樵许，即取归。泊京游归来，全书始至，遂以石米之值得之。"[②]

王欣夫曾言，冯登府的文集在道光、咸丰年间已是藏书家极难得到的藏品，金兆蕃留心乡邦文献，访求数十年才以得之，平湖葛嗣浵传朴堂亦藏有一种，然两者互有遗佚，"金本有而葛本无者九篇，而葛本可补金本者至二十六篇。"金兆蕃藏冯登府手稿一册，皆其未刻佚文。忻虞卿曾辑有冯登府《石经阁集外文》二卷，此稿本与目录核对已缺十五篇，该书今藏上海图书馆。

上海嘉泰拍卖有限公司 2006 年春季大型艺术品拍卖会有拍品古籍善本清杨陆荣《三藩纪事本末》线装一册，清康熙五十六年（1717）刻本。此系忻虞卿旧藏，《澹庵书目》未见著录。卷中钤忻虞卿"嘉兴忻虞卿三十年精力所聚"白文、"嘉兴忻氏"白文、"曾为忻虞卿所藏"朱文诸藏印。1955 年黄裳从平湖书贾手中购得此书。黄氏题跋云："月前寄在平湖，估人介往故家观书，凡十余箱，皆通常之本，只检出此册。当是嘉兴忻氏旧藏，未便还价，仍归之。昨汪估又自平湖来，却挟此册于群书中并至，遂收得之，故书因缘如是。乙未二月廿二日，晨窗曝日记，黄裳。"[③]

又北京泰和嘉成拍卖有限公司 2013 年春季艺术品拍卖会有拍品古籍清康熙夏舜臣刊本《无声诗史》七卷，线装六册。是书为明末清初画史著作，收录有明洪武至崇祯二百八十余载画家的生平简介。该书《澹庵书目》子部·艺术类著

---

① 傅增湘：《群园藏书题记》，上海古籍出版社 1989 年版，第 872—874 页。

② 黄裳：《来燕榭书跋》，上海古籍出版社 1999 年版，第 256 页。

③ http：//auction.artron.net/paimai-art41481101/。

录。书签题"无声诗史卷一康熙庚子写刻佳本，今古村庄所得抱銷居士书签"。内页任董题"无声诗史，徐紫珊装辛未四月题于长阿那室"。又有吴待秋跋："辛未二月抱銷居士吴徵观于上海宝山路之宝山里"。该本天头宽大、写刻精美、纸洁墨润，钤印累累。钤有"任董之印""上海徐紫珊收藏书画金石书籍印""嘉兴忻虞卿氏三十年精力所聚"等。是书原为徐渭仁（紫珊）藏书，后归光绪嘉兴藏书家忻宝华，辛未年为吴待秋所得。①

另《澹庵书目》著录的钞本《俞渐川集》四卷，今藏天津图书馆，二册，每半页十行，行二十五字，黑栏无格，左右双边，版心下镌"师竹斋钞本"。卷前钤有"平原陆氏于郿字酥遥别号雪香家藏"朱文、"平原藏"朱白文、"雪香"白文、"曾为忻虞卿家藏"朱文诸印、卷末有"嘉兴忻虞卿三十年精力所聚"白文、"子孙守之"朱文藏印。②

《俞渐川集》一书《四库全书总目》未见著录，诸家书目亦均不载。该集系明人俞汝言所撰，俞氏字右吉，别号渐川居士，出生于明万历四十二年（1614），卒于清康熙十八年（1679），《康熙嘉兴县志》有传。俞汝言著述《四库全书总目》著录有《春秋平义》十二卷、《春秋四传纠正》一卷两种，而该书四库馆臣引朱彝尊《经义考》中缪泳之言，称俞氏"其诗古文曰渐川集，今皆未见。"是书前有同里曹溶、柴桑文德翼及魏禧三人序，全书前二卷为文编，后二卷为诗作。据刘尚恒考证，该师竹斋钞本《俞渐川集》，系俞氏同宗后人钱塘余城据其稿本传钞。先藏于平原陆于郿家，再传至嘉兴忻虞卿不暇懒斋。宣统末民国初，北京琉璃厂书商李宝泉南下访书从忻氏手中购得又售与天津图书馆。

四

忻虞卿的私家藏书目录，今存不暇懒斋钞校本《澹庵书目》不分卷，凡二

---

① http://pmgs.kongfz.com/detail/16_393460/。

② 刘尚恒：《"四库"馆臣未见书〈俞渐川集〉》，《文献》1990 年第 3 期，第 247—252 页。

册。钤有"东方文化学院京都研究所"朱文长方印,现藏日本京都大学人文科学研究所图书馆。该书目为蓝格抄本,半页十行,卷端题"澹庵书目",下署著者"嘉兴忻宝华虞卿编"。前有清光绪三十三年(1907)岁次丁未秋八月忻宝华的自序、海宁藏书家蒋学坚序,后有宣统元年(1909)乌程吴本铨跋。又卷前附嘉兴藏书家金蓉镜民国十二年(1923)《澹庵书目》序手书及民国十一年(1922)冬十一月贵州独山著名藏书家莫友芝的侄子莫棠的手书题跋两种,系另用纸附粘于卷前内页。

据不完全统计,现存《澹庵书目》著录书籍超过 1 500 种,达 30 000 余卷。其中经部书 260 余种 4 300 卷,史部书 340 余种 12 300 卷,子部书 370 余种 7 000 卷,集部书 550 余种 9 500 卷。书目计分四十三类,其中经部十类,为易、书、诗、礼、春秋、孝经、五经总义、四书、乐、小学;史部十四类,为正史、编年、纪事本末、别史、杂史、诏令奏议、传记、史抄、载记、地理、职官、政书、目录、史评;子部十四类,为儒家、兵家、法家、医家、天文算法、术数、艺术、谱录、杂家、类书、小说、释家、道家;集部五类,分楚辞、别集、总集、诗文评、词曲。

《澹庵书目》所收图书一般著录书名、卷帙、著者、序跋,偶有著录其版刻、行款与册数,忻虞卿自称其目"书撰人名氏,及谁为编刊,谁为序跋,俱详注于其下"。

其著录主要格式为书名、卷帙、著者及序跋,如:《尚书大传考纂》三卷,国朝董丰垣著,沈彤、董煦序(经部·尚书类)、《禹贡分笺》七卷,国朝方溶著,邢澍、朱瑞椿、吴春、朱毓文、黄仙根序,自序,黄振堃、黄振甲跋(经部·尚书类)。

其间有著录版刻者,或于书名前详列版本,或于著者后注明版刻,如重刊影宋本《尔雅图》三卷(经部·易类);《周易本义》四卷,明闵齐汲校刊(经部·易类);汲古阁初印《孙可之集》十卷(集部·别集类)等。

其著录钞本者,多于书名前著录"钞本某书"或"精钞本某书",如精钞本《云山日记》二卷(子部·小说类);旧钞《周易河洛集说》二十册(经部·易类)。

其所著录之宋元版间或列行款信息，如宋宝祐本《晋书》一百三十卷，半页九行，行十五字（史部·正史类）；元本《范德机评李杜诗选》十卷，半页十一行，每行二十二字（集部·总集类）。

《澹庵书目》还间著录某家校本、未刻稿本若干种，如拜经楼精校钞本《晏子春秋》七卷（史部·传记类）；《苏诗补注》五十卷，吴骞手校本（集部·别集类）；旧钞未刻本《曝书亭笺启存稿》一卷（集部·别集类）；《芷湘词余》一卷，未刻（集部·词曲类）。

其著录的名人题跋本如《大戴礼记注》十三卷，卢文弨跋（经部·礼类）；《六艺纲目》二卷《附录》一卷，国朝杨以增跋（经部·小学类）；《名臣言行录前集》十卷《后集》十四卷《续集》八卷《别集》二十六卷《外集》十七卷，顾千里跋（史部·传记类）；《金匮玉函经》八卷，何焯跋（子部·医家类）；《鸡窗丛话》一卷，黄丕烈跋（子部·小说类）等。

《澹庵书目》页头偶有朱笔批语。如子部·天文算法类著录有钞本《衍谢》一卷，朱笔批语曰"应移小说类杂事退庵随笔前"，子部·医家类著录有《中寒论辩证广注》三卷，朱笔批语曰"疑于本类第卅七种同"等。可知此钞本应非忻虞卿原稿。据忻虞卿《澹庵书目》自序："盖寝馈于兹者数十载矣。今辑成书目一册，分类五，曰经，曰史，曰子，曰集，曰丛。"又蒋学坚说："以手编《澹庵书目》见示，四部之外，兼列丛书。"《澹庵书目》应为经、史、子、集、丛五部分类体系，而现存钞本书目中并未列丛部书籍，当为不全之本。

忻氏深知藏书目录的传世价值，他感叹："呜呼！物无聚而不散，今日吾所有之书，未必他日终为吾有。而留此一目，俾后之修郡邑志者，知吾粗能好古，遂与许棐以下诸目并著于篇，岂非深幸也乎。"

有学者或以为忻虞卿另有藏书目录《忻宝华虞卿藏书目》，如郑伟章《文献家通考》"忻宝华"条云："《铜井文房题跋·曝书亭集外稿跋》有其《忻宝华虞卿藏书目》，未见。"今检莫棠《铜井文房书跋》之《曝书亭集外稿》跋文曰："近嘉兴忻宝华虞卿藏书目有《南车草》一卷附《薇堂和章》一卷，题朱彝尊撰，蔗余道者金堡序，蒋楷刊并跋。又旧钞未刻本《曝书亭笺启存稿》一卷，李承模跋。"现存钞本《澹庵书目》补遗中著录此两书，且所叙文字与莫棠所记完全一致，由此知莫氏所说"忻宝华虞卿藏书目"应为《澹庵书目》。学人以为忻氏另有《忻宝华虞卿藏书目》或误也。

又有学者以为忻虞卿或有《不暇懒斋书目》藏书目录，如余霖《梅里备志》论忻氏藏书曾云："光绪中叶，里中忻氏收藏书籍颇富有，有《不暇懒斋书目》，惜后渐散出。"[①] 陈心蓉《嘉兴藏书史》："忻宝华，字虞卿，嘉兴梅里人。藏书处为不暇懒斋，……有《不暇懒书目》。"[②] 今据钞本《澹庵书目》莫棠跋称："忻氏虞卿以生平所藏为《澹庵书目》。"蒋学坚序云忻虞卿"以手编《澹庵书目》见示"，吴本铨跋亦云："去岁，客梅里。忻氏主人虞卿舍人储藏甚富，以所辑《澹庵书目》见示。"金、蒋诸人言忻氏藏书目录皆指《澹庵书目》而不提《不暇懒斋书目》，或忻氏所编经、史、子、集、丛五部分类之书目为《不暇懒斋书目》耶？可惜该目今已无流传。

① 金霖：《梅里备志》卷八，《中国地方志集成》乡镇志辑第十九册，上海书店 1992 年版。

② 陈心蓉：《嘉兴藏书史》，国家图书馆出版社 2010 年版，第 284 页。

《携李文系》的传藏与忻虞卿原辑稿存亡献疑

王海明　秦　俭

　　忻虞卿不仅是晚清嘉兴一位有名的藏书家，同时他也是一位学者。著名的汇编嘉兴历代乡邦文章的文献总集——《携李文系》最初就是由忻虞卿所辑。忻辑《携李文系》收录了旧嘉兴一府七县（嘉兴、秀水、海盐、平湖、嘉善、石门、桐乡）的历代乡人撰作，上自汉代严忌，下到清代李成模，搜罗广博，涉及作者1 236人，文章1 906篇。诚如张元济《刊印携李文系征集遗文启》称"嘉兴忻君虞卿辑成《携李文系》四十六卷，久未刊行。同人以乡邦文献攸关，怂恿付梓。原书起自汉，迄光绪。"

一、《携李文系》的编撰经过

　　《携李文系》一书最先由清同治六年的举人陈其荣发凡，他曾编辑《携李文系》达六十卷，但最终并未完成，文稿亦随即散佚，只剩余所辑作者的姓名。清光绪年间，嘉兴学者兼藏书家忻虞卿开始复辑《携李文系》，他受平湖沈季友编纂嘉兴一府诗作的《携李诗系》启发，《携李诗系》四十二卷，三十册，朱彝尊为之作序，其编录了汉代至清康熙年间嘉兴历代诗人三千余人的诗作，此书后收入《四库全书》之中。忻氏《携李文系》的编纂体例完全仿照《携李诗系》。忻虞卿撰稿《携李文系》凡例云："是集仿沈氏《携李诗系》例，每人各缀小传，其事实皆本诸史传、邑乘家牒及名人诗文集，如无可征引，仅书字贯，不敢以伪乱真。"

　　忻氏所辑《携李文系》原稿共计四十五卷（一作四十六卷），装订成二十五册。收录了嘉兴府属七县从汉严忌一直到清李成模的历代1 236个作者的文章1 906篇。《携李文系》凝结着忻虞卿毕生的学术心血，具有极高的文献价值。由于卷帙浩繁，当时一直未能刊印，始终以稿本形式传世。

　　忻虞卿晚年时顾虑自己年事已高，该书又"惜未完善"且"尚未刻"，于是将原辑稿《檇李文系》托付给葛嗣浵，希望葛氏能进一步完善后，加以刊刻。1921 年，葛氏找来自己以后的儿女亲家张元济和嘉兴籍的科举同年金兆蕃（1869—1951）共同商议，决定对忻辑《檇李文系》进行增补续辑①。张、葛、金三人确定此项工作后，分请嘉兴各地精通旧学、热心乡邦文献的社会名流、地方富绅、文人收辑遗文。1921 年 7 月 2 日确定了各地收辑《檇李文系》遗文的负责人，如金兆蕃负责京津及北方各省，谈麟祥负责海盐，沈耆洛负责桐乡，陈赢客负责石门，龚味生和陈宜慈负责杭州，王甲荣负责嘉兴及秀水，钱铭伯负责嘉善，张厚芗负责平湖等。其他各省则由商务分馆代理②。1921 年 8 月，张元济在当时全国最有影响的报纸《申报》上刊登了《刊印檇李文系征集遗文启》，呼吁"海内宏达，同州诸彦，藏有旧嘉兴府属先正文字，无论已否成集，咸请采副见示。"张元济等明确辑集《檇李文系》遗文原则是：已有专集行世而原辑已选的不必再收，而原辑未收的，即使素无名望之人，只要文字好的，不论题目，予以采录，目的是以文传人；补辑遗文最重要的是搜求原编未有之人；所收人物到宣统三年为止，入民国后仍旧活着的，概不收纳。1924 年 6 月 9—14 日，张元济和葛嗣浵一道住进杭州一家安静的旅馆，审定《檇李文系》各县辑稿。结果经初步选定的续稿比忻氏《檇李文系》原辑稿本增加一倍多，并准备将来再删减。从杭州回来之后，张元济请金兆蕃进行最后筛选，同时给续编稿中尚无传记的作者补写传记。历时十四年，1935 年《檇李文系》续辑终于定稿。

　　续辑《檇李文系》与忻氏原辑稿进行统筹编排，编成八十卷，共计收作者 2 354 人，文章 4 041 篇，比忻氏原辑稿篇幅增加约一倍，张元济还亲笔抄录了

① 张、葛、金的续辑《檇李文系》情况，可参见张元济与葛嗣浵、金兆蕃的往来书信，载《张元济全集》第二卷、第三卷，商务印书馆 2007 年版。
② 杨成其：《张元济与〈檇李文系〉》，http://www.docin.com/p-90177077.html。

《檇李文系目录》四册。续辑《檇李文系》仍由葛嗣澎负责保管。

二、《檇李文系》的传藏

1935 年春，葛嗣澎病重，自知距辞世不远。于是将忻氏原辑和《檇李文系》续辑书稿一并交给当时的嘉兴图书馆馆长陆仲襄复校保存。交稿时忻氏原辑稿已装订成册，而续稿仍是散叶。1936 年陆仲襄与图书馆员工仲欣木又将续辑散叶装订成七十八册。忻氏原辑稿 25 册 1936 年曾在嘉兴首届文献展览会和浙江省文献展览会两次展出。

1937 年"七七事变"后，抗日战争全面爆发。在战火烧到嘉兴之前，嘉兴图书馆馆长陆仲襄为了避免不测，将馆内的善本秘籍包括《檇李文系》忻氏原辑稿、续辑稿分别放在六个大箱子内，转移到不引人注目的江南小镇桐乡濮院。因当时的馆员仲欣木是濮院人，住在北横街，正好由他看护。这样静悄悄地过了六年，满以为能平安度过劫难，却未曾想到"世上没有不透风的墙"，在 1943 年秋天，六大箱珍贵的文献竟然全部被日伪劫走。随后有关部门曾调查此事，但都没结果，最后不了了之。

岁月又过了五载。1948 年春天，有人携《檇李文系》续辑稿到上海合众图书馆求售，要价黄金二十两。然顾廷龙先生主持的合众图书馆却无力购买。巧的是海盐人颜文凯有事到合众图书馆来，见到大厅中央方桌上放置的这批未刊稿本。顾先生向他讲了事情的本末原委，颜文凯说容他想办法。两天之后，颜文凯来到合众图书馆，交给顾廷龙先生两根金条，委托顾购下了《檇李文系》续辑稿本，并将它捐赠给了合众图书馆，解放后这部书稿随合众图书馆藏书并入了上海图书馆。六十多年来，《檇李文系》续辑稿静静地躺在上海图书馆的善本书库里。2005 年 3 月，在上海图书馆的鼎力支持下，嘉兴图书馆终于得到了自己失藏已久的续辑稿《檇李文系》七十八卷附目录四卷一部复制品。

三、忻氏《槜李文系》原辑稿存亡献疑

以上《槜李文系》传世的这段曲折而饱受磨难的传奇经历在张树年《我的父亲张元济》[①]、潘德熙《鸣珂古里人家——我所知道的平湖葛氏和莫氏》[②]、杨成其《张元济与〈槜李文系〉》[③]、"张元济研究网"不署撰人《〈槜李文系〉回家了》及《〈槜李文系〉前世今生的 20 个节点》等文献中均有记载。然仔细研读这些介绍，发现关于忻虞卿《槜李文系》原辑稿的下落说法却有诸多疑问。

其一，忻虞卿晚年将原辑《槜李文系》四十五卷书稿托付给葛嗣澎具体是在哪一年，1921 年，葛氏召集金兆蕃与张元济共同续辑《槜李文系》，其间相隔了多久，葛氏等续辑的动因有哪些。

其二，1935 年葛、金、张三人续辑的《槜李文系》七十八卷完稿时，续辑书稿是与忻虞卿原辑稿独立成书的。只是忻氏原辑稿四十五卷，装订成二十五册，而续辑稿在葛氏交给当时的嘉兴图书馆馆长陆仲襄复校保存仍是散叶，为何历时十四年而辑成的《槜李文系》文稿是散叶形式，当时是未及装订还是未能最终定稿。

其三，1936 年，陆仲襄与图书馆员工仲欣木才将散叶《槜李文系》续辑稿装订成七十八册。同年忻氏原辑稿《槜李文系》两次在嘉兴首届文献展览会和浙江省文献展览会展出，《槜李文系》续辑稿并未参展，其中是什么缘故。是否当时续辑稿为散叶，尚未整理装订成册的原因。

其四，抗战时期转移到桐乡濮院的《槜李文系》原辑稿和续辑稿于 1943 年秋皆被日伪劫盗。据文献记载，1948 年春天，有人携《槜李文系》续辑稿七十八卷到上海合众图书馆求售，要价黄金二十两。而忻氏《槜李文系》原辑稿四十五卷

---

① 张树年：《我的父亲张元济》，东方出版中心 1997 年版。

② http://ph2009.zjol.com.cn/phnews/system/2009/10/30/011534190.shtml。

③ http://www.docin.com/p-90177077.html。

并未出现。真如上述所言，上海图书馆藏善本《檇李文系》仅为葛、金、张三人的续辑稿，并未收藏忻氏原辑稿。2005 年嘉兴图书馆复制的《檇李文系》七十八卷是续辑稿可以参证，然事实是否如此。

"张元济研究网"刊不署撰人《〈檇李文系〉回家了》①和《〈檇李文系〉前世今生的 20 个节点》②两文的介绍却出现了相互矛盾的说法。《〈檇李文系〉前世今生的 20 个节点》"文章节点 3"称："据记载，忻氏所编的《檇李文系》与张元济等人合编的《檇李文系》续辑稿抗战前保存在嘉兴图书馆，后同时被盗。忻氏《檇李文系》原辑稿迄今未有音讯，不知所终，憾甚！"但"节点 9"又说："1935 年，《檇李文系》续辑稿终于成稿。《檇李文系》续辑与忻氏原辑稿进行统筹编排，编成八十卷，共收作者 2 354 人，文章 4 041 篇，比忻氏原辑稿增加约一倍，张元济亲笔抄录《檇李文系目录》四册。"照"节点 9"的说法，续辑稿《檇李文系》是将忻氏原辑稿与葛氏三人的续补"统筹编排"的，最终编成八十卷。这种说法不仅与现存续辑稿《檇李文系》七十八卷不符，也和完稿时忻氏原辑稿装订二十五册，续辑稿"仍为散叶"相矛盾。岂能统一编排而只将原辑稿装订，续辑稿不装的道理。

近日，笔者在互联网看到一篇署名忻林的文章《关于忻虞卿先生》。③文章有这样的记述："最近我去上海图书馆看书，特地讯问了这部在眼下已不止黄金二十两的稿本的下落，馆员梁颖先生替我查到了忻虞卿先生这部《檇李文系》稿本，厚厚二十五本，共分四十六卷。翻开这部稿本的第一册，首有忻虞卿先生亲笔所写的凡例十条，字迹苍劲老到。后有总目，首页上印有三方印章，最大一方上有'曾经民国二十五年浙江省文献展览会陈列'字样，十分醒目。另两方印章分别是'上海市历史文献图书馆藏'和'上海图书馆藏'。前面凡例和总目都是用印有'不暇懒斋校本'的蓝格稿纸所写，后面四十六卷的正文直接用毛边纸所写，无印格。此书从汉时严忌开始，到清朝的李承模为止，其中分类还有官师、方外、闺秀等，检索起来倒也方便。"

诚如忻林所言，假如他看到的是忻氏原辑稿《檇李文系》四十五卷，则"忻氏《檇李文系》原辑稿迄今未有音讯，不知所终，憾甚！"一说不确。1948年有人携《檇李文系》来合众图书馆求售者，不仅包括葛氏三人的续辑稿《檇李文系》，也应包括有忻虞卿的原辑稿《檇李文系》，或真如有文献所说是《檇李文系》的统一编排稿。但为什么嘉兴图书馆仅复制回了《檇李文系》续辑稿七十八卷而不提及忻氏原辑稿呢，殊不可理解。

总之，疑团重重，但真相应该只有一个，希望有方家解疑。

任凤苞天春园藏志特点及价值

胡艳杰

清光绪三十三年（1907）十一月，直隶提学使卢靖以"保存国粹，宣传文化，辅助学校教育，增长社会知识"为宗旨，开始筹建直隶图书馆。转年六月九日，正式开馆，馆址在直隶学务公所内。民国二年（1913）由河北大经路（今河北区中山路）学务公所迁至中山公园北部一幢楼房，始有独立馆舍。直隶图书馆早期藏书以卢靖捐赠一万余卷，严修捐赠五万余卷为基础，其后，傅增湘任直隶提学使，聘任谭新嘉为图书馆提调，先后数次到江南采购图书，其中较为重要的是购藏了嘉兴忻宝华旧藏三千册左右，傅增湘在任时共采购图书十二万余卷，使馆藏总量达到二十余万卷。建国后周叔弢、任凤苞等私人藏书家，将所藏活字本、方志等捐赠给天津图书馆，逐渐形成了今日天津图书馆的藏书规模及藏书特色。江南藏书家定居天津，促进了天津地方藏书文化的发展，任凤苞天春园藏志即为其一。

一、天春园主人任凤苞

任凤苞（1876—1953），字振采，江苏宜兴人。曾祖任源祥，字王谷，号善卷子、息翁，与清初陈维崧、侯方域等人交善，著有《鸣鹤堂诗文集》。祖父任溥霖，曾任江苏省丹徒训导，著有《学寿主人偶稿》。父任锡汾，字逢年，清光绪二年（1876）举人，官至四川东道，著有《拙叟诗存》。振采为其长子，后出嗣锡汾族兄锡璋。监生，光禄寺署正候选郎中，江西补用道，直隶候补道，邮传部路政司行走丞。①

---

① 江庆柏：《任凤苞与地方志收藏》，《中国地方志》，1999 年第 4 期。任凤苞简历见《宜兴篠里任氏家谱》卷五十一。

1924 年，四十八岁的任振采在宜兴创办任履善小学，原来只是培养任氏子弟，后来因办学质量好，异姓学生也要求入学，该校为高年级学生提供食宿，邻县武进等地也有学生前来求学。同年，其与同乡绅士沙彦楷、贾士毅共同出资创办了宜兴中学。1931 年出资刊刻其先祖任启运《清芬楼遗稿》。

1928 年，五十二岁的任振采迁居天津，开始投资银行业，曾任金城银行终身董事，中南银行董事，盐业银行董事长，"北四行"（盐业、中南、金城和大陆四银行简称）储蓄会、信托部执行委员，耀华中学（今天津十六中学）校董。1949 年后任天津市人大代表。

其一生著述文字不多，除编有《天春园藏志目》《方志考稿序》外，有《尚书章句跋》一篇，见于《尚书内外篇章句》[①]卷末，是书由徐研甫从湖南长沙书肆购得抄本，缺皋陶、谟禹、贡甘三篇，卷末有袁简斋评语，任振采刊刻时删去评语，请缪荃孙、张缉光、徐乃昌、阚铎为之校雠，章钰覆校。

任振采从小喜欢藏书。清光绪十九年（1893）其父任锡汾任浙江道员，到任领官书局事，按章得书一份，同时锡汾堂兄任曾培到浙江任知县。他们商定设立家塾教育，当时年仅十七岁的任振采提议将书局书存放在家塾，并将自己的一部分藏书挑选出来，放到家塾中。[②]他曾自述藏书经历云"少小粗解文字，即好聚书，初亦博取无所择，既而病其泛也，则约之于乙部，又约之于地理，又约之于地理中之方志"。起初他广泛收藏各类图书，没有具体的目标，后来，缩小范围，专注于史部图书收集。又以史部地理类为收藏范围，最后把收藏重点放在方志一类，成为民国时期方志私人收藏第一家。

任振采为何选择方志作为自己的收藏方向，他自己论述较少，其同乡沙彦楷在《荆溪任氏天春园方志目序》中指出收藏方志四种价值，可见一些端倪，其云：

① 任启运：《尚书内外篇章句》，民国二十年（1931）任振采刻本。
② 江庆柏：《任凤苞与地方志收藏》，《宜兴篠里任氏家谱》卷十一之三捐建亳阳清芬楼家塾记。

非徒为豪举也，盖方志有数善焉。所载各府县民生利病最详，而全国之民生利病可据为综合探讨，一也。历代文献国史及一统治所未及包举者，在府县志中均可考见，二也。各府县古今政俗递嬗之迹，历考新旧各志，如烛照而数计，三也。其他各地名、人名之考索以及一事一物之微，他书所不见者，在方志中均可搜访而得之，所谓上下三千年纵横数万里，罗古今方志于一堂，殆可当之而无愧已。有此庞大史料可以蔚成两种大著作，一纂修较元《大一统志》、明《郡国利病书》更巨之图籍，为史地、政治之渊海，二集印方志珍本流传希有善志，使治斯学者人人得读所未尝见书，实为确立方志学科基础之要图。

一方面任振采看到方志的重要文献价值，他认为"方志一门为国史初基，典章制度之恢闳，风俗士宜之纤悉，于是备焉"。另一方面，民国时期列强入侵，社会动荡，日本、美国等国家注意收藏我国方志，日本人在北京设立东方文化学会图书馆专门收藏中国方志，而本国人对于方志收藏的重视程度不够，在北京琉璃厂，方志用手杖丈量，按堆出售，致使大量的方志流到海外。在这种历史背景下，任振采从事方志收藏，更具有保护民族文化典籍的重要意义。

任振采作为银行家购书实力雄厚，购买珍贵方志书往往不惜重金。曾自言"所藏诸志先为编目，所未见者，百计访求。友朋驰讯，必以相属。北极穷边，南届海澨，邮裹络绎，寝以日多……分别部居，厘然不杂，且蓄志搜集，久而不懈"。①20世纪30年代，其在北平以2 200元高价购买了明万历刻本《[隆庆]云南通志》（图1）。1941年，又以两根金条（二十两）天价购得了明景泰本《寰宇通志》（图2）全40册。任振采还购买了三部清代残本总志，即清乾隆内府抄四库全书本《大清一统志》（图3）、清康熙武英殿刻本《皇舆全览》（图4）、殿版清康熙内府刻本《方舆路程考略》（图5），刻有"三残书屋"朱文方印，并钤在这三部书上，成为天春园的特藏。

---

① 瞿宣颖：《方志考稿》，任凤苞：《方志考稿序》，民国十九年（1930）京津印书局铅印本。

图1　图2

图3

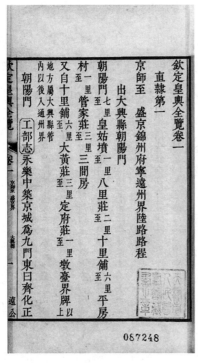

图4　　　　　　　　　　　　　图5

张国淦在《天春园方志目序》中写到任振采"瘁心力以专致者三十年,闻有异椠珍籍,虽在鸳远,必百方购致而后快。若明《[弘治]八闽通志》《[嘉靖]南畿志》《[隆庆]云南通志》《[万历]镇江府志》《徐州志》,海内号为孤本者,天春皆囊而有之"。雷梦辰回忆任振采时曾说:"任氏尤喜地方志和明代闽刻本书籍,凡欲得而失之交臂者,必设法借原书抄录。"

二、天春园藏志特点

任振采收藏方志总的特点,可概括为五个方面:

一是藏志种类丰富,包括总志、省志、府志、厅志、州志、县志、镇志、乡志等。

二是藏志地域广,包概清代22个省份,其中直隶、江苏、山西、山东、四川、浙江各省志书均超过 200 种，还有关于新疆、西藏等边疆地区的志书。

　　三是藏志质量高，以明清方志为主。如明代方志有 36 种 37 部，其中总志 2 种，有《[天顺]大明一统志》《[景泰]寰宇通志》，方志 31 种，最早为明正德元年（1506）所刻《[正德]姑苏志》六十卷，1 种；嘉靖刻本 9 种，如《[嘉靖]南畿志》六十四卷，《[嘉靖]陕西通志》四十卷，《[嘉靖]四川总志》十六卷，《[嘉靖]嘉兴府图记》二十卷，《[嘉靖]浙江通志》七十二卷等；万历刻本 15 种，如《[万历]昆山县志》八卷，《[隆庆]云南通志》十七卷，《[万历]安丘县志》二十八卷，《[万历]安丘县志》二十八卷，《[万历]顺天府志》六卷，《[嘉靖]山东通志》四十卷等；天启刻本 1 种，《[天启]慈谿县志》十六卷；崇祯刻本 2 种，《[崇祯]山阴县志》六卷，《[崇祯]历城县志》十六卷。明末汲古阁刻本 1 种，《[宝祐]重修琴川志》十五卷图一卷，另有清代顺治、康熙时补刻明万历本 3 种 4 部，《[万历]汶上县志》八卷，《[万历]太原府志》二十六卷，《[万历]怀仁县志》二卷（2 部）。

　　四是注重明清善本志书的收藏，同时重视清末民国初年志书的收藏，如《新疆图志》《察哈尔省通志》《阳原县志》《归绥县志》等，其收藏民国时期影印善本旧志，如《[康熙]顺义县志》[①]《[嘉靖]南宫县志》[②]。据《天春园方志目》著录其收藏的方志 2536 种，其中《后编》收录 1913—1925 年纂修方志 182 种，并著有方志存目 487 种，即其《略例》中所云"明清两朝除边远省分及新设改设各省府厅州县间未修志外，兹于未曾购得者并列宣统三年原省府厅州县名称，以待续补"。

　　五是重视边疆志的收藏。如新疆志其目录著录有 3 种，即：

　　　　《回疆通志》十二卷，清和瑛纂修，旧抄嘉庆九年刊本，四册
　　　　《新疆识略》十二卷卷首一卷，清松筠等纂修，道光元年刊本，十册

---

①　黄成章、张大酉：《[康熙]顺义县志》，民国四年（1915）据清康熙五十八年（1719）本影印。
②　叶恒嵩、刘汀：《[嘉靖]南宫县志》，民国间（1912—1949）据明嘉靖三十八年（1559）本影印。

《新疆图志》一百十六卷卷首一卷，清袁大化修，王树枏纂，宣统三年刊本，六十四册

其后列有 10 种方志书名，为其未购得之方志，并于书名后注明今之地名：

《廸化府志》《廸化县志》《阜康县志》《孚远县志》《奇台县志》《昌吉县志》《绥来县志》《镇西直隶厅志》今镇西县，《吐鲁番直隶厅志》今吐鲁番县，《鄯善县志》。另有《哈密志》五十一卷 清钟方纂修 民国二十六年铅印道光二十六年本 二册。《库尔喀喇乌苏直隶厅志》今乌苏县，《伊犁府志》《绥定县志》，《宁远县志》今伊宁县，《塔河巴哈台直隶厅志》今塔城县，《精河直隶厅志》今精河县，《温宿府志》今阿克苏县，《温宿县志》《拜城县志》，《焉耆府志》今焉耆县，《新平县志》今尉犁县，《轮台县志》《婼羌县志》，《库车直隶州志》今库车县，《沙雅县志》，《乌什直隶厅志》今乌什县，《疏勒府志》今疏勒县，《疏附县志》《伽师县志》，《莎车府志》今莎车县，《巴楚州志》今巴楚县，《蒲犁厅志》今蒲犁县，《叶城县志》《皮山县志》，《和阗直隶州志》今和阗县，《于阗县志》《浴浦县志》，《英吉沙尔直隶厅志》今英吉沙县。

任振采注重边疆志书收藏，一方面将未收志书目录存目以便搜求，另一方面对已有志书，亦广求不同版本。

在《天春园方志目》出版后，任振采又收藏了《新疆图志》1923 年东方学会铅印本，黄册抄本二个版本。其中黄册抄本为现存《新疆图志》最完整的版本，是送交中央政府审查使用的样本。[①]

《新疆图志》刻印版本主要有官书局本、志局本、东方学会本三个版本。第一官书局本，是指新疆官书局使用铅活字印刷的《新疆图志》，版心下镌"新

疆官书局"，主要是几种专志的单行本，如《新疆物候志》《新疆兵事志》《新疆山脉志》《新疆礼俗志》《新疆国界志》。第二志局本，是《新疆图志》第一个完整的印本，于清宣统三年（1911）在乌鲁木齐使用木活字印行。金梁纂修《黑龙江通志》时，曾写信给新疆省长杨新增，希望借阅一部《新疆图志》。杨新增回电云："贵局造端伊始，需《新疆通志》本应寄送参考，惟《新疆通志》系捡字印成，原日只印一百部，已无存者，容俟向存有此书之人寻求一部，如能寻获，再为寄送，先此电覆。新疆省长杨增新，九日印。"[①] 此时东方学会尚未成立，杨增新信中所云"新疆通志系捡字印成，原日只印一百部"，当指清宣统三年（1911）捡木活字所印《新疆图志》。当时仅印刷了100部，印刷数量少。因此1923年金梁写信借阅时，新疆省已无剩余志书。第三东方学会本，指东方学会据志局本重新校正增补的铅印本。东方学会成立于1923年9月，是民国时期一个学术团体，由罗振玉发起，王国维、辜鸿铭、徐乃昌、刘承干、金梁等当时社会名流和著名学者参加。成立当年便在天津博爱印刷局刊印了《新疆图志》。此本流传较广，存世数量较多。据《中国地方志联合目录》著录有45家收藏单位。笔者检索北京大学、南开大学、北京师范大学、天津图书馆馆藏目录，发现北京大学图书馆今藏是志5部，南开大学图书馆今藏2部，北京师范大学图书馆今藏2部，天津图书馆今藏2部，按照其他单位各藏1部计算，现存东方学会本至少有52部。任振采所藏《新疆图志》三个版本，是今日研究新疆历史的重要文献，也为研究者同时阅读、比较研究提供了便利。

三、民国第一部私家藏志目录——《天春园方志目》

任振采将其藏书楼命名为"天春园"，自号"天春园主人"。他为何以天春园为名，尚未见文献记载，有研究者认为"天春园"之名取自唐代诗人施肩吾《下

---

① 于驷兴：《黑龙江通志编辑档卷》，稿本。

第春游》："天遣春风领春色，不教分付与愁人。"①

任振采重视方志收藏，亦重视其利用。他一方面为他人研究提供便利，另一方面亦注重自藏方志的整理。有人说他酷嗜藏志，却从不读志，②未免过于偏颇。对于如何编辑方志目录，任振采有着自己的考量。早在1920年他便开始筹划编纂藏志目录，对于目录的体例亦有思考，但与瞿宣颖为每部志书撰写提要的想法不同。

> 近年谢事，杜门却埽，发箧中所藏诸志先为编目。……顾私意编目有二难焉。各省修志，近者数年，远者百余年。其时代先后，若为前茅，若为后劲，必须排比严饬而后脉络可寻，优劣可论。则编目但称纪元不足以尽其用，一也。操觚之士名有隐显之殊，主修之官任有先后之别，编目但称某人修，又不能得其实，二也。欲去二难，则语焉宜详，非仅逐书举目而已。至如体例之精窳，事实之疏密，日夕泛览，遂多旁通。得失之林，胥可指数，并宜泐入一书，以便来者。然以人事卒卒，兹事体大，畜于心而未敢率然举也。③

他认为方志编目有二难，一是排序难，二是确定纂修者难。

任振采将天春园藏志，编为《天春园方志目》，分为二编，其著录格式规范，统一。著录项包括书名、卷次（包括正文、首末卷、附录信息）、修者、纂者、册数、今属何地。在版式方面，一统志、通志顶格题书名，府州志低一格题书名，县志低二格题书名。书名卷数大字，十二行二十二字，纂修者、版本、册数小字双行同。

《正编》为清代及以前纂修方志，包括总志、直隶、奉天、吉林、黑龙江、

① 刘尚恒：《二余斋丛稿》，任凤苞和他的天春园藏志，天马图书有限公司2002年版，第310页。
② 仝丽娉、徐慧娟：《任凤苞及天春园藏书》，《图书馆工作与研究》，1995年第5期，第43页。
③ 瞿宣颖：《方志考稿》，任凤苞：《方志考稿序》。

江苏、安徽、山西、山东、河南、陕西、甘肃、浙江、江西、湖北、湖南、四川、福建附台湾、广东、广西、云南、贵州、新疆，24个地区。

《后编》为民国时期纂修方志，分为江苏（7种）、浙江（13种）、安徽（9种）、江西（1种）、湖北（2种）、湖南（2种）、四川（21种）、西康、河北（35种）、山东（11种）、山西（5种）、河南（4种）、陕西（3种）、甘肃（1种）、青海、福建（9种）、广东（4种）、广西（8种）、云南（7种）、贵州（2种）、辽宁（23种）、吉林（8种）、黑龙江（1种）、热河（1种）、察哈尔（3种）、绥远（2种）、宁夏、新疆、蒙古、西藏，30个地区，其中"西康、河北、热河、察哈尔、绥远"为新设置的行政区域规划，也将其单独成编，反映了民国时期地理沿革区域特点。

《天春园方志目》卷前有《略例》七条，对于方志目录收录范围、编排顺序、著录原则等内容加以说明，体现了任振采的方志学思想。关于"一统志"，他认为一统志为方志之大成，但历代方志目录未将其列入方志中，故任振采以总志为首。关于收录范围，《天春园方志目》收录明清一统志、通志、福州厅县及乡土镇志，只是用于检索的简明目录。关于编排顺序，他以宣统三年省府厅州县名称先后为序，宋元及民国所编方志别为《后编》。任振采在购藏方志时，阅读各家藏书目录，发现著录志书多有讹误，如"纂修年月人名省地类，多甲乙互淆，至有岐一书为二，骈二书为一者"。其分析总结以往志书目录出现这种讹误原因有二，一是"不以方志为专科"，二是"未尝目睹其书"，因思自撰方志目录必须详加考订，"凡纂修之年、之人、之地必详考之，一书之源流条理毕陈，于简历历无所遮"，在其《略例》中关于编纂者的确定，指出主修者为主管官，纂修者为总纂，纂修者首先以纂修姓氏为依据，若无则依据序跋等信息，并且只列第一人，不加"等"字。关于志书的纂修年代，著录有依据刊刻开始年代、完成年还有依据开始纂修年代，产生一部志书多个年代的情况，任振采使用通称年代，即据始修年，有据竣年，有据刊刻年，不做硬性规则加以统一，避免产生歧义。对于地方名称变化，在每志下注明"今某某县"。对于清末所编乡土志、镇志，附录于各县志之后。边远省份未修志书，任振采依据宣统三年原省府厅州县名称存其位置，以待继续购藏、补充。如《续编》中西康、青海、宁夏、新疆、蒙古、西藏 6 个地区，并没有著录任何方志，仅存其位置。张国淦认为任振采具有方志目录学家的远见，"盖自来方志目录家言无逾此也。"① 对其方志目录学思想给予肯定。

四、天春园藏志的地位及意义

历史上私人藏书家收藏方志者，以明代天一阁藏有明版方志四百余部为著。民国时期，与公藏单位大力收藏方志相同，私人藏书家亦开始重视方志收藏。一种是方志学家收藏志书。为纂修方志需要，便于查阅、参考各种志书而收藏方志。如金梁在纂修黑龙江通志时收藏相关志书，其《瓜圃藏书记甲编叙》云："吾家藏书凡数聚数散。……自予再来京，适修《黑龙江通志》，所需图书随用随置，以地志为多。"② 方志学家收藏方志具有一定规模的，还有张国淦（1876—1959）藏志 1 698 部，余绍宋（1883—1949）藏浙江省各种志书 430 余种。一种是藏书家收藏志书。民国时期私人藏书家收藏方志者有刘承干（1881—1963）藏方志 4 000 部，王体仁（1873—1938）《九峰旧庐方志目》藏志 2 300 余种；而任振采天春园藏方志 2 536 种。

任振采藏志在种类、数量、质量上可与当时公家收藏相比肩，在私人藏志中居首位。其好友沙彦凯曾说过"最近公私图书馆乃遂竞相收购，往往达数十万卷，而吾邑任子振采崛起为私家藏志之巨擘"。张国淦也指出天春园藏志"于北，则北平图书馆差足伯仲；于南，则涵芬楼犹或不逮。至私家庋藏，若吴兴刘氏，杭县王氏，抑非其伦也"。③ 王謇称赞任振采藏志："南北第一天春园，山经地志不胜繁。贡诸中秘道山去，老仆犹识冰玉魂。"在小注中王謇还

---

① 任凤苞：《天春园方志目》，张国淦：《天春园方志目序》，民国二十五年（1936）刻本。
② 金梁：《瓜圃丛刊叙录》，民国十二年（1923）铅印本。
③ 张国淦：《天春园方志目序》。

专门解释说，任振采"专收集方志，以数十年之精力，所积孤本甚多，为南北第一"。①

历史上私人藏书家，一种是喜欢收藏但秘不示人，更不肯借与他人阅读研究；一种是以开放的态度，与他人分享，共读好书。任振采属于后一种，他又利用其藏志为社会各界纂修方志、教学、研究提供便利，促进了民国方志学的发展。

我们所熟知的是瞿宣颖利用天春园藏志完成了《方志考稿》的撰写，其云："方今藏志之家，所收丰衍，固不止是书之所最录。以余隙闻菅识，乌敢望悉取而见之。今兹所录，但以任氏天春园所藏者为限。"而《方志考稿》一书，其提要内容首先著录书名，其次叙述纂修时代、纂修者姓名，三是记述旧志沿革，四是论述类目，辨析体例，最后评论志书得失，他特别注重特殊史料的论述。瞿宣颖之所以如此，是因为他希望能"使读者开卷而了然于其源流所自与其内容所涵"。并且他知道方志阅读的不易，其言"方志不可得尽观，观此一编，则亦庶乎可以按图索骥而无望洋向若之叹"。瞿宣颖能够顺利完成这部方志学专著，有赖于任振采天春园藏志，使其在短时间内借阅到所需志书。其研究成果，对于今日研究民国时期方志纂修情况，尤其是类目设置的优劣，仍有重要参考价值。《方志考稿》收录民国方志47部，"志评"内容，少则一句，多则数十条。从类目变化，修志原则到文字书写等方面均有论述，对民国纂修方志进行了中肯的评价。

张国淦在编著《中国方志考》亦利用天春园藏志，其云任振采"以为藏书不如读书，一人读不如合同方者读之。予之纂《中国方志考》也，频年驿寄数百帙相假，曾不稍厌，即孤本断编亦无吝焉"。明史学者谢国桢在南开大学执教时，也曾向任振采借阅天春园藏志进行教学研究。任振采给张国淦、谢国桢邮寄数百部所需方志，即便是孤本也肯借予他人阅读。

历史地理学家侯仁之在天津工商学院执教时，借助天春园藏志，完成了

① 王謇：《续补藏书纪事诗》，书目文献出版社1987年版。

《北平金水河考》和《天津聚落之起源》。"研究中获益最大于得到前辈学者、私人藏书家任振采先生和金梁（息侯）先生的支持，慷慨以珍贵藏书史料惠借，嘉惠后学。"①

不仅学者研究得益于天春园藏志，任振采还将志书借给各地图书馆、省志局，允许传抄甚至翻印。"他人有乞借者，亦若是。近如北平图书馆，远至滇黔省志局，凡有所求靡不应，庶几能兼善者矣。"滇省主席龙云纂修云南通志时，特派文献学家方树梅联络，最后得到晒印蓝本一部，交云南通志馆排印发行。1935年方树梅北上访书，专程到天津拜访任振采，"折法租界访任振采，因往上海不遇。振采藏明李中溪《云南通志》，余代购云南各府厅州县志，曾晒印蓝本李修通志酬余。今来访不遇，殊怅怅也"。② 对于任振采的馈赠，方树梅念念不忘。

任振采利用自己藏志，进行影印、抄写，以广流传。1933年晒印了清道光二十二年内府写本《大清一统志》③ 成书三百册，抄写《[宣统]辉南厅志》④ 二卷。今日所见天春园抄本、印本方志不多，但亦可从侧面了解任振采藏志思想。正如1936年沙彦楷在《荆溪任氏天春园方志目序》中叙述了藏志四种益处，最后一点谈到"集印方志珍本流传希有善志，使治斯学者人人得读所未尝见书，实为确立方志学科基础之要图"。任振采认为"兹事体大，尚为有待"。尽管，任振采有晒印《大清一统志》之举，但集众珍本影印还需认真考虑。

20世纪30年代天春园藏书受到日本人、美国人的觊觎，几次欲出重金收购，均被任振采拒绝。为保存所藏方志，任振采将志书转移到中南银行，使得其藏志得以保存、流传至今。（图6）1952年任振采将全部藏书无偿捐给国家，方志主要由天津市人民图书馆（今天津图书馆）收藏，另有少量赠予中国科学院地

---

① 侯仁之：《唯有书香传后人》，《文史参考》，2012年第12期。

② 方树梅：《北游搜访滇南文献日记》，上海人民出版社2020年版。

③ 穆彰阿：《大清一统志》，民国二十二年（1933）宜兴任氏天春园晒印道光二十二年（1842）内府写本。

④ 薛德履、张见田、于龙辰：《[宣统]辉南厅志》，天春园抄本。

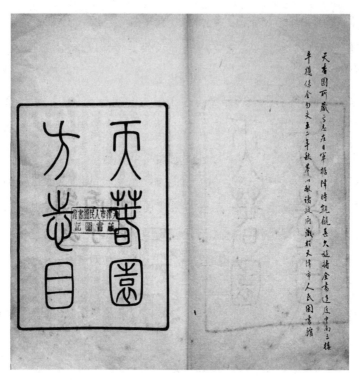

图6

理所，化私为公。天春园藏志至今在方志学研究领域仍发挥着重要的作用，具有深远的历史意义及影响。任振采所用藏书印有"任氏／振采""三残书屋""任振采天春园所收方志之一""宜兴任氏天春园原有图书"等。天津图书馆在其捐赠志书上钤有"天津市人民图书／馆藏任氏天春园／捐赠图书之章"朱文长方印。天春园藏志奠定了天津图书馆方志特藏的基础。

略谈吹万楼藏书与寒隐社刊书

蓝　格

一、藏书家高燮

高燮（1879—1958），字时若，号吹万、志攘、黄天、寒隐、葩翁。近代上海藏书家。清末民初江南名儒南社诗人。高家富有田产，书香一脉。金山望族，建校造桥、造福桑梓。

高燮勤于治学，七岁入私塾，先后受教于俞贞甫、顾莲舫、庄瘦岑、顾莲、黄渊甫。他广交朋友，藏书、著作宏富。因不满晚清腐败统治而赞赏太平天国革命。曾作《题革命军》《谒张苍水墓》等，激昂振奋，以天下为己任，久有推翻清王朝，还我皇天后土雄心。

1903 年与高旭、高增等创办觉民社，出版有启蒙性的《觉民》月刊。反清攘夷。1909 年南社成立，高燮当时没有加入，他发起成立寒隐社，其宗旨是："提倡气节、商讨旧学、疏论新知。"高燮正式加入南社是 1912 年。当时他希望把地方性的寒隐社改头换面推向全国，和高旭、姚光、陈蜕、柳亚子等成立了"国学商兑会"，国学商兑会延续到 1930 年，出版了十八期《国学丛选》。国学商兑，百家争鸣，兼容并包，与南社互补，高燮写了十三篇论学文章，重点维护孔学之真。著作有《吹万楼诗》《吹万楼文集》《吹万楼日记节钞》《望江南词》等等。《吹万楼文集》18 卷 1941 年印行，刻本精美，有金鹤望、胡朴安、温丹铭、唐文治等序，张元济等人评语。

二、高 燮 藏 书

1. 藏书、刊书，是耕读传统

1879 年，力田起家的高近斋出资刊金山顾观光先生的《七国地理考》《国策编年》，开高家出版书籍的先声。高家出书不多，后以藏书闻名，与出版书籍的金山钱家还有顾观光有一定的关联。不同的是钱家重出版，高家重创作。

2. 高燮因嗜书建吹万楼大聚书

1916年，高燮在金山张堰秦望山西面，开始建造闲闲山庄，次年建成。十亩之间，桑者闲闲。花木扶苏，小桥流水。建有砖木结构二层楼房人称吹万楼。高燮无不良嗜好，性喜儒学，通小学旁及子史，勤于耕读。书斋名"可读斋"，自书门联："世间惟有读书好，天下无如吃饭难。"山庄"食古书库"，聚书三十余万卷。辟葩庐一室，汇聚《诗经》，"拥书差足傲王侯"。吹万楼几次招待柳亚子、黄宾虹、傅钝根等南社朋友，也是寒隐社、国学商兑会的活动中心。高燮亲家的嘉业堂藏书楼还在，吹万楼残存，"文革"后彻底消失。

嗜书的他《题温丹铭读无用书斋图》诗云："我性嗜书抱幽独，闭户穷年常蛰伏。数十年来事藏蓄，四部纵横堆满屋。绝无一卷能媚俗，大都不入时人目。"他不贪婪享受，在家穿布衣长衫，自谓识字老农夫。有钱大多用在子女教育、乡村水利建设、复兴国学和乡邦文化等方面。个人财富即藏书。他买书也有保存文化遗产的意识在，有五六册书逾百金，舍之未忍购匪易，彷徨终夜，只能卖船购书。《卖船叹》诗曰："我昔有一舫，厥名曰沤波。春秋作近游，往往载诗多。有时乘兴便访戴，中流每为横槊赋。而今老去殊可怜，胸中无学囊无钱。卖船买书计亦佳，吾身可隐头可埋。无船犹足闭户读，无书焉能空仰屋。"

高燮有田产和商业股权，主要通过购买得书。古籍主要得自杭州朱氏抱经堂。他也去上海、杭州、南京、北京书店购书。或托店主和朋友邮购书籍。别的聚书途径是传抄、受赠、刊印。

3. 高燮藏书特色

中国上古诗韵双葩是《诗经》和《楚辞》。高燮别号葩叟，收藏《诗经》最为详备，独步海内。有关诗经的注疏、论辩、杂著，莫不搜罗。有木刻本、铅印本、油印本、手抄本、名人批本。劫余《诗经》珍本千余种，实编《诗经》目录为七百余种，2 600多册。别的藏书，经、史、子、集，木刻本、手抄本、石印本、铅印本。明清古籍有，当然多数是民国时代新出的书。高燮是做学问的，不是做古籍生意的，所以藏书目的在用。他是儒者和诗人，好研究《诗经》，所以自然形成吹万楼《诗经》藏书特色。吹万楼藏书有简单目录没于战乱，依据留下藏书和文字，可知宝贵的书有《诗补考》《幽梦录》，与高基、姚光、闵瑞珠合购的"吴兴密韵楼"方志，张廷济杂志手稿本等。留给复旦的种类齐全的 2 600多册《诗经》价值连城。

4.高燮藏书最终去向

1940 年，高燮致温丹鸣书之五提到：金山沦陷以后，敝藏书三十余万卷皆被劫。劫于国家正式之军队，而军队之长，又非他而实为南社中人名陶广，明知不佞之书之多而可贵，故不惜效盗贼之为而为奇货可居也。故不佞最为痛心之事，殊不欲及社事，且恨虚名之足患。

从《高燮集》和《吹万楼日记节钞》可知，吹万楼藏书三十余万卷，三百八十余箱。1938 年 6 月，在浙江打游击的陶广，派 62 师一部潜回金山，抢去二十多万卷书。高燮得到乡下消息后答友人说陶广抢去二百七八十箱，装了七艘船。另有六七十箱，没有着落，估计有别人取走。1943 年，有人在嵊县和余姚发现散佚的吹万楼书。陶广后被蒋冷落。易代之际，动员旧部起义被密捕。杭州解放，恢复自由。1951 年，陶广病逝于西湖智果寺，不清楚有无吹万楼书遗留。在陶广动手前，高燮抢运至上海大概十分之一点五，不足五万卷。仅经部诗类24 箱，经部总义类 6 箱，史部方志类 7 箱，目录类 3 箱，谱牒类 1 箱，集部约5—6 箱，佛书类 1 箱，共四十余箱。

后《诗经》一类上交复旦大学图书馆收藏，颇有明、清版本和珍贵手稿。编目后，部分藏书被劫，也有目录之外，是劫后所收。2007 年上海国际春拍，高燮编辑，其门生朱端抄写的《葩庐所藏诗经目录二册》成交价高达四万一千八百元。另有 1.9 万册藏书现存上海图书馆。

高燮闻听故乡藏书被抢后嚎啕大哭。而回温丹铭却说："因念斯世身且馀，身外之物尤无须，尽当废读长逃虚，有用无用非异殊。"故作豁达之态，安慰别人，也安慰自己。又说："楚人失之，楚人得之。"他庆幸中国古籍未落日本人之手。

三、高燮出书

1. 寒隐社的文艺复兴、传承地方文脉

高燮进入南社之前，与高旭、姚光等在金山成立寒隐社，收集金山、松江地方文献，特别是明遗民著作。抄书、整理研究、刊印，成为高燮藏书、做学问、写作之外的实现自我价值。他与姚光有分工，姚光重点收地方志，出了《金山艺文志》《金山卫佚史》。高燮搜集、整理、出版了陈卧子的《安雅堂稿》和《吴日千先生集》。寒隐社出书自有其意义，保存并且传播前人优秀文字，传承地方文脉。

2.《安雅堂稿》

"校刊明季遗书表彰之"，是当时风气，高燮"安雅堂稿序"提到陈去病、柳亚子准备出《夏考功父子合集》，柳亚子后来出《南明史略》。高燮藏以致用，搜集校勘出版乡贤遗稿，他保种爱国的主张，具体落实在前人卓越文字的保存，进步思想的传播。2003年，辽宁教育出版社"新世纪万有文库"出版了《安雅堂稿》和《舒艺室随笔》，让世所罕见的善本得见天日继续传播。

辽宁出版孙启治点校的《安雅堂稿》，以上海图书馆珍藏的明刻本为底本，以寒隐社所出，宣统二年再版本为参校本。孙启治先生猜测寒隐社版本删去原稿中凡涉及清廷清兵的文句，宣统本为避嫌均空缺或改字。对此不敢苟同。这与高燮1903年以来的抱负和行动格格不入，也违背了寒隐社出《安雅堂稿》的宗旨。寒蝉不顾气候寒冷呐喊。发南音的鸟不栖北枝。寒隐社和南社反对清朝旗人统治，志同道合，旗帜鲜明。吹万1904年《题陆沉丛书》有句："大仇今不报，宰割未有已。"清末言禁已开，上海租界反清书报比比皆是。最大的可能是，寒隐社得到的清初抄本，清初的人们，在严厉的环境中为了保护稿子和自己，无可奈何篡改了原稿句子。清末，寒隐社无后来上海图书馆拥有的明刻本参考补正。

孙启治先生说王昶《陈忠公全集》，漏十八卷《安雅堂稿》未收入。窃以为不一定是漏，可能是《安雅堂稿》的策论与清人针锋相对的缘故。乾隆四十一年，清廷追谥陈子龙"忠裕"后，文人打消顾虑，但未必敢将《安雅堂稿》收入。细读《安雅堂稿》，陈子龙有《武经论》言兵治国，策论"问练兵求将之要"说如何挑选良将如何培养精兵。"用夷兵为锋锐"，陈子龙建议以夷制夷。吴蜀之间，常用武陵五溪蛮夷，盖徼外之民天性勇决，崇尚力气。清兵南下，"扬州十日，嘉定三屠"，江阴、金山、松江、苏州先后抵抗。但因江南越来越富饶，江东子弟，不复跟随项羽的英雄气概。陈子龙空有报国之心，但他有号召性，他的方略针对性很强。假如他的军事思想得以流传或实施，细思极恐。倘若，南明与南洋的西方武装合作，或后来反清的汉族和乾嘉起义的苗族武装联合，清统治者还能够相信自己的江山稳如泰山？清王朝的重文教与文字狱，始终并存。所以，《安雅堂稿》只能在民间悄悄地小范围地传抄保存。

高燮序言云："《安雅堂稿》其名见于姚太史弘绪《松风余韵》，已失传，我邑徐香祖访得此稿。至光绪戊巳年间华亭闵颐借此稿手钞之，增辑《论史》一卷，先生殁，哲嗣瑞珠我友，以此书寄存于国学保存会数年。今年春，瑞珠谋竟先志。复将集赀付印，嘱为叙其颠末，于是乃与瑞珠及家兄望之三人分任校点毕。夫文章着，精神所寄也。吾犹窃幸公之文章久散未聚，而二得于我邑之所藏，诚我邑之光荣，是为序。"从中清楚，高燮确实参与了黄节的国学保存会。闵瑞珠的跋说："此文章之关系世道者，唐宋以还所仅见。姚石子恋恵尤力。凤石尝学于余。"姚石子跋提到："余任校勘之役。受而读之，议论沉痛，规划剀切，凡今世之新政，先生多已早言之。"

高燮带领寒隐社人士，各尽所能，终于在宣统元年，将《安雅堂稿》交上海时中书局，排印出版了铅字本。正如高燮赞陈卧子："大节炳然，用励千载。"后学出版前贤遗稿，责无旁贷。

3.《吴日千先生集》

寒隐社出版的第二本重要的书是《吴日千先生集》二卷。作者吴骐（1621—1695），字日千，号铠龙，铁崖。江苏华亭（今松江）人，崇祯诸生。入清，遁迹九峰三泖不出。《顾颉集》八卷，清康熙间刻本。吴骐有文名。光绪《金山县志》录其文、乾隆《华亭县志》录其《杜鹃楼词》，八种方志写其生平。民国元年九月，上海国光印刷所代印寒隐社《吴日千先生集》，铅印本。此书为吴骐杂志。上册收赋、序、论议、书启，下册是墓铭文、题跋、赞传。《延陵诗话》置其后。吴骐的诗讲究推敲，学郊岛。文学两汉，浑厚凝练。近年拍卖过施蛰存朱笔眉批寒隐社《吴日千先生集》，盖华亭施氏无相庵藏朱文印。

1911 年，高燮《吴日千先生集》序有言："几复两社翘楚而终身高隐者，二十余人，吾邑吴日千先生与焉。汤文正抚吴，闻先生名，将造庐请见，先生作《凤凰说》以辞焉。里中汪氏出所藏未刊本先生集见示，余惟先生以胜代遗黎，家徒四壁，而不改其乐。自述生平：'身堕水者三，遇盗者再，火焚庐者再'，可谓至困矣。先生此集，为其姻娅盛步青者所手抄，皆为《颟颔集》外之著。病其中多酬应之作，因为删其文过半，删诗十之七。"高燮不是盲目崇拜，而是为学严峻，他连《安雅堂稿》也删去四卷。《高燮集》此序后加三行小字，大概是高燮眉批："既录定，得先生《凤凰说》，因附刊于后。《颟颔集》，则作此序后数年，余亦得有藏本。自经书劫，今亦荡然焉无存矣。"

吴骐是明遗民，高士归隐，但读其文家国情怀何其浓烈。他在《创守难易论》警告统治者："以仁得之，以仁守之，其业百世。以不仁得之，以仁守之，其业十世。以不仁得之，以不仁守之，不及其本世。"吴骐就是高燮的榜样，表面逍遥出世，内在是入世的君子儒。

真儒不仕而心忧天下，岂能以小人之心度之。吴骐《劳逸忧乐论》，说人主和群臣各有权利和义务。天之明，非可以饰说欺，非可以谀辞悦。非可因亲，负天下之托。正气浩然，铁笔柔情，难能可贵。吴骐艰苦卓绝，侠义心肠，热爱祖国和人民。他的著作，因而得到高燮和历代读书种子如此推崇。

四、结　语

藏书家高燮，著作等身。他团结南社和国学商兑会同仁反清反专制，维护优秀的传统文化。高燮的闲闲山庄和吹万楼，在民国，是闻名一时的金山文化地标。他带领的寒隐社也是本地最后一个有良心、有智慧和财力的私人出版机构，提倡文化人的气节，影响文风，弘扬民族精神，用国学和文学启蒙民众。抗战时期，吹万楼藏书的散佚，金山之损失难以估量。高燮留给后人的藏书、著作和寒隐社出书值得珍惜，高燮及其尊敬的陈子龙、吴骐的人文精神，闪烁光芒，风吹不灭。江南藏书文化枝繁叶茂，高燮吹万楼藏书也是这棵大树上璀璨的一叶。

参考文献 ┈┈┈┈┈┈┈┈┈┈┈┈┈┈┈┈┈┈┈┈┈┈┈┈┈┈┈┈┈┈┈┈┈┈┈┈┈

［1］王绍仁：《江南藏书史话》，上海古籍出版社 2009 年版。
［2］高燮：《吹万楼日记节钞》，1940 年，高家复印本。
［3］王桂平：《清代江南藏书家刻书研究》，凤凰出版社 2008 年版。
［4］孙启治校点：《安雅堂稿》，辽宁教育出版社 2003 年版。
［5］刘鹏：《清代藏书史论稿》，知识产权出版社 2018 年版。
［6］吴骐：《吴日千先生文集》，国学网复印本。
［7］陈子龙：《陈子龙诗集》，上海古籍出版社 2010 年版。
［8］张建林主编，蓝格选注：《高燮诗词选注》，上海远东出版社 2013 年版。
［9］高铦、高锌、谷文娟：《高燮集》，中国人民大学出版社 1999 年版。
［10］研究生杨宏论文，吴格教授指导：《高吹万藏书活动研究》，2009 年 4 月。
［11］研究生陈锴论文，卢文芸教授指导：《江南名儒高燮研究》，2014 年 5 月。

从刘承幹致叶景葵的一封信谈起

管继平

大凡去过南浔的朋友都应该知道小莲庄，而游过小莲庄的，大概都不会不知道与之一溪之隔的嘉业堂。嘉业堂是著名的藏书楼，与宁波天一阁、瑞安玉海楼、海宁别下斋并称为晚近的浙江四大藏书楼。九十年代初，我曾与二三好友，专程驱车寻访南浔的嘉业堂，那座带有中西合璧风格的回廊式建筑，与园林融为一体，四周小溪环绕，石桥轻卧，非常的幽静安详。给我印象较深的是当时有一位姓郑的管理员，与我们聊得颇为愉快。还记得他在闲聊中言：藏书最怕的是火，小溪环绕好比是"护城河"，就是为了防火；而书楼全部用双层的百叶窗，是为了遮阳，以免古籍善本在长期的光照下脆化而受损……

嘉业堂堂主刘承幹，湖州南浔人，少年时喜读书，对历史有浓厚兴趣，自谓"弱冠即喜治乙部之书"，二十五岁时考中秀才，其祖父即南浔的名门巨贾刘镛。常有人把此刘镛混同于乾隆时的大学士刘墉（石庵），其实不然。刘镛乃南浔的"四象"之首，据传其财富达二千多万两银子之多，故当时南浔民谚描述"四象"的特色，云："刘家的银子，张家的才子，庞家的面子，顾家的房子。"即使在几位顶尖的富豪圈内，刘家仍以银子多而胜出，可见财富之巨。小莲庄本就是刘镛的园子，仿湖州赵孟頫的莲花庄而得名。而刘承幹的身世稍有点特别，他的生父刘锦藻是刘镛的次子，但由于刘镛的长子刘安澜二十八岁英年早逝，后嗣无子，所以祖父作主，将四岁的刘承幹过继给安澜遗孀邱氏。所以，伯父母就成了刘承幹的继父母，后来他回忆儿时母亲之教诲，皆是指继母邱氏，他曾撰文言："自吾父之殁，吾母烦苦抑郁二十四年。追念饮食教诲，至于成人，皆出母赐，而今报德其无由矣。"

正因刘承幹这样一个长子长孙的身份，所以当一八九九年刘镛去世，他一下子继承了刘安澜名下的巨大家产，成为富甲一方的贵公子，那一年，他才十八岁。

　　自古以来，富而事鉴藏似乎已成风气，一是从有限的物质追求上升至无限的精神领域，再者，无论是古董还是其他艺术品，收藏也是一种贮物行为，欣赏把玩之余，还兼有保值增值之功能。南浔"四象"皆为收藏世家，出了几位大收藏家，如庞家的庞莱臣、张家的张葱玉，都是近世国内一流的书画鉴藏家，而顾家的顾寿松、寿藏、寿明三兄弟，也都是著名的古物、金石书画收藏家。

　　刘承幹恰与他们不同，可能是受家庭的熏染，祖父刘镛虽学问不高，但平日多与儒林文人交游，继父安澜公"好博涉，尤好本朝人著述"，生前一直收集自顺治至道光年间的诗集资料，原欲编一部《国朝诗萃》，但因早逝而未竟，生父锦藻公则著有《皇朝续文献通考》，可见父辈皆以读书著述为娱，在此氛围影响之下，自幼就喜读书的刘承幹，之后独独爱上了版本目录之学，以收藏珍本佳椠为乐，也就不难理解了。刘承幹正式开始收购藏书时，正逢辛亥革命前后，他曾回忆说："宣统庚戌，南洋开劝业会于金陵，货骈集，人争趋之。余独徒步状元境各书肆，遍览群书，兼两载归。越日书贾携书来售者踵之，自是即有志藏书。"当时政权变革，社会动荡，江浙一带的私人藏书楼也衰落颓败，许多古籍善本纷纷抛售，刘承幹本来就财大气粗，出手阔绰，所以书贾一有好书，总会先送至他这里来。而他"凡书贾挟书往者，不愿令其失望，凡己所未备之书，不论新旧皆购置。"如此不到十年的功夫，尤其是购进了几十家藏书家的所散之书，刘承幹的藏书已颇具规模，"几有海涵万家之势"也。于是，一九二〇年至一九二四年，刘承幹在毗邻小莲庄西侧的鹧鸪溪畔，建起了"嘉业堂藏书楼"。"嘉业"之谓，源于多年前，刘承幹因给光绪皇陵捐了一大笔钱用来植树，故宣统皇帝溥仪赐予"钦若嘉业"四字的九龙金匾而得名。藏书楼坐北朝南，正中的门楼上"嘉业堂藏书楼"六个行楷大字，是清末书法家刘廷深所书。如今刘廷深已不为人所知，他是清末学部副大臣，也是北京大学的前身京师大学堂的学监，更因他也是一名大藏书家，估计这才是刘承幹请其题字之主要缘由。至于刘廷深的书法，用现在的眼光来看，基本也就是馆阁一路，并无郑孝胥、康有为那种独特的个人风格。但在当时，馆阁体具有正统主流的"庙堂之气"，尤其是殿堂牌楼之匾，欲显其巍峨方正，还非馆阁之书不可。

嘉业堂藏书楼的鼎盛时期，藏书近六十万卷。这是一个非常惊人的数字，我们知道清代最有名的私人藏书楼山东聊城的海源阁，鼎盛时所藏也不过二十多万卷，大名鼎鼎的宁波天一阁，藏书丰富时期也仅七万余卷。当然，嘉业堂藏书并不似通常的藏书鉴赏家那样，以珍稀的宋元佳椠为主要搜寻目标。刘承幹藏书的最初目的甚至很简单，只是想继续编完父亲安澜公的《国朝诗萃》。所以他对明清两朝诗文集格外留意，人弃我取，几乎收罗殆尽。除了藏书、请人抄书之外，他还自己雕版刻书，如《嘉业堂丛书》《求恕斋丛书》《影宋四史》等。另外，他还刻印了不少清朝禁书，有屈大均的《安龙逸史》《翁山文补》、蔡显的《闲渔闲闲录》、李清的《三恒笔记》等。难怪鲁迅先生买了嘉业堂的书又与朋友提起刘承幹时，说他是"傻公子"。因为刻书印书这样的事，非得要有钱，又不能盈利，不"傻"的人如何肯干？当然鲁迅这里的"傻"，既有调侃也有同情，如果社会上的有钱人个个都很"精"，那反而一无可爱之处了。所以鲁迅在另一篇《病后杂谈》的文章中说起刘承幹，又感叹而言："对于这种刻书家，我是很感激的。"

刘承幹本身就精于古籍版本知识，也有一定的鉴别能力和水平，而在上海，他更是结识交游了一大批古籍版本学家，如叶昌炽、张元济、沈曾植、罗振玉、王国维、吴昌绶、叶景葵等，均与他书札往还，过从甚密，这使他对藏书的鉴定与选择，刻印之前的校勘等工作，有了一个可以依仗的强大专业顾问团。而且，刘承幹对刻书翻印的态度非常认真严肃，当他每决定刻印某一种书时，事先必请专家鉴定审核，再请对这门学问最有权威的学者校订稿本，然后再请名人作序作跋，印成后又喜分送同好，嘉惠士林。印书乃传播文化之千秋功业，确实容不得半点马虎，所以也唯有刘承幹这样的"傻公子"，为后世的藏书界作出了莫大的贡献。

如下一叶为上海图书馆所藏之刘承幹致叶景葵尺牍。叶景葵字揆初，号卷庵，别称存晦居士，浙江杭州人。他是民国时期著名实业家，曾任兴业银行的董事长。但他却又是非常著名的藏书家，晚年致力于古籍珍稀版本的搜集整理，在古籍整理上有着特殊贡献，他所写的札记、书跋颇具独到之处，后皆编入《卷庵书跋》一书。

　　揆初先生阁下：日前造谒，获领教言，深慰积渴，比维起居胜吉为视。顷得君九兄来书，附致台端一缄，特谨送上。荣文恪家传一篇月前寄来敝处，已录有副本。今将原稿随函附呈，公阅后即请于作复时一迳寄还君九兄为荷。专泐敬候

　　履绥！

　　（附君九函一件，荣传一篇计七纸）

刘承幹　顿首　四月十一日

这封信的内容尚较简略，述刘承幹拜访叶景葵先生归后，得晚清物理学家王季烈（君九）一函，内有转叶公信，故刘承幹将此函加之王季烈前曾寄至的"荣文恪家传"一篇，一并寄达叶先生。王季烈是光绪进士，博通经史诗文，精通曲律，也是藏书家。"荣文恪"乃清代翰林大学士荣庆，蒙古人，朝廷大臣，清亡后他也和许多清朝遗老一样，避居天津拒绝出仕，民国六年去世，谥号"文恪"。此函无年款，猜测约在三十年代后期吧。抗战时期，为保护中华典籍不因战火而散失或亡佚，一九三九年，由

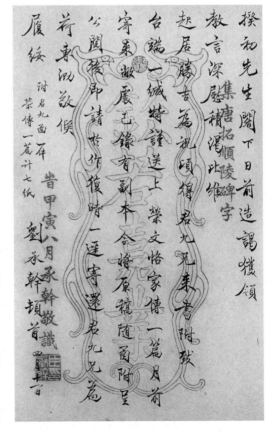

叶景葵、张元济、陈陶遗三人发起创办了上海私立合众图书馆，聘请顾廷龙为总干事。我想此函或许就写于叶公创办合众馆的前后时间段。后来，合众图书馆经过十数年之经营，吸引了如胡适、于右任、顾颉刚、钱锺书等大批文化名流的赞赏与支持，声名日著，成为当时颇具特色的私人图书馆。如今富民路长乐路交界的那幢楼房，即当年合众图书馆之旧址，近几年开设了顾廷龙先生纪念馆，可供读者参观浏览。

此页尺牍之用笺，乃刘承幹"钦若嘉业"之专用笺纸，上款有"集拓唐顺陵碑字"，中间是双龙缠绕，双钩"钦若嘉业"四字，落款为"时甲寅八月承幹敬识"，并钤印一枚。"甲寅"为一九一四年，整幅图案非常的精致雅洁，用纸也十分讲究。刘承幹先生的书法以前关注不多，从笺纸上的款字看，一手唐楷相当规矩，当然，这是经过雕版刻印，已有二次创作的痕迹。而这页墨迹书札，可见刘承幹之书法风貌，刘是光绪三十一年秀才，他的书法学唐人楷书，以欧阳询、褚遂良为多。这一书札以行楷书书之，虽笔力纤秀，但仍能看出褚遂良阴符经的影子。刘承幹是富家子弟，为人忠厚，一生以诗书自娱，因此，我们从他所写的尺牍来看，虽仅一页笺纸八九行文字，但一个谦谦学士的规矩素雅，似乎跃然纸上。

清代学者叶昌炽，曾著有《藏书纪事诗》一册，开创了以诗记载历代藏书家史的先河。民国学者伦明步叶氏后尘，补写了一册《辛亥以来藏书纪事诗》，其中写刘承幹一诗云："铜山非富富琅函，两过门间未许探。黄白无成书就佚，颇闻宾客散淮南。"

然而，刘承幹虽坐拥书城，富甲一方，但随着解放后个人产业凋敝，他的收入锐减，于是不得已，一些书籍也开始出售，五十年代，他的大批珍籍，甚至是乾隆时期的善本，也通货只以每册三毛五分的价格出让，眼看自己昔时亲手出巨资——收罗的珍籍善本，竟如此结局，"自我得之，自我失之"，其状真惨不忍睹也。曾经世所瞩目的嘉业堂，自兴起至衰落前后也不过半个世纪矣。

"书坊谁不颂朱胡"

管继平

与民初出版界的巨擘，也是后来上海文史馆的首任馆长张元济先生相比，无论是资历还是知名度上，朱希祖（逖先）恐怕都要弱了不少。张元济不仅在文化出版业上贡献巨大，他其实还是一位政坛上的风云人物，社会活动家。三十多岁时，即是参与"康梁变法"的新党人物，幸好"排名"不算靠前，故戊戌失败后只是被"革职永不叙用"，保住了脑袋。据回忆，自晚清起一直到一九四九年之后，他可是一位曾先后被五位首脑召见过的人物，这五位首脑依次是溥仪、孙中山、袁世凯、蒋介石、毛泽东。这种至高荣耀大概绝无仅有了，至少我还没听说中国再有第二人能获此殊荣的。它不光是要求你的社交能跻身于顶层，而且还须你四处逢源，每一家都说得上，更重要的，五位首脑有一定的时间跨度，你还必须具有足够的年龄优势。

同样是浙江海盐籍的同乡，朱希祖受一般读者的关注度虽不及张元济，但是在史学界，朱先生却也是一位赫赫有名的大师级人物。他十七岁就考中了秀才，后考取官费留学日本，于早稻田大学专攻史学专业。归国后历任北京大学、辅仁大学、中山大学及中央大学等多所院校教授。他进北大时比蔡元培先生还早，先是身兼文学和史学两系的主任，后大概陈独秀入北大，他就专任史学系主任。要知道，北京大学于文史哲三门学科一向有着绝对优势的传统，而北大的史学系又是国内成立最早的史学专业，在朱希祖执掌期间，他率先开设中国史学原理等课程，并亲自教授"中国史学概论"，在中国史学史的早期研究方面作出了可贵的贡献。

老北大时期，周作人曾回忆有一批"卯字号"人物，即指属兔子的几位著名教授，除了"老兔子"蔡元培校长外，"中兔"则有陈独秀和朱希祖，他俩都出生于一八七九年（己卯），而小一轮的"兔子"还有胡适、刘半农、刘文典等人。他们都是五四新文化运动中的领军人物和文坛大将，其时朱希祖也积极参与文学革命，倡导白话文，反对封建礼教。他虽是科举时代的士子，但因留过洋，所以他的思想尤为开明，与时俱进。早在民初他出席"全国统一读音会"上，就提议"注音字母"草案，此决议一致通过，朱希祖也随之名动京城；一九二〇年他联合北大六教授上书教育部，要求推行新式标点方案也获通过，从而使我们今天读书作文便捷了许多，仅凭这点似也不应忘记他。

许多人熟悉朱希祖的名字，多是从介绍章太炎或是鲁迅的文字中。确是如此，章太炎先生是我国近代史上最具影响的国学大师，而鲁迅先生则是百年来最具盛名的文学家，关于他们的研究或回忆文章自然是数不胜数，而朱希祖正是与两位有很大的关联。当年在日本留学时，朱希祖就入章太炎的门下，听太炎先生讲授文字学。而一同听课的就有周氏兄弟、龚未生、钱玄同、许寿裳等。所以鲁迅与他乃是同门弟子也。据许寿裳的回忆，听课时以朱希祖笔记为最勤；聊天时以钱玄同说话为最多，而且钱常在席上爬来爬去，所以鲁迅给他起个绰号曰"爬来爬去"。这个绰号鲁迅在书信日记中一直沿用了几十年，有时为了简便，直接称"爬翁"如何如何。

朱希祖自受业于太炎先生后，则一生追随和敬重先生，师生情谊至笃至深。太炎先生对朱希祖也是倍加赞赏，曾于自订年谱中云"逖先博览，能知条理"。一九一四年夏，章太炎遭袁氏软禁于北京钱粮胡同，宾客往来者必得警厅之许才可得探视，弟子中唯朱希祖可出入无阻。时章氏欲派朱希祖至上海接夫人汤国梨北上，并屡次去信劝汤速速赴京，其中一信云："今属朱逖先前来迎致，愿弗淹滞。逖先乃学生中最老成者，前在日本招两女东来，亦由逖先携致，途中照料可以无忧尔。"以前曾托朱希祖护送两个女儿到日本，今又欲让朱迎致师母，可见太炎先生对其的信任。据说太炎先生解禁后，有一次到朱希祖家一坐，因那时章太炎先生是学界大佬，又是袁世凯重点监视的人物，轻易不大出门。而这一次穿着长袍马褂，门下弟子前呼后拥，来到朱家，端坐于客厅中间，道貌岸然。弟子侍立两旁，恭敬有加。那时朱希祖有一位四五岁的孙辈，向客厅里探头张望，轻轻地问母亲道："那中间坐着的，一定是皇帝吧？"众人闻之哄堂大笑。

　　过去的学者文人都有藏书的癖好，作为史学家的朱希祖，也是一位藏书大家。我们在鲁迅日记中，时有与朱希祖一同逛琉璃厂淘旧书的经历，鲁迅有记书账的爱好，朱希祖也有买书记账的习惯。有一年除夕，他在日记中记道："阴历除夕，上午八时起，各书店前来索书债，约二十余家，一一付给。"因为他是各家书店的老主顾，买书不用付现，直接赊账，所以店家赶在过年前皆上门来结账了。朱希祖不买田不买地，唯嗜书成癖，数十年节衣缩食，日积月累，至三十年代他的藏书量竟达廿五万册之多，这在个人藏书中已是非常可观的数量了。其中的珍籍善本多达七百余种，如宋版《周礼》、明钞宋本《水经注》等，均为海内孤本。这部《水经注》钞本被王国维誉为诸版本中第一，章太炎、王国维二先生先后为此书作跋，胡适之先生也为此书写了考证文章。也正因此书，朱希祖为自己的藏书室以作者郦道元而取名"郦亭"，并请章太炎先生题了"郦亭书室"之匾。

　　郦亭藏书在学界的名气很大，《辛亥以来藏书纪事诗》一书中曾记朱希祖云："书坊谁不颂朱胡，轶简孤编出毁余。勿吝千金名马至，从知求士例求书。"作者伦哲如在此诗后注云："海盐朱逖先希祖，购书力最豪，当意者不吝值，尝岁晚携巨金周历书店，左右采撷，悉付以现。又尝愿以值付书店，俟取偿于书。故君所得多佳本，自大图书馆以至私家，无能与君争者。"这诗中的"朱胡"，就是朱希祖，他三十六岁始因蓄须而成美髯公的雅号。周作人在《知堂回想录》中说："在旧书业的人们中间，提起'朱胡子'来，几乎无人不知，而且有点敬远的神气。因为朱君多收藏古书，对于此道很是精明，听见人说珍本旧钞，便捵袖攘臂，连说'吾要'，连书业专门的人也有时弄不过他，所以朋友们有时也叫他作'吾要'……"知堂的这几句描述，与前面伦哲如的诗注那一段，虽难免都有些夸张，但颇亦同工异曲，形象而生动地画出了一位爱书人遇见好书的渴求之态。

　　在朱希祖的藏书中，南明史是一个重要的类别，他早年受太炎先生反清思想的影响，仰慕于明末抗清志士的事迹，"始留意于晚明史籍"，并以南明史为研究方向。九一八事变后，东北沦陷，朱希祖深痛国难严重，先后撰写《南明之国本与政权》《南明广州殉国诸王考》《屈大均传》等数十篇论文，借历史以说明国家之绵延，鼓励民族之复兴。如下这封朱希祖致张元济函，其中也谈到关于晚明文人资料查考的问题，此信写于一九三四年——

菊生先生左右：

　　前接十月十五日函，敬悉壹是。廿三日造府之约又须展期，因此日拟偕友人至南京附近考察萧梁墓陵碑刻，故未能到沪。然不久总拟赴沪一次，届时再当奉闻。前在明诗综等各总集中辑彭茗斋先生诗一百一十余首，此册现在北平，未曾携来。一时未能应命。茗斋先生生日为明万历四十三年乙卯六月十一日，因前曾草一茗斋先生年谱，考得两种证据，定为此日。王渔洋撰传谓公年五十九卒，则为清康熙十二年癸丑，但卒之月日则未曾考得。当时所草年谱因未得全集，事实太少，未能成书，将来颇拟续成。兹先由邮局寄上旭楼丛刻六册六本，系小女倓所撰辑，请介绍于商务印书馆出售版权，务祈照拂为荷。专此敬颂

　　道安！（书目及金粟寺志当亲奉还）

　　　　　　　　　　　　　　弟　朱希祖　敬上　十月二十日

张元济字菊生，年龄比朱希祖大一轮，当朱希祖十七岁考中秀才时，张元济早已点了翰林且成为京城维新派的名人了。不过张、朱两家是海盐的望族，有数百年的世交，多有联姻，远的不说，就朱希祖的夫人张维女士，要算起来就是张元济的本家堂妹。所以，朱希祖与张元济先生也常有往还，我们从这封信的文字中也可大致看出。此信的主要内容有三：一是那段时期朱希祖在南京考察萧梁墓陵碑刻事，故翌年他整理出版了《六朝陵墓调查报告》专著；二是关于彭茗斋生卒年和年谱的探讨。彭茗斋名彭孙贻，是明末清初的学者。父亲彭期生为南明隆武朝太常寺卿，于清军破赣州城时遇难。茗斋先生入清后坚决不仕，博览诸书，闭门著述。此正是朱希祖着力研究的专题。三是长女朱倓撰辑了一部古籍，想让商务印书馆出版。此时张元济是商务馆的董事会主席，馆内事务自然还是可以拍板做主的。

这通信札墨笔两叶，国立中央大学用笺。中央大学即今天的南京大学，当时朱希祖在中央大学任历史系主任和古物保管委员会主任，教学之余，与其子朱偰对南京郊外进行古迹实地调查，写出数十篇论文，为研究南京的历史文化奠定了基础。此信原件现藏于上海档案馆，朱希祖先生的墨迹，原先所见并不多，盖先生向不以书家自诩，除了手稿信札外，鲜见其题字或书匾之类的墨迹。但朱希祖先生毕竟秀才出身，书法自是他必有的童子功也。我们从这函墨迹也可看出，其书寓拙以巧，方正宽博，取北魏厚实之书风，并得力于唐颜真卿的率真之意。用笔始终保持正锋，体态丰腴雅和，书风却舒缓澹逸，颇有拙趣，还有点类似金冬心书画题款的楷字，落拓萧散，姿荣古茂。朱希祖先生的字，我感觉不是那种一眼就能看出美的书法，属"第二眼"之美，须细细赏读、慢慢品味才有所得。它很可能初看时粗头乱服并不咋样，而一旦静下心来细读，方逐渐嚼出一点滋味来，就像是品尝一杯上好的古茶，初入口时，往往还带有一些苦味，可是再泡再品它则有清冽的回甘，润喉舒心，仿佛让你进入一种难以言说的妙境。

项士元的藏书活动及藏书思想研究[*]

张明君

项士元(1887—1959),原名元勋,又名家禄,别字慈园,笔名石槎,浙江临海人,是台州近代著名的目录学家、文献学家、藏书家。毕业于杭州府中学堂,早年创办临海私立高等小学校(回浦中学前身)和赤城初级师范学校,曾就职于浙江图书馆,辗转台州、丽水、杭州、上海等地以教书为业。一度从军北伐,1927年回杭接办《之江日报》和《杭州国民新闻》,并任主笔。新中国成立后台州文管会成立,被推为委员兼征集组组长,开始大规模征集收集私人手中的文献文物和即将散亡的文献,收归文管会,对台州的文献保管事业作出重要的贡献。与大多数本地藏书家一样,在藏书上,项士元具有爱藏乡邦文献的特点,他将台州大多数藏书家旧藏中的精品收入囊中,成为地方文献的集大成者。但另一方面,他又顺应时代潮流,主动将数万卷藏书尽数捐献,开启了近代台州私藏向公藏过渡的历史序幕。

一、藏书活动

1. 藏书源起

项士元藏书始于杭州府中学堂求学时期。在杭求学时,项士元已经注意到目录和方志等学科需要大量的文献,而且那时他也开始撰写《台州经籍志》,因此开始有意识地收藏图书。杭州府中学堂是历史名校,教师中不乏名师,如张献之、邵章等,皆为文史、目录学的名家,他们不仅在目录学、桐城文学的学习上给予项士元启蒙,而且在藏书上亦对项士元产生积极影响。张献之非常喜

---

* 本文系2019年浙江省高校图工委项目《项士元的藏书活动和藏书思想研究》(2019018)成果。

欢购书，"束脩所入，大多用以购书"，杭州的旧书店多在梅花碑一地边上，他课余有空即前往购书，因此聚书颇多。除张献之外，教员王肖岩梦曾亦喜购书。项士元受他们影响，上课之余也常至梅花碑各旧书店购置古旧书籍，他在《杭州府学堂之文献》中回忆道："学生中唯予癖好甚深，每逢星期天休假，即捆载以归，同学多以书虫见呼，予亦笑而受之。"杭州是人文荟萃之地，多旧书市场，项氏如鱼得水，畅游于学海书林中，乐此不疲。1909 年 3 月，项氏与同学旅行湖州，瞻仰了清末四大藏书楼之一的皕宋楼，皕宋楼内藏书曾琳琅夸富，尤以多藏宋元版本著名，其中单宋版书即有两百部。面对著名的文化遗迹，此时项氏可能萌发构筑藏书楼的愿望。

2.汇入本地旧藏珍品

步入社会后，项士元开始大量藏书。1914 年，他就聘于浙江图书馆，"馆俸所入，悉购旧书"。次年项士元被清史馆聘为浙江征书处编辑，去浙江各地采访书籍。同年他拜访台州著名学者王舟瑶，应其要求，为其新著《台州文征》采访图书。在此期间，项士元完成了多部书籍的撰写：1915 年完成《台州经籍志》，并由浙江图书馆铅印；1916 年完成民国新纂《杭州府志稿》经籍、金石、水利、盐法、寺观等部分的编写；同年完成《临海要览》两卷，由杭州武林印书局铅印，又完成《台海小志》；1917 年完成《清代两浙耆献传》四十卷，送清史馆，又于此年开始编写《台州诗系》。这些书籍的撰写，都需要大量的资料，这些资料都是项士元于浙江各地征访而得的。尤其任清史馆浙江征书处编辑时，项士元更是大量搜访图书，他于台州各家旧藏尤所谙熟，在《寒石草堂所藏台州书目序》中他写道："其幸而插架如故，得为考献征文之助者，临海惟潘氏三之斋，黄岩惟杨氏崇雅堂，王氏后凋草堂，温岭惟陈氏枕经阁，仙居惟李氏兰雪堂，天台惟齐氏宝纶堂及褚氏石桥陈氏一阳数家耳。予于诸家所藏，二十年前，因清史馆檄征遗书，躬曾诹访……足迹所至，暑抄雪购，乡邦文献，所积渐夥。"可见台州大多著名藏书楼他都曾拜访并搜集其遗书，经过暑抄雪购的努力，积累渐富，项士元终成台州藏书之一大家。现略举数家，以考察他的访书和收书故实：

黄瑞藏书。黄瑞（1836—1889），字玉润，号子珍，又号兰叔，临海人。他喜藏书，尤喜收藏乡邦文献。他的藏书大多传录自本地著名藏书家，如黄岩王棻、王维翰、姜恭甫，天台张廷琛，临海叶书、周少谦等人的藏书，另有部分藏书抄录自洪氏小停云山馆和临海志局。小停云山馆是台州最大的藏书楼，庋藏书画，著称浙东，黄瑞被洪氏后裔聘于馆内课读时，闲暇之时，玩览书画文籍，间加札录，洪氏收藏不少转为黄瑞所有。同治辛未年（1871），黄瑞被黄敬熙聘为临海县志的分纂。志局内乡邦遗著和郡邑文献，搜罗甚备，这批藏书原为潘氏三之斋所藏，而三之斋旧藏则多得之于郭协寅八砖书舍所藏，郭协寅是以精藏乡邦文献著名的，因此这批书皆台贤撰著中的旧椠精抄，也极为珍贵。黄瑞录副以藏，同时访得郭协寅稿本多种，因而黄瑞收藏之古籍书画可称得上台州藏书中的精品，项士元对之有高度评价，认为"台山文献黄溪画，同是人间席上珍"。项士元多次拜访黄瑞藏书楼，搜集其遗书，他于1943年还购得黄瑞"秋籁阁"碑拓百余种，字画82种。通过收藏黄瑞的藏书，台州诸家收藏精品，如郭协寅藏书、三之斋藏书、洪颐煊收藏等，部分渐汇入到项士元手中。项士元对黄瑞之书极为珍视，其时黄氏所居已遭水淹，爱日草堂及述思斋相继圮毁，项士元相继撰写《"秋籁阁"台籍录要》《"秋籁阁"现存书目》《临海黄子珍生平及其著作》等文章，以表彰黄瑞的藏书著述之勤，并流传其书目。

叶书藏书。叶书（1847—1908），字伯丹，又字寿彭，号鹤帆，临海人。叶氏藏书处称"荫玉阁"，内有藏书三万余卷，"多储乡邦各种写本"[①]。除藏书外，还多有清代名家书画手迹及金石拓片。1908年叶书去世，项士元多次寻访他的遗书，叶氏之书"多归其乡许达夫茂才兼善及予寒石草堂"。据项士元《寒石草堂所藏台州书目》所载，项士元所获的叶氏"荫玉阁"抄本就达20种以上，其中包括《夷白斋稿》三十五卷外集一卷、《白云稿》十一卷、《陶尚书存稿》一卷、《一所金先生集》十二卷、《鹤田草堂集》十卷、《金存庵集》十卷、《三台文献录》二十三卷、《王敬所先生诗略》一卷、《心史大纲剩稿》一卷、《北窗闲咏》三册、

---

① 项士元：《浙江历代藏书家考略》，《文澜学报》，1937年第1期。

《青精草》一卷、《青留草》一卷、《寒枝集选》一卷、《寒香集》七卷等。

洪瞻陛藏书。洪瞻陛为洪蒙煊之子，洪熙煊之侄，是台州著名藏书家族洪氏后裔。工诗善书，雅好金石，聚唐碑千余种。至其后代洪锡彝时，藏书散出，项士元在临海邓巷"洪叔雨大令（锡彝）家中购得旧藏遗书千余卷"①，其中包括程霖所撰《咸丰临海志稿》三册。

戴勚屏藏书。戴勚屏（？—1924），字葆容，又字子芗，号旭东，临海人。笃好书史，尤留心地方文献，所居慎馀书屋（亦称艺稼轩），字画亦不下数十轴。撰《慎馀书屋书目》一卷，载家藏书目一千六百余部。殁后未久，所藏书画多为有力者购去。项士元购得其乡邦文献之书颇多，其中 50 种是其手抄，他说"旋后荫玉阁暨艺稼轩所藏台籍，亦悉数来归"。

项士元还藏有洪颐煊、宋世荦旧藏中的罕见之书，如《倦舫碑目》六卷一册，稿本；宋世荦的《台典》四册手稿本。他还曾获洪氏后裔之允，得见洪氏收藏，并为编《小停云山馆书画经眼录》。

3. 建楼藏书

经过多方搜求，项士元藏书日益丰富，需要建专门藏书楼加以收藏。1924年，项士元之父项芝山于旧居隔河对面，替项士元购地亩余，筑草堂三楹，草堂两边有厢房，用以藏书。堂址原为明末忠节之士陈函辉之旧庐，其地在今临海市赤城路、巾山路交点之南口，现已拓为道路。陈函辉（1590—1646），原名炜，字木叔，号小寒山子，因他曾读书小寒山，故以之自号，其有园称谁园。陈函辉曾追随鲁王监国，事败后哭入云峰寺，赋《绝命词》云："生为大明之人，死作大明之鬼。笑指白云深处，萧然一无所累。"其豪放悲壮之气直冲云霄，与明代宁海人方孝孺誓死不事新主的气节如出一辙，广受台州后人崇敬。项士元仰慕陈函辉的气节，故购其谁园废石二笏，置于堂南，名堂曰"寒石草堂"。他又撰一联云："学剑未成，学佛未成，借此聊资少憩；读书娱心，读画娱目，藉兹长养太和。"表明了他读书自娱的决心。寒石草堂邻近柳桥，面对巾山，流水

---

① 台州地区地方志办公室：《台州近代著名学者项士元》，台州印刷厂 1990 年版，第 11 页。

之声，飞云之影，松籁峦光，时落几砚，于藏书尤所适宜。

4.藏书归宿

项士元的藏书不像大多数藏书家一样，在去世后，藏书尽散。他很早就意识到公共机构才是藏书的最好归宿，在他生前就将藏书全部捐献。他一共有过三次大规模的捐献。第一次是1918年临海图书馆创立之初，项士元捐通常本书近万卷。第二次、第三次分别为1951年和1953年。1951年4月27日，他捐家藏文物15箱，计书5 000余卷。1953年6月22日，他又检点家藏乡邦文献书籍24箱，字画4箱，连橱架箧笥等完全捐献文管会。他共收藏图书不下3万卷，至此已全部捐公。台州文管会后改名为临海文物小组、临海博物馆，项士元所捐的文献目前大部分存临海博物馆。

二、藏书思想分析

通过关于项士元藏书活动和藏书内容的考察，可以将其藏书思想概括为以下3个方面。

1.不唯古本——专藏乡邦文献

宋元旧刻因其罕有，历来是藏书家们争相购藏的对象，有时为了购藏，竟形成了相互攀比的风气，如吴县黄丕烈、湖州陆心源、海宁吴骞相继以"百宋一廛""皕宋楼""千元十驾"题其书室，以示收藏宋元本之富有。项士元虽也知道宋元旧椠之宝贵，然他从实际出发，选择了以乡贤著述作为自己的收藏重点。他收藏乡邦文献，一是因为研究的缘故，他曾撰写《台州经籍志》，从杭州中学堂读书时期就开始关注这方面的文献，工作后对藏书有浓厚兴趣，对台州藏书故家尤为关注。另一方面是经济原因和可得性问题。项士元经济上并不富有，没有余力用以购买价格昂贵的宋元版本，而台州地方文献却少有人关注，如不及时收集可能会就此消失。他在《寒石草堂所藏台州书目序》中云："斯堂所庋各书，什之五六，俱非世间所恒有也。有稿本丛残，杂厕破纸堆中，行付炉烟矣；有远流异地，湮晦不彰，坠简遗编，久充覆瓿矣；有孤本仅存，圭分璧碎，全豹莫窥矣。而予足迹偶及，介免于厄。"他所收的多是即将消亡的断篇残简，弥足珍贵。这些书籍是台州先贤心血凝结，台州文化的传承赖此以继，台州先哲的虹光剑气能长存天壤，也实有赖于此。

寒石草堂所藏台州乡贤遗书共七百余种，其中多稿本、抄本和罕见之本。1935年，浙江图书馆馆刊在刊出《寒石草堂所藏台州书目》时，对项氏藏书不乏溢美之词，称他"海内收罗台贤著作之私人藏家，殆无与京矣"。他所藏乡邦文献之美富，从他送展浙江文献展览会上略见一斑。他送展的计有稿本四十余种，抄本二十来种，其中十一卷本《白云稿》、十卷本《金存庵集》、八卷本《稗玉文集》等抄本均为罕见之本。《白云稿》为明临海人朱右所著，原为十二卷，王棻曾从京师抄得五卷本，称"今世所传仅存五卷，是伯贤之文传世者止于此矣"。《四库全书》亦仅录五卷残本，惟文澜阁四库全书燹后经丁氏据善本书室藏旧抄本补写，有十一卷，项氏所藏即为十一卷本，是彼时罕有的较全之本子。《金存庵集》为明临海金立敬所撰，"是编台邑旧志暨四库目均未载，传本极稀"。项氏所藏为临邑修志时特从其后裔家录副者，末有丙申九月二十三日天台后学张廷琛跋，也是非常难得之本。《稗玉文集》为明临海王亮所著，刊本亦极少见，项氏藏有一册，为旧抄本。有些从未刊刻过的稿本，如若不是项氏收藏，其稿或将就此湮灭。如清临海尹圣任著《尹莘农先生遗稿》，曾托同里李镠刊入《钟秀盦诗丛》，然李氏刊刻未果即下世，项氏所藏有原稿本和李氏甄选本，这对保存尹氏遗稿原貌和研究李镠刊刻都有一定意义。

因搜集之勤，项士元被前辈学者王舟瑶赠诗比之于"车清臣、郭石斋"。台州历史上的藏书家大多以收藏乡邦文献为主，如清代的郭协寅、黄瑞、叶书，民国的王舟瑶、王棻、陈树钧、戴勋屏、金嗣献等，项士元继承这一传统，并搜集诸家所藏，成为台州地方文献收藏的集大成者。

2. 藏以致用——重视整理利用

历代私人藏书目的各有不同，有为了治学修身、嘉惠学林，也有为了流芳百世、追求儒雅，或把藏书作为夸耀的资本的。综观项士元一生，其藏书目的是为整理利用。

项士元是一位学者，他著作等身，著有《中国簿录考》《浙江新闻史》《春秋大事表笺注》《两浙著述考补订》《云栖志》《鸽经》《台州经籍志》《临海要览》《东湖新志》《巾子山志》等，他明白文献的使用价值，其收藏图书也绝非为了束之高阁，用以藻饰，他藏书的目的应该有两个，一是为保护，使台贤旧著免于流失，另一个就是利用。读书研究是他藏书最初始的目的，他收集图籍就是从撰写《台州经籍志》的需要开始的。他因编《台州经籍志》和《清代两浙耆献传》等，注重搜访台州遗书，使台州遗书收藏终成大观。对于藏书，他时加研读，他子女在《菊秋傲霜忆父亲》中回忆道："父亲一生安于清贫，乐于助人。他所有的薄俸收入，大多向故纸堆里掷。购到较珍贵的书籍字画，便兴高采烈，研读欣赏，爱不释手。"他曾有诗句云"破屋残书吾愿足，杜门养志复何求。"也正表达了他在书楼里藏书读书的情怀。

项士元对藏书是采取开放的态度的，他注重与外界的藏书交流，而交流的目的是为了利用。他积极支持藏书送展，以供收藏和学术的交流之用。1936 年浙江文献展览会上，他送展藏书数十种，送书之数目在参展的藏书家中名列前矛。1935 年，他将"寒石草堂"的藏书编成《寒石草堂所藏台州书目》，将所藏书目对外揭示，方便大众了解其藏书。在书目之末，他附《寒石草堂流通书籍约》一则，表示愿将自己藏书与外界同享，他欢迎海内外图书馆、藏书家、书店对寒石草堂藏书进行传抄、刊刻，他还对抄写、刊刻的费用及要求作了一些规定。如在传抄上，他规定"凡海内外图书馆或藏书家欲于敝藏各书写录副本，可随时函知敝堂，当为觅雇书手，代为校录"。在刊刻上，他规定"如须影印，亦可商定办法，但印行需征得本堂之同意"。也就是说，只要能使书籍得到更好的利用，他就乐于与外界交流。他人若有所需，项士元也乐于将藏书出借，以达到致用的目的。如他出借明张俭《圭山近稿》给李镜渠刊刻《仙居丛书》，他在跋中写道："书庋旧居寒石草堂，潜闭勿耀，心滋歉焉"，而李氏刊刻则助其完成多年未完成之夙愿。秦梗友刊刻"四休堂"丛书时，他将明刻本《谈资》以及《临海集》稿本有关秦氏族人所撰诗文搜辑出来，供其参考。

对于自己所收藏的乡邦文献，项士元也有刊刻的念头。他在《七区文物展览会杂咏二十首》之二十中写道:"抱残守阙恨年年,敢诩琳琅独占先,愿把蠹书共欣赏,阐扬喜有汝南贤。"他在诗后注曰:"予寒石草堂所藏台贤著述近千种,屡欲编印丛书,有志未逮,许萼如厅长莅会瞥见,允为募印,已在撰启进行。"由此诗可见,他希望通过刊刻来流传文献,为残旧古籍续命。

3. 化私为公——接轨公共收藏

图书馆藏书是与私人藏书相对的,是近代由西方传入中国的一种藏书新理念。它与私人藏书不同的地方是共享性,即藏书可供大众阅览。项士元是较早接受这一理念的私人藏书家之一,而且他认为图书馆藏书是用来辅助学校教育的。他在《临海图书馆书目序》中说:"窃维图书馆之设,盖以辅助学校教育。学校无论大小,学业皆有定程,时期各有定限;以茫茫学海,限十数寒暑,不徒揣摩靡由而精,知识靡由而扩,甚或渐至消灭无闻。欧美各国洞悉此弊,所以人口十万左右之都会,必设一图书馆。纽约一市藏书五万册以上之图书馆达八十三所,美国一国藏书三万部之图书馆多至八千二百六十一所。且有视图书馆为继续终身之教育机关,如日用之布帛菽粟,不可须臾离者。"由此可见,他认为图书馆对于普及文化教育的作用是非常重要,甚至比学校教育还重要。有鉴于此,他于1918年在家乡创办临海县图书馆,并着手建设图书馆藏书,率先将自己所藏1万卷藏书捐献。此次捐献拉开了台州私人藏书向公藏过渡的历史序幕,此后在项士元的动员、劝导和征集之下,私人藏书逐渐汇入到公共藏书机构。

项士元藏书捐公的思想,在当时的历史条件下,在全国范围内也是比较前沿的。在20世纪一二十年代,公共图书馆多为初创立阶段,需要大量的图书,此时一部分有识的藏书家在其生前,就主动捐出部分藏书,纳入馆藏,其中著名者有汪康年、孙延钊、梁鼎芬、卢靖等人,藏书捐公逐渐形成一股强大的历史潮流。而在这股潮流中,项士元无疑是较早的推动者和倡导人士之一。事实证明,项士元由私藏向公藏转变的藏书思想在当时是比较正确的。藏书家们的捐献行为不仅在当时公共藏书相当缺乏的条件下,充实了藏馆,而且能使藏书较好的保存。因为中国近代是一段比较动荡的时期,战争对藏书是毁灭性的打击，新中国成立后亦有"文化大革命"等对收藏相当不利的重大事件，项士元捐献给图书馆、文管会的书籍却因有公家机构支持，保存仍相对完好。

三、结　语

项士元一生以保护和收藏文献为己任，孜孜以求，将台州历史上著名藏书家的藏书收入囊中，形成了比较有特色的地方文献的专藏。利用这批藏书，他读书著述、整理利用，不仅使自己成为著作等身的学者，也使台州地方文化得到进一步创新和弘扬。另一方面，在历史大趋势的影响下，项士元将自己的藏书亦尽数捐献给公共机构，开启了台州藏书由私藏向公藏的过渡。在当年，项士元的藏书思想和藏书实践对台州古籍文献的收藏产生了巨大的影响。如今他收藏的这批文献，大部分藏于临海博物馆。这是一批极其珍贵的古籍文化资源，其中多有珍本、善本，在历史新时期下，如何继续保存好这批藏书，并加以开发利用，这又是面临的一个新的课题。

参考文献

[1] 台州地区地方志办公室：《台州近代著名学者项士元(内部资料)》，台州印刷厂1990年版。
[2] 陆翰文：《赠项士元》，临海市政协文史资料委员会：《陆翰文与回浦学校》，台州印刷厂1988年版，第21页。
[3] 项士元：《寒石草堂所藏台州书目序》，《浙江图书馆馆刊》1935年4月第1期，第13—14页。
[4] 胡平法：《藏以致用　化私为公——项士元收藏简论》，《台州学院学报》2009年第4期，第10—13页。
[5] 项士元：《秋籁阁之残影》，《浙江图书馆馆刊》1935年第6期。
[6] 项士元：《浙江历代藏书家考略》，《文澜学报》1937年第1期。
[7] 项士元：《寒石草堂所藏台州书目》，浙江图书馆1935年版。
[8] 《乡贤遗书》，《文澜学报》，1936年，第1—304页。
[9] 台州地区地方志编纂委员会：《台州地区志》，浙江人民出版社1995年版，第734页。
[10] 邵懿辰：《增订四库简明目录标注》，邵章续录，上海古籍出版社1979年版，第547页。

［11］徐三见：《清齐周华〈名山藏副本〉初刻本与民国刊本》，文献，1989 年版，第
　　　258—265、289 页。
［12］郑文斌：《项士元与临海博物馆》，《今日临海》2016 年 12 月 1 日第 3 期。
［13］项士元：《中国目录考叙例》，《浙江图通讯》1942 年 1 月第 2 期，第 7—8 页。
［14］项士元：《圭山近稿跋》，李镜渠：《仙居丛书》，浙江人民美术出版社 2013 年版，
　　　第 791 页。
［15］项士元：《秋籁阁藏书记》，《浙江省通志馆馆刊》1945 年第 3 期，第 89 页。
［16］项士元：《临海黄子珍生平及其著作》，《浙江省通志馆馆刊》1945 年第 1 期。
［17］项士元：《七区文物展览会杂咏二十首》，《浙江省通志馆馆刊》1945 年 1 月第 3 期，
　　　第 94—96 页。

父亲周迪前的藏书与校书

周东塾　周东壁

我家祖籍在金山松隐前岗，父亲 5 岁时随曾祖父迁现属金山区亭林镇。因我家世代书香，父亲受家学影响很深。曾祖父病逝时父亲已 26 岁，少时耳目所及，唯见祖父爱书成癖，口诵手抄，不遗余力，所以自小对书籍产生很大的兴趣。

父亲名大烈，字迪前，自号述庐。6 岁开始入家塾读书，博闻强记，学习勤恳。求学 14 年中，他对儒家经典和老、庄、荀诸子与《史记》等书皆能诵读，并能依文解义，读有心得。家塾先后聘请两位塾师，先是干巷镇的倪上达（字幼菊）先生，稍后为亭林镇的沈锡麟（字裁之）先生，同时就读的有堂叔大楣（字振先）。沈先生施教平易近人，讲授面较广，所以父亲等都乐于听他授课。

父亲青少年时即知名于文社。其时"南社"成立后，乡里中还有不甚闻名的"春晖文社""恒社""振雅社"等文学团体相继而起，父亲也在本乡创立"希社"以响应，得到了高吹万先生的称赞。高吹万先生为之作媒，将姚石子的胞妹姚竹修（字湘湄）介绍给父亲，民国八年（1919）冬成婚。从此父亲常去张堰镇岳丈家，除向高吹万先生请教学术外，还和舅父姚石子、姨夫高君定等交往甚密，相与研讨诗古文辞。金山境内，高氏和姚氏两家曾以藏书之富闻名乡里，父亲虽家境不及高、姚两家，但藏书也达数万卷。其中对有关松江府的掌故，特为编写了《后来雨楼书目》。自离开家塾后父亲仍不断研习古学，参加了"国学商兑会"和"南社"，但实际上交友很少，主要是参考张之洞《书目答问》一书，独自进行研究。他对于古籍的类别、源流颇有见解，并有从事校雠目录学的志向。

民国二十一年（1932），中华图书馆协会成立，父亲即首批加入为个人会员。不久，镇上人士也着手筹办亭林图书馆，推举父亲担任馆长，后因抗日战争开始，此事没有办成。

民国二十六年（1937）秋冬之际，日军入侵，我家和堂叔家近 20 人举家仓惶走避。沦陷后两家居室被日寇焚毁，荡然无存，仅我家藏书的五间房屋，稍偏离于住宅，幸免于难。家人经奉贤、南汇、川沙海滨抵达上海。我家 10 人先暂住于舅父姚石子寓所（现茂名北路升平街），约一年后，父亲托镇上友人将亭林家中幸存的藏书（约原有的半数，因无人看管已经失散）运来沪寓，因住处狭窄，只能暂放置阁楼上。又一年多以后，我家迁至原哈同花园对面四明邨，住房为长期租用。居住条件有了改善，父亲就又重操旧业，从事聚书、校注和编目等工作。他聚书务尚实用，并很重视收集各类图书目录，曾先后就所知所见草编了《书目考》《知见辑佚书目补》《南史艺文志》《清代校勘学书目》等稿。他对经常阅看的典籍和经过抄校的书本，则分别编撰了《通书阁书目》和《小书种堂书目》两种。为了他所喜好而又缺本的书籍，虽经济条件不太好，也要节衣缩食，去旧书店查看补全。

1950 年春，祖母病故，父亲已 50 岁，仍从事抄校古籍的工作。他曾代中华书局上海编辑所校订《经籍纂诂》一厚册，历时十余年，并撰写了《校读记》数卷，1963 年又作了《校读后记》一篇。70 年代末中华书局上海编辑所改组为上海古籍出版社，此书被搁置多年后于 1989 年才得重印出版。舅父姚石子编撰《金山艺文志》一书，自民国八年（1919）开始，历时二十余年，未及出版即因病早逝。后经父亲校勘并加按语，于 1947 年 10 月对《寓贤著述》和《金石》二部残稿加以拾遗补录成书。此书原稿经专家鉴定列为善本书，现存于上海复旦大学图书馆。1991 年出版的《金山县志》文献部分引用了《金山艺文志》卷首的“识语”，即为父亲所加“按语”，“按语”说：“乡邦文献以封氏箦进斋及姚氏怀旧楼所藏为最富，此外则松江图书馆及南洋中学图书馆亦多有之。箦进斋之书自庸庵丈捐馆，艰于一缃之借。松江图书馆所藏，则丁丑之变，化为云烟。南洋中学虽所藏无损，然经乱迁移，未复旧观，假取不便。怀旧楼所庋各书，整比未遑，无从发箧对勘。即寒斋所有，亦历劫丛残，其幸存者又以寓居湫隘，束置高阁，不能悉取以相印验，兹所证补，仅就记忆所及及案头习用之书，稍事阐发，不能详审也。”

父亲中年后仍少交游，文友先后有陈乃乾、陆维钊、王巨川、尹石公、郑逸梅、严载如、施蛰存等先生，因借书或编著相互来往。他在 60 年代初写了《述庐自叙》一篇，自称已积习成性，不废书卷，学术宗仰明代王船山先生，写文章则主张平实，不尚浮华。此后父亲仍好学不倦，继续著述，且着重于乡邦文献的收集，选编有《松江诗钞》《云间词徵》诸稿，均未及刊行。

1966 年起的十年"文革"时期，起初宅中藏书只是凌乱，毁损尚轻，后来住房缩小，乃就长期搁置，难以整理。1970 年春母亲病逝，6 年半后父亲也以外出被人撞跌，病卧 10 天后即去世，殁于农历丙辰（1976）闰八月二十七日，终年 76 岁。

编 后 记

金山区位于上海市西南郊,濒杭州湾,史有"控扼大海,襟带两浙"之说,因其包蕴吴越的独特地理环境和 6 000 年的悠久历史跨度,得以获历代文明风气之先,其中尤其以古籍刊刻、校勘、收藏而驰誉遐迩。元代以后,金山一些文人学者,不仅自己著书立说,还致力于刊印古代名著、汇辑乡邦诗文、编纂地方史志,甚至编纂大型丛书。清道光至咸丰年间,钱圩镇钱氏望族钱熙祚、钱熙辅、钱熙泰、钱培名诸人致力于编校古代名著,共达 1 000 余卷,其中最著名的《守山阁丛书》《指海》《艺海珠尘》《小万卷楼丛书》等卷帙浩繁,驰誉书林,在中国出版史上具有重要地位。至于藏书方面,清代初叶至中期,枫泾镇涌现出四大藏书家孙琮、程维岳、谢恭铭、程文荣,并由此产生了四大藏书楼"山晓阁""淞笠斋""望云楼""茹古楼",事载《江浙藏书家史略》中,在江南藏书史上留下了辉煌的一页。民国时期,金山籍南社先贤高燮、姚光均以藏书家的身份享誉江南书林,其中,高燮所居"闲闲山庄"藏书 30 万卷,被江南士人称为《诗经》文献收藏巨擘";姚光所居"松韵草堂"藏书达 300 箱数万卷之多,抗战期间虽遭战火毁损,至其 1945 年辞世时尚存珍本古籍及其他珍贵文献 5 万余册,1950 年 5 月由其后人悉数捐赠上海市文物管理委员会,后移存上海图书馆,为新中国建立之初的上海图书馆事业作出了开创性的卓越贡献,早已成为脍炙人口的书林佳话,时任上海市长陈毅同志曾亲笔撰文予以嘉奖。综上所述,金山不愧为江南地区的古籍刊印重地、收藏要地。

基于金山具有深厚的藏书文化底蕴,而我馆作为区域内的知识殿堂与文化港湾,近年来牢记国家一级图书馆的宗旨使命,始终坚持社会主义先进文化的前进方向,坚定文化自信,在发挥公共图书馆日常功能,保障市民基本文化权益的同时,依托珍贵的馆藏古籍资源,以整理历史文化遗产、赓续地域文脉为职志，正着力打造区域内的藏书文化研究中心、江南文化研究高地，在文献整理、馆藏普查、古籍数字化诸方面均取得了阶段性的成果，为进行主题性的江南藏书文化学术研究创造了良好的先决条件。

为全力打响"江南藏书文化"特色品牌，促进古籍事业发展传承，2021 年 7 月，由上海市古籍保护中心策划发起，上海市图书馆精心指导，金山区文化和旅游局大力支持，我馆立项实施，正式面向上海市及沪外省市图书馆、高校与研究机构、古籍保护协会等各领域专家发起征稿，聚焦"江南藏书文化"这一主题，广泛征集专题性质的研究论文，论题主要设定为江南藏书的文化价值与精神、江南藏书家与藏书楼研究、江南藏书聚散与递藏研究；上海与中华古籍的出版与传播、上海近现代古籍的营销与流通、近代寓居上海的江南藏书家研究；金山藏书家对上海文化的贡献、金山藏书家与南社、金山古籍与地方文献整理与出版等。征稿工作启动后得到沪市暨国内其他省市专家学者的热情响应与倾情支持，共收到各方论文近 40 篇，经上海市古籍保护中心组织专家认真审读，遴选出 30 篇质量上乘而立论严谨，兼具理论水平与实践指导意义的优质论文，结集为这本《守望书香——江南藏书文化研究论文集》，以飨读者，并由此探索藏书文化与古籍文献的现实价值，切实践行古籍工作"创造性转化，创新性发展"的时代要求，从而真正将中华优秀传统文化、江南文化、上海文化的灵芬之气渗透至城市人文肌理。

需要说明的是，本论文集的策划、征稿、审阅、编校等一应事宜，凝结了众多部门、各级领导与各位专家的心血：上海市古籍保护中心高度重视，将本论文集的结集出版列入年度工作计划；上海市图书馆陈超馆长迭加关心，促成立项；上海市图书馆历史文献中心原主任黄显功先生倡议于先，全程策划与指导，勤力为多；上海市图书馆采编中心任国祥主任多方征集论文，不惮辛劳；浙江省嘉兴市图书馆地方文献部郑闯辉主任热情赐稿之外，并代为征集论文多篇；上海书店出版社杨柏伟副总编暨刁雅琳编辑精心编审，保障了本书的优质出版；金山区文化和旅游局的主要领导和分管领导对本论文集出版工作高度重视，多予支持，则为我们高质量结项增添了无穷动力；而各位赐稿专家积极参与，大作鸿篇，为本书生色良多……借此机会，我们谨对上述部门、领导、专家以及参与本书编著的所有同人表示诚挚的感谢和由衷的敬意！

今年 4 月，中共中央办公厅、国务院办公厅印发了《关于推进新时代古籍工作的意见》（以下简称《意见》），《意见》要求以社会主义核心价值观为引领，把中华优秀传统文化的精神标识和具有当代价值、世界意义的文化精髓提炼出来、展示出来。在此关键时刻，本论文集的出版既是认真贯彻、落实该《意见》的实际行动，也是我们图书馆人和古籍保护者为这个伟大时代贡献绵薄之力的一个小小成果，相信它会得到各界读者的喜爱，并由此激发对江南文化、藏书文化的研究热情……

上海市金山区图书馆

2022 年 8 月

图书在版编目（CIP）数据

守望书香：江南藏书文化研究论文集 / 上海市金山
区图书馆编 . –– 上海：上海书店出版社，2022.10
　　ISBN 978–7–5458–2160–4

　　Ⅰ. ①守… Ⅱ. ①上… Ⅲ. ①藏书 – 文化研究 – 中国
– 文集 Ⅳ. ① G259.29–53

　　中国版本图书馆 CIP 数据核字（2022）第 096743 号

责任编辑　杨柏伟　刁雅琳　何人越
封面设计　汪　昊

守望书香
——江南藏书文化研究论文集
上海市金山区图书馆　编

出　　版　上海书店出版社
　　　　　（201101　上海市闵行区号景路 159 弄 C 座）
发　　行　上海人民出版社发行中心
印　　刷　上海叶大印务发展有限公司
开　　本　710 × 1000　1/16
印　　张　22
字　　数　280,000
版　　次　2022 年 10 月第 1 版
印　　次　2022 年 10 月第 1 次印刷
ISBN 978–7–5458–2160–4/G.177
定　　价　128.00 元